ESSAIS

DE

PHILOSOPHIE.

TOME I.

DE L'IMPRIMERIE DE CRAPELET,
rue de Vaugirard, n° 9.

ESSAIS

DE PHILOSOPHIE,

PAR

CHARLES DE RÉMUSAT.

Templa serena.

Lucrèce.

TOME PREMIER.

A PARIS,

LIBRAIRIE PHILOSOPHIQUE DE LADRANGE,

QUAI DES AUGUSTINS, N° 19.

1842.

AVERTISSEMENT.

Cet ouvrage est un recueil d'Essais composés à diverses époques. Le premier et une partie du troisième ont été publiés, il y a douze ou treize ans, dans *la Revue française.* Les autres ont été écrits depuis 1830; par exemple, l'Essai sur Kant en 1832, l'Introduction en 1835, l'Essai XI en 1834; l'Essai X seulement est de ces derniers temps.

Ces compositions détachées sont cependant rangées dans un certain ordre, et se rapportent à une même pensée. Elles ont pour but de décrire et de seconder à la fois le mouvement philosophique qui s'est manifesté parmi nous, mais qui ne s'est guère étendu hors de l'enceinte des écoles. L'auteur a pensé qu'il pourrait être utile de reprendre sous une forme tout à fait étrangère à l'enseignement, ce que l'enseignement surtout a exposé jusqu'ici, et de rechercher comment on peut, sans assurément prétendre au titre de philosophe, étudier la philosophie. Il n'est point de science peut-être qui s'allie plus facilement aux autres occupations de l'intelligence, qui soit plus à la portée de la simple réflexion, et à laquelle l'esprit revienne plus aisément et plus librement dans les intervalles de la vie du monde, des lettres et des affaires. C'est pour ceux-là seulement qui ont à faire connaissance avec cette science que l'auteur écrit; car il faut bien peu savoir pour apprendre de lui quelque chose. Il espère cependant que son ouvrage n'est point superficiel, et sans avoir résolu les questions profondes, il s'assure qu'il ne les a pas ignorées ni méconnues. Son ambition serait de les avoir fait comprendre, laissant à d'autres le soin et l'honneur de les pénétrer tout entières. Il serait heureux d'en avoir inspiré aux esprits sérieux le goût et la curiosité ; et en contribuant ainsi à propager le mouvement philosophique, sans l'affaiblir ni le détourner de sa direction, il aurait témoigné sa reconnaissance à la science qui de tout temps est restée pour lui, au milieu de travaux fort divers, l'objet d'une fidèle étude.

Quelques-uns de ces Essais sont critiques. D'autres, qui remplissent presque tout le second volume, contiennent l'exposition de quelques points de doctrine. Cependant la philosophie générale qui les a dictés tous, ne prétend à aucune originalité. Tout au plus l'auteur voudrait-il avoir donné une forme un peu nouvelle, un peu saisissante, à d'anciennes et communes vérités. Il s'est proposé de rendre les questions que la philosophie traite, aussi accessibles pour tous qu'elles le sont en effet, puisqu'elles l'avaient été pour lui. Ainsi il a dû puiser largement aux sources ouvertes par ses devanciers et ses contemporains. Il n'a pu les citer toujours, ni reconnaître tout ce qu'il doit à ceux qui dirigent aujourd'hui la science, qui tous sont ses maîtres, et dont quelques-uns sont ses amis. Cependant au premier rang de ses amis et de ses maîtres, il en est un qu'il ne peut se défendre de nommer, c'est celui qui depuis vingt-cinq ans inspire toute la philosophie française, M. Cousin.

C. R.

15 février 1842.

ESSAIS DE PHILOSOPHIE.

INTRODUCTION.

Nous vivons dans un temps où l'étude de la société a le pas sur la science de l'homme. L'histoire du monde, le spectacle des événements, l'examen des rapports, soit des gouvernements avec les peuples, soit des individus entre eux, l'observation des mœurs et des opinions, donnent chaque jour naissance à de nouveaux systèmes sur la destinée de l'humanité, et ces systèmes ajoutent apparemment, ou doivent ajouter quelque chose à ce que l'homme sait de lui-même. Mais si les spéculations de cette nature peuvent être philosophiques, elles ne constituent pas la philosophie proprement dite. Elles ne remplacent pas, et je ne sais si elles valent l'étude directe de l'esprit humain. Or, cette étude est éminemment la philosophie. Celle-ci se complète sans doute par la science de la société, mais elle la précède, l'éclaire, la soutient, et jamais elle n'est négligée ou méconnue sans péril pour le reste des connaissances humaines.

Cependant il semble que, tandis que la philosophic s'est relevée avec éclat dans les écoles, elle soit loin d'exciter autant d'attention, d'exercer autant d'empire dans la littérature et le monde qu'il le faudrait peut-être pour le salut et le progrès de la raison. Depuis le siècle qui s'est appelé le siècle de la philosophie, elle a perdu de son crédit et de sa popularité. On fait de la métaphysique sur beaucoup de choses, excepté sur la métaphysique même. On philosophe à tout propos, mais on délaisse un peu la philosophie. Elle n'a même pas bien bonne renommée. Elle est suspecte au sens commun comme inutile et douteuse; les sciences positives lui reprochent une témérité vague, une chimérique ambition; les théories historiques et sociales la tiennent pour timide, étroite, stérile : accusations contradictoires, qu'elle pourrait rétorquer sans injustice. Où donc ne se rencontrent pas des idées exclusives, des spéculations hasardées, des variations qui troublent l'esprit? Où sont les croyances inébranlables et les systèmes incontestés? Quelle science contemporaine pourrait jeter la première pierre à la philosophie?

C'est à elle que cet ouvrage appartient. C'est pour elle que nous voudrions dérober au public quelques instants d'une attention si partagée. Et cette entreprise n'est pas pour nous une pure satisfaction de l'esprit; nous verrions un peu d'utilité réelle dans le rappel des intelligences à la philosophie. Mais avant d'expliquer nos motifs, essayons de donner quelque idée de ce que c'est que la philosophie.

Il ne s'agit pas de la définir. Cette définition, si elle est possible, exige une connaissance plus complète et plus approfondie de la science que nous ne pouvons la supposer encore, que jamais peut-être nous n'oserons nous l'attribuer. Mais il importe d'établir en général à quel ordre de pensées et de recherches appartiennent ces Essais, et quelle sorte de science est celle dont l'abandon nous semblerait funeste à l'intelligence.

L'esprit humain a des facultés et des notions. Il agit par ces facultés; il juge en effet, il se souvient, il raisonne. En agissant, il trouve, il acquiert ou forme des notions; celles, par exemple, de l'existence, de la durée, de l'action. Au moyen de ces facultés et de ces notions dont il n'a point d'abord une conscience distincte, il connaît beaucoup de choses, il apprend tout ce qu'il sait. Ainsi il découvre que les choses diverses existent, et que lui-même, ou du moins la personne qu'il se sent être, existe au milieu d'elles. Il juge que les choses ont des qualités, qu'elles commencent ou cessent, qu'elles agissent ou subissent l'action, qu'elles sont causes ou qu'elles sont effets. Toutes ces connaissances supposent, on le voit, des notions de cause, d'action, d'existence, et des facultés pour former ou employer ces notions. Ainsi, dans l'homme intérieur s'aperçoivent au premier examen des connaissances générales sur les choses qui résultent de la plus simple expérience de la vie, et l'acquisition de ces connaissances d'une part implique des notions plus générales encore, de l'autre exige des facultés actives. Ces trois choses, les facultés, les notions fondamentales, puis les connaissances qui s'y rapportent immédiatement, qui en dérivent ou qui les supposent; voilà les premiers objets de la philosophie. Si elle se borne à les constater comme des faits, à les compter et à les définir, elle est descriptive. Si elle va plus loin, si elle recherche l'autorité des facultés, la valeur des notions, la certitude des connaissances, elle devient transcendante, elle met en question la vérité de l'esprit humain. Ainsi que les facultés, les notions premières et les connaissances qui en dérivent nécessairement, sont indispensables à toutes les autres connaissances comme moyen ou comme fondement; la philosophie importe donc à toutes les sciences. Si elle manque, toutes portent à faux; en les créant, l'esprit humain construit en l'air.

La philosophie descriptive peut porter le nom de *Psychologie*. Si elle entreprend l'analyse de l'intelligence en action pour la régler et la conduire, elle s'appelle *Logique*. Si elle fait le même travail sur la volonté, elle s'appelle *Morale*. Mais si elle s'élève au-dessus des facultés et des notions pour les juger, pour les rapporter à la réalité, pour les considérer absolument, comme donnant des vérités qui sont les lois mêmes des choses, elle mérite alors le nom redouté de *Métaphysique*.

La métaphysique suppose que nos connaissances ont droit à l'estime, et conduisent à une réelle science. Elle a donc pour antécédent nécessaire l'examen de la vérité de nos connaissances ou de l'autorité de l'esprit humain. C'est l'objet de la haute psychologie; c'est, si l'on veut, ou le point le plus élevé de la psychologie, ou le point de départ de la métaphysique. Celle-ci, admettant la vérité de nos connaissances, prétend nous faire connaître dans une certaine mesure les choses comme elles sont. Elle comprend donc la science de l'être, et subit alors le nom pédantesque d'*Ontologie*. De la nature des choses s'élevant à celle de l'Être des êtres, elle a reçu de Leibnitz le nom de *Théodicée*[1].

La philosophie, c'est tout cela.

Dans ce peu de mots on doit entrevoir comment nous avons pu dire, en commençant, que la philosophie est éminemment l'étude de l'esprit humain. En effet, bien que l'esprit humain ne paraisse que l'instrument de nos connaissances, la description et l'examen de cet instrument sont nécessaires, non-seulement pour les classer et les ordonner, mais encore pour les vérifier ; l'étude du moyen est ici inséparable de celle de l'objet, et, à rechercher comment nous savons les choses, on découvre ce que nous savons des choses. Deux exemples montreront comment la science de la pensée intéresse ainsi celle de l'être.

Il y a une faculté de l'esprit que l'on peut appeler la faculté d'abstraire. C'est par elle que nous détachons certaines qualités des objets divers où nous les avons observées, que nous formons de ces qualités des idées, et donnons à ces idées des noms. Ces idées sont les idées abstraites de la logique ; ces

---

[1] Ces distinctions ne sont pas rigoureuses. Très-souvent, sous le nom de métaphysique on comprend la psychologie, l'ontologie et la théodicée, ou la philosophie entière, comme on appelle quelquefois du nom de géométrie toute la science mathématique. Cependant on ferait bien de réserver celui de métaphysique pour la science des choses en elles-mêmes, la physique étant la science des choses telles qu'elles sont observées.

noms, les noms abstraits de la grammaire. Ainsi, une qualité remarquée dans tous les objets solides a pris le nom de solidité; une qualité commune à tous les objets blancs s'est appelée la blancheur. La solidité et la blancheur sont des abstractions. Ces abstractions ne sont pas des choses réelles, un enfant sait cela; elles n'existent, comme on le dit, que dans notre esprit. Ce point bien connu et bien établi, supposons que l'on s'occupe de faire la revue de nos idées, ce qui n'est déjà, remarquez-le bien, qu'étudier l'esprit humain; on rencontre une idée fort importante, l'idée d'espace, et, pour la classer, on se demande à quelle sorte d'idées elle appartient. Eh bien, s'il arrive que l'on démontre, comme l'ont cru faire quelques philosophes, que l'idée d'espace soit une abstraction du genre de celles que nous venons de citer, il en résulte forcément que l'espace n'existe pas, car les abstractions, avons-nous dit, ne sont pas des choses réelles.

L'espace n'existe pas; voilà une notion qui appartient à la science de l'être, à la connaissance des choses, à l'ontologie. Et comment cette notion sur l'espace aurait-elle été acquise? uniquement par l'étude de l'esprit humain. Ainsi, étudier les idées, c'est souvent, sans qu'on le sache ou qu'on le veuille, étudier les choses, et, dans ce que nous pensons, peut se découvrir ce qui est.

Il est vrai, et je me hâte d'ajouter, que bien grande est l'erreur d'anéantir l'espace. C'est que l'erreur est grande aussi de faire de l'espace une abstraction, comme la dureté ou la blancheur. Or, cette dernière erreur qui engendre l'autre provient d'une fausse observation sur la production de certaines idées, c'est-à-dire sur une opération de l'esprit humain. Cette erreur résulte d'une étroite et vague théorie de l'abstraction, qui confond les noms abstraits de la grammaire et les idées innombrables qu'ils représentent au gré du caprice des langues, avec les idées générales et fondamentales dont l'esprit humain ne peut se passer pour concevoir l'existence des choses. Il importe donc à la science de la réalité de bien savoir l'esprit humain. L'analyse de nos idées influe sur la connaissance des choses, et se tromper sur ce que nous pensons, c'est se tromper sur ce qui est. La science de l'esprit humain est, en abrégé, la science de l'univers.

Un autre exemple manifestera la même vérité. A quelque point que vous poussiez l'analyse des facultés intellectuelles, quelque différentes, quelque nombreuses que vous parveniez à les faire, il vous est impossible de ne pas reconnaître qu'elles sont simultanées. Elles se servent et se modifient mutuellement; elles se limitent et s'unissent; dans leur action commune, elles se redressent et se complètent les unes les autres. Dans la pratique, il faut de la sensibilité pour vouloir, de la mémoire pour raisonner, de l'imagination pour réfléchir; les combinaisons sont infinies. Il suit que non-seulement les facultés se meuvent dans un commun milieu, mais encore qu'elles appartiennent à un seul et même être. En effet, ce n'est pas la mémoire qui se sert de la réflexion, ou le raisonnement qui emploie la volonté. Il y a quelque chose qui use de la volonté, de la réflexion, du raisonnement, de la mémoire. Il y a quelque chose qui donne l'unité aux facultés diverses, qui fait leur unité, qui est l'unité même. Nous avons conscience de cette unité qui veut et pense, qui juge et imagine, qui agit enfin : c'est ce qu'on a appelé *l'unité consciencieuse du moi*. Le *moi* est un ; le *moi* est indivisible. Cette unité est consciencieuse, c'est-à-dire que le *moi* se sent un, et, dans le passé comme dans le présent, dans la rêverie comme dans la passion, n'aperçoit en lui-même ni interruption ni duplicité ; il s'assure en son identité. Or, ce que la personne intérieure se sent être, aucun objet extérieur ne nous le paraît être. L'unité ne se montre nulle part autour de nous ; tout le monde matériel est divisible. Ses parties se conçoivent encore, alors même qu'elles ne s'aperçoivent plus. Si donc le sujet de nos facultés, si le *moi* est un et indivisible, la substance du *moi* l'est également ; elle est simple, une, immatérielle ; elle est l'âme ; l'âme, seule et véritable unité qui subsiste et dure en nous à travers tous les changements de la vie ; centre invisible où se confondent tous les sentiments et toutes les idées ; force insaisissable que se disputent les passions les plus vives, les affections les plus tendres, les vertus les plus pures ; victime sainte que dévoue tour à tour l'amour et l'héroïsme. Et comment avons-nous appris ce qu'elle est ? en étudiant nos facultés intellectuelles.

Ces exemples simples montrent assez comment la science de l'esprit humain touche immédiatement à la science des êtres ; en d'autres termes, quel lien étroit unit à la psychologie l'ontologie. L'utilité et le sérieux de la philosophie se témoignent également par ces deux applications de ses procédés les plus élémentaires. Il n'y a rien de frivole apparemment à tenter de se faire une idée exacte de ce que peut être l'espace, obscure recherche où succomba Newton, et que supposent toutes les mathématiques. C'est tout au moins pour la science quelque chose de curieux. Et, pour la science comme pour la morale, comme pour le bonheur, est-il indifférent de savoir si l'homme intérieur n'est que le centre des organes corporels, ou s'il réside en lui un principe supérieur aux altérations de la matière, qui ne souffre pas des mêmes atteintes, qui ne périt pas des mêmes coups?

Nous croyons, par ces analyses faciles, avoir fait tour à tour comprendre l'objet, la méthode, la portée et la dignité de la philosophie. C'est assez pour une introduction.

Voilà pourtant la science que néglige le public, c'est-à-dire les gens de lettres et les gens du monde. L'oubli, l'indifférence, et parfois le dédain, tel est pourtant le partage de ces recherches ingénieuses ou profondes qui jadis ont captivé les plus grandes intelligences dont l'humanité ait gardé mémoire, qui plus récemment ont distrait souvent les deux héros du xviiie siècle, Voltaire et Frédéric, et qui trouvaient alors une place entre la poésie et la victoire.

Plusieurs causes ont amené ce détachement philosophique, et jusqu'à un certain point le justifient. Mais il en est une qui domine les autres, et qui s'aperçoit tout d'abord. La philosophie est l'œuvre de la réflexion désintéressée sur l'humanité et sur la nature; or, notre siècle n'est pas désintéressé, il a trop d'affaires. Sans doute pour beaucoup agir il ne renonce pas à raisonner; n'a-t-il pas des principes dont il parle beaucoup? et dans le langage du temps n'a-t-on pas répété cent fois que c'est une époque *rationnelle?* Mais cette époque est rationnelle avec un but; mais ses principes cherchent l'application; mais l'esprit du siècle aspire à la puissance et convoite les réalités. Il aime les idées, mais il entend qu'elles triomphent; il pense pour régner. Dans l'état actuel des sociétés, grâce à ces moyens immenses de circulation, grâce à cette liberté générale des intelligences que rien n'arrête ou n'intimide, la pensée passe dans les faits avec une rapidité inouïe. En peu de moments elle allume des passions, crée des intérêts, recrute des partis, et promet ou menace de convertir l'univers. Comment le temps ne lui manquerait-il pas pour se recueillir? Elle est trop pressée pour méditer sans but apparent, pour chercher à l'aventure la vérité qui ne sert pas; et devant nos contemporains, le beau ne trouve grâce qu'à la faveur de l'utile. Ne nous plaignons pas cependant; jamais de fait l'esprit humain n'a été plus puissant; jamais il n'a pris une part plus grande et plus active au gouvernement du monde. Mais de ce qu'il est moins séquestré de la pratique, résulte qu'il abaisse un peu son essor; que, dans ses recherches spéculatives, il se préoccupe encore des intérêts positifs, et ne prise les théories que dans leurs rapports avec l'histoire et par leur influence sur la société. Si l'esprit philosophique est sorti des écoles et des académies; s'il prend les livres pour moyen et non pour but; s'il se meut dans une autre république que celle des lettres, les affaires y ont gagné sans doute, mais peut-être y a-t-il perdu quelque chose en éclat, en pureté, en élévation. Les nations s'enrichissent de ce qu'il leur donne; il les grandit en se penchant vers elles; les lumières générales profitent de ses pertes, et l'on peut dire que le génie de l'homme s'est dépouillé au profit du génie de l'humanité.

La grande affaire du siècle porte un nom retentissant : elle s'appelle Révolution. C'est ce mot, ce même mot flatteur ou terrible, qui partout se fait entendre. Et ceux qui rêvent dans le sein de l'étude d'austères utopies, comme ceux qui cherchent par des réformes graduelles à prévenir les crises et les déchirements douloureux; et ceux qui s'efforcent de fonder l'ordre nouveau par la sagesse, et de réconcilier l'esprit de conservation avec l'esprit de nouveauté, comme ceux qui, prenant des haines pour des idées, complotent dans une orgie de folles insurrections; tous, suivant leur position et leur nature, selon leur pays et ses lumières, répètent ce grand mot de révolution. Tous veulent la révolution extrême ou mesurée, subite ou lente, violente ou pacifique. La révolution est partout, mais partout, elle n'est pas la même. Cet orage universel, qui passe sur la terre, ne porte point en tous lieux les mêmes foudres, ni les mêmes torrents. Ici, il dévaste et creuse le sol inondé; là, il s'éclaircit, il s'élève, et la terre qu'il a profondément sillonnée, se montre plus riante et plus fertile. Ailleurs, un tonnerre sourd n'annonce encore que son approche; plus loin, de vifs éclairs seulement fendent sans bruit les nuages. Sur ce sol aride, pèse un temps obscur et lourd; sur ces plaines rafraîchies tombe une pluie calme et féconde. Mais cependant, tout le ciel est rempli du même météore, et le bruit comme le silence, la clarté du jour comme les ténèbres, les bienfaits comme les ravages, tout sort de la même cause, tout vient de la même tempête, tout signale la même saison de l'humanité.

Pendant longtemps, la raison humaine, en élevant des problèmes, en débattant des opinions, a cru n'agiter que des idées : aujourd'hui, avec les idées, elle remet en question les conventions, les mœurs, les lois, les institutions. Toutes ces choses sont à la fois ou successivement atteintes par l'esprit de révolution. La société tout entière suit le cours des idées, et tous les événements que le temps improvise, tous les accidents que le hasard amène, quand ils ne résultent pas directement du mouvement des opinions, sont bientôt repris, exploités par elles, et tournent à l'avantage ou bien au détriment des causes nouvelles que plaide l'esprit humain.

Dans cet état général de l'Europe civilisée, notre dessein est de rechercher si c'est à bon droit que les spéculations purement philosophiques seraient négligées, et si, au contraire, elles ne pourraient pas trouver encore une digne place, un rôle utile, une réelle influence.

Toute révolution change la société ou le gouvernement. Pour qu'un tel changement s'opère, il faut que le principe qui domine la société, ou maintient le gouvernement, ait été d'abord ébranlé. Un tel principe est ébranlé, lorsque la foi qu'il obtient, ou le respect qu'il inspire chancelle, et que l'examen a commencé à porter la sape à ses fondements. En général, le principe d'une société ou d'un gouvernement est une religion, une tradition (la religion elle-même en est une), ou quelque grand et vieil intérêt que son antiquité a élevé au titre de droit, ou quelque habitude nationale qui est devenue une vertu publique. Il est rare qu'un gouvernement ou une société ne soit pas tout à la fois défendue par ces quatre choses, la religion, la tradition, l'habitude, l'intérêt. La religion peut être vraie, la tradition raisonnable, l'habitude utile, l'intérêt légitime; mais, quoi qu'il en soit, quand un de ces principes conservateurs est attaqué, il l'est à coup sûr par le raisonnement. Les croyances ou les convictions qui se groupent à l'entour, sont discutées. Ce juge qui finit par juger tous les juges, cet inquisiteur qui, tôt ou tard, cite devant lui toutes les inquisitions, cette puissance qui, à la longue, détrône toutes les puissances, l'opinion, demande aux doctrines longtemps incontestées, compte de leur existence et de leur empire, et tente de substituer aux principes convenus un principe raisonné. A la place de ce qui n'est pour elle qu'un fait, elle prétend édifier quelque chose de rationnel, car il n'y a que la raison qui puisse prétendre à suppléer le temps.

Cela se passe sous nos yeux. L'esprit de révolution, à tort ou à droit, dès longtemps, a touché la religion; le principe de la liberté des cultes et les idées philosophiques auxquelles il se rattache, sont assurément de grandes nouveautés, et chaque jour elles tendent, en s'écrivant dans les lois, en s'incorporant aux institutions, à changer la société chrétienne. Quant aux traditions qui partout règlent le pouvoir, la législation, la hiérarchie, les mœurs même, et une partie de la vie civile, elles sont hardiment remises à l'épreuve et rejetées au creuset ardent de l'examen. C'est ce que proclament à haute voix, ici de populaires espérances, là d'augustes terreurs. Quand le principe traditionnel, soit religieux, soit politique, du gouvernement ou de la société, est ébranlé, quand la foi se trouble, sera-ce l'intérêt seul qui protégera ce qui existe, qui recréera ce qui doit rester, et suffira-t-il pour donner force et durée à des institutions privées par leur date de la consécration du temps?

Non sans doute, et vainement quelques écoles ont-elles essayé de rattacher tout, la morale même, à l'intérêt. Ce n'est pas là le nom que les peuples écrivent sur leurs étendards, lorsqu'ils marchent à la conquête de l'avenir. Les débats politiques sont ceux où l'utilité joue le plus grand rôle, car l'utilité publique est souvent une chose sacrée, et pourtant je n'ai pas ouï parler d'une nation qui eût gravé au frontispice de sa constitution la déclaration des intérêts de l'homme. De toutes parts on parle de droits, ce sont des droits qu'on réclame, et pour les établir, c'est l'éternelle raison qu'on invoque.

Qui peut, en effet, tenir lieu de l'autorité religieuse, remplacer la tradition, devancer les mœurs, qui peut consacrer les intérêts établis? La raison seule. Élevez la raison, donnez-lui toute sa pureté avec toute sa hauteur, elle sera la philosophie. Sous la raison du siècle repose donc la philosophie. La théorie de toutes les opinions qui luttent aujourd'hui, leur principe suprême ne peut être autre chose qu'une idée philosophique. Il n'est donc pas vrai, pour qui n'arrête pas sa vue aux apparences, que la philosophie soit une superfluité oiseuse, ni qu'elle n'ait aucune part à prendre aux choses de ce temps. Elle est le principe secret de tout ce que le temps appelle ses principes; elle est l'esprit même de l'esprit du temps, manifesté par ses doctrines et ses oeuvres, par ses renversements et ses créations.

Que ceux-là donc qui sont absorbés par la vie active et qui se mêlent aux affaires, se gardent de nier la philosophie. Ils sont maîtres de l'ignorer; on peut suivre un guide qu'on ne voit pas; sans la connaître, on peut la servir, et travailler au succès des opinions qu'elle inspire ou qu'elle justifie. Mais qu'ils se préservent du mépris qu'affecte parfois pour elle l'expérience vulgaire; ils trahiraient peut-être, contre leur gré, la cause politique qu'ils défendent, et qui au fond s'appuie, quelle qu'elle soit, sur une pensée philosophique. En vain protesteraient-ils, la philosophie est un des ressorts de la civilisation. Ce n'est pas un rêveur oisif, c'est un grand homme d'affaires, qui, après avoir gouverné le monde, disait, la main encore appuyée sur les faisceaux consulaires :
« O philosophie, ô guide de l'homme, ô toi qui
« cherches la vertu et bannis les vices, que serions-
« nous sans toi; sans toi, que serait la vie humaine?
« C'est toi qui as créé les villes; c'est toi qui as con-
« voqué en société les mortels épars; c'est toi qui
« les as réunis par le rapprochement des habitations,
« par les liens du mariage, par la communauté du

« langage et de l'écriture. C'est toi qui as inventé
« les lois, formé les mœurs, réglé la société. Je me
« réfugie dans ton sein, j'implore ton secours; jus-
« qu'ici je t'appartenais en partie, aujourd'hui je
« suis à toi tout entier[1]. »

Nous n'irons pas aussi loin que Cicéron; nous n'oserions faire de la philosophie le génie tutélaire de la société, encore moins accuser de *parricide* ceux qui l'attaquent ou la négligent[2]. Mais nous nous bornerons à revendiquer sa valeur pratique, et à la montrer présente et active dans toute révolution.

Elle n'influe pas, il est vrai, immédiatement sur les masses. Pour être entendue par elles, il faut qu'elle modifie et sa forme et son langage. Elle ne s'adresse, en effet, qu'au petit nombre; elle a des initiés; mais, par l'entremise des esprits qu'elle s'est consacrés, elle réagit sur la littérature, sur l'enseignement, sur la conversation, et bientôt sur les croyances et les mœurs nationales. Elle pénètre les esprits à leur insu, et souvent, née des opinions communes, elle les appuie et les propage à son tour. Elle rend au public ce qu'il lui a prêté, et l'inspire en secret, quelquefois en se cachant de lui. Comme science de la raison même, n'est-elle pas la caution de toutes les sciences? Comme science de la pure pensée, ne contient-elle pas toutes les pensées humaines? Sa couleur se reflète dans tous les systèmes, et teint de ses nuances le verre changeant à travers lequel l'esprit observe tous les objets. Souvent cette démocratie turbulente des opinions d'un temps n'est

[1] *Tuscul.* V, 2.
[2] *Ibidem.*

que l'aveugle instrument d'une grande idée qu'elles ne savent pas.

Toute révolution, quelle que soit sa nature, s'annonce par le doute, et souvent semble par le doute se terminer. Au début, le doute s'élève sur tout ce que la révolution doit détruire. Il est critique, il est agressif; ainsi s'allume le bûcher où les hommes brûleront ce qu'ils ont adoré. A la fin des révolutions, lorsque bien des expériences ont échoué, lorsque, mis à l'épreuve des événements, le système novateur, fatalité inévitable! s'est trouvé moins infaillible que ne l'avait d'abord espéré la présomptueuse raison, l'incertitude gagne beaucoup d'esprits; avec les mécomptes arrive le découragement : le scepticisme est la plante aride qui croît sur les cendres qu'a laissées l'incendie.

La philosophie est bonne à ces deux sortes de doute. Au doute agressif elle désigne des points d'attaque, livre des armes et dicte des cris de guerre; elle fournit les idées qui remplaceront les croyances. L'expérience de notre pays l'a, je pense, assez prouvé. Philosophie du xviiie siècle a été longtemps synonyme de révolution française. Mais, au doute que développe la leçon mobile des événements, au trouble d'esprit qui suit les revers et quelquefois les triomphes, ne faut-il pas aussi des principes qui éclairent et des convictions qui raffermissent? Ne faut-il pas rouvrir cette région élevée où la vérité est stable, où se réconcilient la théorie et l'expérience, la nouveauté et la durée, la spéculation et la réalité? Ne faut-il pas une philosophie?

C'est la plainte universelle de notre temps que l'incertitude universelle. Qui ne s'est effrayé d'entendre ces mots funèbres, anarchie des intelligences, désordre moral, mort des croyances? L'esprit humain, en effet, n'a jamais paru plus incertain et plus actif à la fois. Impétueux et flottant, il passe et repasse rapidement par l'incrédulité et le fanatisme. Il se dégoûte de ses œuvres avant de les avoir finies, se désabuse de ses systèmes avant de les avoir éprouvés; il dénigre ce qu'il crée, et pourtant s'acharne à détruire. Il n'admire que la grandeur des ruines qu'il a faites, et regarde à peine le monument qui s'élève. L'architecte déprime ce qu'il construit, car, en toutes choses, l'art ne se distingue plus de la critique. De là, cette stérilité et cette impuissance dont notre époque s'accuse avec une sorte d'orgueil. De là, ces dédains qu'elle adresse à la raison dont elle est si vaine, et la défiance qu'elle témoigne envers elle-même. L'esprit humain se juge en s'exaltant, et le mal qu'il dit de lui ne l'empêche pas d'abuser de ses forces, et de frapper sans cesse en se déclarant incapable de réparer ce qu'il aura brisé. Témérité folle ou folle humilité !

Longtemps cette disposition des esprits n'avait encouru la sévérité que des partisans du passé. Aujourd'hui, les novateurs eux-mêmes se plaisent à l'accuser. Et, dans leurs plans régénérateurs, c'est contre elle qu'ils en appellent à l'avenir, et qu'ils s'arment des ressources inconnues d'une perfectibilité dont on dirait qu'ils disposent. Et peut-être, par leurs plaintes comme par leurs promesses, ne font-ils qu'ajouter le doute au doute, le désordre au désordre, et porter leur tribut d'anarchie à l'anarchie que poursuivent leurs anathèmes.

On exagère le mal, mais il existe. Bien que de nouveaux prophètes démontrent journellement comme quoi la société se meurt, nous la voyons vivante, nous la croyons durable; mais nous avouons qu'elle souffre, et ne nions pas la maladie afin de nous dispenser de chercher le remède. Il en faut un sans doute, et le secret en repose ignoré dans le sein silencieux du temps qui sait tout.

Mais quelle est cette maladie morale d'une société trop orgueilleuse pour rien croire sur la foi de l'autorité, trop timide pour rien croire sur la foi de sa raison ? Elle porte le nom d'un système philosophique; tout le monde l'appelle le scepticisme.

S'il est vrai que l'esprit humain en soit atteint, qu'il unisse un excès d'activité à un excès d'incertitude, recherchons si la philosophie mieux inspirée n'aurait rien à opposer à ces maux contradictoires. Elle voit, disons-nous, l'esprit humain actif et incertain. Que fait-elle ? elle va à lui, elle l'observe. Et qu'aperçoit-elle ? des facultés essentielles et des vérités primitives. A l'activité, elle répond par le tableau des facultés; à l'incertitude, par le tableau des vérités. Grâce à l'étude des unes, elle établit la liberté de l'esprit humain; grâce à l'étude des autres, elle lui découvre une règle. Ici elle lui montre sa puissance, là ses lois. Ainsi elle l'enhardit et le contient, l'anime et le calme, le pousse et l'arrête. En général, ceux qui ont rendu l'esprit de l'homme subversif et violent ne l'ont entretenu que de ses facultés ; ceux qui l'ont fait timide et servile ont cherché les vérités hors de lui. Les uns et les autres n'ont pas su concilier la puissance des premières et l'autorité des secondes, les principes d'action et les principes de foi, ce qu'on pourrait appeler la liberté et l'ordre. La philosophie n'est complète et sûre que lorsqu'elle connait également et met d'accord ces deux éléments de notre nature intelligente, l'un relatif, quoiqu'il agisse d'après des formes invariables, l'autre absolu, quoiqu'il réside dans l'intelligence d'un individu mobile. Les facultés déréglées, capricieuses, si elles s'isolent des vérités fondamentales de l'esprit humain, ne s'emploient alors qu'à détruire ; en toutes choses, elles consituent le génie révolutionnaire et produisent d'abord le désordre, puis le dégoût et le doute. Les vérités essentielles, axiomes naturels de l'intelligence qui pourtant ne les découvre que par le temps, l'expérience et la réflexion, seraient, si l'on pouvait les séparer des facultés actives qui les appliquent et les fécondent, des lois stériles, des formules inflexibles et vaines ; elles enchaîneraient l'esprit et ne lui serviraient pas. Entre ses facultés et les vérités, l'homme flotte comme entre le relatif et l'absolu. Il court alternativement le risque du désordre ou de l'impuissance, de l'agitation ou de l'immobilité. Ces deux écueils l'attendent, sur quelque mer qu'il navigue ; et souvent il s'y brise. Ainsi s'occupe-t-il de métaphysique ; comme les philosophes du dernier siècle, il laisse à l'esprit toutes ses facultés en lui prenant toutes ses croyances ; ou, comme les théologiens, il sacrifie à la foi la liberté, et brise les ailes de la raison pour la clouer à la tradition. S'adonne-t-il à la politique, il est toujours sur la pente ou de l'anarchie, ou de l'absolutisme. Étudie-t-il la morale, il la place dans le sentiment mobile ou d'invariables formalités, et tombe dans le relâchement ou le rigorisme. Tous les genres de recherches offrent donc deux chances d'erreurs correspondantes. L'ouvrage qu'on va lire a pour but principal de les signaler et d'y soustraire, s'il est possible, la faiblesse chancelante de l'humaine raison. C'est ainsi que nous concevons que la philosophie, évitant pour elle-même deux périls qui l'ont constamment menacée, puisse enseigner l'art d'en préserver toutes les sciences, dans la pratique comme dans la théorie.

Justifions cette idée en l'appliquant à l'état de la société française, et en recherchant ce que la philosophie peut faire pour elle.

Dès le premier coup d'œil, on remarque, et les moins clairvoyants signalent eux-mêmes la préoccupation politique qui agite notre société. Puis derrière les partis qui la divisent, on lui reconnaît un fonds d'opinions vagues et diverses sur elle-même et sur sa destinée. En dehors même de la politique, elle s'est mise, depuis quelques années surtout, à s'inquiéter de son sort, à s'enquérir de son avenir, à se demander enfin si elle avait bien les conditions de l'existence et de la durée. De là mille systèmes, ou plutôt mille avortements de systèmes qui se donnent pour des doctrines sociales, et qui ne tendent à rien moins qu'à refaire d'ensemble et méthodiquement la religion, l'art, l'économie politique, la morale, et bien entendu la législation et le gouvernement. Enfin à côté de ce que les esprits inquiets pensent ou imaginent, restent les mœurs de la société, les idées et les conventions qui président à ces mœurs, tout ce qui règle enfin les démarches et les relations des individus et des familles. Observons rapidement, et du point de vue de la philosophie, les idées politiques, les idées sociales, les idées morales de la France contemporaine.

Quoi que les passions aient fait, quoi que prétendent le découragement et la timidité, la politique est l'honneur de la France. C'est par ses luttes intérieures qu'elle attire et qu'elle mérite l'attention de l'Europe. C'est à son école que les nations doivent apprendre à se mesurer tantôt contre le pouvoir, tantôt contre les factions, à vaincre leurs ennemis de toutes sortes, à se vaincre elles-mêmes dans la bonne fortune, à se modérer dans la victoire.

Notre temps manque de grands hommes; et l'humanité est accoutumée à ne reconnaître la gloire que lorsqu'elle se personnifie. Il lui faut, pour admirer, voir son propre type réalisé pour ainsi dire, et agrandi tout ensemble dans un de ces individus d'élite qui enorgueillissent notre nature. Certes le sentiment qu'ils inspirent est juste, et ce n'est pas nous qui voudrions contester au cœur humain un seul de ses respects. Mais cependant il faut bien convenir qu'il y aurait quelque chose de subalterne dans cette manie de s'incliner devant un seul, dans cette admiration exclusive, dans cette aveugle préférence accordée à l'individu sur les masses, à la vertu d'un jour sur les travaux d'une époque. Il est romanesque d'exiger de l'histoire, pour en être ému, qu'elle ait un héros, et de porter au spectacle des choses réelles les besoins critiques que nous portons au théâtre. Le monde est un drame qui doit intéresser, émouvoir, passionner, lors même qu'il n'a pas d'autres personnages que des chœurs.

Osons le dire à la France, elle n'est pas assez fière de ce qu'elle a fait, et comme elle ne s'estime pas tout ce qu'elle vaut, elle ne mesure pas tout ce qu'elle peut. Pour nous, cette époque est belle ; aucun autre moment de notre histoire ne nous ferait envie, si la France, en jugeant comme nous, connaissait mieux ses droits à la gloire.

N'attendez donc point de nous de déclamations pusillanimes, de plaintifs gémissements contre la politique et même contre les passions qu'elle nourrit. Ces passions, quelque pervers que soient les cœurs qu'elles dévorent, à quelque funeste école qu'elles aient pris leçon, conservent jusque dans leurs écarts je ne sais quel élément de désintéressement, je ne sais quelle trace d'indépendance et de dévouement, qui n'empêche pas d'être odieux, mais qui sauve d'être vil. Sous leur empire, la nature humaine peut s'endurcir, se dépraver, il est rare qu'elle s'abaisse. Sa dignité périt dans les calculs ignobles du courtisan, du satellite, du publicain : elle subsiste encore dans le séditieux ; elle réchappe des fureurs des partis, et quelques-uns de ses caractères se retrouvent jusque sur le front cynique du sectaire qui se relève de ses vices par son audace. L'esprit de faction, même avec ses iniquités et ses perfidies, ne l'anéantit pas. Quels que soient les mobiles qui poussent à des opinions dangereuses, c'est agir en homme que d'avoir une opinion, et lorsqu'une opinion n'a point pour but unique la satisfaction d'un intérêt sordide et isolé, c'est agir en homme que de la défendre. La prétention seule de penser au bien du pays mérite une sorte d'estime, et, tout en détestant les factions, il est impossible de ne pas voir, dans le fumier fangeux et sanglant où elles s'agitent, briller par fragments deux des plus précieuses pierres du diadème de l'humanité, la fidélité et le courage.

Mais si je vais jusque-là que de reconnaître quelques nobles traits non encore effacés sur la face des mauvaises factions, si je consens à déclarer que la politique atténue l'odieux des passions et des crimes qu'elle fait naître, ai-je besoin de dire quelle sympathie et quel respect doivent inspirer les simples partis, même avec leurs principes extrêmes et leurs ambitions ardentes ? S'unir dans un intérêt public, s'entendre dans une pensée générale, concerter et subordonner entre soi des vues diverses, des penchants personnels, devenir solidaires dans une entreprise qui doit profiter même à ceux qui n'y participent pas, faire au succès commun le sacrifice de son repos, parfois de sa sûreté, parfois de son propre succès, avoir une cause enfin, une cause qu'on est fier d'avouer, quelle louable destinée ! quel noble emploi de la vie ! quelle expiation des misères et des fautes de l'égoïsme individuel ! Et quand cette cause est vraiment la bonne, quand la conscience et la raison en ont certitude, et que la conscience et la raison président à tout ce qui se fait pour la servir, la bonne cause servie par les bons moyens, en un mot, quelle fortune de satisfaction et d'honneur pour le cœur d'un honnête homme! Il nous a été donné de voir plus d'une fois se réaliser, en de grandes circonstances, cette belle combinaison des bons moyens et de la bonne cause. Soit en combattant le pouvoir absolu, soit en résistant aux factions, la France a offert le spectacle rare de la vérité dignement servie, de tous les bons principes du cœur humain mis aux ordres de la justice; elle a bien fait le bien, et elle a donné un exemple dont profitera la liberté du monde, c'est-à-dire la conquête de la politique par la philosophie. Et maintenant qu'elle a fondé ses droits, quelle s'est assurée de sa sagesse, il ne lui reste plus qu'à prendre confiance en elle-même et qu'à s'élever au sentiment de sa grandeur.

Cependant si, écartant les circonstances et les événements, les caractères et les actions des individus, on veut considérer les partis comme des systèmes et leurs luttes comme des controverses, un moment suffira pour reconnaître que les fausses doctrines politiques ne peuvent trouver leur réfutation définitive que dans une critique raisonnée, et que leurs mauvais principes ne se peuvent consumer qu'à la flamme du flambeau de la philosophie. A caractériser rapidement les deux grandes erreurs qui égarent les partis, on peut dire que l'une réduisant toute légitimité, tout droit à une question de personne, tend à matérialiser les conditions du pouvoir, à en supprimer toute la moralité, à soumettre l'esprit de la société à une tradition littérale, et son existence au droit de propriété. Ainsi la vérité politique serait transformée en un dogme supérieur à la raison, et par conséquent à la liberté de la pensée. Dieu même ne s'est point placé si haut. L'autre doctrine, cherchant la souveraineté absolue sur la terre, et la supposant dans la volonté populaire, tend à substituer le fait au droit, et à nier également toute vérité rationnelle en politique. Car les volontés ne sont que des accidents variables, et, ce qui est pire, des accidents qu'on ne peut souvent constater, et qui se traduisent au gré de toutes les fantaisies de l'intérêt et de la passion. On le voit, la politique révolutionnaire préoccupée seulement de la liberté due aux facultés humaines, leur décerne la toute-puissance, quoi qu'elles veuillent d'ailleurs ou qu'elles fassent; et la politique contre-révolutionnaire, au mépris de tous les droits de l'individu et de la société, et partant, de toutes les facultés de la nature humaine, ne sait leur opposer qu'une règle extérieure, prenant pour l'immuable vérité l'hérédité qui n'est qu'un symbole, ou la volonté d'un homme qui n'est qu'un fait. D'un côté, en principe une liberté illimitée; de l'autre, un dogme oppressif. Là, point de règle; ici, point de liberté; là, négation de la vérité politique; ici, culte du fait érigé en droit. C'est, pour ainsi parler, l'athéisme d'un côté, et de l'autre l'idolâtrie.

Et comme s'il était dans la nature de toute erreur d'avoir tous les inconvénients, même ceux de l'erreur qui lui est opposée, le principe de la démocratie absolue qui anéantit toute règle, et par conséquent toute limite de la liberté de l'individu, mène dans la pratique à la tyrannie par l'anarchie. Car si la souveraineté réside dans la volonté du grand nombre, dans le fait et non dans le droit, un despotisme brutal est légitimé par avance; et l'impossibilité d'interpréter et d'avérer cette volonté de tous autrement que par l'entremise des factions ou par la voix de la passion populaire, vient ajouter l'incertitude à la violence et le mensonge à l'oppression. D'une autre part, si l'hérédité monarchique, au lieu d'être une haute condition d'ordre et de durée, une représentation de la perpétuité nationale, est la souveraineté incarnée et le droit fait homme, lorsque le coup des événements atteint cette garantie exclusive, cette seule règle de l'unité sociale, toute barrière s'abat, toute obligation s'évanouit; la morale politique est suspendue, de l'aveu de ceux-là mêmes qui prêchaient le plus haut la discipline monarchique, et les plus crédules sectateurs de la royauté absolue sont alors les premiers à proclamer la dissolution universelle et la nullité des pouvoirs et des lois. Ainsi qu'il arrive quelquefois que la superstition mène à l'impiété, l'anarchie naît de l'absolutisme.

Les deux grandes opinions qui se sont disputé le sceptre en France depuis quarante ans pourraient donc, si elles n'étaient ramenées à des principes d'éternelle justice, conduire la société par des voies bien diverses au règne absolu de la force. Serait-ce mériter le reproche de subtilité qui s'attache à tout rapprochement forcé, que d'assimiler l'une et l'autre erreur à l'erreur philosophique que nous avons tout à l'heure relevée? N'est-il pas vrai que, d'un côté, on n'a vu dans l'homme que des facultés, et l'on a méconnu l'existence des vérités politiques, règles de la société, comme les vérités rationnelles sont les règles de l'homme? N'est-il pas vrai que, de l'autre côté, cherchant à tout prix la vérité immuable, et ne sachant l'apercevoir que dans un dogme en quelque sorte matériel, on a sacrifié à l'immuabilité de ce dogme le libre jeu, le droit des facultés humaines, et détrôné la raison de qui elles relèvent? Aux uns comme aux autres, n'est-il pas vrai que ce qui manque en principe c'est une philosophie politique?

Le bon génie de la France lui a épargné le triomphe définitif d'aucune doctrine violente. Dès que les partis menacent de s'abandonner à cette logique aveugle qui asservit conscience et raison au joug des conséquences extrêmes, le bon sens public s'émeut et prend sous sa garde l'ordre, la loi, la société. Il veille sur tous les intérêts à la fois, et s'efforce incessamment de maintenir dans la juste mesure les prétentions rivales et les doctrines opposées. La société jette pour ainsi dire son sceptre entre les combattants, et s'interpose à ses propres périls entre les fureurs publiques. L'expérience, l'instinct de conservation la préservent des dangers visibles; mais est-ce là une garantie suffisante contre l'action lente des faux principes, ou l'invasion des passions victorieuses? Lorsque le temps est au calme, lorsque la lutte n'est point un combat, et que les partis ne représentent que des idées, les esprits balançant entre les doctrines contendantes, ne savent ni prononcer ni choisir, et tantôt acceptent des principes dont ils évitent le danger par l'inconséquence, tantôt tombent dans une incertitude politique, dans une incrédulité sociale qui perdrait tout si l'intérêt commun ne prévalait contre les faiblesses du scepticisme. Mais l'intérêt est un mobile changeant, toujours il peut céder avec une parfaite conséquence à l'instance d'un plus pressant intérêt. Jamais une société n'a été inspirée uniquement par la prudence qu'il dirige. La vertu, l'honneur, la crainte ont été par un grand esprit institués les principes de certaines formes de gouvernement. Ni l'histoire ne présente, ni l'imagination ne conçoit un état de société dont le principe serait l'intérêt, fût-il monté en grade et nommé l'intérêt bien entendu. On sait des nations guerrières, patriotes, religieuses ; on ne se figure pas aisément une nation qui ne serait qu'intéressée. L'intérêt après tout ressemble beaucoup à la crainte, ce honteux ressort du despotisme, et s'il est vrai qu'il ait quelquefois enfanté des sacrifices, inspiré le dévouement, c'est qu'il empruntait alors à la nature humaine des principes plus nobles que lui-même, des principes désintéressés qui se mettaient passagèrement à son service. Le courage, la persévérance, la fidélité, l'honneur, l'enthousiasme, se sont souvent, faute de mieux, offerts comme instruments aux spéculations d'une prudence vulgaire ; semblables à ces guerriers sans cause et sans patrie, qui engagent leur bras à la solde d'un drapeau qui n'a ni leur foi ni leur amour. On sait que des mercenaires peuvent se conduire en héros.

Mais n'est-il pas et plus juste et plus sensé de mettre d'accord tous les bons principes de notre nature, de concilier les convictions et les vertus, les intérêts et les droits, les calculs et les croyances ?

Pourquoi les factions seules paraîtraient-elles avoir des doctrines? Pourquoi les défenseurs de la bonne cause et des vrais principes n'auraient-ils seuls ni cause ni principes, et verraient-ils leurs nobles actions attribuées à l'inconséquence, ou imputées à l'énergie de l'égoïsme? Une telle dissonance n'est pas naturelle; et certainement, mieux étudiée, mieux cherchée, la sympathie du bien avec le bien, la concordance du bon, du vrai et de l'utile doit apparaître à la raison satisfaite. Or, cette satisfaction de la raison, où la trouver hormis dans la recherche d'une philosophie politique qui s'élève au-dessus des vues partielles, des intérêts accidentels, des passions transitoires, et qui établisse quelque chose de réel, de général, de durable, c'est-à-dire quelque chose d'absolu dans le sens favorable et légitime de l'expression, en un mot une vérité? Toute vérité stable s'enchaîne aux vérités premières. Toute philosophie politique tient donc de près à la philosophie proprement dite. Celle-ci, qui nous montre l'homme pourvu de facultés et de vérités, comme un soldat qui a tout à la fois ses armes et ses étendards, qui doit combattre et obéir, oser et craindre, aimer également le péril et la discipline; la philosophie, dis-je, qui nous montre l'homme libre sous la loi de sa raison, affranchi par elle, et par elle contenu et gouverné, ne sert-elle pas d'exemple et de base à la philosophie politique qui constitue la société à l'image de l'homme, et la veut libre aussi sous la loi de la raison? Le type de tout gouvernement réside dans le gouvernement intérieur de l'âme humaine.

Je ne sais si ce langage est pour déplaire aux factions contemporaines ; mais telles ont été leurs illusions et leurs fautes, qu'elles ont réussi non-seulement à désabuser d'elles, mais encore à dégoûter de la politique beaucoup d'esprits élevés auxquels la fermeté manque, et que préoccupe le besoin chimérique d'un perfectionnement supérieur à ce que nous ont valu nos révolutions. Le public a été plus d'une fois entretenu, dans ces dernières années, de ces tentatives de doctrines sociales qu'on a voulu substituer aux symboles surannés des partis. Si aucune de ces doctrines n'a triomphé, toutes, en se retirant, en se dissipant comme un phénomène sans réalité, ont laissé après elles des traces, une lueur, une fumée ; toutes ont légué à l'esprit humain quelques idées, quelques formules ; toutes ont ébranlé quelques-uns des préjugés de l'époque, et semé quelques vagues idées de réforme et de réorganisation, qui défrayent en ce moment la plupart des écrivains, sectateurs du progrès, soit philosophes, soit historiens, soit romanciers. A les entendre, il semblerait qu'un changement plus étendu et plus profond que la Révolution même, s'est opéré dans les esprits, que tous les préjugés du siècle ont cédé, et que la pensée et la société à sa suite est définitivement entrée dans une voie obscure et nouvelle qui conduit vers un grand but inaperçu et pressenti de tous. On peut soupçonner quelque exagération, quelque présomption dans ces promesses que les livres font chaque jour à la société. On ne saurait répondre que des calculs tout littéraires n'entrent pour rien dans cet évangélisme tant soit peu vague, dans ces aspirations d'une foi inactive vers une régénération inconnue. Ces nouveaux dogmes, plus annoncés qu'enseignés, pourraient bien se réduire à quelques vues critiques sur les opinions que nous ont laissées la philosophie et la révolution du xviiie siècle. Peut-être que le talent, en faisant comme aujourd'hui si grande consommation de paradoxes, n'a fait que changer de lieux-communs, et rien ne garantit la réalité éventuelle de cette réformation des affections primitives du cœur et des relations fondamentales de la société. Ceux qui la prédisent n'ont guère acquis jusqu'ici par leurs œuvres le droit de trouver mesquines nos révolutions politiques, et misérables les changements de constitution ou de dynastie dont nous avons eu la modestie de nous contenter.

Mais enfin il est certain qu'au delà des idées politiques propres aux partis réels, il existe des idées et des sectes qui, bien que diverses, composent un ensemble qu'on peut appeler le *socialisme*. Quoi qu'une raison sévère voulût rabattre de ces magnifiques anticipations d'un avenir qu'on prédit, mais qu'on ne prévoit pas, il y aurait injustice ou légèreté à regarder comme non avenues ces nouvelles questions sociales, ces nouvelles idées sociales, et surtout la direction intellectuelle qu'elles indiquent. Tout état des esprits mérite attention; toute forme qu'ils affectent a sa raison. Même leurs caprices ont droit à l'examen; et des opinions n'auraient aucune valeur en elles-mêmes, qu'elles devraient être étudiées pour les dispositions qu'elles attestent et les besoins qu'elles accusent. Ce que l'homme sait, n'est souvent pas important; ce qu'il cherche l'est toujours.

Le saint-simonisme a été la première phase de ce mouvement des esprits, et malgré les variations de cette doctrine, malgré les dissidences qui en séparent les autres systèmes dont elle a été le signal, on peut en général rattacher au saint-simonisme toutes les théories de réforme sociale qui se retrouvent aujourd'hui par lambeaux dans un grand nombre d'écrivains. Les distinguer et les compter pour les apprécier l'une après l'autre, serait l'objet d'un travail curieux peut-être, mais déplacé en ce moment. Il nous suffit de remarquer qu'elles sont toutes, comme le saint-simonisme proprement dit, des doctrines historiques plutôt que philosophiques. Leur point de départ à toutes est une vue générale de l'histoire des nations, élevée à la conception d'une histoire de l'humanité, et dominée par une seule idée, la perfectibilité. Ce fait de la perfectibilité, principe de la nouvelle science historique, se manifeste et se développe suivant certaines lois qui ne sont autres que les caractères plus ou moins bien observés des différentes époques. De ce que l'humanité a été, on conclut facilement qu'elle devait être ce qu'elle a été; c'est à peu près là toute la philosophie de l'histoire. Puis on fait un pas de plus, et de ce qui fut et de ce qui est on déduit ce qui doit être. C'est ainsi que du passé on infère l'avenir; tout ce dogmatisme tant annoncé se réduit à quelques conjectures logiques; et voilà comme la réalité peut conduire à l'hypothèse et le fait engendrer l'utopie.

Au fond, toutes les doctrines de socialisme sont essentiellement critiques. Malgré des prétentions contraires, la première de toutes, le saint-simonisme, est critique. Il a montré dans l'histoire de toute société deux époques déjà souvent observées, celle où les hommes sont unis dans une croyance commune, celle où les hommes se divisent sous l'empire d'opinions opposées. Il a appelé l'une organique et l'autre critique ; il y a longtemps que les théologiens avaient distingué l'âge de l'autorité de l'âge de l'examen. Or, chaque époque critique doit aboutir à une époque organique. Entre l'une et l'autre, la différence est celle de la recherche à la découverte, de l'effort au succès, de la marche au but, de la poursuite de la vérité à la possession de la vérité. Mais, par la loi de la perfectibilité, rien n'est, en quelque sorte, que provisoirement définitif. Avec le temps, l'*organisme* d'une époque devient insuffisant, suranné, impuissant, et un nouveau *criticisme* conduit à un organisme nouveau. Quand l'esprit d'examen s'élève, il présage la foi.

Quel est le caractère de notre époque? Sans contredit elle est critique. De quelle époque organique est-elle *grosse*, pour parler comme Leibnitz? La réponse à cette question diffère un peu selon les sectes ; mais généralement elle se rapproche beaucoup de cette formule saint-simonienne, que la *lutte* doit faire place à la *paix*, ou l'*antagonisme* à l'*association*. Tout cela veut dire que, tôt ou tard, aux temps où l'on se dispute succèdent les temps où l'on est d'accord. Cette vérité un peu vague est ce qui ressort de plus positif du saint-simonisme, et des doctrines affiliées ou rivales. Quant aux conditions de la paix, quant aux bases de l'association, c'est-à-dire quant à l'histoire de l'avenir, on a varié beaucoup, et cet avenir a été plus promis que décrit, plus caractérisé que raconté. Cela est tout simple; en pareille matière, l'esprit de l'homme peut, tout au plus, prévoir le but, jamais les moyens. Si des inductions générales il arrivait à des inductions positives, il s'élèverait de la conjecture à la prophétie, et la science passerait à l'état de religion. C'est pour cette raison, entre autres, que le saint-simonisme s'est efforcé d'être une religion; mais il a expiré dans ce grand effort.

Ainsi, il est resté critique; et dans sa critique a résidé toute sa force. Il a jugé les systèmes contemporains; à savoir, la philosophie dite du xviiie siècle, la politique constitutionnelle, l'économie politique, et ce qu'on a appelé l'éclectisme. Dans ces quatre systèmes, il a cru trouver ou du faux ou du vide. Dans la guerre engagée contre les opinions du passé, il a signalé un état forcé, douloureux, transitoire, qui trouble et paralyse l'humanité. Par l'examen de beaucoup d'opinions légèrement reçues, il a fait un bien réel; il a ébranlé quelques préjugés fraîchement construits, et vieilli quelques jeunes erreurs. Mais ce succès n'est qu'une destruction de plus, et de nouveaux doutes sont peut-être les traces les plus durables qu'il ait laissées après lui.

Lorsque en effet il a voulu fonder, lorsque les opinions sociales ont prétendu être dogmatiques, le faible a reparu. Quelques vues sur le passé et une polémique subversive contre le présent ne suffisent pas pour constituer une science spéculative ou une réforme organique. Dans les essais ou inventions qui devaient engendrer la société future, il a toujours été facile de reconnaître une imitation des formes du catholicisme, un plagiat de son histoire, la singulière prétention de refaire un moyen âge avec la révolution française pour point de départ.

Aucun des plans de réorganisation sociale n'est encore en voie de réussir, et il serait oiseux de discuter des idées qui ne vivent point. Une seule observation nous importe; c'est que le saint-simonisme s'est toujours ressenti de l'inconvénient d'avoir procédé exclusivement de considérations historiques. A ne juger l'humanité que dans son ensemble, on risque de ne connaître que superficiellement la nature humaine; et les vues sur la société sont périlleuses, si elles ne s'appuient sur l'étude de l'homme. En d'autres termes, le saint-simonisme n'a pas été assez philosophique. De l'humanité, en effet, que lui apprend l'histoire? Une seule chose, la perfectibilité. Il la déduit *a posteriori* des progrès du bien-être des masses, manifesté par le progrès de l'égalité. Ce progrès est réel assurément, et digne de tout le bien qu'on en dit; mais ce n'est qu'un fait, non un principe, c'est un symptôme, non une cause, et la perfectibilité ainsi entendue ne peut être érigée en loi. La perfectibilité est un terme relatif à un autre terme, le parfait; l'amélioration suppose le bien; or, ce parfait, ce bien, il faut savoir ce que c'est. Si vous prouvez, si vous déterminez la perfectibilité uniquement par ses conséquences apparentes, par ses effets sensibles, comme l'a fait le saint-simonisme, vous vous privez de toute règle pour fixer ce qui doit être, vous ne pouvez plus rien établir de pur, d'immuable, de rigoureux. Aussi le saint-simonisme n'a-t-il pu trouver à la société d'autre loi que le bonheur, à la morale d'autre principe que la sympathie, et voulant forcer les hommes au bonheur par l'organisation sociale, il a méconnu tout à la fois la liberté et l'obligation. Le droit manque à sa morale comme à sa politique, et toute sa philosophie est purement sentimentale, c'est-à-dire qu'il n'a pas de philosophie. Car l'absolu ne se puise qu'à sa source, dans la raison, et la raison n'apparaît qu'indirectement dans la vie des individus et des peuples. Il faut la chercher en elle-même et non dans les manifestations changeantes de l'humanité en action. La vérité ne se conclut pas des événements, elle les juge, et la philosophie domine l'histoire, au lieu de résulter de l'histoire. Le procès n'est pas la loi.

L'erreur commune de toutes les nouvelles doctrines est, à mes yeux, de supprimer ou d'affaiblir ensemble l'existence de la liberté humaine et celle d'une règle absolue, deux éléments, deux faits dont l'antagonisme est la clef de notre destinée morale. De cette double erreur naît le fatalisme dans l'histoire, l'arbitraire dans la politique, le matérialisme dans la morale. De quelque mysticisme éloquent, de quelque exaltation romanesque que tente de se parer toute l'école littéraire qui exploite les idées *humanitaires* ou *sociales*, il est rare qu'elle échappe aux écueils que nous venons de signaler, et nous ne doutons pas que, pour féconder et régulariser ses doctrines, une chose surtout ne lui manque, l'étude philosophique de l'homme.

Des systèmes passons maintenant aux faits, et voyons enfin si cette société, pour qui l'imagination cherche des remèdes chimériques, est si malade que les ressources connues de l'art soient épuisées. Quel est, en effet, son état moral, et la sollicitude qu'elle inspire est-elle fondée? On peut hésiter; les réponses les plus contradictoires se font entendre. S'agit-il de la société passée, de celle de l'ancien régime, le jugement n'est jamais assez sévère. Jamais on ne craint de trop insulter ce monument écroulé, le seul peut-être dont les ruines n'aient jamais été respectées. L'indignation s'empare du plus froid historien dès qu'il parle de la société du xviiie siècle, et le moins religieux est prêt à voir une justice de la Providence dans les rigueurs sanglantes de la révolution française. Le bien que celle-ci a fait est en revanche complaisamment étalé, et les censeurs les plus sévères de nos gouvernements nous feraient croire volontiers au retour d'un âge d'or social dont la pureté serait sans alliage, si le pouvoir ne nous faisait vivre au siècle de fer. Un temps n'est pas loin où, mise en présence d'une dynastie qui représentait la société passée, la France, enthousiaste de ses propres vertus, se comparait avec un orgueil sans limites à ce qu'elle avait été, et faisait de sa propre perfection une incompatibilité de plus avec la restauration de l'ancien régime.

Mais lorsque la controverse politique cesse, et qu'il est question d'observer la société en elle-même, si l'écrivain surtout a constaté douloureusement que ses opinions politiques le rangent dans la minorité, l'optimisme moral s'évanouit, et la société est à son tour condamnée au supplice de l'exposition publique. L'unité, la constance, la foi, l'harmonie des actions et des croyances, la dignité des mœurs, l'énergie du dévouement et la grandeur du caractère, tous les mérites sont à l'envi décernés à ce qui n'est plus. Quant à nous, nous marchons à la dissolution, à la décomposition; nous sommes en *poussière*, c'est le mot consacré. L'individualisme triomphant a tout desséché, et ce sable aride ne peut plus boire que le sang. Une démocratie incrédule, revêtue de nos formes modernes de gouvernement, c'est exactement le sépulcre blanchi de l'Évangile. Il faudrait le souffle de vie d'une doctrine nouvelle pour ranimer ces cendres, et remettre debout ces ossements.

Quel est le portrait fidèle? où se montre la vérité? Bien téméraire qui voudrait en quelques mots juger son temps et son pays. Une distinction cependant est nécessaire. C'est la société politique et civile qui vient de la révolution. Or, quoi qu'on pense en matière de gouvernement, il paraît impossible de nier que cette société, dans ses relations journalières avec ses autorités immédiates, voit régner une équité, une modération, une régularité qui sont les fruits de la civilisation moderne. La morale publique, en ce qui concerne la gestion des intérêts ordinaires de la communauté, a, sans contredit, fait d'évidents progrès. Les rapports sociaux, renfermés dans le cercle où la législation les règle, où les tribunaux les jugent, admettent également une sûreté, une facilité, une douceur qui attestent aussi un progrès réel; et si l'on consent pour un moment à ne voir dans la société qu'une multitude administrée, qui travaille et produit, vend et achète, passe des contrats, plaide des procès, conclut des transactions, on doit accorder que la société française est la mieux faite qu'aucune époque ait présentée, et donner tort aux réformateurs impatients qui prétendent substituer l'ouvrage de leurs mains à cette œuvre des siècles et des événements. Mais si nos regards plongent plus avant, si nous observons le fond de la société, ce qu'on pourrait appeler la société morale, si nous jugeons les actions moins dans leurs apparences, dans leurs conséquences visibles que dans leurs principes, si nous osons enfin sonder les reins et les cœurs, nous concevrons mieux la sévérité de certains jugements, et le moraliste qui peindrait *les caractères et les mœurs de ce siècle* ne nous paraîtra pas plus que La Bruyère condamné à la monotonie du panégyrique.

Nous n'immolerons pas le présent au passé. Les mœurs anciennes de la France, à toute époque, ne nous inspirent qu'une admiration fort médiocre et nulle sympathie. Il y avait dans le passé un vice que rien pour nous ne rachète, l'inégalité civile. Partout où elle existe, quelque grandeur qu'elle développe chez un petit nombre à l'aide du privilége (et, en France, il y a longtemps que le privilége ne développait plus rien de grand), elle entraîne une corruption qui lui est propre, qui dépare les sociétés les plus belles, qui gâte les meilleures et les plus généreuses natures. Le passé avec tous ses bienfaits, avec toutes ses gloires, doit apparemment avoir mérité cette inimitié profonde et implacable que lui garde le cœur de la nation. Mais, en elle-même et toute comparaison écartée, la société actuelle peut déplaire par plus d'un côté. C'est une société sensée; elle a, dans toutes les significations du mot, ce que le christianisme appelle la sagesse du siècle. Elle aime l'ordre, honore le travail, estime la morale qui protége le travail et l'ordre; mais pourquoi? parce qu'elle veut du bien-être. Elle ne s'en cache pas; et de ce goût fort naturel elle tire assez de vanité pour vouloir qu'on l'en loue, et faire de félicité vertu. Tout cela est bon assurément sans être fort beau, mais cela constitue une société régulière encore plus qu'une société morale. L'intérêt y prévaut publiquement, et l'intérêt, quelque parfaitement qu'on l'entende, donne à toutes les vertus l'air de la prudence qui en est une aussi, mais qui n'est ni la première ni la mère de toutes. Dieu seul est juge des intentions, et nul n'oserait prétendre qu'il n'y en ait pas beaucoup de désintéressées, que la source vive des sentiments élevés et des passions pures ait cessé de jaillir. Mais enfin, la première place dans l'estime d'un certain monde semble aujourd'hui réservée à la sagesse utile. Le caractère général des actions et des affections est une certaine mesure qui interdit à la fois l'excès du bien et celui du mal, l'abus et le sacrifice. Lors même, et les exemples n'en sont pas trop rares, que le dévouement se montre, il se couvre, autant qu'il le peut, des apparences du calcul; il a soin d'établir qu'il a bien placé sa peine, et que la prévoyance ne lui a pas manqué. En général, l'opinion, le pouvoir, les fondateurs d'institutions et les faiseurs de livres ne sont occupés que des moyens de rendre le devoir profitable et d'intéresser la vertu. Si ce but est atteint, la société sans doute y gagnera; qui sait même si la masse des bonnes actions ne s'en accroîtra pas? Mais qui peut douter aussi que les affections n'en deviennent moins profondes, les cœurs plus arides, les âmes moins grandes?

Se faire une position, améliorer celle qu'on s'est faite, voilà aujourd'hui le but et la règle. Et comme les bons moyens sont en général les plus sûrs, la vertu est, ou peu s'en faut, considérée comme un capital reproductif, et la morale déchoit à n'être qu'une partie de l'économie politique. Des philosophes sincères en sont à peu près convenus. Qu'arrive-t-il alors que cette opinion-là passe des esprits dans les consciences? La masse sociale, contenue par les lois et dirigée par l'intérêt, semble en péril au premier vent qui dérange cette belle ordonnance, plus digne d'une machine que d'une société. Dénuée de principes, sa conduite est à la merci d'un faux calcul. La moindre erreur, la moindre variation dans son intérêt peut la bouleverser en un jour; au milieu du calme la sécurité n'existe jamais. On sent que si les bras sont occupés, les esprits ne sont pas fixés, et que rien d'immuable ne garantit la durée. On ne sait ce que le peuple croit, car soi-même on ne sait que croire; les intérêts à leur tour s'alarment de n'avoir d'autre sauvegarde que l'intérêt. Et cependant où trouver mieux? Quel dieu invoquer? La tradition, elle n'existe plus; tout est nouveau. La religion, on la veut en gros comme moyen d'ordre, mais en détail, dogmes et pratiques, on en sourit. La philosophie, c'est de la métaphysique, et les arts et métiers n'en ont que faire. Reste la police, à laquelle on s'en remet provisoirement du repos du monde.

Que devient alors l'élite de la société, cette aristocratie inévitable que la fortune et l'éducation superposent partout à la multitude? elle est intelligente apparemment, elle est éclairée; elle entend bien son intérêt, et connaît l'utilité des habitudes régulières et de la bonne conduite. Ne doutez pas qu'elle ne soit bien sage, qu'elle ne porte en tout une parfaite modération. Elle se préservera également des croyances fortes et des passions vives, des austérités et des imprudences; ne craignez pas qu'elle tombe dans le fanatisme, qu'elle s'exalte jusqu'au désordre et s'emporte jusqu'au dévouement. Toutes ses habitudes seront douces, ses sentiments modérés, ses mœurs rangées plutôt que pures; elle ne croira rien de crainte de s'égarer, pensera peu de crainte de se fatiguer en pure perte, dira que les idées sont des systèmes, les croyances des fanatismes, appellera folie tout ce qui l'inquiète, crime tout ce qui la menace, blâmera même tout ce qui l'amuse, s'ennuiera de tout ce qu'elle approuve, et enseignera au peuple la tiédeur en guise de sagesse. Elle ne se montrera ni insolente, ni généreuse; ni oppressive, ni réformatrice; laborieuse quelquefois, entreprenante jamais. *Rien de trop* sera sa devise, et ce qui lui donnera quelque souci sera toujours *de trop*. Que désire-t-elle au fond? être heureuse; et son bonheur est le repos. A cette condition seule, elle reconnaît la société et le règne de la morale publique. Un égoïsme prudent, tel est son caractère; c'est la traduction pratique de l'intérêt bien entendu des philosophes.

Et cependant, comme la nature humaine demeure tout entière au sein d'une société d'hommes, comme il y a toujours telle chose que l'imagination, telle chose que les passions, comme il n'est pas donné à la religion de l'utilité de subjuguer ce cœur humain que n'a maîtrisé même aucune religion, pensez-vous que ce calme apparent ne coure aucun risque de trouble, que cet ordre admirable soit respecté comme celui d'un couvent? Sachez qu'il y a des esprits que tout cela ennuie. Vous ne leur avez laissé rien à croire, rien à adorer; pour eux, ni traditions, ni principes. Si par malheur l'intérêt, le vôtre du moins, ne leur impose pas, si même il les dégoûte, si même au repos ils préfèrent l'émotion, si leur imagination les tourmente, où s'arrêteront-ils? quelle barrière s'élèvera devant eux? Les idées bizarres, les sentiments forcés, les affections et les émotions excentriques, tous les monstres que l'imagination enfante quand elle n'est gênée ni par la morale qui est au-dessus d'elle, ni par le calcul qui est au-dessous, viendront inquiéter et scandaliser cette société de bon sens et de bon goût. Que pourra-t-elle dire? Qu'aura-t-elle fait pour occuper ou gouverner les facultés les plus entreprenantes et les plus périlleuses de l'âme? N'est-il pas naturel qu'elles exigent plus qu'on ne leur donne? La raison humaine n'est pas seulement une humble balance, un instrument qui pèse ou qui mesure; elle est aussi cet objectif puissant qui nous admet au spectacle des astres. Elle est faite non-seulement pour calculer l'utile, mais pour jouir du beau, ou tout au moins pour se consacrer au vrai. Lorsqu'on lui refuse ces nobles plaisirs qui la contentent et la modèrent, elle se corrompt, elle s'égare, et demande aux conceptions de l'imagination, aux émotions même des sens, un dangereux aliment, et se prostitue aux fantaisies d'une sensibilité maladive. L'étrange, le bizarre, l'outré deviennent les caractères des ouvrages d'esprit, et la corruption du goût se montre bientôt comme pour annoncer ou suivre celle des consciences. Et en effet, qu'attendre de ceux qui n'écrivent point, mais qui rêvent, se passionnent et agissent? La révolte ou le suicide. Ils s'en prendront nécessairement à la société telle que l'homme, ou telle que Dieu l'a faite. Contre l'homme il y a un recours, c'est la force. Contre Dieu, il n'y a qu'un asile, le néant. Le néant vous délivre de Dieu, si vous ne croyez pas que la mort vous cite devant lui.

Que la société s'étonne alors; qu'elle se plaigne, par exemple, que sa littérature la menace et la corrompt, que les mauvaises pensées engendrent les mauvaises actions. A ces cœurs qui souffrent ou qui haïssent, à ces imaginations qui s'échauffent, à ces vices qui éclatent, à ces passions qui fermentent, elle ne sait opposer que des raisons de ménage, que des considérations d'ordre, de prévoyance et d'économie, fort propres à persuader les bourgeois des comédies de Molière. Mais ce qui impose, ce qui fait hésiter l'audace, ce qui force à rougir le cynisme, mais la beauté, la majesté, la grandeur, je les cherche vainement dans ses croyances, dans ses actes, dans son langage. Elle rabaisse même ses bonnes actions, donne de mesquins systèmes pour motifs à de nobles pensées, et traduit petitement les grandes choses de son siècle. Elle n'entend être louée que de sa prudence, et serait fâchée d'être soupçonnée d'un faible pour la gloire. Le citoyen, qui affronte la mort, comme le Spartiate, pour obéir aux saintes lois de la patrie, aime qu'on lui dise qu'il se dévoue pour la défense de sa boutique, et déguise l'héroïsme en spéculation mercantile. Je serais désolé de justifier aucun sophisme, d'excuser aucun crime; mais les défenseurs de la société ont souvent leur part dans les préjugés de ses ennemis. L'intérêt, chacun le prend où il le trouve, et le trouve où il veut. Si la morale, si la vérité n'est qu'utile, qui peut m'interdire de préférer le plaisir au profit? Et comment ne serais-je pas libre d'aimer mieux prodiguer qu'économiser ma force? Il me plaît de détruire, il me plaît de sacrifier le présent à l'avenir, de me divertir des émotions du désordre plus que des jouissances de l'ordre; qu'avez-vous à m'objecter? Votre morale est une morale de code civil, et la propriété, disent les jurisconsultes, est le droit d'user et d'abuser : n'est-ce pas la définition de l'intérêt? User et abuser de la société et de la vie, voilà le privilége de tous dans le monde de la civilisation matérielle. Les philosophes qui ont travaillé à ne point nous laisser d'autre monde, les derniers héritiers de la philosophie du XVIII° siècle, seraient singuliers de s'indigner des paradoxes romanesques de l'imagination révolutionnaire, ou des attentats absurdes de l'exaltation antisociale. Je sais que tant de déraison les confond, et qu'ils ne peuvent absolument accorder de tels égarements avec les lumières du siècle. Étrange surprise, en vérité! ils ont établi avec soin, avec complaisance, avec orgueil, que les croyances de l'homme sont l'ouvrage de ses sensations, que la morale n'est que le recueil des recettes les plus communément sûres pour être heureux, qu'il n'y a rien d'absolu dans nos connaissances, par conséquent nulle règle immuable, que toutes les sciences sont ainsi des sciences physiques, dont l'utilité individuelle ou sociale est après tout le but suprême et la raison dernière. En un mot, une philosophie toute sensuelle, et partant matérialiste ou sceptique, et quelquefois l'une et l'autre, a tenté de dépouiller l'âme de toutes ses richesses, de rendre la vérité sèche, froide, petite, de donner à la raison je ne sais quoi de mesquin et de subalterne; et puis on est tout surpris que la raison ne se plaise pas dans la condition médiocre qu'on lui a faite, et que cédant à des instincts qu'on a tout à la fois méconnus et déchaînés, à des besoins qui se dépravent lorsqu'on les néglige, elle se révolte et s'emporte. Vous avez brisé l'entrave d'un généreux coursier. Où le mènerez-vous, et que lui donnerez-vous, la course, la chasse, la guerre? Non, vous voulez l'atteler à la charrette; prenez garde qu'il ne redevienne un cheval sauvage.

Ce tableau serait bien sombre s'il contenait toute la vérité, s'il ne représentait pas exclusivement le mauvais côté de la société, et moins encore dans son état moral que dans son état spirituel; elle n'en est pas là assurément, bien que telle soit la source des maux dont elle se plaint, bien que tel soit le terme vers lequel elle marcherait à pas trop rapides, si d'autres causes ne la retenaient et ne la relevaient, s'il n'y avait dans l'homme une raison pratique qui se joue des systèmes. Les préoccupations politiques, l'amour naturel de l'ordre et du travail, l'excellente constitution civile de la France, l'équité et la liberté qui président aux relations de la famille et de l'individu, et par-dessus tout cette noble nature humaine que le sophisme ne peut suborner tout entière, sauvent notre pays de l'empire absolu des fausses doctrines, ou plutôt de l'effet désastreux de la nullité des doctrines et des croyances. Il faut voir le mal et hardiment le signaler, mais non pas croire qu'il domine tout et va tout détruire; il ne faut pas, comme tant de gens aujourd'hui, désespérer à chaque instant du monde, et recommencer incessamment l'oraison funèbre de la société.

Ce qui manque à une société dont les croyances ont fui, ce sont des principes. La science des principes en toutes choses, c'est, il faut bien me passer encore le mot, la philosophie. Est-ce à dire qu'on doive faire de la nation française une société de philosophes? D'Alembert ou Condorcet n'auraient pas hésité à répondre : oui. Nous dirons, nous, que lorsque tous les hommes qui réfléchissent s'accordent dans une certaine manière de penser sur les grandes questions de la nature et de la destinée, il en transpire quelque chose dans la littérature et dans l'éducation, et qu'ainsi l'esprit des générations se modifie. Elles entendent la leçon sans être entrées dans l'école. La pensée du livre vient à elles sans qu'elles aient lu le livre. Cette pensée, dans sa pureté et sa généralité intellectuelles, est nécessairement une pensée philosophique. Celle que nous voudrions voir devenir la régulatrice secrète des opinions, devrait, en maintenant les esprits dans l'affranchissement du joug des conventions ou des traditions factices, régler leur liberté et leur essor, leur apprendre qu'il y a en eux autre chose que des facultés actives, puissances neutres, et qui n'ont en elles-mêmes ni leur règle ni leur but; mais qu'en regard de ces forces il y a des principes immuables, un type absolu, auquel les facultés se rapportent et s'assujettissent par l'ordre de la raison. La raison est plus qu'un flambeau; un flambeau n'est précieux que par les choses qu'il éclaire. Or c'est la vérité qui brille éclairée par la raison; la raison *illumine* ainsi *tout homme venant au monde*. C'est la vérité qui mérite la recherche et la science, l'amour et la foi. Vous n'auriez appris aux hommes qu'une chose d'elle, à savoir qu'elle existe, le service serait déjà grand; car vous les auriez arrachés au principe du scepticisme, et par là une première atteinte serait portée à l'incrédulité et à l'indifférence, c'est-à-dire aux racines du mal qui trouble et humilie la société jusque dans la joie de ses conquêtes et l'orgueil de ses progrès. Persuadez lui qu'elle a quelque chose à croire, et elle aura fait un grand pas.

Pour son bonheur et pour son honneur, à son grand dommage et à sa grande honte, l'homme est inconséquent. Il n'est jamais ni aussi bon ni aussi mauvais que ses opinions. La perfection suprême, ou la dépravation dernière qui serait le résultat logique de ses principes, trouve une prompte limite, soit dans la faiblesse de sa nature, soit dans l'autorité de sa conscience. Toujours il subsiste en lui quelque chose d'inexpiable et quelque chose d'incorruptible, et dans le mal même l'homme n'est pas infini. Bien plus, quelquefois ses convictions demeurent oisives et stériles dans sa pensée, et n'exercent aucune puissance sur l'inertie de son âme ou contre la violence de ses passions. Cependant on ne peut nier que des opinions, des théories, si l'on veut, ne fournissent, soit à la conscience, soit aux passions, des arguments et des prétextes. Tantôt elles colorent des faiblesses, absolvent des fautes; tantôt elles empêchent cette subornation de la raison au profit des vices du coeur. Elles enhardissent ou embarrassent, elles poussent ou détournent, et il faut craindre celui chez lequel le caractère, la croyance, la passion et l'intérêt se coalisent pour le mal. La prétention actuelle de la politique et même de la morale est de mettre l'intérêt du côté du bien. Où serait l'inconvénient d'y mettre aussi la pensée, et d'enlever à nos fautes la complicité éventuelle de la raison? Il ne restera à notre coeur que trop d'amorces pour séduire notre esprit. Les passions ne sont jamais en reste avec la raison, et celle-ci délègue trop aisément à ses flatteurs le droit de lui commander.

Une même conclusion sort de toute cette introduction. Si nous considérons autour de nous les opinions politiques, les opinions sociales, les opinions morales, la société paraît manquer de principes fixes et purs, placés dans une sphère assez haute pour que la passion, le sophisme et le doute n'y pénètrent pas. Cependant cette société est raisonnable; elle a en aversion les préjugés de tous genres, comme les hypothèses de toutes sortes; elle a, on peut le dire, l'esprit libre. Des principes destinés à une société raisonnable ne peuvent être que rationnels; le langage le dit comme le bon sens. Chercher un ensemble de principes rationnels ou une philosophie, ce n'est donc pas tout à fait se jeter dans une spéculation sans but; ce n'est pas perdre terre et oublier les choses de ce monde. Penser n'est pas rêver, et les mépris de l'indifférence ou de la moquerie, qui attendent la philosophie, ne sont qu'un symptôme de plus du mal qu'elle veut guérir. Une société sans traditions, sans croyances, qui ne sait que raisonner, et qui analyse son malaise, aurait bon air, en effet, de railler le raisonnement, de traiter de vision toute théorie. Elle a tant de droits d'être dédaigneuse! elle est si sûre de son fait! elle sait si bien que dire et que penser! ses opinions pratiques sont si stables, si assurées contre l'expérience, si supérieures au doute! elle a toujours si heureusement réussi dans ses calculs, et les systèmes industriels comme les sciences physiques, ont à se prévaloir d'une durée, d'une perpétuité, d'une infaillibilité si imposante! Gardez-vous, parce que l'esprit philosophique marche en tâtonnant, hésite d'avancer, revient sur ses pas, d'insulter à ses incertitudes. Parce qu'il pénètre en de grandes profondeurs ou s'élève à de grandes hauteurs, gardez-vous de l'accuser d'ambition chimérique, de ténébreux égarement. Des prétentions plus humbles en apparence ne vous ont pas si bien tourné. Des certitudes qui vous semblaient plus positives se sont fondues dans vos mains. Vous n'en êtes pas moins tombés pour être tombés de moins haut, et vous ne vous montrez pas plus habiles à prendre les moineaux dans les buissons, que lui les aigles sur les rochers.

Pétrone raconte qu'un Romain fit graver sur son tombeau cette épitaphe : « Staberius repose ici..... « Il est venu de peu. Il a laissé trois cents millions « de sesterces. Jamais il n'a voulu entendre les phi- « losophes. Porte-toi bien, et imite-le[1] ! » On le voit, la sagesse du siècle n'est pas nouvelle. *Venir de peu, gagner beaucoup, et ne pas écouter les philosophes,* voilà l'esprit d'égalité, l'intérêt supérieurement entendu, et l'indifférence en matière intellectuelle. Il y a mille ans et bien davantage que le secret est connu; a-t-il fait grand bien à ceux qui l'ont découvert? Je comprends Caton l'Ancien proscrivant les philosophes. A l'âge des vertus rudes, des croyances fermes et grossières, on peut assez sensément se passer de doctes études. La charrue triomphale du vieux Romain suffisait à son activité et à son orgueil. Mais quand on a des millions de sesterces, on ne

---

[1] *Petron.* 71. — N'est-ce pas le même Staberius dont Horace dit que tant qu'il vécut il regarda la pauvreté comme un grand vice?

..... *quoad vixit credidit ingens*
Pauperiem vitium.....
II, Sat. III, v. 91-2.

peut mieux faire que d'écouter les philosophes. Aux mœurs faibles, aux caractères amollis, il faut au moins l'élévation de la pensée, et dans l'âge des Pétrones, c'est la philosophie seule qui fait la piété des Antonins.

ESSAI I.

DE LA PHILOSOPHIE FRANÇAISE AU XIXe SIÈCLE.

Si nous nous proposions de tracer le tableau de la philosophie du xviiie siècle, il se représenterait d'avance à tous les esprits, et nulle incertitude ne s'élèverait sur le sujet ou sur le plan de l'Essai qu'on va lire. Telle est l'unité des opinions de cette époque que leur histoire ressemblerait à l'exposition d'un système. Le temps où nous sommes offre un autre caractère, et l'on ne pourrait sans hésiter répondre à cette question : Quelle est la philosophie de notre siècle ? Le propre de notre siècle, en effet, et peut-être sa gloire, est d'avoir rouvert le champ à toutes les idées, à toutes les doctrines. L'esprit humain s'est répandu dans tous les sens; l'empire de la pensée n'a plus de privilégiés ni de proscrits; l'examen ne connaît plus d'exception. La responsabilité, cet attribut de l'humanité même, et que les institutions modernes s'efforcent péniblement d'introduire au nombre des conditions du pouvoir, est devenue une des conditions imposées à tous les systèmes; car les systèmes sont aussi des puissances, et la politique n'est pas seule à vouloir de la justice et de la liberté.

Si toutes les opinions sont admises au concours, toutes ne peuvent remporter le prix. Sans doute aucune domination intellectuelle ne saurait désormais se rendre absolue ni se montrer exclusive; les droits de l'esprit humain ne le souffriraient plus, et l'impartialité que l'expérience nous donne a mis un terme à l'intolérance. Mais cependant la vérité doit prévaloir. Il en est à peu près dans le domaine des idées comme dans nos assemblées publiques; toutes les opinions y doivent être représentées, toutes y comparaître à titre égal; une seule y domine, non pas sans réserve et sans contrôle, mais à la charge de revendiquer incessamment ses droits, et de sans cesse légitimer ses prétentions. Ainsi, de la convocation libre de toutes les doctrines philosophiques il doit tôt ou tard résulter un vote général en faveur d'une certaine doctrine qui se distinguera des autres sans en opprimer aucune, qui régnera tout en discutant, et qui possédera en elle-même, il faut l'espérer, ce principe actif de perfectionnement, qui semble seul égaler la pensée humaine à la nouveauté incessamment renaissante de la vérité éternelle.

Mais avant de recueillir les principaux traits dont se compose le tableau de la philosophie de notre pays et de notre âge [1], un scrupule m'arrête; un scrupule qu'il est difficile d'éviter, toutes les fois qu'on entreprend de parler de philosophie. Est-ce parler d'une chose qui en vaille la peine? Est-ce toucher un sujet digne de l'attention des hommes raisonnables? Notre siècle se pique assez d'être raison-

---

[1] Une grande partie de cet Essai a été composée et publiée à l'occasion d'un ouvrage du plus grand mérite, l'*Essai sur l'histoire de la philosophie en France au dix-neuvième siècle*, par M. Damiron (*Revue française*, n° III, 1828). On retrouvera ici quelques-unes des idées présentées dans ce livre avec plus d'art et d'étendue.

nable; notre pays n'est pas sans quelque prétention d'être le plus raisonnable de l'Europe, et cependant nous disions tout à l'heure combien peu de monde s'inquiète de la philosophie, ou, comme on dit, de la métaphysique. Au nom même de la raison on proscrit l'étude de la pensée. Ce n'est pas qu'une certaine philosophie ne soit restée longtemps en honneur par ses applications, j'entends celle à laquelle on attribue tout ce qu'on est convenu d'appeler les idées libérales. Le parti de ces idées, c'est presque dire la nation, ne l'a nommée longtemps qu'avec une respectueuse reconnaissance. La philosophie du xviiie siècle est restée populaire, mais dans ses conséquences plus que dans ses principes. On lui sait gré d'avoir détruit les préjugés; mais on la délaisse maintenant que les préjugés sont abattus. On ose même la juger parfois et ne lui attribuer que le mérite d'avoir su les abattre. A ce compte la philosophie ne serait qu'une opposition, et il faudrait attendre peu d'elle pour le gouvernement des idées. Ce ne serait pas l'estimer à son prix; après sa victoire sur les préjugés, la philosophie n'a point fini sa tâche; et lorsqu'elle a fait le vide dans l'intelligence, elle doit encore pouvoir le remplir.

La philosophie du xviiie siècle est-elle destinée à remplacer tout ce qu'elle a détruit? peut-elle suffire à l'esprit humain? L'autorité qu'elle exerce encore dans une partie des sciences, l'influence de fait qu'elle conserve sur nos opinions et sur nos lois compensent-elles et au delà les attaques dont elle est l'objet? Si elle doit succomber, toute philosophie doit-elle périr avec elle? C'est ce que nous saurons mieux en revenant sur les derniers temps de l'histoire de la philosophie dans notre pays.

Écrire l'histoire de la philosophie comme de toute autre science, c'est supposer que cette science existe, et si l'auteur est sérieux, que cette science mérite d'exister et cette histoire d'être écrite. Une science, ou ce qu'on aurait ainsi appelé, pourrait exister, et cependant n'être que le fruit d'un hasard ou d'un caprice, qu'une application accidentelle, un abus de la raison humaine : elle n'aurait alors qu'une existence historique et la valeur d'un événement. Ainsi, l'astrologie judiciaire a été une science ; le blason même, quelques jours avant nous, était une science : serait-ce là le sort de la philosophie ? Ne serait-elle qu'un fait fortuit dans l'histoire de l'esprit humain, une science fausse comme l'astrologie, frivole et périssable comme le blason ? En vérité, il serait dur de le penser, et cependant on devrait le penser, s'il fallait en croire quelques-uns de ceux qu'on appelle encore les bons esprits.

Par une nécessité singulière, et qui n'est imposée qu'à elle, la philosophie a pour première obligation de prouver son existence. Si elle y manquait, bien des gens pourraient traverser ce monde sans la soupçonner d'y être. Elle se pique pourtant de traiter des problèmes les plus essentiels de l'humanité ; elle se vante d'être la science de l'homme, la science des sciences. N'importe, le temps n'est pas loin où les autres sciences ont prétendu se passer d'elle, la reléguer au nombre des illusions et des chimères, la bannir du royaume de la vérité, qu'elles pensaient occuper tout entier. Trop souvent encore l'homme rejette et raille cette science dont lui-même est l'objet; il se croit sage de s'ignorer. Serait-ce qu'elle se donne à tort pour science, et qu'elle n'a rien à faire avec tout ce qui porte ce nom? Serait-ce qu'elle est aussi loin de connaître l'homme, que l'homme semble loin de l'estimer ce qu'elle vaut, ou du moins ce qu'elle se prise? La philosophie a cela de particulier que pour prouver qu'elle existe, elle est obligée de se faire connaître. Il lui sert peu d'avoir affirmé qu'il y a en ce monde une chose qui porte son nom, il lui faut encore dire ce qu'elle est; car cette redoutable question est celle où triomphent tous ses détracteurs; ils la posent en se moquant, et semblent défier la réponse. En effet, dire ce qu'est une science, c'est surtout dire quel en est l'objet; or, la philosophie est dans cette déplorable condition, que l'objet même dont elle s'occupe est souvent mis en doute. On ne se contente pas de lui disputer les moyens de connaître, on va jusqu'à lui contester d'avoir quelque chose à connaître; et pour comble d'humiliation, cette objection si insolente est naturelle; elle tient à la constitution même de l'objet de la philosophie. Les autres sciences sont plus heureuses; les objets dont elles traitent sont à la portée de nos mains ou de nos regards. Le spectacle de la nature, l'aspect du ciel et de la terre suffisent pour nous convaincre qu'il y a une physique, une astronomie, et ne laissent à démontrer qu'une chose, c'est qu'on puisse bien observer le ciel et la terre. Sur les moyens de connaître seulement, le doute peut s'élever; mais une fois ce doute écarté, il n'importe pas de savoir la physique ou l'astronomie pour estimer ces deux sciences, du moins pour en avouer la réalité. On peut ignorer ce qu'elles sont, personne ne sera tenté de nier qu'elles soient. Il n'en va pas ainsi de la philosophie. Son objet étant invisible, on lui demande de démontrer qu'il existe. Lors donc qu'elle a démontré cette existence, elle a fait pour elle-même un beaucoup plus grand pas que toute autre science. En prouvant qu'il existe, elle prouve implicitement qu'elle le connaît; car ce qui est invisible ne se laisse atteindre que par la connaissance. Ainsi, la science est créée du jour que l'objet en est établi.

Il est triste après tant de siècles d'en être encore là, et une science paraît bien peu avancée qui doit encore aujourd'hui revenir toucher à son point de départ. Mais si nous sommes compris, on doit voir que la faute n'en est pas à la science, mais à l'objet, ou plutôt, car il m'en coûte d'affecter pour la philosophie une humilité qui ne lui sied pas, c'est sa supériorité et sa gloire que de rester à jamais fixée sur les questions premières. Les autres sciences se consument en détails, se perdent en applications lointaines et compliquées. La philosophie, mère de toute science, se tient toujours à l'origine des choses. Son objet est caché comme la source des grands fleuves. Elle demeure immobile, la main appuyée sur cette urne éternelle que ne tarira pas l'esprit humain.

Mais nos respects ne suffiraient pas pour l'absoudre du mépris des sciences mondaines. Il faut des faits à la sagesse expérimentale de notre époque; il faut des preuves à cette raison exigeante, qui ne se rend point si elle n'est forcée. Au reste, ce n'est pas d'aujourd'hui qu'on a raillé la philosophie pour se dédommager probablement de ne la pouvoir toujours persécuter. La Grèce elle-même, où les sages tinrent une place que leur offrirait difficilement la civilisation moderne, la Grèce les a confondus plus d'une fois avec ses sophistes; elle a plus d'une fois pris la recherche de la vérité pour un des jeux de l'intelligence, pour un laborieux divertissement de l'esprit. L'antiquité a souvent méconnu la valeur et la gravité de ces disputes fameuses qui retentissent encore après deux mille ans, de ces travaux intellectuels qui forment peut-être la partie la plus précieuse de l'héritage que son génie nous a laissé. Ce préteur dont parle Cicéron, et qui, arrivant dans son gouvernement d'Athènes, cita tous les philosophes devant son tribunal afin qu'ils eussent à s'entendre et à vider leurs différends par transaction valable et définitive, était sans doute un homme de bon sens, un magistrat capable, et qui entendait supérieurement les affaires. Le propre de l'expérience pratique est de se croire le droit de mépriser tout ce qui n'est pas elle, et de juger souverainement tout ce qu'elle ignore. Toujours les grands réformateurs dans l'ordre de la pensée ont vu traiter de rêveries leurs plus puissantes conceptions, et la vérité, proscrite, opprimée, abreuvée de poison, couronnée d'épines, déchirée sur la croix, a recueilli pour tout hommage l'injure et la risée; condamnée comme le crime, elle a été insultée comme la folie.

Des mœurs plus douces, une sagesse plus tolérante, le dogme enfin victorieux de la liberté de penser assurent désormais parmi nous aux efforts, aux écarts même de la raison, un sort moins rigoureux et moins injuste. L'indifférence, l'incrédulité, le dédain sont tout ce qui la menace; mais cela même lui doit être épargné; la philosophie a long-temps combattu pour la vie, il lui reste à combattre pour l'honneur.

La philosophie n'est point nouvelle en France; on peut dire que c'est la France qui l'a donnée à l'Europe. Après avoir régné au sein des écoles de Paris quand elle était la scholastique, à la voix de Descartes elle domina le xviie siècle. Plus répandue peut-être qu'étudiée, elle obtint alors les respects de tous. La plupart de ces grands hommes dont la flatterie a fait le cortége de Louis XIV, furent cartésiens. L'admiration et la foi accueillirent soit la physique, soit la métaphysique de ce grand réformateur, c'est-à-dire ses systèmes et sa méthode. Le cartésianisme fut embrassé avec ardeur par les savants, honoré par les gens de lettres, goûté par les gens du monde, accepté par l'Église. *Le rival d'Épicure* fut pour tous les beaux esprits *un mortel* dont l'antiquité *eût fait un Dieu* [1].

La philosophie de Descartes, c'était, on l'a dit, la réflexion dans sa liberté absolue. Mais par l'effet de cette timidité qui s'empara des esprits en France pendant la dernière moitié du règne de Louis XIV, par l'effet aussi de l'adoption de l'Église qui affaiblit tout ce qu'elle touche et ne tire jamais d'un prin-

---

[1] La Fontaine.

cipe toutes ses conséquences, cette liberté ne porta point d'abord tous ses fruits. Alliée fidèle de la philosophie, la liberté est souvent un mauvais guide en physique, et pendant longtemps la physique de Descartes fut encore plus connue que sa philosophie : c'étaient les *tourbillons* que l'on appelait le cartésianisme. Celui-là disparut devant Newton, comme l'hypothèse devant l'expérience. L'Angleterre convertit la France à sa physique, et ce premier succès lui donna sur d'autres points une influence moins avantageuse pour la vérité. La longue épreuve des dissensions religieuses et politiques, l'abus de tous les genres de fanatisme, le parti pris par la réformation de différer en tout du catholicisme, enfin l'impulsion donnée par Bacon à toutes les sciences, avaient en Angleterre, provoqué la naissance d'une philosophie expérimentale et sceptique, attaquant tout, affirmant peu, offrant un singulier mélange de hardiesse et de timidité. Avec la physique de Newton, cette philosophie passa la mer. Ébranlée sur son système du monde, l'infaillibilité de Descartes le fut sur tout le reste. D'ailleurs, le cartésianisme était devenu comme l'allié de la théologie qui du moins ne le désavouait pas; c'en était assez pour l'exposer à courir toutes les chances que le dernier siècle réservait à tout ce qu'approuvait l'Église.

On sait les causes qui firent prévaloir en France la philosophie dite du xviiie siècle. Il importe seulement d'insister sur deux points, l'un que son apparition parmi nous fut contemporaine d'une révolution dans les sciences physiques, à laquelle elle ne parut pas étrangère ; l'autre qu'en ébranlant par l'examen et l'observation les croyances établies, elle lia sa cause à la liberté de penser. De là deux de ses principaux caractères : l'analogie des méthodes, des vues, des conclusions, avec celles des sciences physiques, fruit de son alliance avec elles, je pourrais dire de sa déférence pour elles ; et l'esprit d'inquisition, d'agression, de scepticisme, contre toutes les traditions flétries du titre infamant de préjugés, contre toutes les spéculations abstraites décriées comme des chimères.

Descartes aussi avait professé la liberté d'examen ; mais sage et réservé dans son langage, cet esprit audacieux n'avait fait nul bruit de son audace, et je ne sais si tous ses sectateurs avaient entrevu quel mépris superbe se cachait sous le calme inaltérable de sa raison. Il avait, chose rare et difficile, fondé la liberté sans laisser paraître la révolte. Après lui, son esprit avait régné presque sans débat, presque sans preuve ; il était devenu une autorité. En France du moins, sa hardiesse avait été comme effacée par l'adoption théologique ; car le clergé préféra quelque temps les erreurs de Descartes aux vérités de Newton. Plus tard la physique du premier porta malheur à sa métaphysique, et c'est ainsi que le cartésianisme fut en quelque sorte secoué comme un joug, et la destruction de cette philosophie de la pensée regardée comme une victoire de la raison.

Descartes aussi avait mis en honneur l'esprit d'observation. N'est-il pas chez les modernes le premier observateur de la pensée ? L'observation est en effet la méthode élémentaire de la métaphysique comme de la physique; la métaphysique comme la physique a sa base dans les faits. Mais d'abord, comme les faits de l'une ne sont pas de même nature que ceux de l'autre, l'observation intérieure se distingue de l'observation extérieure, et elles ne peuvent mutuellement se remplacer sans usurpation. Ensuite, l'observation, quelle qu'elle soit, ne donne que les matériaux de la science, la science vient de la raison même. Voilà ce que les successeurs de Bacon, ce que Locke, et surtout ses disciples français, oublièrent trop souvent, et c'est ainsi que la philosophie expérimentale devint l'ennemie victorieuse de la philosophie sage et hardie qui, la première, avait substitué les faits aux mots et l'observation au raisonnement, en triomphant de la scholastique.

Cela bien compris, les destinées de la philosophie du xviiie siècle sont expliquées. On prévoit qu'elle doit marcher toujours plus téméraire dans la voie du libre examen, éclairée du seul genre d'expérience et d'observation qu'elle conçoive et qu'elle approuve. On prévoit qu'elle doit attaquer avec une vivacité progressive les idées spéculatives, religieuses, spiritualistes, et professer avec une franchise croissante les doctrines empiriques, sensualistes, matérialistes. Telle fut en effet sa marche; il semble qu'elle n'ait travaillé que pour les progrès de la physique et l'établissement de la liberté.

Examinons maintenant où cette marche l'a conduite dans l'opinion des hommes. Le dernier siècle, ne connaissant plus qu'une seule philosophie, se divisa en deux partis, celui des amis et celui des ennemis de la philosophie. On ne saurait en tout approuver les premiers; la vérité a trop souffert de leurs partiales théories et de leurs systèmes passionnés; mais aucune noble sympathie n'intéresse à leurs adversaires. Il en est trop peu dont la résistance ne semble pas déterminée par l'intérêt ou le préjugé. Ils ont fait de leur cause la mauvaise cause pour l'humanité. Dans leurs mains étaient déposés quelques-uns des plus grands intérêts de l'âme; haineux et médiocres, ils ont à plaisir rapetissé leur mission. Groupés d'abord autour d'un pouvoir qui, sans les croire, les protégeait, ils ont défendu sans discernement, et quelquefois sans conviction, quelques idées dont la grandeur leur échappait, et que défiguraient à l'envi une érudition vulgaire et une foi de convention. Ils ont fait la guerre à la philosophie comme à une ennemie personnelle, et non dans l'intérêt de la vérité. Déterminés à la repousser et incapables de lui répondre, moins parce qu'elle était erronée que parce qu'elle était libre, c'est ce qu'il y avait en elle de meilleur qui les éloignait d'elle; ils n'ont su comment satisfaire à ses sommations répétées; les preuves ont manqué à leur cause, mais non les anathèmes à leur fanatisme, et, déconcertés par l'esprit d'examen, ils ont cédé en maudissant. Ils étaient eux-mêmes trop peu philosophes pour voir et pour montrer tout ce qui manquait à la philosophie. En un mot, ils méritaient leur défaite, et elle fut terrible, car ce fut la Révolution. Sa lumière, comme celle d'un subit incendie, éclaira bien des choses restées jusqu'alors dans l'ombre. Elle montra le faible et des vaincus et des vainqueurs. Le parti des premiers ne tarda pas à sentir vaguement qu'il devait sa perte à l'insuffisance de ses doctrines, ou du moins à la manière dont il les avait soutenues. Il ne les changea pas, mais du moins essaya-t-il d'en renouveler la forme. En y regardant de près, il s'avoua que si la philosophie du dernier siècle lui était antipathique comme incrédule et matérialiste, toute philosophie lui était insupportable comme critique et raisonnée; et en effet, qu'elle s'élève au spiritualisme ou déroge au sensualisme, toute philosophie admet en principe la liberté de la raison. La philosophie expérimentale elle-même est rationnelle par son principe. Ainsi poussés à l'extrémité, on a vu les théologiens s'efforcer de purger leurs doctrines de tout mélange de philosophie, condamner comme mensongères et dangereuses les recherches que sans crainte ni scrupule honoraient Bossuet et tout le siècle de Louis XIV, enfin renier Descartes aussi bien que Locke, et réduire leur science, réduire toute science à n'avoir d'autre principe que l'autorité et d'autre procédé que la tradition. De la sorte, presque tous les problèmes philosophiques étaient écartés; la solution ne devait plus s'en chercher que dans l'histoire. C'est là le point où sont arrivés les ennemis directs de la philosophie.

Mais tandis qu'une opposition aveugle et obstinée conduisait les théologiens et leur école à nier toute philosophie, par une direction absolument contraire, les philosophes arrivaient à un résultat analogue. Nous avons vu l'école française se former sur cette idée, que l'esprit d'examen ne connaît d'autre règle que l'expérience, mais que cette expérience purement externe est la seule source de certitude.

C'est le principe usuel des sciences physiques, encore que dans les sciences physiques mêmes, il ait besoin d'être bien entendu et sagement restreint. Quel qu'il soit, en le prenant pour maxime, elles étendirent leurs progrès et multiplièrent leurs découvertes. Leurs applications devinrent tellement nombreuses, tellement utiles, et parfois si étonnantes qu'elles captivèrent l'admiration d'un siècle dont elles étaient le seul merveilleux possible. Les sciences parurent bientôt appelées par excellence à la vérité ; de là, à paraître seules en possession de la vérité, il n'y a qu'un pas. Leur méthode fut célébrée comme la seule fidèle, et les conclusions auxquelles elle conduisait, regardées à la fois comme les plus précieuses et comme les plus certaines. Ce succès éblouit les sciences physiques ; elles méconnurent, elles oublièrent ce qu'elles devaient à la philosophie. C'était elle qui leur avait ouvert la voie, qui avait remis dans leurs mains le fil conducteur de la méthode. Le plus grand inventeur que la France ait produit dans les sciences naturelles, Lavoisier, dans l'introduction d'un ouvrage où il créait toute une science, déclarait encore qu'il devait ses découvertes à la méthode des métaphysiciens de son époque, et voulait bien rendre hommage de son génie à la logique de Condillac. Depuis Lavoisier, c'est la philosophie elle-même, qui s'est mise à la suite des sciences naturelles. Soit pour contrarier en tout l'école théologique, soit par enthousiasme pour les triomphes de la physique, elle lui a emprunté ses formes, ses notions, son langage ; enfermée dans un empirisme étroit, elle s'est faite elle-même une science physique. Là est descendue, il y a quelque quarante ans, la philosophie.

Du jour qu'elle se fut ainsi diminuée, elle n'eut plus de force ni de portée. Elle avait en quelque sorte abdiqué; la physique la prit au mot, et s'imagina follement, et soutint hardiment qu'il n'y avait plus qu'elle au monde. Le dernier terme de la philosophie du siècle passé fut l'anéantissement de toute philosophie. Le nom même en fut, ou peu s'en faut, mis en oubli; et les choses vinrent au point que, lorsqu'en 1795 l'Institut fut fondé, et dans l'Institut une classe des sciences politiques et morales, il y eut une section *d'analyse des sensations et des idées*; il n'y eut point de section de philosophie; ce mot ne fut point prononcé.

Les hommes illustres alors par la pensée étaient pourtant des philosophes. Ils l'étaient comme derniers héritiers des doctrines du siècle; ils l'étaient en ce sens qu'ils avaient secoué jusqu'au moindre des préjugés qu'elles avaient combattus. Ils l'étaient encore par la sagacité rare de leur esprit, par leurs lumières dans les questions d'intérêt social. Mais ils ne l'étaient pas en ce sens qu'ils méconnaissaient les justes droits et les légitimes procédés, les grandes pensées enfin de la philosophie véritable. Chacun se rappelle le temps, et pour un certain monde il n'est point passé, où ceux que par privilége on nomme les savants, où les géomètres, les physiciens, les médecins se sont mis à professer un dédain absolu pour la plupart des questions philosophiques. A leur suite, tous les praticiens de ce monde, économistes, industriels, politiques, ont adopté le même mot d'ordre. Enfin, il s'est formé dans le public une opinion vulgaire qui se donne pour le bon sens, et qui se déclare indifférente à tout ce qui ne tombe pas dans le cercle de l'intérêt immédiat et de l'observation extérieure.

Hâtons-nous d'ajouter que la réaction s'est bientôt fait sentir. Le retour aux vrais principes de la philosophie s'est manifesté, il y a déjà quelques années, dans les esprits destinés à donner l'exemple, et à représenter par avance la génération qui les suit. Mais quoiqu'il ne soit plus en progrès, le fait général qui vient d'être décrit, subsiste encore. Il mérite encore d'être recherché dans sa cause, et sapé dans sa racine. La réhabilitation de la philosophie n'est que commencée.

Elle est d'abord attaquée par deux sortes d'arguments, ceux des théologiens et ceux des fidèles disciples du siècle passé. A quelques égards, leur conclusion est la même : les uns comme les autres tendent à nier la philosophie. Les premiers cherchent leur preuve dans l'état d'esprit produit en partie par les doctrines des seconds ; c'est précisément ce qu'ils appellent l'*indifférence* du siècle. Mais ils ont sur leurs adversaires l'avantage de reconnaître qu'il existe dans l'esprit humain des besoins élevés qui l'entraînent vers l'étude de ces questions profondes qu'une sagesse mondaine voudrait écarter, et des instincts de croyance et de conviction indépendants des apparences extérieures, des preuves matérielles, et des sensations organiques. Seulement ils regardent la philosophie comme incapable de satisfaire ces besoins, de légitimer ces instincts. Ainsi, d'une main ils semblent lui ouvrir le champ, tandis qu'ils le lui ferment de l'autre.

Les savants au contraire, ceux que l'école allemande nommerait les empiriques, tendent à diminuer, à détruire même la valeur de ces éléments supérieurs de l'esprit humain qu'on pourrait appeler les éléments philosophiques, et ne conçoivent d'autre philosophie que celle qui s'attache à les écarter, qu'une science négative dont tout l'artifice est de contester à l'homme tantôt l'existence des problèmes, tantôt le moyen de les résoudre, ce qui est dire, en effet, qu'il n'y a point de philosophie.

Enfin quelques-uns, et bientôt peut-être ils seront les plus nombreux, disent qu'il y a une philosophie, et que la philosophie est bonne. Ils reconnaissent à la fois l'existence des besoins et des questions dont parlent les théologiens ; et, comme les savants, ils pensent que la raison a tout ce qu'il faut pour arriver par elle-même à la vérité. Ainsi, ils s'accordent en partie avec les théologiens sur quelques objets de la science, avec les savants sur les moyens de la science : mais ils considèrent cet objet autrement que les premiers, et dirigent ces moyens autrement que les seconds. Ils observent et ils réfléchissent ; leur philosophie porte sur des faits, et elle est rationnelle. On conçoit dans quel sens cette dernière école a pu recevoir le nom d'éclectique. Mais l'éclectisme doit être le début et non le terme de la philosophie.

Le lieu commun des théologiens contre la philosophie, a longtemps été la Révolution ; bien entendu la Révolution prise dans son mauvais sens. L'argument qu'elle leur offre est aujourd'hui moins en usage, soit qu'on le trouve usé, soit qu'on le juge compromettant. Mais la Révolution n'aurait fait que du mal, ce que ne dit plus le parti qui le pense encore, qu'il resterait à prouver que ce mal est la conséquence légitime de ses principes. De même que la Providence tire le bien du mal, les passions humaines font trop souvent sortir le mal du bien. Pour juger une doctrine par l'événement, il faut lui prouver qu'elle en est logiquement responsable; c'est la discuter en elle-même, et revenir à la question du fond. Il est donc ici impossible de l'éviter, et les théologiens ne se refusent pas absolument à en connaître. Ils attaquent en général la philosophie comme matérialiste, et disent le matérialisme faux et pernicieux. Ce point accordé, le reproche s'adresse à une philosophie, non pas à toute philosophie. S'il s'en présente une qui dise qu'elle n'est pas matérialiste, et qui le prouve, qu'aura-t-on à lui répondre?

On lui répond en pénétrant plus avant, ou bien en généralisant encore davantage. On passe en revue l'histoire entière de la philosophie, ou l'on remonte à son principe. Dans le premier cas, de la multitude et de la diversité des systèmes on conclut leur commune incertitude, conclusion un peu hasardée, ainsi que nous le verrons plus tard; dans le second, on recherche, on isole le principe philosophique, sous le nom de la raison individuelle, et sur ce fondement qu'elle n'est point infaillible, on montre le doute comme la fin de toutes ses recherches. Ne plaçons ici qu'une seule observation : quel que soit celui de ces deux partis que l'on prenne, il n'en résulte qu'une conclusion régulière, et elle n'est pas qu'il n'y a point de philosophie, mais qu'une seule philosophie est légitime, savoir la philosophie sceptique. Telle est, en effet, la supposition sur laquelle repose tout le grand ouvrage commencé, il y a vingt ans, et abandonné par M. de Lamennais. Et à cela, je n'ai qu'une chose à dire, c'est que la philosophie sceptique emporte tout avec elle. Dès qu'on lui fait place, sciences humaines, théologie, tradition, autorité, rien ne subsiste. L'incrédulité universelle et irrémédiable est son dernier terme.

L'argumentation des théologiens ainsi réduite, passons à celle des savants et des praticiens. La haute philosophie, celle qu'ils combattent, n'est pas, comme on l'a vu, sans quelque relation avec une partie des opinions des théologiens; elle sanctionne quelques-unes de leurs croyances; sur plusieurs points, elle parle leur langue. C'en est assez pour qu'on l'accuse de prêter appui à leurs doctrines politiques et sociales, aux institutions, aux actes que l'Église a trop préconisés; et, sur ce seul chef, on prononce une condamnation. Cet argument est pareil à celui que la Révolution fournit contre la philosophie : il se réfute de même. Nous demanderons preuve de la liaison logique qui unirait la philosophie à tout ce qu'il y a d'abusif et de blâmable dans les principes ou les applications, soit de la théologie, soit de la théocratie. La philosophie se défend de toute solidarité; il faudrait donc lui démontrer qu'elle s'en défend à tort : ce serait encore, ou à peu près, revenir à la question du fond. Comment dévoiler la liaison des conséquences, sans mettre le principe en lumière? Comment montrer où conduit la philosophie que l'on attaque, sans dire ce qu'elle est en elle-même?

Rendus sur ce terrain, les savants diront qu'en elle-même, elle n'est pas la vérité. Ils le diront, soit en soutenant que leur science est la seule vraie, soit en prétendant que toute recherche étrangère à leur science est vaine, que toute question qu'elle ne résout ni ne pose est insoluble ou chimérique, que tout moyen de connaître qu'elle n'emploie pas est un pur artifice.

La conséquence évidente est que, hors du cercle d'un empirisme très-rétréci, il n'y a pas, il ne peut y avoir de philosophie. On établit cette conséquence ou par l'histoire, ou par la nature de la philosophie, c'est-à-dire que l'on insiste sur la faiblesse et la contradiction des systèmes, ou bien que l'on incidente sur l'objet de ces systèmes, en soutenant qu'il ne peut être constaté ou qu'il ne peut être observé.

On voit que cette conclusion est presque identique à celle des théologiens. Comme la leur, elle suppose le même mépris pour la diversité des opinions humaines. Le tout se réduit à nier la réalité, la possibilité de nos connaissances, c'est-à-dire toute philosophie, hors celle du doute ou celle des sens.

Ce n'est pas le lieu de réfuter le scepticisme. D'ailleurs, toute discussion le réfute implicitement; quiconque parle le nie. En vain, d'une autre part, se plait-on à recueillir toutes les variations de la philosophie pour en faire trophée : il n'est point de science qui n'ait eu les siennes. De la diversité des systèmes, il ne suit pas qu'ils soient tous faux, mais bien que le système vrai, s'il existe, n'est pas universellement reconnu. Ils seraient tous faux, qu'on n'en saurait conclure qu'il n'en peut survenir un vrai. La lenteur d'une science à se fixer prouverait tout au plus qu'elle est particulièrement difficile. Jusqu'à la fin du dernier siècle, la vraie chimie n'existait pas; cela voulait-il dire qu'il n'y eût pas de chimie possible? Mais tous les systèmes ont raison quand ils se réfutent, donc tous aboutissent à l'incertitude universelle. Alors, ou vous devez en induire le scepticisme, et songez bien qu'il en sera des sciences physiques comme de la théologie; livrées au scepticisme, elles y passeront tout entières; ou vous devez conclure qu'il peut y avoir quelque chose de vrai dans tous les systèmes, mais qu'aucun n'est complet, ce qui suppose que la science n'est pas faite, mais qu'elle se fait; ce qui suppose qu'elle existe.

Sans doute elle existe; on nous l'accordera; mais on circonscrira son existence dans les limites que lui trace l'expérience externe. On répètera qu'elle n'est possible qu'aux mêmes conditions que les sciences physiques, qu'à la condition d'être une science physique elle-même. Évidemment, c'est là l'idée dominante qui se cache sous l'incrédulité philosophique des savants, des praticiens, des gens du monde. Évidemment, c'est avec plus ou moins de netteté et de rigueur la théorie qui pèse encore sur l'esprit du siècle; c'est elle que nous devons examiner à son tour.

N'en déplaise aux plus habiles observateurs de la nature, il y a toujours eu d'autres sciences que les sciences expérimentales; le genre humain s'est obstiné à le penser. Toujours il a cru qu'il existait des choses qui échappaient à ses yeux, et qu'il avait pourtant les moyens de connaître. Sur ce fondement, il a bâti de certaines sciences contemporaines de toutes les civilisations. Ces sciences n'emploient ni lunettes, ni fourneaux, ni scalpels; elles se passent même du calcul, et cependant elles prétendent étudier des faits réels et les instituer dans l'esprit comme des vérités. Faut-il croire qu'elles soient une pure illusion? Devons-nous admettre que ce soit par fantaisie que l'esprit humain s'est livré à de telles études, qu'il les ait entièrement imaginées, qu'il ait tout supposé, questions, procédés, solutions? Est-il possible qu'il se soit trompé de tout point, dans le fond comme dans la forme, et que la philosophie, vaine comme un songe, plus vaine qu'un songe, ne garde pas même en souvenir quelque chose de la réalité?

Cependant il est difficile que ce qui est universel soit un accident, et les caprices ne sont pas éternels. Avant de rien approfondir, ne se sent-on pas disposé à présumer qu'une préoccupation constante et générale de l'esprit humain tient apparemment à sa nature? S'il a pu se tromper en faisant une science, il ne s'est probablement pas trompé en croyant que cette science existe. Lorsqu'il se trompe, il omet, il méconnaît, il défigure; rarement il crée. Quels que soient donc les divers systèmes métaphysiques, et avant d'en adopter aucun, on doit convenir que la philosophie serait justifiée s'il était prouvé d'abord que les objets de ses recherches existent, c'est-à-dire qu'elle n'a point imaginé les questions qu'elle pose; puis qu'elle a droit de s'en occuper, c'est-à-dire que ces questions sont telles, et l'esprit humain tellement constitué, qu'il est habile à en connaître.

Quels sont les objets des recherches de la philosophie? Ce n'est point Aristote ou Platon, c'est le genre humain qui répondra que ce sont les idées essentielles de l'intelligence humaine, les idées sans lesquelles elle ne peut être conçue. Est-ce une école qui inventa ces idées? Non, c'est le peuple; ou plutôt ce n'est point l'homme; elles sont dans l'esprit, elles y naissent, et nul ici-bas ne les y a mises. Elles n'ont point été apprises comme une leçon; la preuve qu'elles n'appartiennent pas à la mémoire, c'est qu'elles n'ont été jamais oubliées de personne. Je pourrais dire que les principales de ces idées sont Dieu et l'âme; mais ce serait en dire plus qu'il ne faut, et prononcer des paroles qui choquent des oreilles délicates. Supprimons-les, et ne demandons pas si c'est par illusion ou préjugé que le genre humain prononce ces deux mots. Quand il cesserait d'y croire, il en aurait l'idée : que serait cette idée, et d'où serait-elle tombée dans l'intelligence? Cette question suffirait; à elle seule elle nous rendrait la philosophie; l'objet du moins en serait trouvé.

Dieu, l'âme, le monde, peuvent en effet n'être que des mots; mais l'homme n'en a pas moins nécessairement les idées au moyen desquelles il conçoit ces mots et les notions qu'il s'en forme. Quel qu'il soit, qu'il y pense ou qu'il n'y pense pas, tout homme a la conscience de lui-même, et la perception de ce qui n'est pas lui; il se persuade que ce qui observe en lui, et ce qui est observé hors de lui ne sont pas une seule et même chose. Sa pensée lui paraît distincte des objets auxquels il pense; une fois formée, elle en est indépendante, elle demeure exempte de leurs altérations, de leurs mouvements; elle est pure; et il admet alors, au moins comme possible, la distinction de l'esprit et de la matière. Ce n'est pas tout; soit qu'il se contemple dans la conscience, soit qu'il observe à travers la sensation, il arrive à l'idée de sa propre existence, et d'une existence externe, il comprend que les choses soient ou ne soient pas, il s'élève enfin à l'idée pure d'existence. L'existence revêt des formes, elle soutient des rapports. Par exemple, en s'étudiant intimement, en se comparant à ce qui n'est pas lui, l'homme distingue l'existence personnelle de celle qui ne l'est pas, et ses actes volontaires sont accompagnés du sentiment de la liberté et de la moralité. Par exemple encore, les phénomènes ne passent point devant ses yeux sans qu'invinciblement il suppose entre eux des relations, notamment celle de cause et d'effet. Ce tableau est loin d'être complet; mais tel qu'il est, il suffit. La conscience le dit mieux que nous; toutes ces notions de *moi* et de *non-moi*, de pensée, d'existence, de personnalité, de bien et de mal, de cause et d'effet, toutes ces notions quelle qu'en soit l'origine, qu'elles viennent des sens ou d'ailleurs, qu'elles soient de vraies ou de fausses représentations de la réalité, sont inséparables de l'esprit humain. Elles appartiennent non-seulement à l'espèce, mais à l'individu. Elles sont accessibles, elles sont présentes aux plus sublimes comme aux plus simples esprits, au plus profond des penseurs comme au plus grossier des artisans. Près du berceau du monde, Adam pouvait les concevoir comme Malebranche, et lui-même ne saurait être conçu ne le pouvant pas. J'irai plus loin, et je dirai que dès que l'on a ces notions (et on les a dès-là qu'on est homme), que dès qu'on les conçoit (et on peut les concevoir dès qu'on les a), comme on les voit ou les suppose sans cesse réalisées dans le fini, on est capable de les concevoir dans l'infini, c'est-à-dire absolues; ainsi on s'élève à l'idée de l'existence du bien, de la cause suprême. Cette idée est possible, et non-seulement possible, mais il ne l'est pas qu'elle manque de s'introduire dans l'esprit. Il est plus difficile de se figurer l'homme dépouillé de cette idée que privé de tel ou tel de ses sens. L'existence de cette idée et en général des notions nécessaires est aussi irréfragable pour le moins que le mieux prouvé des phénomènes dont s'occupe la physique.

Or ces idées sont l'objet même de la philosophie. D'où viennent-elles? Comment se forment-elles? Quelles sont-elles? A quoi correspondent-elles, extérieurement à l'homme? Tous les grands problèmes de la science sont là. On sera maître de nier celle-ci, le jour seulement où l'on aura éliminé de l'intelligence toutes les notions fondamentales. Or ce jour-là n'est pas près de venir. Moins étrange serait de voir se lever celui où la pesanteur cesserait d'entraîner les corps vers le centre, où les astres suspendraient leurs infaillibles révolutions. Il est plus facile de bannir de l'univers le mouvement que de l'entendement les idées nécessaires. Avec elles, ce ne serait pas la philosophie, mais toutes les sciences, mais la raison, mais le bon sens qui disparaîtraient. Ainsi dévastée, l'intelligence ne serait plus qu'un impénétrable désert.

On accorderait donc que les idées du théisme et du spiritualisme sont des rêves, ou plutôt que les mots qu'ils honorent, désignent de gratuites hypothèses; rien ne serait encore perdu. Les idées qui servent à construire ces hypothèses, demeureraient indestructibles, et fourniraient une base à la philosophie. Ainsi réduite, elle serait complète. La philosophie n'est que l'application de la pensée à la pensée. Or la pensée, les mots le disent eux-mêmes, contient tout ce qui peut être pensé. La foi, dans ce qui est pensé, fait partie de la pensée : en d'autres termes, l'idée d'être, l'idée de la réalité accompagne toute autre idée. La philosophie serait réduite aux idées, qu'elle retrouverait donc encore toute l'ontologie; les vieilles croyances de l'humanité sont en sûreté.

Si, comme nous avons essayé de le faire voir, l'objet de la philosophie est inévitablement donné, voyons quelle objection se présente en première ligne. Celle-ci, et point d'autre : l'objet en question ne peut être connu, l'homme n'ayant aucun moyen de l'atteindre; et c'est présomption ou démence de s'en occuper. Mais cette objection, il est plus aisé de l'articuler que de la comprendre. Si plus haut nous avons été entendu, il doit être manifeste qu'elle n'a aucun sens.

Que veut-on dire, lorsqu'on avance que les objets de la philosophie ne sont pas connaissables? Rien, si ce n'est qu'ils ne sont point visibles, pas autre chose; or, qui parle de les voir? il s'agit de les penser. Prétendrait-on que les idées ne sont pas du domaine de la pensée? Alors à quoi, ou plutôt avec quoi faut-il penser? Comment l'homme pense-t-il en effet, si ce n'est à l'aide des idées premières? Or, ces idées sont-elles dans les objets extérieurs de ses sensations, dans l'effet nerveux que ces objets produisent en lui, ou plutôt ne sont-elles pas le développement naturel de son intelligence à l'aspect du monde sensible? L'homme moral ne vit que par les idées premières, et c'est par elles que sa raison dirige ses sens et commande à ses organes. Notre nature intellectuelle communique avec la nature extérieure par un certain milieu. Son union avec ce milieu est inexplicable; mais les phénomènes qui se passent en elle à l'occasion du monde et des organes, n'ont avec ceux-ci aucun rapport d'essence et d'identité. Par-là, lui parviennent, sans la pénétrer, sans altérer sa nature, des données qu'elle s'approprie par une mystérieuse opération. Elle est le centre où tous les rayons convergent, et qui reste un point indivisible.

Si l'on tente maintenant de faire un partage entre les idées, pour attribuer la certitude à celles qui semblent, dit-on, les images immédiates des objets extérieurs, et la refuser à celles que les recherches les plus ingénieuses rattachent malaisément aux sensations, on nous lance inutilement dans un travail sans terme. On peut défier l'idéologue le plus clairvoyant, l'analyste le plus subtil, de déterminer le point où cesse la certitude que nos idées, suivant eux, empruntent du voisinage, et, pour ainsi parler, du contact de la sensation. Peuvent-ils seulement donner une bonne raison de s'assurer davantage dans les idées venues à leur avis directement des sens, que dans les idées formées ou modifiées par l'activité propre de l'esprit? Qui ne sait, en effet, que ces deux sortes d'idées se corrigent réciproquement? Enfin, comment détermineraient-ils la valeur qui reste aux idées venues des sens, une fois séparées de ce que la raison y ajoute de son propre fonds?

A entendre les savants quand ils attaquent la métaphysique, il semble que tout soit sensible dans les sciences, et que l'esprit n'y mette rien du sien. Si, comme ils le veulent, l'observation externe donnait seule et toute seule les vérités certaines, la part qui leur en resterait serait incroyablement petite. Regardez de tous vos yeux, armez-vous des instruments les plus délicats, puis n'interrogez et ne croyez que vos sens; que connaîtrez-vous, même de la nature physique? Si peu de chose que vous en rougirez. Soyez sûr qu'en l'étudiant, en la concevant, vous lui prêtez plus que vous ne recevez d'elle. Il y a plus de distance des idées avec lesquelles vous faites la science, aux matériaux extérieurs de la science, que du sens du livre aux caractères du livre. La nature n'est que la lettre peinte; la sensation la voit, l'intelligence la lit : voilà la science.

Qui en fournit maintenant la plus belle part? N'est-ce pas l'intelligence au moyen des idées? Or, l'intelligence et les idées sont invisibles.

Passez en revue toutes les sciences, et cherchez s'il en est une qui se compose entièrement de données sensibles, ou qui doive à celles qu'elle contient toute sa solidité, s'il en est une qui n'ajoute pas à ce qui se voit, ce qui se comprend. Serait-ce l'astronomie? mais d'où vient sa valeur? de ce qu'elle est le spectacle du ciel, ou la théorie du ciel? Et la théorie du ciel, les sens l'ont-ils donnée? Le berger Chaldéen a tous les sens de Newton. Seraient-ce les mathématiques? mais l'œil n'a point vu, l'oreille n'a point entendu les plus simples comme les plus élevées des vérités qu'elles établissent. La sensation n'a point donné au géomètre l'idée du point. Jamais ne s'est réalisée devant son regard celle qu'il se forme du cercle ou du triangle: jamais la sphère ne s'est sous ses yeux inscrite au cylindre pour lui révéler ses propriétés. Les signes de la langue du calcul n'ont souvent de valeur et de sens que pour la pensée. Qu'est-ce qu'une racine imaginaire? Qu'est-ce que le symbole algébrique de l'infini? Quelle quantité fut jamais divisée par zéro? Et quel objet mesurable a fait directement pénétrer dans l'esprit l'idée même de l'infini? Les mathématiques sont assurément plus rationnelles qu'expérimentales; elles contiennent plus d'intelligible que de visible. Mais lors même que l'intelligence comprend le visible et lui découvre des propriétés, elle lui applique ses propres lois. On pourrait comparer les phénomènes sensibles aux sons d'une langue; le sens n'en est pas en eux, mais dans l'esprit qui les entend. Souvent quand l'intelligence croit observer, elle se mire, ou du moins elle prête aux choses les conditions de sa propre pensée; elle est en droit de le faire assurément, mais ce droit elle le puise en elle-même, et la nature est un fait qui doit toute sa certitude à l'autorité du témoin.

Comment les physiciens seraient-ils admis plus que les géomètres à placer la source de toute certitude dans les faits sensibles? L'idée constante qui domine toute leur science est celle de la relation de cause et d'effet. Ils ne cherchent, ils n'observent pas autre chose que des causes et des effets. Or, l'idée de cette relation, d'où sort-elle? Des phénomènes? nullement, on l'a démontré. Il faut que les physiciens le sachent; il n'y a pas plus de raison extérieure déterminante qui prouve de deux phénomènes que l'un est la cause de l'autre, qu'il n'y a lieu d'en conclure, par exemple, que Dieu existe. L'induction n'est pas démontrable par l'expérience, c'est-à-dire par la sensation; elle ne l'est point par le raisonnement; elle est gratuite dans un cas comme dans l'autre, mais elle n'en est pas moins certaine. Dans tous deux, la pensée prend sur elle. Si donc elle n'avait pas d'autres éléments de connaissance que l'expérience externe, ce serait fait de la physique tout comme de la religion, et l'objection des naturalistes prouve trop.

Nous sommes amenés, ce me semble, à ce résultat que l'esprit humain ne peut sans suicide rejeter les idées nécessaires, ni le droit de penser à ces idées ; c'est admettre forcément la philosophie malgré le scepticisme et en dehors de l'empirisme. Elle existe donc, et le germe en repose dans le plus simple des actes intellectuels du plus simple des hommes. Il n'est aucun de ces actes qui n'implique des notions nécessaires, et une d'elles engage toutes les autres. Ce sont là des faits, et ces faits, pour être l'objet de la philosophie, ne sont ni moins assurés, ni moins appréciables. On peut entièrement ignorer les faits chimiques, par exemple ; on peut raisonner comme s'ils n'étaient pas : essayez de raisonner, de penser, de connaître, en supprimant les idées premières. Moins la chimie, le monde existe encore pour nous ; supprimez les faits philosophiques, les données primitives de la raison, que devient l'homme ?

Il resterait à chercher pourquoi, avec de tels fondements, la philosophie n'a point la réputation de clarté, d'unité, de certitude, dont s'enorgueillissent les sciences mathématiques et physiques. Je crois que la difficulté et l'immensité du sujet y sont pour beaucoup. D'ailleurs il est une autre considération dont le développement appartient à notre siècle, et qui rend moins incohérente et moins incertaine l'histoire de la philosophie, en expliquant, en justifiant un peu la diversité des systèmes qu'elle a produits.

Cette diversité n'est pas, en effet, aussi irrégulière, aussi capricieuse qu'on pourrait d'abord le croire. Ces systèmes ne forment point la collection de toutes les fantaisies, de toutes les tentations de la pensée. La philosophie n'est pas plus arbitraire que toute autre science. Le philosophe est trop près de son objet; il ne peut s'en détacher ni l'oublier entièrement; et comme c'est lui-même qu'il étudie, il y a toujours quelque chose de lui, c'est-à-dire quelque chose de la nature humaine dans le portrait qu'il en fait. On citerait peu de systèmes philosophiques qui ne méritent attention, au moins comme un trait, comme une ombre de leur modèle. Aussi l'histoire de la philosophie importe-t-elle plus à la philosophie que l'histoire d'une science n'importe en général à cette science. L'histoire des opinions de l'homme sur les plus grandes questions de l'humanité, est l'histoire de l'homme même; et comme il est l'objet de la science, son histoire fait partie de la science. Ainsi, la multitude des systèmes, quelque grande qu'elle puisse être, entre dans les cadres de la science. Il serait impossible, or il ne l'est pas, d'en faire apercevoir la liaison, et d'en extraire quelques conclusions positives, qu'on ne pourrait encore, l'histoire à la main, soutenir que la philosophie n'existe pas; elle serait tout au moins l'ensemble des philosophies. Seulement, une chose resterait à faire, c'est la philosophie des philosophies, celle qui les coordonne, les concilie et les complète. Tel est le travail auquel a paru tendre récemment l'esprit philosophique. Tel est le sens de ces idées qu'il s'est attaché à répandre, et qui ont eu leur nouveauté et leur popularité, savoir, qu'il n'y a point d'opinions entièrement fausses, que le caractère de l'erreur est d'être exclusive, et que tout système a sa part de vérité. C'est là une idée critique, mais elle deviendra féconde, et achèvera d'enfanter une philosophie dont elle fait pressentir les caractères dominants, savoir, l'impartialité et l'universalité. Cette philosophie, quand on la considère dans son principe, on l'appelle rationalisme; éclectisme, quand on regarde à sa formation. Les siècles lui donneront le nom qui lui restera.

Mais pour qu'elle ne demeure pas au-dessous de sa destinée, il importe qu'elle connaisse tous ses droits, et, nous devons l'avouer, si quelque chose peut faire douter de son avenir, c'est sa timidité. Elle est timide encore, non à juger, mais à conclure; la critique cependant n'a de prix que comme une voie plus sûre d'arriver au dogmatisme. Au reste, l'hésitation est naturelle, elle s'explique par l'état des esprits, auquel la philosophie contemporaine doit la naissance. Éprouvés par l'absolue domination des systèmes divers, ils en ont reconnu l'insuffisance et le danger. Las d'être subjugués par les idées exclusives, ils sont en garde contre toute croyance forte et décidée. L'impartialité, qui est une vertu de la raison, a, tout en préservant du fanatisme ou de la duperie, l'inconvénient d'affaiblir le ressort de la conviction, et peut aisément dégénérer en indifférence. C'est l'écueil que nous devons éviter.

Il est arrivé plus d'une fois, soit à des écoles, soit à des individus, d'atteindre à cette largeur d'intelligence accessible à tous les systèmes, à cette universalité critique qui les pénètre tous. Tel paraît avoir été le caractère de quelques sectes éclectiques des premiers siècles. Tel encore, à beaucoup d'égards, fut Bayle, dont la raison étendue et flexible portait le signe éclatant du génie éclectique, l'intelligence de toutes les opinions. Cependant il n'a rien établi, et ne pouvait rien établir; car il n'entrait dans les systèmes que pour en connaître le côté faible, et ne les rapprochait souvent que pour les ruiner les uns par les autres. Esprit d'une froideur désespérante, plus amoureux de la logique que de la vérité, il ne s'attachait à saisir que le bien ou le mal raisonner, sans s'inquiéter du fond même des questions ou des doctrines. L'éclectisme de Bayle était un éclectisme de scepticisme. Mais n'en pourrait-on concevoir un autre qui examinerait les systèmes, moins pour chercher dans chacun ce qu'il y a de faux, que pour surprendre ce qu'il y a de vrai; qui donnerait audience à toutes les opinions, non pour les mettre hors de cour, mais pour leur faire droit ou les concilier; qui les étudierait toutes pour en extraire quelque chose de substantiel, de permanent et de général, en élaguant ce qui est gratuit, partiel et passager; qui, loin d'opposer les doctrines aux doctrines pour les ébranler, ne les comparerait que pour les vérifier l'une par l'autre, et les compléter en les combinant? Pour atteindre ce but, il faudrait étudier les systèmes en eux-mêmes, c'est-à-dire dans leur rapport aux réalités; et l'étude des systèmes, l'histoire de la philosophie, deviendraient en même temps l'étude et l'histoire des choses philosophiques. Ce serait là un éclectisme dogmatique.

Et déjà un changement, qui n'est en faveur ni du scepticisme ni de l'indifférence, ne s'est-il pas accompli dans le domaine philosophique? Sans contredit, des doctrines fixes, absolues, complètes, ne sont pas établies, mais une direction s'est manifestée. La critique a ébranlé les dogmes de la philosophie précédente, elle a fait pénétrer le doute là où régnait la certitude. Mais ces dogmes n'étaient-ils pas eux-mêmes la négation de vérités sublimes ou nécessaires? Cette certitude ne reposait-elle pas sur l'omission des faits fondamentaux de la pensée? Et ici ébranler, n'était-ce pas relever? Le doute n'était-il pas un retour à la foi? En effet, on ne peut contester qu'une réaction morale ne se fasse sentir contre les petites doctrines d'une philosophie restrictive. Sans rien nier de ce qu'on a découvert, l'esprit du siècle porte à reprendre, en l'épurant, une part de ce qu'on avait rejeté. A en juger par les faits, la philosophie qui favorise cette réaction, tend à édifier plus qu'à détruire.

Ce n'est pas tout; dans l'essence même de la philosophie nouvelle, il est facile d'apercevoir un principe puissant et dogmatique. Elle admet, nous l'avons vu, que l'objet de la philosophie existe, et que l'esprit humain a droit d'en connaître. Elle le pose en fait, et ce fait est indéniable. C'est établir en même temps ce qu'on donne comme les deux procédés élémentaires de la science, l'observation et l'induction. Ce qui veut dire encore 1°. qu'il y a des faits que la raison est apte à constater, 2°. qu'elle est en droit de travailler sur ces faits. C'est déclarer la souveraineté de la raison; et de là découlent le libre examen des systèmes, comme aussi toutes les libertés philosophiques, religieuses, politiques.

Proclamer l'examen universel, n'exclure aucune

époque, aucun pays, aucune école, aucune question, c'est proclamer la liberté et l'impartialité de l'esprit humain. Tels sont, en effet, les caractères extérieurs les plus remarquables de la philosophie qui s'est peu à peu élevée parmi nous en présence de celle du xviii° siècle, triomphante dans ses œuvres, chancelante dans ses principes. Si celle-ci doit périr, que la raison et la science se rassurent, son héritière est née. Ce que l'une a fait, l'autre le respectera ; elle ne sera envers celle qui l'a précédée ni sans égards, ni sans reconnaissance. Il en est de la philosophie de nos pères comme de la Révolution ; l'ingratitude et l'aveuglement pourraient seuls contester ses bienfaits ou attenter à son ouvrage ; seules, la passion et la superstition pourraient approuver tous ses principes et asservir à ses traditions l'indépendance des générations nouvelles. Quiconque aime son temps et son pays doit parler avec une sorte d'orgueil de cette forme puissante et populaire que prit, il y a plus d'un demi-siècle, l'esprit français, s'apprêtant à remuer par ses œuvres le monde enchanté de ses idées. La philosophie de Voltaire fut un moment toute la grandeur de la France. Mais aujourd'hui on juge ce qu'on admire, et le choix de la raison n'est plus enchaîné par le passé. Aucun précédent n'est un droit, quoique tous les précédents soient des titres. Lors donc que de tant de côtés la philosophie de l'analyse et de la sensation est attaquée, et qu'elle n'est plus guère défendue que par ceux qui ne sont pas philosophes, ne craignons pas, en passant du côté de ses adversaires, de déserter la philosophie. Ailleurs, nous trouverons même amour de toute liberté, même respect des souvenirs nationaux, égale indépendance, et, ce semble, plus de largeur, plus d'universalité, plus de science, une plus complète intelligence et de la nature et de l'histoire de l'humanité. Après tout, la philosophie n'est pas une cause que l'on soutienne par honneur, un parti que l'on suive par fidélité. Où est le vrai, là est le drapeau. La raison n'est plus libre dès qu'elle voit la vérité, et l'acte le plus éminent de sa puissance est comme le signal de sa soumission.

La critique attentive et sévère à laquelle ont été soumis les systèmes chers au dernier siècle, en a montré les lacunes et l'insuffisance. Ils ont succombé dans nos écoles; et la littérature, la poésie, la politique même les répudient et cherchent d'autres principes. Ce n'est que dans les sciences expérimentales qu'ils tiennent encore, et qu'en émigrant de la métaphysique, ils ont trouvé un honorable asile. Dans les idées morales, dans les principes de conduite d'une partie des masses, il est impossible aussi de méconnaître leur influence, et ils continuent de dominer souvent, là même où l'on ne les professe pas. Il y a donc encore en eux une puissance assez grande pour qu'il soit toujours utile de la discuter. Il n'est pas temps, pour la vraie philosophie, de renoncer à la critique. Qu'elle n'oublie pas cependant qu'elle a plus à faire, et qu'elle a entrepris davantage; nous attendons, nous exigeons d'elle des résultats positifs et de solides créations. Le temps actuel offre le spectacle d'une grande et périlleuse expérience. L'idée est venue aux hommes de n'être gouvernés que par la raison. Ils menacent de ne plus reconnaître d'autre autorité. Quelle tâche pour la raison, et par conséquent pour la philosophie qui n'est que la raison élevée à sa plus haute puissance ! Si elle se bornait à rester observatrice, critique, historienne, la remplirait-elle, cette tâche immense ? Il ne nous le paraît pas, et nous lui prévoyons de plus hautes obligations, puisqu'elle accepte une plus grande responsabilité. On ne gouverne le monde qu'avec des croyances. Des croyances, le genre humain en demande à la raison, et la raison invoque la philosophie. La philosophie répondra-t-elle ?

Nous n'osons espérer que l'on trouve quelques mots de la réponse attendue, dans les Essais que l'on va lire. Cependant, quoique la plupart soient consacrés à l'exposition et à la critique de certaines doctrines, on s'apercevra peut-être qu'ils ne sont l'expression ni de l'incrédulité ni du scepticisme, et que notre but est plutôt de raffermir que d'ébranler, de rallier que de diviser les esprits.

Il nous a paru, après avoir parcouru d'un coup d'œil général le terrain sur lequel guerroyent aujourd'hui les sectes philosophiques, qu'il était possible, et qu'il serait utile de faire connaître avec exactitude leurs principaux systèmes et d'en présenter à toutes les classes de lecteurs une notion un peu substantielle, que seules des études spéciales ou les leçons des écoles pourraient aujourd'hui leur donner. Du côté du spiritualisme, nous avons choisi Descartes, Reid et Kant, comme les trois chefs de secte qui le représentaient le mieux, et qui offraient le plus de richesses à l'avidité de l'esprit. Après avoir, dans trois Essais séparés, analysé et commenté leurs doctrines, nous nous sommes efforcé, dans un quatrième, de montrer une partie de ce qu'il en devait rester de solide et d'essentiel, et de rattacher des conclusions communes à des systèmes qui semblent si différents. Une fois pourvu de ces données positives, que nous voudrions avoir élevées pour le lecteur à l'état de convictions, nous avons ouvert la discussion avec les doctrines qui continuent l'œuvre de Locke, et qui ont représenté, de nos jours, l'une Condillac, c'est l'idéologie, l'autre Helvétius, c'est la physiologie appliquée à la métaphysique. Cette polémique remplit deux Essais. Enfin, les dissertations qui terminent l'ouvrage ont pour objet de résoudre, selon nos forces, quelques questions, ou d'éclaircir du moins quelques points obscurs de la science, à l'aide de la méthode et des idées que nous aurons nous-même exposées dans nos Essais critiques. Tous ces Essais réunis sont loin de former un traité de philosophie; mais cependant, nous serions tristement surpris si le lecteur n'y voyait autre chose que des pensées détachées. Notre ambition serait de lui donner, non pas un livre, mais les fragments d'un livre.

ESSAI II.

DE LA PHILOSOPHIE DE DESCARTES.

Pour juger le mérite d'un inventeur, pour mesurer les pas qu'il a faits, il faut considérer le point d'où il est parti et l'état dans lequel il a trouvé l'art ou la science qui lui doivent un nouveau progrès. Descartes fut certainement un inventeur : la grandeur de son entreprise, la valeur des résultats qu'il obtint, exigeraient donc, pour être bien appréciées, une connaissance exacte de la situation de la philosophie au moment où il parut. La nature de ces Essais se refuse aux développements historiques, et l'espace manquerait pour une si vaste recherche; il faut nous contenter de quelques idées générales.

On est dans l'usage d'appeler du nom de scholastique tout ce qui, dans le Nord et l'Occident de l'Europe, occupa les esprits spéculatifs, depuis le temps d'Érigène jusqu'à la fin du xvie siècle, et l'on dit communément que Descartes renversa la Scholastique. Il est vrai qu'il innova contre les six cents ans d'études et de travaux qui venaient de s'écouler; mais on se tromperait si l'on concevait sous ce nom de scholastique une science identique et invariable, un seul et même système continué comme une immuable tradition par vingt générations savantes. Ce nom ainsi employé ne doit désigner que la forme générale et constante des idées et du langage, jusque dans les systèmes divers de chaque époque, et dans les phases des mêmes systèmes à diverses époques. Cette forme était éminemment dialectique, et les controverses, bien qu'au fond relatives aux problèmes réels et permanents de la science, conservaient une apparence habituelle de disputes de mots ou de discussions grammaticales. C'était le goût de la théologie ; c'était l'effet de l'empire non interrompu de la logique d'Aristote qui servait comme de centre à tous les travaux, soit qu'on la prît comme un point de départ ou comme un but, soit qu'on y vît une règle à suivre ou un obstacle à combattre. Or, cette philosophie dont l'aspect général offre une espèce d'unité, il est bien vrai que Descartes seul en rendit la chute définitive; car il la remplaça, et imprima sa forme et sa direction à tous les systèmes qui devaient lui succéder, même à ceux qui portaient dans leur sein des conclusions opposées aux siennes. Avant lui, sans doute, on avait attaqué la scholastique, puisqu'il faut se servir de ce mot; Montaigne en avait souri, Charron l'avait méprisée. Des philosophes de profession lui avaient déclaré la guerre. La Renaissance, en ramenant dans les lettres un goût plus pur et plus d'intelligence dans l'étude des classiques, avait ébranlé l'empire d'Aristote, parce qu'elle l'avait divisé. Tandis que le platonisme s'était ranimé, des sectateurs fidèles du péripatétisme avaient, par une interprétation plus savante, plus éclairée, plus antique des ouvrages du philosophe de Stagire, essayé de réformer l'interprétation traditionnelle des écoles dont ils accusaient l'origine arabe. Si, comme il est permis de le faire, on représente la science universelle par le précepteur d'Alexandre, le xv° et le xvi° siècles sont remplis de révoltes tentées contre son empire. Luther et Calvin l'avaient confondu dans leurs attaques contre la puissance ecclésiastique unie dès longtemps à la sienne. Ramus avait entrepris de lui enlever le sceptre de la logique, et de restaurer contre lui la dialectique de Platon. Telesio, Bruno, Campanella avaient produit, au mépris de la physique du maître, des systèmes universels plus ou moins analogues à ces conceptions *a priori* sur la nature des choses dont la Grèce fut si prodigue et qu'il avait réfutées. Moins téméraires et plus novateurs, les créateurs des sciences physiques avaient commencé à substituer à l'empire de ses hypothèses le régime des découvertes, et Bacon s'élevait qui leur enseignait la théorie des méthodes expérimentales. Et cependant la philosophie moderne n'était pas née; l'esprit humain restait inconnu; la méthode ne changeait pas; la langue demeurait la même; les écoles conservaient la tradition d'une métaphysique que la théologie avait consacrée[1]. L'autorité des textes continuait à y prévaloir sur les efforts libres et originaux de la raison. L'enthousiasme que les chefs-d'œuvre des anciens, chaque jour mieux connus, devaient naturellement inspirer, semblait ajouter encore de nouveaux titres

---

[1] « On a tellement assujetti la théologie à Aristote, qu'il est im-
« possible d'expliquer une autre philosophie qu'il ne semble d'abord
« qu'elle soit contraire à la foi. » Descartes, *Lettres*, OEuvres
complètes, T. VI, p. 73.

à cette autorité déjà si respectée. Ainsi le goût littéraire lui-même était un obstacle de plus à l'indépendance de l'esprit. Descartes dédaigna tout cela; ni les écoles, ni les noms, ni les livres, rien ne le retint ni ne parut le guider. Opposant lui-même au passé et sa raison à toute autorité, il affranchit à jamais l'esprit humain. Il était temps; sa naissance avait précédé de quatre ans le jour où Giordano Bruno monta sur le bûcher.

La philosophie est quelque chose de si vaste, qu'il est toujours hasardeux de la caractériser par un mot, surtout lorsque ce mot tend à définir le travail de l'esprit humain chez différentes nations et durant plusieurs siècles. Cependant, il est peut-être permis de dire que la philosophie de l'antiquité fut en général *cosmologique*. Les anciens prirent presque toujours leur point de vue du monde extérieur; il prétendirent embrasser l'univers dans son ensemble, et rendre raison de la nature des choses; rarement l'homme seul, l'homme intérieur, devint-il l'objet unique, ou du moins dominant de leurs recherches et de leurs découvertes. Peut-être est-ce l'innovation que tenta Socrate, lorsqu'il mérita qu'on dît de lui qu'il faisait descendre la philosophie du ciel sur la terre.

Celle que le moyen âge donna à l'esprit humain, préoccupée de la forme, attachée principalement à la classification des idées ou plutôt des termes, cherchant avant tout la définition et l'argumentation, fut *logique* au plus haut degré. Les choses semblaient plutôt le prétexte que l'objet de ses recherches.

Descartes plaça dans l'homme le mot de l'énigme

de la science, et c'est en rentrant en lui-même qu'il crut remonter à la vérité. Avec lui, la philosophie devint *psychologique*. Par cette seule nouveauté, il opéra un changement que ni sa physique, ni sa cosmologie, ni sa mécanique, ni sa géométrie n'auraient accompli. Égal, et parfois supérieur, sous tous ces rapports, à ses devanciers ou à ses contemporains, il fut sans maître et sans rival dans cette partie de la philosophie, qui est devenue, depuis qu'il a vécu, la philosophie tout entière. Elle a conservé le caractère qu'il lui a imprimé, la méthode qu'il lui a donnée. L'étude de l'homme est demeurée, par son exemple, l'objet de la philosophie et comme le centre des sciences; et chez les continuateurs aussi bien que chez les adversaires de Descartes, l'observation a constamment cherché le premier fait dans la pensée.

C'est là une vraie révolution philosophique. L'examen critique du cartésianisme, considéré sous ce point de vue, la fera mieux comprendre.

Descartes est du très-petit nombre des penseurs qui ont traversé la vie active pour arriver à la méditation. Les plaisirs, puis les voyages, puis enfin la guerre avaient occupé son temps, lorsqu'il s'éprit d'un beau feu pour la philosophie. A vingt-trois ans, volontaire dans l'armée du comte de Tilly, il était officier d'aventure sous les ordres d'un général aventurier, et il assistait à cette grande guerre de trente ans, si romanesque par ses épisodes, si politique par ses résultats, lorsque se trouvant en quartier d'hiver, à Neubourg sur le Danube, et n'ayant, comme il le dit, *ni passions qui le troublassent, ni conversation qui le divertît*, il se mit à réfléchir; et sa première réflexion fut que les sciences ayant été composées peu à peu, et s'étant *grossies des opinions de plusieurs diverses personnes, ne sont pas si approchantes de la vérité* que les *simples raisonnements que peut faire naturellement un homme de bon sens touchant les choses qui se présentent.* C'est ainsi qu'un jeune officier de fortune, se trouvant de loisir à l'armée, et demeurant tout le jour, comme il le dit encore, *enfermé seul dans un poêle*, prit en rêvant le parti de récuser les sciences, parce qu'elles étaient l'œuvre des générations, et de remplacer leur témoignage par de *simples raisonnements.* Cette pensée n'était pas moins que la réforme de l'esprit humain.

Cette pensée, conçue si hardiment et si tranquillement, le domina bientôt au point de le déterminer à quitter le service en 1624, c'est-à-dire à l'âge de vingt-huit ans. Il voyagea de nouveau, et se fixa enfin en Hollande : là vint au monde sa philosophie.

Les trois grands ouvrages philosophiques de Descartes sont : le *Discours de la Méthode*, les *Méditations métaphysiques*, les *Principes de la philosophie ;* ces trois ouvrages sont éclaircis et complétés par ses dissertations apologétiques et sa correspondance [1].

Le *Discours de la Méthode* fait connaître l'histoire de son éducation intellectuelle et de son ini-

---

[1] *OEuvres complètes de Descartes*, publiées par M. V. Cousin, 11 vol. in-8. — *Discours de la Méthode* pour bien conduire sa raison et chercher la vérité dans les sciences, T. I. — *Méditations métaphysiques* ou touchant la philosophie première. Objections et Réponses, T. I et II. — Les *Principes de la philosophie*, T. III.

tiation philosophique, et finit par l'exposé des principes de la méthode et de quelques-uns de ses résultats.

Les *Méditations*, en nous reportant au point de départ déterminé par la méthode, montrent Descartes refaisant peu à peu son propre esprit et reposant les fondements de la connaissance humaine. Il y a peu de grandes questions qui ne soient traitées ou touchées dans cet admirable ouvrage.

Le livre des *Principes* reproduit sous forme dogmatique, et il complète par des applications, les connaissances dont l'auteur a, dans ses *Méditations*, raconté l'acquisition laborieuse. Mais, comme de son temps la philosophie comprenait encore au moins la métaphysique et la physique, le livre des *Principes* de Descartes, en cela semblable à celui de Newton, renferme presque tout un traité de cosmologie.

Nous exposerons la philosophie de Descartes dans l'ordre tracé par ces trois ouvrages; nous imiterons en général sa marche et reproduirons souvent ses expressions. On le verra tel qu'il se représente lui-même, recomposant peu à peu la science par les seules forces de sa raison. C'est avec une naïveté profonde qu'il raconte, dans le *Discours de la Méthode* et dans ses *Méditations*, cette histoire de sa régénération intellectuelle opérée sur le plan que lui-même avait tracé d'avance. Cette hypothèse philosophique a quelque chose de si attrayant et de si vrai, qu'elle est devenue depuis Descartes la forme ordinaire de la recherche des premières connaissances. Dans presque tous les ouvrages de philosophie, l'écrivain se met en scène. C'est le moi qui se pose, qui se développe sous nos yeux, qui fait la science en s'instruisant avec nous. Cette hypothèse, au reste, n'a rien de forcé ni de puéril; ce n'est pas la triste fiction de l'impossible statue de Condillac, qui s'anime et se complète en acquérant un à un tous ses sens; c'est la confidence des méditations d'un homme dont les facultés sont développées, qui réfléchit sur lui-même, et qui travaille à se rendre raison de toutes les notions et de toutes les croyances dont l'expérience a rempli son esprit. Cette hypothèse au fond est la philosophie personnifiée.

Quelque simple que soit en général le ton des écrits de Descartes, l'audace de son esprit éclate dans l'entreprise même qu'il raconte avec une sorte de bonhomie. Ayant remarqué qu'il n'y a de bel édifice que celui qui est l'ouvrage d'une seule pensée et d'une seule main, il veut concevoir et exécuter d'ensemble la rénovation de la philosophie et des sciences qui empruntaient d'elle leurs principes. Il veut à lui seul imaginer, commencer, achever l'édifice, et, après mûre délibération, il y consacre toute sa vie.

Tout détruire dans son esprit et tout reconstruire, tel est son plan. Les sciences, en effet, lui paraissent incertaines; les lettres n'ont rien de démonstratif; la philosophie n'est point une science, mais une controverse. Il n'est pas jusqu'aux notions communes, dont il ne fût malaisé de montrer les fondements. Tout lui paraît donc à refaire, puisque tout lui paraît douteux. Il prend la résolution de se dégager de toutes les opinions par lui reçues ou for-

mées jusqu'alors, de les suspendre jusqu'à nouvel ordre, et de mettre pour ainsi dire la raison humaine en état de siége. C'était proclamer le doute universel.

On se tromperait cependant si l'on croyait qu'il prétendît par là réaliser dans son propre esprit cette hypothèse de la *table rase*, que des philosophes ont représentée comme l'état de nature de l'entendement. Plus d'une fois, il prend soin d'avertir que c'est aux opinions et non pas aux notions qu'il renonce provisoirement. Il ne tente point l'œuvre impossible d'annuler toutes ses idées antérieures; il les conserve, mais il s'abstient, autant qu'il est en lui, de tout jugement et de toute croyance. Il n'oublie rien, mais il cesse de conclure.

C'est là ce doute méthodique si célèbre dans l'histoire de l'esprit humain, et devenu le point de départ de presque toute philosophie. Ce doute a pu donner accès au scepticisme, mais il n'est pas le doute du scepticisme. Le scepticisme est une conclusion; le doute de Descartes est une méthode. Le scepticisme prononce qu'examen fait tout est incertain; Descartes suppose qu'avant l'examen tout est incertain. L'un désespère de la vérité, l'autre y tend. Le scepticisme est le dernier effort de la science découragée; le doute de Descartes est le signal du génie plein de confiance et de jeunesse, s'élançant à la conquête du nouveau monde de l'esprit humain. « Les sceptiques, dit-il, ne doutent que pour dou« ter et affectent d'être toujours irrésolus. Au con« traire, tout mon dessein ne tendait qu'à m'assu« rer, et à rejeter la terre mouvante et le sable pour « trouver le roc ou l'argile. »

Ainsi le doute de Descartes est fécond; on pourrait dire qu'il est dogmatique, car il suppose la vérité. Il la suppose dans l'intention de son inventeur qu'il a en effet conduit à une des doctrines les moins négatives, les moins dubitatives que la raison ait enfantées. De ce doute, il est sorti un système du monde.

Le doute universel était le premier pas de la méthode; le second était la découverte d'une règle pour la recherche de la vérité. Cette règle fut « de « ne recevoir jamais aucune chose pour vraie, qu'il « ne la connût évidemment être telle; c'est-à-dire « d'éviter soigneusement la précipitation et la pré- « vention, et de ne comprendre rien de plus en ses « jugements que ce qui se présenterait si clairement « et si distinctement à son esprit, qu'il n'eût aucune « occasion de le mettre en doute. »

Une conception ou *perception claire et distincte*, tel est, il le répète à chaque page, le signe et le gage certain de la vérité.

Les trois autres règles qu'il joint à la première ne sont que des moyens d'obtenir cette conception si désirable par la voie de l'examen successif et des analyses complètes[1].

Voilà donc toute la méthode de Descartes : douter de tout au préalable, et n'admettre de vérité qu'en vertu d'une connaissance *claire et distincte.*

On a fait contre ces deux principes méthodiques deux fortes objections.

---

[1] *Discours de la Méthode*, part. II, T. I. — Règles pour la direction de l'esprit, T. XI.

L'une porte sur le doute universel, l'autre sur la règle de la certitude.

Adopter le doute universel est impossible, a-t-on dit, ou c'est commencer par se mettre en état de démence, afin de mieux régénérer la raison humaine. L'observation serait fondée, si le doute de Descartes était pratique et non scientifique, et si lui-même n'avait soin de nous dire qu'il fait une grande différence entre la conduite de la vie et la contemplation de la vérité, et que celle-ci admet seule une défiance d'esprit, qui serait extravagante pour celle-là. Mais où donc est, dans les recherches philosophiques, la folie de suspendre son jugement à l'égard des choses obscures ou qui ne sont pas assez distinctement connues? L'objection serait fondée encore, si le doute proposé allait jusqu'à la chimère de supprimer effectivement toutes les idées acquises, pour les refaire *a priori*, s'il était, comme le pensait un des adversaires de Descartes, *une abdication générale de toutes les choses dont on peut douter*[1]. Il n'en est rien; Descartes a eu soin d'expliquer que ce n'est pas les notions acquises qu'il a voulu chasser de son esprit; de celles-là il est impossible, dit-il, de s'en défaire; mais bien les préjugés, c'est-à-dire les opinions que les jugements antérieurs avaient pu laisser en sa créance. Or, il dépend de la volonté de juger ou de ne pas juger, ou plutôt de se résoudre à ne rien assurer ou nier de ce qu'on a nié ou assuré auparavant, sinon

---

[1] *Œuvres complètes*, T. II. — Objections du Père Bourdin, et Réponses, p. 395.

après l'avoir examiné de nouveau[1]. Le doute de Descartes n'était donc qu'une hypothèse; c'était l'acte par lequel était mis en question tout ce que la philosophie met en question. Toute science (et telle est la philosophie) qui remonte aux vérités premières et s'enquiert des fondements de la connaissance, élève le problème de l'esprit humain. Les dogmatiques en sont à cet égard au même point que les sceptiques; constater les vérités nécessaires, soit comme des faits primitifs, soit comme des lois de la raison, soit comme des déductions de l'expérience, c'est résoudre affirmativement le problème, mais c'est l'avoir posé. Les Écossais qui reprochent à Descartes ce doute excessif, n'ont eux-mêmes écrit que pour consolider les vérités qu'il y soumet, et ils ont fait ainsi acte implicite de doute méthodique. C'est maintenant le début obligé de toute philosophie; il n'y aurait point de philosophie, si toute vérité n'était scientifiquement en question. L'honneur de Descartes est de l'avoir explicitement, solennellement reconnu; trait remarquable de hardiesse et de sagacité.

Contre la règle qu'il a donnée pour la recherche de la vérité, on allègue qu'elle est insuffisante, et que la conception claire et distincte n'est pas un signe certain, un caractère spécifique de la vérité. La critique est juste : la science, au point de rigueur où la raison moderne l'a portée, ne peut se contenter de quelque chose d'aussi indéterminé.

---

[1] Lettre à M. Clerselier, contenant une réponse aux objections de Gassendi, *OEuvres complètes*, T. II, p. 305.

Elle ne peut trouver dans la conception claire et distincte ce *criterium*, d'ailleurs vainement cherché, de la certitude absolue. La certitude que donne la règle de Descartes est purement relative à l'intelligence humaine, même à l'intelligence individuelle. Or, quand on accorderait qu'aucun système n'a pu encore s'élever au-dessus de la certitude relative, du moins est-il possible de fixer les conditions de cette évidence, mieux que ne l'a fait Descartes; l'évidence est scientifiquement définissable. Du reste, on aura plus d'une occasion de remarquer que Descartes est souvent vague dans son langage, et ne porte pas toujours dans la métaphysique la sévérité de démonstration qu'on attendrait d'un aussi grand géomètre.

Mais il faut, pour apprécier la valeur de sa règle sur la certitude, il faut se reporter à l'époque où elle a été promulguée. Prendre l'engagement de n'accepter pour vrai que ce qu'il aurait évidemment reconnu pour tel, n'attribuer la certitude qu'à la conception claire et distincte, c'était secouer le joug de la tradition, rompre avec la scholastique, substituer les croyances réelles aux connaissances verbales, sortir de la grammaire métaphysique pour revenir à la contemplation des choses. C'était tout ramener sous la loi de l'intelligence pure et proclamer la foi dans la raison. C'était fonder la liberté philosophique et inaugurer le règne de l'examen sur les débris de l'autorité.

Voilà le sens et la portée des principes méthodiques de Descartes. On voit qu'en les établissant, il fondait, par son doute, le véritable esprit de la philosophie ; par sa méthode, la liberté d'examen. C'est quelque chose, il me semble.

Maintenant que la méthode est trouvée, il faut l'appliquer. Il faut sortir de la méditation critique pour entrer dans cette méditation créatrice à laquelle aspirait Descartes. Il lui reste à chercher la vérité[1].

Rassuré sur la hardiesse de sa tentative par une détermination générale d'adhérer provisoirement, mais énergiquement à la morale, et d'observer les trois maximes suivantes : obéir aux lois, aux coutumes, à la religion de son pays; être ferme et résolu dans ses actions ; tâcher toujours *à se plutôt vaincre que la fortune, et à changer ses désirs que l'ordre du monde ;* il a dévoué sa vie à l'emploi de sa méthode ; il s'est décidé à persister dans l'occupation dont il avait fait choix, c'est-à-dire à employer toute son existence à *cultiver sa raison* et à s'avancer, autant *qu'il le pourrait, en la connaissance de la vérité.* Il le fera, car, grâce à sa méthode, il *a éprouvé de si extrêmes contentements,* depuis qu'il a commencé à s'en servir, *qu'il ne croyait pas qu'on en pût recevoir de plus doux, ni de plus innocents en cette vie.*

Il a donc prononcé ses vœux ; il s'est préparé à la révolution de l'esprit humain par une sévère discipline morale; chose rare aux auteurs de révolution.

Ainsi commence la première de ses *Méditations ;* il a déposé tout préjugé ; il fait profession d'une incertitude universelle. Il ne croit fermement qu'une chose; c'est qu'il s'est trompé souvent, qu'il a sou-

---

[1] *De la Méthode* et *Méditations métaphysiques, passim.* T. I.

vent été trompé. L'erreur ou l'illusion sont peut-être l'état habituel de l'homme. En vain les sens paraissent-ils donner, sur mille objets immédiats et familiers, une assurance hors de laquelle commence la folie : qui pourrait s'y fier? Il se peut que Descartes ne soit pas comme il croit être; il peut douter de la table sur laquelle il s'appuie, du papier sur lequel il écrit, car les songes ne manquent pas de semblables apparences. Peut-être dort-il; la vie peut-être est un songe éternel. En supposant que les objets qui l'entourent soient imaginaires, du moins semble-t-il que ces objets tels quels ont des qualités indubitables. Sur l'étendue et la figure, la grandeur et le nombre, le lieu et le temps, l'esprit est en possession de certaines notions si claires, qu'il lui en coûte de les suspecter. Mais enfin, peut-être est-il le jouet de quelque mauvais génie, de je ne sais quel trompeur puissant et rusé qui emploie à l'abuser toute son industrie. Si la vie n'est un songe, peut-être qu'elle est un piége.

Voilà de laborieux et pénibles doutes. Descartes se répète le *que sais-je* de Montaigne. Serait-ce que rien ne mérite d'être estimé véritable, sinon qu'il n'y a rien de certain au monde? Cependant, moi qui dis ces choses, moi qui doute, ne suis-je rien? Il est vrai que j'ai douté, et je l'ai dû, de mes sens et de mon corps; mais j'étais pourtant, puisque je doutais. Qu'un mauvais génie m'obsède, il n'y a point de doute que je suis s'il me trompe. Cette proposition : *je suis, j'existe*, est nécessairement vraie toutes les fois que je la prononce ou la conçois en mon esprit. Mais que suis-je? un animal, un homme, une âme? Toutes ces notions sont suspendues pour moi. Suis-je quelque chose qui sent? mais il faut le corps pour sentir, et le corps est douteux. Suis-je donc quelque chose qui pense? Oui, la pensée est un attribut qui m'appartient. Elle seule ne peut être détachée de moi. Je suis, j'existe, cela est certain; mais combien de temps? Autant de temps que je pense. Je ne suis point cet assemblage de membres que l'on appelle le corps humain; je ne suis point un air délié et pénétrant répandu dans tous ces membres; je ne suis point un vent, un souffle, une vapeur, ni rien de tout ce que je puis feindre ou imaginer, puisque j'ai supposé que tout cela n'était rien. Qu'est-ce donc que je suis? une chose qui pense. Qu'est-ce qu'une chose qui pense? c'est une chose qui doute, qui entend, qui conçoit, qui affirme, qui nie, qui veut, qui ne veut pas, qui imagine aussi et qui sent, car je pense tout cela, j'ai la pensée de tout cela. C'en est fait; plus de doute; je pense, donc je suis; *cogito, ergo sum.*

Cette parole sublime et féconde est le *fiat lux* de la philosophie moderne. C'est, en effet, depuis qu'elle a été prononcée, que toutes les écoles, sans exception, ont recherché directement dans le *moi pensant* ou l'esprit humain, les bases de la connaissance, les éléments de toute vérité, les preuves de toute existence. Cette parole de Descartes a donné l'être à la psychologie, et depuis deux siècles toute philosophie est psychologique, au moins par sa méthode. Il n'est donc point usurpé, ce titre souvent donné à Descartes, ce titre de père de la philosophie moderne.

On a cependant glosé sur cette parole fameuse. Descartes a été loué d'avoir distingué le fait de la pensée et celui de l'existence, même d'avoir subordonné le second au premier ; mais on a dit qu'il ne devait pas présenter cette dépendance sous la forme d'un raisonnement : il n'y a pas lieu à l'*ergo ;* l'existence du moi n'est point une déduction de la pensée, car il ne peut y avoir de la pensée au moi un rapport d'antériorité. L'une et l'autre sont donnés en même temps.

Nul doute que dans la forme, cette proposition *cogito, ergo sum,* ne soit un enthymème. Par conséquent, elle contient une déduction au moins apparente ; or, le fait primitif du moi, base de toute certitude, est complexe, mais non déductif. La conscience est en possession d'un genre d'évidence auquel il importe de conserver sa nature et son autorité, si différentes de celles de l'évidence logique. Ce serait saper la science par sa racine que d'introduire le raisonnement au cœur même de la conscience, et la puissance des faits primitifs serait affaiblie, si on les démontrait. Mais, je crois, et sur une excellente autorité[1], qu'il y a excès de rigueur, préoccupation de forme à faire de l'*ergo* un chef d'accusation. Par elle-même, la proposition de Descartes me paraît éminemment dogmatique. C'est une affirmation sur la foi de la conscience, et la copule logique n'est que l'expression de la liaison qui unit l'existence à la pensée ; c'est une manière de dire que l'une suppose l'autre, et que la pensée implique

---

[1] Cousin. — *Fragments philosophiques.*

l'existence. Dans le fait, la conscience atteste la pensée, et dans la pensée, la raison voit l'existence. Si c'est une induction, elle est immédiate, et elle a lieu en vertu d'une loi de la raison qui est primitive, et ne se déduit d'aucune autre. C'est pour distinguer cette loi du simple fait de conscience, qui cependant la révèle, que Descartes l'a extraite sans la détacher : tel est le sens d'*ergo sum*. Aussi dit-il lui-même : « Quand nous apercevons que nous « sommes des choses qui pensent, c'est une première « notion qui n'est tirée d'aucun syllogisme ; et lors- « que quelqu'un dit : *Je pense, donc je suis* ou *j'existe*, « il ne conclut pas son existence de sa pensée, comme « par la force de quelque syllogisme, mais comme une « chose connue de soi ; il la voit par une simple in- « spection de l'esprit[1]. » Il faut même ajouter que la forme de l'enthymème ne se trouve pas dans les *Méditations*. C'est dans cet ouvrage que Descartes établit et développe avec le plus de soin cette première des vérités premières, l'existence comprise dans la pensée ; et là, jamais il n'affecte le procédé logique, il présente le fait comme nous l'avons tout

---

[1] *OEuvres complètes*, T. I. Réponse aux premières objections recueillies par le P. Mersenne, p. 427 ; aux sixièmes objections, T. II, p. 333 ; et ailleurs : « Ne m'avouerez-vous pas que vous êtes « moins assuré de la présence des objets que vous voyez que de la « vérité de cette proposition : *Je pense, donc je suis ?* Or cette con- « naissance n'est point un ouvrage de votre raisonnement ni une in- « struction que vos maîtres vous aient donnée ; votre esprit la voit, « la sent et la manie, et quoique votre imagination, qui se mêle im- « portunément dans vos pensées, en diminue la clarté, la voulant « revêtir de ses figures, elle vous est pourtant une grande preuve « de la capacité de nos âmes à recevoir de Dieu une connaissance « intuitive. » Lettre à M***, T. X, p. 127.

à l'heure exposé d'après lui, et ne termine pas en l'énonçant par la formule inculpée. Je crois donc que les scrupules peuvent se taire. Le *cogito, ergo sum* ne ramènera point la dialectique, et avec elle le scepticisme, dans le domaine de la conscience. Il reste une vérité première au-dessus de toute preuve; et Descartes conserve le mérite inestimable d'avoir triomphé du doute universel par la foi dans les faits primitifs de conscience. — Reprenons l'analyse des *Méditations*.

La pensée est tout dans le moi; car si les sensations sont fausses, si la lumière, le bruit, la chaleur, n'existent pas, il n'en est pas moins certain qu'il semble que je voie la lumière, que j'entende le bruit, que j'éprouve la chaleur; et cela même, est-ce autre chose que penser? Je pense pour le moins que je sens tout cela. Ces choses corporelles qui tombent sous le sens, sont beaucoup plus fermement connues par l'entendement que par les sensations. Soumettez au feu un morceau de cire, tout changera ou disparaîtra en lui, forme, couleur, odeur, volume, son, solidité, et cependant la cire demeure. Qui demeure? rien de ce qui tombe sous les sens, mais quelque chose qui n'est aucune des choses qui appartiennent à la cire, quelque chose qui se conçoit et qui ne se sent pas, quelque chose d'étendu, de flexible et de muable. Ce n'est ni la sensation, ni l'imagination, c'est l'entendement qui *comprend* ce quelque chose. La perception de ce quelque chose, la perception du corps, moins ses qualités spécifiques, est une *inspection de l'esprit*. Ainsi, la conception de l'objet sensible, indépendamment de ses qualités, atteste encore l'esprit humain. Les corps même ne nous sont *connus* que parce qu'ils sont *entendus;* ce qui est permanent, ce qui est fixe dans les choses sensibles, n'est accessible qu'à la pensée; ainsi, la sensation même a besoin de la pensée, et par la pensée prouve l'existence.

Ce qui nous assure de cette première vérité, c'est la claire et distincte perception que l'esprit en obtient. Quand sur toute autre chose cette claire et distincte perception tromperait, elle ne pourrait faire que ce qui a cette perception ne fût pas. Mais en outre, cette claire et distincte perception trompe-t-elle? L'homme est-il la dupe d'un Dieu trompeur? La plus pressante question est donc de savoir s'il y a un Dieu, et s'il peut être trompeur.

Définissons les mots avant de les employer.

1°. Sous le nom de *pensée*, il faut comprendre tout ce qui est tellement en nous que nous l'apercevons immédiatement par nous-mêmes, et en avons une connaissance intérieure. Ainsi toutes les opérations de la volonté, de l'entendement, de l'imagination et des sens, sont des pensées.

2°. Entre les pensées, quelques-unes sont les images des choses, et c'est à celles-là seules que convient proprement le nom d'*idée*. Lorsqu'on se représente un homme, le ciel, un ange, on en a l'idée.

3°. D'autres pensées ont quelques autres *formes*, c'est-à-dire quelques autres caractères. Ainsi, quand j'affirme ou que je nie, j'ajoute par cette action quelque autre chose à ce que j'affirme ou nie. De même, lorsque je crains ou désire. De ces deux sortes de pensées, les unes sont appelées *jugements*, les autres, *affections* ou *volontés*.

4°. Mais l'idée n'est pas seulement l'image dépeinte en la fantaisie[1]. Ce qui est dans la fantaisie corporelle, c'est-à-dire dépeint dans quelque partie du cerveau, n'est pas l'idée. L'idée, c'est l'image en tant qu'elle informe l'esprit même qui s'applique à cette partie du cerveau; c'est cette forme de chacune de nos pensées par la perception immédiate de laquelle nous avons connaissance de ces mêmes pensées. Sous ces définitions, souvent figurées, toujours confuses, on entrevoit que Descartes réduit l'idée à la notion intellectuelle, et se défend comme il peut du matérialisme impliqué dans la croyance aux images du cerveau et à la fantaisie corporelle.

5°. *La réalité objective* de l'idée, est l'*entité* ou

---

[1] Ce mot, un peu vieilli dans ce sens, est le nom primitif et grec de l'imagination, entendue comme la faculté de se retracer les objets. Ces représentations des objets s'appelaient dans la langue scholastique, des *espèces* (c'est-à-dire des apparences, sens originel de *species*) ou des fantômes. La *fantaisie* est la faculté des fantômes. On trouve ici dans le langage et la théorie de Descartes, quelque chose de cette confusion qui n'est qu'à peine bannie de la philosophie, entre les images empreintes dans le cerveau, et ces sortes d'empreintes intellectuelles qu'on nomme *idées*. Les unes et les autres sont des espèces, des fantômes, et nous voyons que Descartes distingue ici la fantaisie corporelle et celle qui ne l'est pas. Or la fantaisie corporelle, les empreintes, les espèces cérébrales, sont de pures suppositions qu'aucune expérience ne prouve, qui n'éclaircissent aucune difficulté; et quant aux idées, aux images intellectuelles, à la fantaisie qui s'y rapporte, on verra dans notre Essai sur Reid, ce qu'il en faut penser. On doit cependant savoir gré à Descartes d'avoir cherché à spiritualiser l'idée.

l'être de la chose représentée par cette idée, en tant que cette entité est dans l'idée. C'est l'objet que nous concevons par l'idée, mais l'objet intellectuel et pensé.

6°. Les choses conçues dans les objets des idées, y sont *formellement*, quand elles sont en eux telles que nous les concevons. Elles y sont *éminemment*, quand elles n'y sont pas à la vérité telles, mais qu'elles y sont cependant.

7°. Toute chose dans laquelle réside immédiatement comme dans un sujet quelque chose que nous apercevons, toute chose par laquelle existe quelque chose que nous apercevons, c'est-à-dire toute chose dans laquelle réside formellement ou éminemment quelque propriété, attribut ou qualité dont nous avons en nous une réelle idée, s'appelle *substance*.

8°. La substance dans laquelle réside immédiatement la pensée, est appelée *esprit*.

9°. La substance qui est le sujet immédiat de l'extension locale (de l'étendue dans le lieu) et des accidents ou modes, qui présupposent cette extension, comme la figure, la situation et le mouvement de lieu, s'appelle *corps*.

10°. La substance que nous entendons être souverainement parfaite et dans laquelle nous ne concevons rien qui enferme quelque défaut, ou limitation de perfection, s'appelle *Dieu*[1].

Nous anticipons ici des connaissances plus tar-

---

[1] *Méditation* II.—Réponse aux premières objections, T. I, p. 267 et 451.

dives; mais ces définitions extraites littéralement peuvent servir, tout imparfaites qu'elles nous semblent, à mieux comprendre ce qui va être dit.

Les idées, selon Descartes comme selon ses devanciers, sont des images ; toutefois elles ne peuvent en un sens être fausses : car si j'imagine une chèvre ou une chimère, il est également vrai que j'imagine l'une ou l'autre. Comme faits actuels dans l'esprit, elles sont vraies. Il en est de même des affections ou volontés ; car l'affection ou la volonté, non plus que l'idée, n'affirme rien qu'un état ou une opération de l'esprit. Mais il n'en est pas de même des jugements : la principale erreur qui s'y puisse rencontrer vient de ce que le jugement en général affirme que les idées qui sont en moi, sont ou ne sont pas conformes à des choses qui sont hors de moi. Si je considérais les idées seulement comme de certains modes de ma pensée, il n'y aurait nulle chance d'erreur ; mais je les veux rapporter à quelque chose d'extérieur, et le péril commence.

Or, de ces idées, les unes me semblent être nées avec moi, les autres être étrangères et venir de dehors ; d'autres enfin, être faites ou inventées par moi-même.

Ainsi, que j'aie la faculté de concevoir ce que c'est qu'on nomme en général une chose, ou une vérité, ou une pensée, il me semble que je ne tiens cela que de ma nature propre. Voilà *l'idée innée* de Descartes. Cette explication ne semble-t-elle pas en réserver le nom à la faculté de concevoir des idées abstraites ou des *universaux*, comme dit l'École?

Au fond, ce n'est qu'aux idées générales nécessaires que Descartes semble réserver le nom d'idées innées[1].

Si je vois le soleil et sens de la chaleur, ces sentiments, du moins je l'ai jugé toujours ainsi, procèdent de quelque chose qui existe hors de moi : voilà l'idée *adventice*.

Enfin, la conception de la sirène, de l'hippogriffe ou de telle autre chimère, est une invention de l'esprit : voilà l'idée *factice*.

Mais nous ne sortons pas encore des suppositions ; ce ne sont pas là des connaissances positives. Ce qui importe maintenant, ce n'est pas d'assigner aux idées leur origine, mais de considérer quelles raisons nous entraînent à croire semblables aux objets celles qui nous paraissent en venir et pénétrer de l'extérieur à l'intérieur.

D'abord la nature nous y porte ; ensuite l'expérience nous enseigne que ces idées ne dépendent point de notre volonté. Il ne tient pas à nous d'éprouver ou de n'éprouver pas de la chaleur. De là, nous nous persuadons que ce sentiment ou cette idée de la chaleur est produite en nous par une

---

[1] Il est bien évident que l'*innéité* que Descartes reconnaît à certaines idées ne doit pas être entendue dans un sens propre et absolu. (*Méditation* III, p. 268.) Il exprime ailleurs formellement sa pensée par ces mots : « Lorsque je dis que quelque idée est née « avec nous ou qu'elle est naturellement empreinte en nos âmes,.... « j'entends seulement que nous avons en nous-mêmes la faculté de « la produire. » (Rép. aux troisièmes object. T. I, p. 492.) La plupart de ceux qui ont combattu le système des idées innées l'ont exagéré, ou du moins ce n'est pas celui de Descartes qu'ils ont réfuté. Leibnitz, par exemple, semble avoir été un peu plus loin que lui. (*Nouv. Ess. sur l'entend. hum.*, Liv. I, chap. I et III.)

chose différente de nous, savoir par le feu près duquel nous sommes assis. Puis, rien ne semble plus raisonnable que de juger que cette chose étrangère nous envoie et imprime en nous ses ressemblances; en d'autres termes, que le feu nous *échauffe* parce qu'il est *chaud*. Mais ce ne sont point là des raisons péremptoires; une inclination naturelle peut être trompeuse; il peut y avoir en nous une faculté propre de produire ces idées sans l'aide d'aucune chose extérieure, bien que cette faculté nous soit inconnue. Les songes en offrent des exemples, et même dans la veille que de représentations sans modèle au dehors! C'est donc par une aveugle et téméraire impulsion, que nous croyons qu'il y a des choses hors de nous et différentes de notre être, qui impriment en nous leurs ressemblances. La croyance au monde extérieur est donc jusqu'ici sans fondement.

Toutefois, parmi les idées, il est permis de dire que celles qui représentent des substances, ont quelque chose de plus, contiennent en soi plus de réalité objective que celles qui ne représentent que des modes ou accidents. Et partant, celles par lesquelles je conçois un Dieu souverain, éternel, infini, immuable, tout-connaissant, tout-puissant et créateur universel de toutes les choses qui sont hors de lui, ont certainement encore plus de réalité objective que celles qui représentent les substances finies et créées.

Or, c'est une chose *manifeste par la lumière naturelle*, ou claire et évidente de soi, que l'effet ne peut tirer que de la cause ce qu'il a de réalité, et qu'ainsi le néant ne peut produire aucune chose, ni le parfait naître du moins parfait. Cela est vrai pour les choses, si elles existent, et cela est vrai dans les idées qui certainement existent. Si, par exemple, une pierre ne peut commencer d'exister qu'autant qu'elle est produite par une chose ayant en soi au moins éminemment tout ce qui entre dans la composition de la pierre, l'idée de la pierre ne peut pas être en moi, à moins qu'elle n'y ait été mise par quelque cause qui contienne au moins autant de réalité que j'en conçois dans la pierre. Cette réalité n'est ni formelle, ni actuelle; elle est seulement objective, c'est-à-dire conçue. Mais la réalité objective d'une idée suppose autant de réalité actuelle dans sa cause; car autrement, l'idée tiendrait sa réalité du néant. La réalité objective est celle de l'idée; la réalité actuelle, celle de la cause de l'idée. Toute idée peut se rapporter immédiatement ou non à un patron ou original, contenant une réalité formelle, effective; elle en est ou en peut être une image affaiblie. Jamais elle ne peut être supérieure à son modèle, ni en réalité, ni en perfection[1].

Cela dit, si je fais la revue de mes idées, je vois qu'en général je crois les tirer des objets soit réels, soit apparents; mais elles sont si confuses, si peu sûres, qu'il se peut qu'elles ne viennent que de moi-même. Si elles sont fausses, comme il est possible,

---

[1] T. I, *Méditation* III, p. 272. Observez que le mot *objectif* n'a point, dans Descartes, le même sens qu'il conserve en philosophie; il signifie pour Descartes ce qui est *conçu* dans l'objet, et aujourd'hui ce qui est *réel* dans l'objet. Il était opposé à *actuel*; il l'est maintenant à *subjectif*.

c'est-à-dire sans réalité extérieure, elles ne viennent pas du dehors, car elles seraient produites par le néant. Elles n'ont de réalité que celle que je leur donne, et elles sont imparfaites et vides, parce qu'il y a du vide et de l'imparfait en moi.

Quant à certaines idées claires et distinctes comme celles de la substance, de la durée, etc., j'ai bien pu les tirer de moi-même. Je suis quelque chose qui pense, c'est-à-dire une substance pensante; et par le souvenir de mes pensées, je puis acquérir l'idée de la durée et du nombre. Quant à l'étendue, à la figure, au mouvement, etc., il est vrai que ces idées ne sont point formellement en moi, puisque je suis la substance qui pense et non la substance étendue. Mais enfin, ce sont des modes de la substance, et étant moi-même une substance, elles peuvent être contenues en moi éminemment : ce qui veut dire que la substance pensante et non étendue ne peut directement me suggérer l'idée d'étendue, mais qu'étant substance, c'est-à-dire quelque chose à quoi l'étendue peut appartenir, elle peut me conduire à l'idée d'étendue comme à l'un de ses modes possibles; c'est du moins le sens le plus clair que me laissent entrevoir ces distinctions subtiles.

Mais parmi toutes mes idées, je trouve celle de l'Être indépendant et infini par lequel j'ai été créé. Une telle idée peut-elle tirer son origine de moi seul? Je suis une substance, mais une substance finie. D'où aurais-je donc l'idée de la substance infinie, si elle n'avait été mise en moi par quelque substance qui fût véritablement infinie? Donc l'idée de

Dieu a une cause infinie. Cette cause infinie, c'est Dieu même; je le pense, donc il existe.

Cette idée de Dieu ne peut venir de ce qui me manque, c'est-à-dire de mon néant. Ce n'est pas l'imparfait qui a pu engendrer le parfait, ni la privation donner naissance à l'être. Cette idée de l'être parfait est la plus vraie, la plus claire, la plus distincte de toutes celles qui sont en mon esprit. L'infini est actuellement en Dieu. Tout ce que je conçois en lui y réside formellement et éminemment. Ainsi l'idée de Dieu prouve Dieu. De plus, elle prouve que je suis son ouvrage. En effet, si j'étais moi-même l'auteur de mon être, je me serais donné tout ce dont j'ai l'idée, l'infini, la perfection et le reste. Or, je suis fini et imparfait; je manque d'une foule de connaissances dont j'ai l'idée. Ne procédant pas de moi-même, je procède donc et je procède incessamment d'une cause toujours subsistante; je suis conservé comme j'ai été créé; mon existence et ma durée attestent que je dépends de quelque être différent de moi. Et cet être est Dieu; car il faut que la cause ait au moins autant de réalité que son effet; or, si j'étais l'effet d'un être qui ne fût pas Dieu, il faudrait à son tour que cet être procédât de lui-même, ce qui implique, ou d'une cause différente de lui; mais alors nous remontons par une suite infinie à une cause dernière, qui sera Dieu.

Cette idée de l'Être entièrement parfait, je ne l'ai pas reçue des sens; où et quand m'auraient-ils montré la perfection et l'infini? Elle n'est point non plus une idée que j'aie faite; car il n'est pas en mon pouvoir d'y ajouter ou retrancher quelque chose.

Il faut donc que cette idée ait été produite avec moi lorsque j'ai été créé, ainsi que l'idée de moi-même. Cette idée est en moi, comme *la marque de l'ouvrier empreinte sur son ouvrage*. Dieu est une idée innée.

Il n'y a nul défaut en Dieu. Peut-il donc être trompeur? Non, la tromperie dépend nécessairement de quelque défaut.

Ainsi je pense, et penser, c'est être.

J'existe donc.

Je suis ce qui pense.

J'ai l'idée de Dieu.

Dieu existe.

Je suis son ouvrage.

Dieu n'est pas trompeur [1].

Voilà la somme des vérités que jusqu'à ce moment de ses *Méditations*, Descartes pense avoir acquises.

Descartes se trompe. Il en sait déjà bien davantage, et, certes, la déduction longue et chargée, par laquelle il établit la légitimité de l'idée de Dieu, contient bien des connaissances de détail, bien des propositions importantes qui ne sont pas explicitement comprises dans les conclusions que nous venons de résumer. Il est remarquable, en effet, que Descartes, qui se montre si scrupuleux, si défiant dans l'acquisition de ses connaissances, produise et emploie sans inquiétude, sans examen, divers axiomes ou maximes dont il néglige de rechercher l'origine et d'établir la vérité. Ainsi, tous ces juge-

---

[1] *Méditations* I, II et III, T. I.

ments sur le rapport de l'effet et de la cause valaient bien la peine qu'il nous expliquât d'où ils viennent, et sur quel fondement ils s'appuient. Mais cette observation exige quelques développements.

Nous aurions pu resserrer la suite d'idées par laquelle il arrive à la conviction que Dieu existe et ne trompe point; et assurément la démonstration y eût gagné en clarté comme en force. Mais il importait de faire connaître Descartes tel qu'il est, de ne point trop *moderniser* sa manière, de montrer ce je ne sais quoi de chimérique qui restait dans un esprit si ferme, cette disposition à choisir parfois les voies les moins naturelles pour arriver à la vérité; enfin quelque chose de confus et de subtil que lui avait laissé la scholastique. Il y a de tout cela dans la déduction précédente. Essayons d'en élaguer tout ce qui est gratuit, artificiel, obscur, et de la réduire à ce qu'elle a de vrai.

Cette déduction suppose d'abord une théorie de l'idée et de quelques autres facultés de l'esprit, puis certains jugements généraux, qui sont les données du raisonnement et les bases de la démonstration.

La théorie de l'idée n'était pas nécessaire; il suffisait d'affirmer ce fait qui ressortait de la simple contemplation de la pensée, savoir que nous avons la faculté de concevoir les objets, et que ces conceptions se rapportent, tantôt à des objets sensibles, comme la pierre ou le bois; tantôt à des objets insensibles, mais réels ou supposés tels, comme la substance et Dieu; tantôt à des objets qui ne sont ni réels ni sensibles, comme les abstractions, la blancheur, la bonté, etc. Mais Descartes ne se contente pas d'une théorie si simple.

La sienne n'a pas seulement le défaut d'être vague et confuse, elle encourt d'autres critiques.

1°. Elle est hypothétique, car c'est une hypothèse que de dire qu'il y a des images dépeintes dans la fantaisie, et surtout dans la fantaisie corporelle. C'est une hypothèse que de supposer une information résultant de l'application de l'esprit à certaine partie du cerveau, information qui est l'idée. C'est une hypothèse, surtout après de telles prémisses, que l'idée innée. L'idée innée est affirmée par Descartes ; elle n'est ni prouvée, ni suffisamment expliquée.

2°. La théorie est scholastique. J'entends par là que c'est un système arbitrairement conçu, et non fondé sur l'observation, et qui se compose de mots définis, non de faits constatés. C'est ce qui distingue le procédé scholastique du procédé psychologique, et quand on traite des facultés de l'esprit, il n'y a de méthode appropriée que la méthode de la psychologie. Évidemment toutes ces distinctions sur la réalité objective, sur ce qui est formellement et ce qui est éminemment dans l'idée, sentent la scholastique. Ce sont des moyens inventés pour la commodité de la démonstration.

Quatre choses me paraissent vraies et importantes dans la théorie de Descartes.

La première, que l'idée n'est pas l'image du cerveau, mais l'information de l'esprit, disons mieux, une opération de l'esprit.

La seconde, que nos idées ne peuvent venir tout entières des sens.

La troisième, qu'il n'est pas absolument nécessaire que nos idées ressemblent aux objets.

La quatrième, que l'erreur ou la fausseté n'est pas dans les idées, mais dans les jugements.

Mais les vraies conséquences de ces propositions ont, pour la plupart, échappé à Descartes.

Quoi qu'il en soit, cette théorie étant donnée, il a posé certains principes à l'aide desquels il a soutenu sa thèse.

Sa démonstration aurait pu se réduire à ce qui suit.

Si je fais la revue de mes idées, je trouve que les unes paraissent être venues des objets sensibles jusqu'à moi, tandis que les autres ne pouvant être rapportées à cette origine, semblent appartenir en propre à la nature de mon esprit.

Les premières me représentent les objets extérieurs, ou du moins je crois naturellement qu'elles me les représentent. Un instinct tout-puissant me le persuade, mais cet instinct peut être trompeur. Sans cesse je constate les erreurs où m'entraînent mes sens; je n'ai donc aucune garantie de la fidélité de l'image que mes idées me retracent du monde matériel. Je n'ai même aucune preuve qu'elles me retracent quelque chose de réel, ni que ce monde extérieur existe; car elles n'ont d'autre caution qu'elles-mêmes. Elles pourraient être ou les produits spontanés d'une imagination fantasque, ou les suggestions d'un pouvoir trompeur.

Mais parmi celles de mes idées que je ne puis rattacher directement à aucun objet de mes sensations, il en est une par laquelle je conçois une substance infinie, une puissance illimitée, une perfection absolue, une existence nécessaire, et tout cela réuni dans un seul et même être, par qui tout est créé et conservé. D'où vient cette idée ? Des sens ? mais jamais ils n'ont aperçu cet être unique ; jamais ils ne me font connaître que le fini, l'imparfait, le relatif. De ma pensée ? mais si cette idée est un produit volontaire de mon esprit, elle doit, comme tout effet, ne point surpasser sa cause ; or, comment moi qui suis faible, borné, défectueux, contingent, me serais-je donné l'idée de ce qui n'est rien de tout cela ? D'un démon trompeur ? mais le même raisonnement s'applique ; la perfection ne peut être dans l'effet, quand elle n'est pas dans la cause. Il faut donc que la cause de mon idée ait en elle toutes les perfections qui sont dans mon idée. Il faut qu'elle soit l'être que cette idée me fait concevoir. Dieu seul peut m'avoir donné l'idée de Dieu ; donc Dieu existe ; donc il m'a créé ; donc il n'est pas trompeur ; et s'il n'est pas trompeur, toutes les choses dont il me donne une conception naturelle, existent comme lui. Ainsi je trouve dans la pensée la preuve de Dieu, dans Dieu la preuve du monde.

Cette démonstration ainsi réduite n'exige pas tout l'appareil de principes intermédiaires dont l'a embarrassée Descartes. Il n'est plus nécessaire de dire que pour que j'aie l'idée d'une pierre il faut qu'elle ait été mise en moi par quelque chose qui ait au moins *éminemment* les réalités qui sont dans la pierre. Il devient inutile d'ajouter que l'idée de la substance incréée a plus de réalité objective que celle de la substance créée. Toutes les distinctions de Descartes sur la réalité deviennent superflues,

La démonstration n'exige plus que trois choses :

La constatation des idées des objets sensibles et de l'idée de Dieu, comme faits actuels dans l'esprit.

La reconnaissance qu'il y a dans Dieu, au cas qu'il existe, une souveraine perfection qui ne se retrouve point en nous-mêmes.

Enfin ce jugement que tout ce qui est en nous a une cause, et que tout effet doit être contenu en puissance dans sa cause.

Les deux premiers points sont des faits psychologiques ; aucune déduction logique n'est nécessaire pour les établir. L'intuition suffit.

Il n'en est pas tout à fait de même du jugement qui forme le troisième point. Sans doute, il paraît évident intuitivement, c'est-à-dire par lui-même. C'est un fait, si l'on veut, qu'il est dans l'esprit, ou du moins qu'il s'y présente naturellement. Mais s'ensuit-il qu'il soit vrai? C'est ce que Descartes, qui doute de tout, a oublié de se demander. Son scepticisme universel a épargné les jugements de cette sorte. Cette lacune est immense.

Ce jugement suppose la notion de cause et d'effet, ce qu'on appelle en philosophie le *principe de causalité*. Descartes l'emploie comme une vérité indubitable, et assurément il a raison. Mais d'où vient cette vérité, et la foi qu'il y ajoute? Lui qui a entrepris de revoir et de refaire toutes les croyances, n'a-t-il pas renoncé au droit d'en admettre aucune sans examen, et, par sa méthode de scepticisme, perdu le bénéfice des vérités convenues?

Nous touchons au plus grand défaut, à mon sens, de la doctrine des *Méditations*. Descartes a repris le problème de la connaissance humaine; il a mis en question les notions fondamentales. Or, au nombre des notions fondamentales, des connaissances premières, sont de certains principes, comme celui de causalité et d'autres, qui sont essentiels à l'esprit, et sans lesquels il ne peut ni raisonner, ni découvrir. Ces principes sont des vérités : Descartes le sait ; il les prend pour tels, et cependant il oublie ou néglige d'en montrer la source et la validité. Sa revue des principes de la connaissance humaine est donc incomplète, et les résultats même de son examen sont frappés d'incertitude, car ses conclusions ne sont établies qu'à l'aide de principes qu'il a oublié de préserver des atteintes du scepticisme universel.

Il est vrai qu'il semble quelquefois supposer que ces principes n'ont pas besoin d'être établis, et ne font point partie de la science proprement dite[1] ; mais s'ils n'ont pas besoin de démonstration, s'ils sont antérieurs à toute science, la foi dans l'existence par la pensée n'est plus la seule vérité primitive qui méritât d'être placée en dehors soit des conclusions de la logique, soit des préjugés convenus; et cela valait la peine d'être observé. Descartes, passant en revue nos premières notions, entreprend bien de distinguer ce qu'il y a de clair de ce qu'il y a d'obscur en chacune d'elles; et dans ce qu'il y a de

---

[1] « La connaissance des premiers principes ou axiomes n'a pas « accoutumé d'être appelée science par les dialecticiens. » Réponse aux premières objections. (T. I, p. 427.) C'est que la science ne commençait pour les dialecticiens que là où commençait la déduction.

clair, suivant lui, *nous ne pouvons faillir*[1]; mais comme il convient que l'expérience et l'inclination nous suggèrent presque indifféremment et le clair et l'obscur, il nous laisse dans quelque incertitude sur la valeur du tout, car l'origine est commune, et les préjugés ne paraissent pas moins naturels que les principes. C'est que la clarté n'est pas un signe assez reconnaissable, un titre assez marquant pour distinguer irrévocablement les uns des autres, et ici se révèle l'insuffisance du *criterium* de vérité auquel s'est arrêté Descartes. Dans son dénombrement des notions premières, il semble plutôt éclaircir des définitions que fonder des vérités. Les conditions de la science et même de la pensée peuvent assurément se passer de preuves de déduction; mais encore fallait-il le dire, et dire pourquoi. Il le fallait surtout, après qu'on avait exposé l'entendement à un ébranlement aussi profond que celui qui résulte du doute universel et hyperbolique pris comme point de départ. Il est remarquable d'ailleurs que l'idée de cause ne l'ait qu'indirectement occupé, lui qui est sans cesse revenu sur celle de substance. C'est apparemment un de ces points auxquels il fait allusion quand il s'en réfère à *la lumière naturelle*, quand il parle de *notions évidentes de soi*. Il sous-entend sans doute les premiers principes; mais il ne fallait pas les oublier parmi les vérités qui engendrent toutes les autres. Sa faute n'est pas, qu'on nous comprenne bien, de les avoir admis et appliqués sans hésitation, nous pensons qu'ils sont

---

[1] *Princip. de la philos.*, part. I, §. 48-71, T. III.

évidents et certains; mais d'avoir oublié de montrer comment ils le sont, de leur assigner leur place, et de vérifier leurs titres. Il y a là violation de l'engagement qu'il a pris, en commençant, *de faire partout des dénombrements si entiers et des revues si générales, qu'il fût assuré de ne rien omettre.*

Ces observations, quoique graves, ne portent pas au reste sur le fond de la démonstration. Nous n'admettons pas que l'existence des choses extérieures exige ni comporte une démonstration logique; ainsi, nous n'approuvons pas le détour que fait Descartes pour arriver à inférer cette existence de la sincérité de Dieu; mais nous accordons volontiers que sa déduction de l'idée de Dieu offre une certaine vérité, et que, si elle n'est pas une preuve péremptoire de l'existence de Dieu, c'est au moins une des considérations qui la confirment en sanctifiant l'origine même de cette idée.

Reprenons le fil des pensées de Descartes.

Si Dieu n'est point trompeur, s'il n'a pu ni voulu me tromper, car ce serait imperfection ou malice, cette faculté de juger qu'il a mise en moi, cette faculté de discerner le vrai d'avec le faux, que je me reconnais par expérience, ne saurait m'avoir été donnée telle qu'elle puisse jamais faillir lorsque j'en userai comme il faut; et cependant je me trompe, c'est donc que j'en abuse. Il y a en effet de l'imperfection en moi; auprès de l'idée positive de Dieu, j'ai l'idée négative du néant, et je suis comme un milieu entre Dieu et le néant. En tant que le souverain Être m'a produit, rien en moi ne me pousse à l'erreur. En tant que je participe en quelque façon du *non être*, c'est-à-dire que je ne suis pas moi-même le souverain Être et qu'il me manque plusieurs choses, je me trouve exposé à une infinité de manquements. Aussi l'erreur n'est-elle pas une simple négation, mais une privation de connaissances. En effet, je suis un être borné. L'erreur vient de ce que, tandis que la faculté de concevoir est limitée en moi, la volonté ou le libre arbitre ne l'est pas. La volonté en Dieu ne surpasse la mienne que par la puissance et la connaissance qui sont infinies. Ainsi je ne contiens pas ma volonté dans les mêmes bornes que mon entendement; je l'étends aux choses que je n'entends pas, et je m'égare. La cause de l'erreur n'est donc dans aucune faculté reçue de Dieu; elle n'est en particulier ni dans la volonté, ni dans l'entendement. Elle est dans le mauvais usage du libre arbitre.

La règle pratique qui ressort de cette théorie, c'est qu'il faut que la connaissance de l'entendement précède toujours la détermination de la volonté, et que l'on retienne fermement la résolution de ne jamais donner son jugement sur les choses dont la vérité n'est pas clairement connue. Ainsi, selon Descartes, peut s'acquérir l'habitude de ne point faillir.

Maintenant, est-ce faillir que de croire à la réalité de notre connaissance des choses matérielles?

Nul doute que nous n'ayons des idées de ces choses, et même des idées très-distinctes de leurs propriétés. J'imagine très-distinctement la quantité continue, ou plutôt l'extension en longueur, largeur et profondeur. Je puis en nombrer les parties, leur attribuer diverses sortes de grandeurs, de figures, de situations, de mouvements ; je puis assigner à chacun de ces mouvements toutes sortes de durées. Une attention plus soutenue me révèle bientôt, concernant les nombres, les figures, les mouvements, une foule de notions dont la vérité éclate d'évidence, et s'accorde parfaitement avec ma nature. C'est au point que, lorsque je les découvre, il ne me semble pas que j'apprenne rien de nouveau ; je crois me ressouvenir de ce que je savais auparavant, apercevoir des choses qui étaient déjà dans mon esprit. Bien plus, je trouve en moi une multitude d'idées de choses qui ne sauraient être estimées un pur néant, quoique peut-être elles n'aient aucune existence hors de moi. Ces choses ont leurs vraies et immuables natures. Tel est entre autres le triangle. Encore peut-être qu'il n'y ait jamais eu hors de ma pensée une telle figure, il y a de cette figure une nature ou essence déterminée, qui est immuable et éternelle. Je ne l'ai point inventée ; elle ne dépend en aucune façon de mon esprit. Que je le veuille ou non, je reconnais très-clairement et très-évidemment les propriétés du triangle. Ici la dépendance est de mon côté. Croirai-je que l'idée du triangle m'est venue par l'entremise des sens ? mais ce que je dis du triangle, je le dis d'une infinité d'autres figures qui ne sont jamais tombées sous les sens, et dont je puis démontrer les propriétés avec la même évidence.

Or, ces propriétés sont vraies ; ce qui est vrai est quelque chose. Tout ce que je connais clairement et distinctement est vrai, et dans tous les cas, je suis forcé de le tenir pour tel ; ainsi le veut la nature de mon esprit. Voilà de premières connaissances, concernant les choses matérielles, qui ne peuvent être révoquées en doute.

Comme les notions géométriques, l'idée de l'être souverainement parfait est en moi; je conçois clairement et distinctement qu'une actuelle et éternelle existence appartient à sa nature; car Dieu n'est pas de ces choses dans lesquelles on puisse diviser l'essence et l'existence. Son existence est aussi inséparable de son essence que de l'essence d'un triangle rectiligne la grandeur de ses trois angles égaux à deux droits. Si à l'être souverainement parfait manque l'existence, il lui manque une perfection. De ce que je le conçois parfait, il suit que je le conçois existant. Serait-ce que ma pensée donne l'être, et impose une nécessité aux choses? Non, mais c'est qu'il n'est pas en ma liberté de concevoir un Dieu sans existence, c'est-à-dire un être souverainement parfait, sans une souveraine perfection. Concevoir Dieu, c'est concevoir son existence nécessaire. Si je ne la conçois pas ainsi, je n'ai pas l'idée de l'être souverainement parfait. Or, qui oserait me disputer cette idée? Dieu est donc la seule chose concevable à l'essence de laquelle l'existence appartienne avec nécessité. L'existence de Dieu est aussi certaine qu'aucune des vérités mathématiques.

De ces vérités placées sur la même ligne, l'existence de Dieu et les démonstrations de la géométrie, peut se déduire l'existence des choses matérielles.

Il est, c'est le mot de Descartes, *une nature corporelle* qui est l'objet de la géométrie. Mais de cette nature corporelle, j'imagine bien d'autres choses comme les couleurs, les sons, les odeurs, et c'est éminemment par les sens que ces choses semblent être parvenues à mon imagination.

Si j'en crois la sensation, j'apprends d'elle, d'abord, l'existence de mon propre corps; puis je reconnais que ce corps est placé entre beaucoup d'autres, par lesquels il peut être affecté. Les qualités sensibles de ces corps ont déjà été nommées; je les sens proprement et immédiatement, et je crois sentir des choses entièrement différentes de ma pensée; car elles se sont présentées à moi, sans que mon consentement fût requis, et je ne puis m'empêcher ni de les sentir, ni de ne les pas sentir. Ces choses ont laissé en moi des idées, et telle est la vivacité de ces sortes d'idées, elles constituent si souvent par leurs combinaisons diverses mes autres idées, que je me persuade aisément que je n'ai dans mon esprit aucune idée qui n'ait auparavant passé par mes sens.

Cependant l'expérience m'apprend à me défier de mes sens. Les jugements fondés sur les sens soit extérieurs, soit intérieurs, sont souvent erronés. Encore une fois, il n'y a nulle preuve que la veille ne soit pas livrée aux rêves comme le sommeil, et je pourrais être fait de manière à m'abuser même dans mes croyances les plus évidentes. Qui peut dissiper ce doute et l'inquiétude qu'il enfante? La découverte de l'auteur de mon être.

D'abord les choses que je conçois clairement et distinctement peuvent être produites par Dieu telles que je les conçois. Si, par exemple, je puis concevoir clairement et distinctement une chose sans une autre, il est certain qu'au cas qu'elles existent, l'une est différente de l'autre et peut en être séparée. Or, j'ai la certitude de mon existence, et comme rien n'appartient nécessairement à ma nature ou à mon essence, sinon d'être une chose qui pense, j'en conclus qu'en cela consiste ma nature; je suis une substance dont l'essence est de penser. Et comme j'ai à ce seul titre une claire et distincte idée de moi-même, tandis que j'ai, d'une autre part, une idée distincte du corps en tant seulement qu'il est une chose étendue et qui ne pense point, il suit que moi, c'est-à-dire ce quelque chose qui pense, ou mon âme, diffère de mon corps et peut exister avec ou sans lui.

Je découvre ensuite en moi des facultés diverses, sans lesquelles je puis bien me concevoir clairement et distinctement; mais elles sans moi, jamais. Je suis donc la substance intelligente à laquelle elles appartiennent; elles sont ses modes.

Dans le corps, j'aperçois également diverses facultés, comme celle de se mouvoir, et celles-là supposant l'étendue, ne peuvent appartenir à la substance non étendue; elles sont les modes de la substance corporelle.

Enfin je ne puis douter qu'il n'y ait en moi une faculté de sentir, c'est-à-dire de recevoir et de connaître les idées des choses sensibles; et elle serait inutile, si elle ne correspondait à quelque autre *faculté active* ou plutôt à une certaine puissance de former et de produire ces idées.

Or, cette puissance est-elle en moi, c'est-à-dire dans le moi pensant? Non, elle ne présuppose point ma pensée; les idées sensibles me sont souvent représentées sans que j'y participe par mon consentement. Il faut donc que la puissance de causer des idées sensibles soit ailleurs qu'en moi. Où donc et dans quelle substance? dans un corps ou en Dieu? Dieu n'est pas trompeur, et puisqu'il m'a donné une forte inclination à croire que ces idées viennent des choses corporelles, il faut bien que des choses corporelles existent. La véracité de Dieu y est engagée.

De ces choses corporelles, je puis donc affirmer d'abord tout ce que je conçois clairement et distinctement comme les vérités de la géométrie spéculative; puis, ce que je conçois plus confusément, mais avec certitude, comme les qualités physiques de la matière. De celles-ci je n'en ai point une connaissance aussi complète, mais la foi en Dieu ne me permet pas de douter que dans tout ce que la nature enseigne il n'y ait de la vérité.

Or rien ne m'est enseigné plus expressément et plus sensiblement par elle, sinon que j'ai un corps, que ce corps est soumis à des affections diverses, que je lui suis étroitement uni; car non-seulement je pense ce qui lui arrive, mais je le sens. Suis-je blessé, ce n'est point par le seul entendement que je connais ma blessure. Il y a dans le sentiment du besoin, du plaisir, ou de la douleur, une manière confuse de penser qui provient de l'union et comme du mélange de l'esprit avec le corps.

La même induction me conduit à l'existence des corps qui environnent le mien. Les diverses perceptions des sens qu'ils occasionnent en moi répondent à quelques *variétés* ou qualités, qui sont en eux et qui m'envoient ces perceptions, quoique peut-être elles ne leur soient pas semblables.

Ainsi du même phénomène sortent trois connaissances.

1°. Les perceptions des sens supposent des corps, dans lesquels sont les qualités qui les produisent.

2°. Ces qualités peuvent être cause de nos perceptions, sans que celles-ci soient leurs images.

3°. Il y a entre le moi tout entier, savoir, la réunion de l'esprit et du corps, et les objets qui nous environnent, une faculté par laquelle l'une reçoit des autres de certaines affections.

Au delà, toute démarche est hasardeuse; les jugements que je porte par suite de mes sensations, ne viennent pas tant de la nature que d'un certain penchant à conclure inconsidérément. Ainsi, j'ai l'opinion que tout espace dans lequel il n'y a rien qui se meuve et fasse impression sur mes sens, est vide; que dans un corps qui est chaud et blanc, il y a quelque chose de semblable à l'idée de la chaleur qui est en moi ou de la blancheur que je vois; mais dans ces opinions, point de conception distincte. Ce n'est pas enseignement qui me vienne de la nature; c'est jugement que je prends sur moi. Ces sortes de jugements procèdent en quelque façon de ce composé d'esprit et de corps qui est en moi. C'est lui qui s'ingère de conclure touchant les choses extérieures et de prononcer sur l'essence et la nature des corps. L'esprit est là pour rectifier ces jugements; lui seul en porte qui soient inattaquables. Ainsi quand je juge que ce qui a été une fois fait ne peut plus n'avoir point été fait, c'est par l'esprit que je connais cela et sans l'aide du corps. *La lumière naturelle m'éclaire, et ce jugement est certain*[1].

Ici se termine l'analyse des *Méditations métaphysiques*. Aux conclusions déjà énoncées[2], nous devons donc, en la finissant, ajouter celles-ci :

Les objets extérieurs existent.

Ainsi, il y a une substance corporelle comme il y a une substance qui pense.

L'une et l'autre ont des propriétés.

Celles de la substance qui pense, sont ses *facultés*.

Celles de la substance corporelle, sont les *qualités de la matière*.

De ces qualités, les unes sont mathématiques, ou intelligibles, ou rationnelles (qualités primaires).

Les autres, physiques, ou sensibles, ou expérimentales (qualités secondaires).

Les unes et les autres sont des connaissances réelles.

Les premières, qui sont les mieux connues, sont originaires de l'entendement et n'attestent ni ne font connaître la substance corporelle.

Les secondes, dont la connaissance est plus confuse, se manifestent par le sentiment, et nous donnent l'idée et la conviction de l'existence des corps.

La preuve des unes est en elles-mêmes, c'est-à-dire dans leur parfait accord avec la nature de notre intelligence.

---

[1] *Méditations* IV, V et VI.
[2] Voyez p. 122.

La preuve des autres est dans l'impossibilité que Dieu nous trompe.

Cette impossibilité est d'une évidence rationnelle. La raison, ou l'entendement, ou l'esprit, est donc la source de toute certitude, hors de celle du moi.

Des propriétés intelligibles et non des propriétés sensibles de la matière nous avons une conception claire et distincte.

Les jugements relatifs aux premières, fondés sur la raison, ont une évidence et une certitude qui manquent aux jugements relatifs aux secondes, fondés sur les sens.

L'esprit, ou entendement proprement dit, a seul le don de prononcer des jugements certains.

Le point fondamental le mieux établi par Descartes, c'est la distinction du corps et de l'âme, distinction qui se fonde sur les modes et sur la substance. Cette vérité, sans être nouvelle, n'avait jamais été amenée avant lui au même degré de précision et de rigueur, et l'on peut dire que sous ce rapport il est le créateur du spiritualisme moderne. C'est un hommage que lui rendent les meilleurs juges[1]; et à ce mérite, ils en ajoutent un autre, celui d'avoir, le premier, séparé avec netteté ce que, dans la connaissance du monde extérieur, nos sensations nous persuadent et ce que nous ré-

---

[1] Reid, *Essais sur les facultés de l'esprit humain*, Essai II, chap. VIII, T. III, de la traduction française, p. 157 et *passim*.— D. Stewart, *Élém. de la philos. de l'esprit humain*, T. I de la traduction, note A. — *Histoire des sciences métaphysiques, morales et politiques*, traduction française, T. I, part. I, chap. II, sect. II, p. 192 et 214.

vèle notre raison; par suite, il a impérieusement prévenu la philosophie contre l'invasion de l'imagination ou des idées sensibles dans la connaissance de l'esprit ou les idées intelligibles, et contre la confusion du langage métaphorique avec le langage métaphysique. C'étaient encore là comme des conséquences du spiritualisme.

Nous venons de voir comment Descartes a fait évanouir ce doute hyperbolique et universel, qui lui paraissait le commencement de toute sagesse en philosophie. Peut-être jugera-t-on que, même dans ses conclusions affirmatives, il reste encore bien du doute, et que, sans s'être préservé de l'hypothèse ni abstenu du dogmatisme, il s'est bien timidement prononcé sur quelques-unes des croyances les plus naturelles, les plus familières à l'humanité. Est-ce, en effet, donner à celle qui nous persuade de l'existence du monde visible un fondement fort solide, que de nous répéter que Dieu n'a pu nous tromper, lorsqu'en même temps on convient que nous nous trompons sur tant d'autres points, et lorsqu'il est impossible de prouver que nos erreurs aient lieu sans sa permission?

Il importe au reste de préciser et de développer maintenant, à l'aide du livre des *Principes*, quelques-uns des articles de foi du cartésianisme que nous retrouverons admis ou contestés dans les systèmes postérieurs. Presque toutes les opinions de Descartes ont été des points de départ pour ses successeurs.

A quelque excès de doute que nous soyons tombés, nous ne pouvons supposer que nous n'existons pas, pendant que nous doutons de la vérité de toutes choses. *Je pense, donc je suis.* Pour être pensant, nous n'avons pas besoin d'extension, de figure, d'être en aucun lieu, ni d'aucune autre chose semblable, que l'on peut attribuer au corps. Nous sommes, par cela seul que nous pensons. La notion que nous avons de notre âme ou de notre pensée, précède donc celle que nous avons du corps ; elle est plus certaine, elle est plus complète ; nous connaissons mieux nos facultés, qui sont les propriétés de l'âme, que nous ne connaissons les propriétés du corps. Ces facultés de la pensée peuvent se ramener à deux générales, apercevoir et vouloir. Sentir, imaginer, concevoir, ne sont que des façons différentes d'apercevoir par l'entendement; désirer, haïr, assurer, nier, douter, des façons différentes de se déterminer par la volonté. Les unes et les autres de ces opérations ne sont que diverses façons de penser.

Tout ce qui tombe sous notre connaissance peut se partager en deux classes. La première contient toutes les choses qui ont quelque existence, soit comme substances, soit comme attributs; la seconde toutes les vérités qui ne sont rien hors de notre pensée.

On peut dresser le tableau de la première classe, c'est-à-dire faire le dénombrement des choses ; le voici.

1°. Certaines notions générales qui se peuvent rapporter à toutes choses, savoir : la substance, la durée, l'ordre, le nombre, peut-être d'autres encore.

2°. Certaines notions particulières qui servent à classer les choses, comme la distinction des choses intellectuelles et des choses corporelles.

Les choses intellectuelles sont les substances intelligentes avec leurs propriétés, savoir : l'entendement, la volonté et toutes les façons de connaître et de vouloir.

Les choses corporelles sont les corps avec toutes leurs propriétés, la grandeur (ou l'étendue en longueur, largeur et profondeur), la figure, le mouvement, la situation des parties, la divisibilité, etc.

3°. Enfin, certaines choses que nous expérimentons en nous-mêmes, et qui n'appartiennent ni à l'esprit pur, ni au corps seul, savoir : 1°. les appétits et les besoins; 2°. les passions de l'âme; 3°. les sentiments, tels que la douleur, le chatouillement, la lumière, la couleur, les sons, les odeurs, le goût, la chaleur, la dureté, et toutes les autres qualités qui ne tombent que sous le sens de l'attouchement.

Quant aux objets de la seconde classe, c'est-à-dire aux vérités, le dénombrement en est impossible; il y en a trop. Il est de plus inutile, car nous ne saurions manquer de les connaître, lorsque l'occasion se présente et que la nécessité l'exige. Ce qui importe, c'est de savoir qu'elles existent. Lorsque nous pensons, par exemple, que l'on ne saurait faire quelque chose de rien, qu'il est impossible qu'une chose soit et ne soit pas en même temps, nous ne croyons point que chacune de ces propositions soit une chose qui existe, ou la propriété de quelque chose; mais nous la prenons pour une vérité éternelle qui a son siége dans notre pensée, et que l'on nomme une notion commune ou une *maxime*[1].

Ce tableau de la connaissance humaine est assez remarquable; je ne sache pas qu'il ait obtenu des critiques et des historiens de la philosophie toute l'attention qu'il méritait. On peut trouver qu'il n'est ni complet, ni dressé d'une manière tout à fait rationnelle. Il ne comprend, parmi les êtres, que les choses créées; Dieu n'y a point de place. La seconde partie si importante n'est qu'indiquée. Les vérités fondamentales ou maximes, ce qu'on appelle assez communément *les premiers principes*, avaient bien droit à une énumération, ou au moins à une analyse de leurs éléments. Au reste, c'est une nouvelle confirmation d'une observation déjà faite. Descartes n'a pas ignoré qu'il existait des premiers principes, qui sont comme les nerfs de la raison, mais il ne s'en est jamais sérieusement occupé : singulière négligence!

Voyez, en effet, comme il éclaircit et motive sa classification; rien d'abord sur la seconde classe. La connaissance des vérités, dit-il, est très-claire et très-distincte; ainsi point de commentaires. Celle des choses souffre plus de difficultés; elle n'est ni tout à fait obscure, ni tout à fait évidente. La première classe des objets de la connaissance a donc besoin d'être expliquée article par article.

1°. Le premier article est la substance, c'est la chose qui existe en telle façon qu'elle n'a besoin que de soi-même pour exister. Observez bien qu'il ne

---

[1] *Principes de la philosophie*, part. 1, §. 1-49. — *OEuvres compl.*, T. III.

s'agit ici que d'une existence de droit ou de raison ; car, en fait, nous ne connaissons aucune substance qui existe sans qualités ; mais toute substance peut être conçue exister ainsi. Les qualités, au contraire, ne peuvent être conçues existantes hors de la substance.

Quant à n'avoir besoin en fait que de soi-même pour exister, Dieu seul est dans ce cas. Il est la substance proprement dite.

Le néant ne peut avoir aucun attribut. Un seul attribut suffit pour nous garantir la substance. Cependant il y a dans toute substance un attribut principal qui la constitue, et duquel tous les autres dépendent. Par exemple, l'étendue en trois dimensions constitue la nature de la substance corporelle, et la pensée constitue la nature de la substance intelligente. Car tout ce qu'on peut attribuer au corps présuppose l'étendue, et n'est qu'une dépendance de ce qui est étendu ; et toutes les propriétés que nous apercevons dans ce qui pense ne sont que des façons différentes de penser. Exemples : nous ne pouvons concevoir de figure que dans une chose étendue, mais nous pouvons concevoir l'étendue sans figure. La chose qui pense est concevable sans la volonté et le sentiment, mais non le sentiment et la volonté sans la pensée.

2°. Quant à la durée, à l'ordre et au nombre, nous ne devons rien y mêler de ce qui appartient proprement à la substance. Ce ne sont pas des choses qui existent par elles-mêmes, ce sont moins des choses que des attributs ou modes généraux des choses. Il n'y a en fait que des choses durables, ordonnées, nombrées, et non de la durée, de l'ordre, du nombre. Ces attributs ne diffèrent pas essentiellement des qualités; les modes sont appelés attributs lorsqu'ils sont considérés comme dépendances des substances, et qualités, lorsqu'ils sont considérés comme servant à caractériser et à diversifier les substances.

De ces attributs ou qualités, quelques-uns sont dans les choses mêmes, quelques autres seulement dans notre pensée. Ainsi le temps, distingué de la durée en général, n'est qu'une certaine façon dont nous pensons à cette durée. Il n'est rien, hors de la véritable durée des choses, qu'une sorte de pensée.

Le nombre, considéré en général et sans application à aucune chose créée, n'est point non plus hors de la pensée, ainsi que toutes ces idées générales, nommées *universaux*. Nous nous servons d'une seule idée pour penser à plusieurs choses particulières, qui ont entre elles un certain rapport : voilà l'origine des universaux. Ce sont les noms donnés aux idées qui peuvent être employées ainsi; ce sont toutes les choses représentées par une telle idée, comprises sous un même nom.

3°. La distinction entre la substance incorporelle et la substance corporelle se conçoit nettement, si l'on a soin sous ces expressions de concevoir la substance qui pense et la substance qui est étendue. La substance se conçoit difficilement sans la pensée ou sans l'étendue; c'est un effort d'esprit, une haute abstraction. Mais la notion que nous avons, soit de la pensée, soit de l'étendue, éclaire et vivifie sur-le-champ la notion de substance, et la distinction des deux sortes de substances se présente d'elle-même à l'esprit humain.

La pensée et l'étendue peuvent donc être considérées comme constituant, l'une l'essence de l'âme, l'autre celle du corps; mais elles peuvent aussi être isolées par l'esprit et considérées comme des modes, comme des dépendances de la substance. Prises ainsi, nous les concevons avec la même netteté; il faut seulement se souvenir qu'elles ne peuvent exister par elles-mêmes.

4°. Que nous ayons une conception distincte des diverses *façons de pensée*, comme imaginer ou entendre, ou des diverses *façons d'étendue*, comme les figures et les mouvements, c'est ce qui n'a besoin que d'être énoncé. On en peut dire autant des affections, des appétits, des sentiments. Il n'y a d'obscur et d'incertain que les jugements que nous prononçons quelquefois sur la cause, le but ou le résultat de ces diverses modifications de notre nature.

La douleur, la couleur, les autres sentiments, sont choses très-claires, lorsqu'on les considère simplement comme des pensées. Voulons-nous juger que ce sont des choses qui subsistent hors de notre pensée; la conception alors s'obscurcit. Qu'est-ce que la couleur dans un corps étranger ou la douleur dans un membre? Avouons que nous le savons mal, puisque c'est gratuitement que nous supposons, soit dans la douleur du membre, soit dans la couleur de l'objet, une ressemblance quelconque avec le sentiment de la douleur et de la couleur. Ces sentiments, ou les qualités auxquelles nous les rapportons, sont évidemment des notions bien moins parfaites que ces autres propriétés, telles que la figure et le mouvement, que nous apercevons clairement dans tous les corps.

Que sur la foi de nos sentiments nous affirmions qu'il y a dans les objets, tels qu'ils soient d'ailleurs, je ne sais quoi qui cause ces pensées confuses qu'on nomme sentiments; rien de plus légitime. Ainsi, je crois apercevoir une certaine couleur dans un objet; donc il y a dans les objets quelque chose dont la nature m'est inconnue, et qui produit en nous un sentiment fort clair et fort manifeste, qu'on nomme le sentiment des couleurs; l'induction est permise. Mais conclure que ce qu'on nomme couleur dans un objet existe dans cet objet et ressemble entièrement à la couleur qui est dans notre pensée, c'est conclure au delà des prémisses, c'est avancer ce qu'on ignore, c'est comprendre ce que l'on ne conçoit pas. Telle est, sans contredit, la plus grande source de nos erreurs. Le langage falsifié par les illusions du sentiment les propage et les perpétue; par là s'est prolongée l'enfance des sciences physiques.

Cette confusion, que Descartes signale entre les qualités qui sont éminemment intelligibles et celles qui ne se révèlent qu'au sentiment, est la base de la distinction fameuse entre les qualités premières et les qualités secondes de la matière. Celles-ci, qu'on se le rappelle bien, ne sont, pour parler comme lui, conçues clairement que dans le sentiment qu'elles occasionnent. En elles-mêmes elles sont inconcevables.

Le tableau des notions essentielles de l'esprit humain que nous venons de tracer d'après Descartes, est en même temps une description de l'univers. Ce qu'il a appelé *les choses* sont les êtres et leurs qualités; ce qu'il a nommé *les vérités* sont leurs lois fondamentales. Profondément méditée, sévèrement rectifiée, cette large classification dont il ne nous semble point qu'on ait fait assez de cas, pourrait devenir la base d'une encyclopédie métaphysique, qui comprendrait à la fois les existences et les idées. Tous les grands philosophes ont essayé de ces inventaires de la connaissance humaine, et celui de Descartes ne me paraît pas devoir plus qu'un autre tomber dans l'oubli. Si jamais on en fait un bon et définitif, le sien ne peut manquer d'en être au moins un des éléments.

On observera, au reste, que, même en le traçant, Descartes est resté muet sur la question de la réalité extérieure. De tous les dogmatiques, Descartes est peut-être celui que cette question a le plus embarrassé. Cependant, le livre des *Principes* en contient aussi une solution, et la voici.

Nous expérimentons en nous-mêmes que tout ce que nous sentons vient de quelque autre chose que de notre pensée. Ce *quelque autre chose* nous paraît être une matière étendue en trois dimensions. Si ce n'était pas d'elle, mais de Dieu que nous vinssent immédiatement nos sensations, Dieu nous tromperait; la nature serait une apparition destinée à nous abuser. Or rien ne répugne davantage à l'idée que nous avons de Dieu. La substance étendue existe donc; et par l'entremise de nos sens, il nous en parvient de certains sentiments. L'âme n'a point connaissance de la matière directement par elle-même, mais grâce à cette portion de substance étendue à laquelle elle est étroitement jointe. Et cette connaissance purement sensible est très-incomplète, parce qu'elle a pour but de nous éclairer par le sentiment sur l'utilité dont les choses extérieures nous peuvent être, et non de nous en révéler la nature.

Ce que nous savons de la nature des corps, nous le devons à l'entendement. C'est lui qui nous fait connaître que la nature de la matière consiste dans l'étendue. La couleur en effet est toute relative à nos sens. La pesanteur peut se supprimer par la pensée. Quant à la dureté, supposez un corps dans un mouvement tel que toutes les fois que nous y portons les mains, il se retire ; aucune résistance ne s'opposant à ce mouvement de nos mains, la dureté disparaîtra. Ainsi la nature des corps ne consiste dans aucune de ces qualités que nous apercevons par l'entremise de nos sens, rien ne nous attestant qu'elles aient aucun rapport de ressemblance avec ce que nous en imaginons sur la foi de la sensation. Nous pouvons supposer que le corps n'a aucune de ces qualités ; et cependant, il restera toujours un corps. Vous ne pouvez au contraire diminuer l'étendue d'un corps, sans le diminuer lui-même ; il perd de la substance en perdant de l'étendue. Supprimez-lui l'étendue tout entière, le corps n'est pas seulement insensible, il est inconcevable.

Le corps anéanti laisse un espace vide égal à son étendue. Ainsi l'espace n'est pas réellement distinct de l'étendue. On voit que, selon Descartes, la même étendue qui constitue la nature du corps, constitue aussi celle de l'espace. L'une ne diffère de l'autre que comme l'individu diffère de l'espèce ou du genre. C'est dire que l'espace est un nom abstrait ; c'est le reléguer parmi les universaux.

Otez en effet, vous dit Descartes, d'une pierre la dureté, car on peut la réduire en poudre impalpable; la couleur, car on peut la supposer tout à fait transparente; la pesanteur, car le feu qui est si léger est cependant corporel; retranchez encore le froid, la chaleur, toutes les qualités qu'on ne peut juger inhérentes à la pierre ; le corps vous reste, c'est-à-dire qu'il vous reste une substance étendue en longueur, largeur et profondeur ; or cela même est compris dans l'idée que nous avons de l'espace, soit plein, soit vide.

L'illusion vient de ce que si nous déplaçons une pierre, nous pensons à la fois que nous avons ôté du lieu où elle était l'étendue de cette pierre, et que cependant la même étendue du lieu où était cette pierre est demeurée. Nous prenons alors l'étendue en général, et comme telle elle peut être commune à tout, même au vide, s'il y en a. Tout cela est purement verbal. Les mots de *lieu* et *d'espace* ne signifient rien qui diffère réellement du corps, ils lui sont relatifs, ils désignent seulement sa grandeur, sa figure, et comment il est situé entre les autres corps. Le lieu marque plus expressément la situation, l'espace désigne plutôt la grandeur et la figure.

En deux mots, le lieu intérieur, c'est-à-dire l'espace qui est compris entre les extrémités d'un corps, est identique à l'étendue ; et le lieu extérieur, c'est-à-dire la place qu'il occupe, ou, comme dit Descartes, la superficie qui environne immédiatement le corps, n'est rien, ou n'est que la relation des corps entre eux, en tant qu'ils sont placés les uns en regard des autres.

Quant à cette superficie en général, qui n'est point partie d'un corps plutôt que d'un autre, ou bien encore à cet espace où il n'y a point de substance, c'est le vide. Mais il n'existe pas dans tout l'univers; car l'univers est corporel; partant, il est étendu, et là où il y a étendue il y a substance, l'étendue étant l'essence de la substance corporelle. Le vide dont nous parlons sans cesse, n'est que l'impalpable. Il n'est pas vrai, lorsqu'un vase est plein d'eau, que le liquide qui le remplit puisse en être retiré sans qu'un autre corps lui succède; car la concavité du vase n'est pas concevable sans l'extension qu'il renferme, ni l'extension sans quelque chose d'étendu. Si donc cette concavité cessait d'être occupée par quelque chose, les parois du vase se toucheraient immédiatement; car il ne se peut que deux corps restent éloignés, s'il n'y a rien entre deux. La distance n'est qu'une propriété de l'étendue, et l'étendue n'étant pas la substance, ne peut exister par elle-même; elle exige la substance. Le vide serait le néant étendu; donc le vide ou l'espace pur implique.

Les conséquences de cette théorie de la matière et de l'espace sont importantes. La première est que la matière est divisible au moins indéfiniment, car l'étendue ne se conçoit pas sans la divisibilité. L'atome, c'est-à-dire le corps absolument indivisible, ou que Dieu ne pourrait diviser, est inconcevable, puisque, si petit qu'il fût, il serait encore étendu ; donc il n'existe pas.

En second lieu, le monde ou cette matière étendue qui compose l'univers n'a point de bornes ; car au delà de celles que nous voudrions feindre, nous concevons nécessairement des espaces indéfiniment étendus : d'où il suit qu'il ne peut y avoir plusieurs mondes ; l'univers est unique [1].

D'où il suit encore que le monde est fait d'une seule matière. Il y aurait plusieurs mondes qu'ils seraient faits de cette même matière ; car l'étendue est son essence, et l'étendue est toujours l'étendue. Elle ne peut être conçue autre qu'elle est. Le monde matériel est rigoureusement homogène.

D'où il suit enfin que la matière étant connue par cela seul qu'elle est étendue, à cela seul se rapportent toutes les propriétés que nous apercevons en elle. Comme étendue, elle peut être divisée, comme divisée, être mue selon ses parties, et ainsi recevoir les diverses dispositions qui arrivent par le mouvement de ses parties. De là toutes les diversités sensibles du monde matériel. Le mouvement est dans la matière mue, dans le mobile. Il n'est ni action ni force, et n'a d'autre cause que Dieu, qui en a fait une propriété de la matière, laquelle propriété peut

---

[1] Pour toutes les choses créées, la divisibilité, l'univers, Descartes se sert du mot indéfini, l'infini ne lui paraissant convenir positivement qu'à Dieu. Il appelle indéfini, non ce qui n'a aucune borne, mais ce à quoi il n'en connaît aucune. (*Principes*, part. 1, §. 27, et part. II, §. 21 et 35, T. III, et Lettre à Morus, T. X, p. 201).

se définir le transport d'un corps du voisinage de corps en repos qui le touchent dans le voisinage d'autres corps. Il n'y a donc d'autre mouvement que le mouvement relatif [1].

Mais arrêtons-nous ; nous touchons à la physique de Descartes.

Nous avons, en effet, passé en revue tous les principes de sa métaphysique. La métaphysique est la science des vérités les plus générales, de celles qui sont les lois des autres sciences. On a vu quelles sont, au dire de Descartes, ces vérités, et comment l'esprit humain en prend possession. Il a établi trois vérités premières : l'existence du moi, celle de Dieu, celle de la matière.

En établissant l'existence du moi, il a développé presque toute sa psychologie.

Par la notion de Dieu, il a garanti la vérité de nos jugements et de toutes les existences.

En fondant la réalité de la matière, il a distingué en elle des propriétés générales et absolues. Elles sont ou métaphysiques ou mathématiques. Comme métaphysiques, il en a dit tout ce qu'il en avait à dire. Les propriétés de la matière, une fois que la métaphysique les a épuisées, ne peuvent plus donner lieu qu'à des problèmes solubles par l'expérience ou par le calcul. Alors commencent les mathématiques et la physique. Nous ne suivons pas Descartes sur ce nouveau terrain.

D'autres propriétés sont relatives à l'homme, ou

---

[1] *Principes*, T. III, part. 1, §. 49-76; part. II, §. 1-36. — T. X, Lettres à M. Chanut, p. 46; de M. Morus (Henry More), p. 178. Réponse, p. 193.

purement sensibles. Elles se connaissent par l'intermédiaire des sens. Le corps met l'esprit en communication avec la matière extérieure. Ainsi, l'union de l'âme et du corps est la clef de nos sensations; l'âme ne sent que dans le cerveau. La science des sensations doit donc se chercher dans l'étude du cerveau et des nerfs; et, en effet, pour Descartes, toute cette partie de la psychologie n'est guère que de la physiologie. Sous ce rapport, il s'est livré aux recherches les plus subtiles, j'ajouterai aux conclusions les plus hypothétiques. Je ne sais si ce spiritualiste déclaré, qui semble avoir rouvert parmi nous l'école de Platon, n'est pas celui dont l'exemple a le plus encouragé les naturalistes à étendre leur compétence hors du monde matériel, et à chercher dans l'organisme les fibres de l'esprit humain. Sa morale même est infectée de physiologie. Son traité des *Passions* n'est, à quelques égards, qu'une théorie du système nerveux.

Maintenant, aux conclusions tirées des deux premiers ouvrages de Descartes[1], l'analyse de la partie métaphysique du livre des *Principes* nous permet d'ajouter les propositions suivantes :

Les propriétés des objets ne sont que des façons de penser ou des façons de sentir.

Celles-ci sont relatives et n'ont d'absolu que la cause qui les produit, attestée par la véracité de Dieu.

Celles-là sont conçues comme absolues; mais elles sont plutôt nécessaires à notre intelligence qu'aux

---

[1] Voyez p. 138 et 122.

choses mêmes; et la foi due aux conceptions claires et distinctes de notre intelligence est sans doute obligée en fait, mais elle ne l'est en droit qu'à raison de celle qui est due à l'auteur de nos facultés. La conscience du moi est seule exceptée, car elle précède tout.

Cependant, de toutes les propriétés absolues, une seule est conçue comme absolument nécessaire à l'existence des corps; c'est l'étendue.

L'étendue est l'essence ou la nature de la matière, comme la pensée est l'essence ou la nature de l'esprit.

La substance non étendue pense. La substance qui ne pense pas est étendue.

L'espace est identique à l'étendue, ou il n'est rien qu'une manière de penser.

De même, le temps n'est rien hors de notre pensée. « Ce que nous nommons ainsi n'est rien qu'une « façon de penser[1]. »

Ainsi, il y a des choses qui occupent un lieu ou qui sont étendues; il n'y a point d'espace. Il y a des choses qui durent; il n'y a point de temps.

Qu'il nous soit maintenant permis de dire que le cartésianisme philosophique est connu. Nous espérons n'en avoir rien retranché d'essentiel; et en le réduisant à ce qu'il a de philosophique, nous ne pensons pas nuire à son auteur. La philosophie de Descartes est sa première gloire.

Mais, avant de le quitter, présentons quelques dernières observations :

I. A quelque hauteur que son scepticisme ait re-

---

[1] *Principes*, part. I, §. 57.

monté, Descartes n'a pas cependant démêlé dans les notions qu'il rejette, et même dans celles qu'il admet, tous les principes qui y sont contenus. L'exactitude et la rigueur lui manquent souvent; il procède en général par des aperçus. Il voit les choses en masse, et porte toute sa subtilité dans le raisonnement. Son analyse, soit des faits, soit des idées, n'est pas toujours assez subtile.

Nous avons admiré le célèbre enthymème, car nous croyons, comme Descartes, que la philosophie doit débuter par le fait de conscience; mais nous sommes loin de penser qu'il soit le principe unique de la certitude, ni même qu'il ait une sorte de suprématie sur les autres faits primitifs, ni enfin que, pris comme moyen de connaissance, il soit parfaitement simple, et ne suppose le mélange d'aucun autre principe.

Dans tous les moments de sa vie, quelque point de l'espace qu'il occupe, l'homme est un centre par rapport à tout ce qui l'entoure. Il ne peut sortir de lui-même. Dès qu'il veut remonter à l'origine de ses connaissances, c'est-à-dire dès qu'il se met à philosopher, ses premières questions doivent donc s'adresser au seul garant qu'il ait de tout ce qu'il sait et de tout ce qu'il comprend, c'est-à-dire à lui-même. Le moi est donc, au moins dans l'ordre du temps, le point de départ de la philosophie; et la première manifestation du moi, c'est la conscience. Telle est la raison de la méthode psychologique.

Le *cogito* de Descartes est la brillante formule de l'idée fondamentale de cette méthode, et cette formule est digne de la sensation qu'elle a faite dans le monde philosophique. Mais l'erreur serait grande d'y voir un principe simple, fondement unique de toute certitude. S'il est démontré que la certitude que Descartes voit dans le *cogito* est légitime, mais qu'elle ne se borne pas au simple fait de conscience, il sera prouvé en même temps que la conscience n'est pas le seul élément de certitude que possède l'esprit humain. A notre avis, c'est seulement le plus intime et le plus immédiat; et de plus, il accompagne tous les autres.

Ce n'est pas que nous adoptions toutes les critiques adressées au premier principe de Descartes; ce principe est plus complexe qu'il ne l'a vu, mais n'en prouve pas moins ce qu'il veut prouver, et une analyse plus complète n'en affaiblira ni la certitude, ni la fécondité. Nous accordons que c'est sur la conscience que Descartes a tout fait reposer, quoiqu'il se serve du mot de pensée plutôt que de celui de conscience. Ce n'est pas en effet à cause de la nature de la faculté de penser, mais de la propriété que possède la pensée de se témoigner à elle-même, qu'il voit là le principe inébranlable, *inconcussum quid*. Mais il n'a pas cependant considéré la conscience isolément. Séparée de toute pensée déterminée, de tout acte spécial de l'intelligence, la conscience est une abstraction; elle est inconcevable et impossible. Mais on ne conçoit pas mieux un acte intellectuel qui ne serait pas accompagné de conscience; c'est même ce qui a conduit à nier que la conscience fût proprement une faculté. Dans la conscience il faut donc comprendre elle-même et ce dont il y a conscience. Toutefois, lorsque la pensée se réalise, la conscience ne donne rigoureusement qu'un état phénoménal, non pas le moi, mais un phénomène du moi. Mais j'ai conscience directement de ce phénomène comme mien, il est mien en ce que j'en ai conscience, et le moi est ainsi indirectement et nécessairement donné. Ce dont j'ai conscience, d'une part, et ce fait d'avoir conscience, de l'autre, attestent et révèlent ensemble l'existence du moi ; c'est-à-dire que ce qui a conscience d'une pensée est identique à ce qui pense. Ainsi, comme on le voit, rien ici n'est absolument et métaphysiquement simple, c'est-à-dire qu'il s'agit d'un fait dont l'unité est complexe. Mais comme les éléments en sont indissolublement liés et ne peuvent être distingués que par l'intelligence, la confusion reprochée à Descartes n'aurait d'importance que pour la théorie de la psychologie, et nullement pour la méthode qu'il a inventée, ni pour les inductions qu'il a tirées de son principe.

Une analyse critique n'en est pas moins nécessaire, tant pour rétablir la vérité des faits que pour prévenir, soit les objections, soit les conséquences que le scepticisme peut puiser dans l'enthymème destiné à le confondre. *Je pense*, ces deux mots affirment 1°. la conscience, car ils supposent que je m'aperçois que je pense ; 2°. le moi, car ils impliquent l'existence de ce qui dit *je pense*; c'est ce que signifie : *donc je suis*. *Cogitare* n'est que l'attribut possible d'un être possible. *Cogito* exprime attribut réel, être réel. *Je suis pensant ;* dans ces trois mots, traduction exacte du *cogito*, le moi, l'existence, l'acte et l'attribut, partant, l'agent et la substance sont compris et même exprimés; de plus, il est vrai de dire que ces trois mots contiennent l'affirmation d'un fait actuel de conscience.

Mais cette affirmation, mais ce fait renferme, on le voit, quelque chose de plus que la conscience même. Car la conscience seule, la conscience réduite et isolée par la pensée, n'affirme rien, ne comprend rien qu'un état phénoménal du moi, qui ne contient point *a priori* la notion du moi ni la certitude de son existence. La conscience proprement dite n'entraîne point la conscience de tout ce qui est compris dans le moi; c'est une simple manière d'être. Mais en réalité, à cette manière d'être, à ce fait de conscience, sont inséparablement attachés d'autres faits, d'autres principes, d'autres croyances. La croyance de l'existence du moi se lie à la conscience du phénomène du moi, et cette croyance elle-même n'est qu'une application du principe que tout acte suppose un agent, toute propriété un être. Ce principe est ce que la philosophie du moyen âge et la philosophie allemande appellent *la catégorie de la substance*. Ce n'est pas cependant de ce principe que l'esprit dérive la foi dans sa propre existence; cette foi n'est pas une vérité particulière tirée d'une vérité générale. Dans cet ordre de connaissance, l'esprit ne procède pas ainsi. Il obtient directement la notion particulière de l'existence du moi, et c'est dans cette notion qu'il découvre la vérité générale et absolue qui y est enveloppée et qui serait la majeure du syllogisme, si le *cogito* était un raisonnement [1]. En effet la proposition: *je pense,*

---

[1] Réponse aux instances de Gassendi, T. II, p. 305.

donc je suis, implique logiquement que la pensée ne peut exister hors d'un être pensant. Or ce n'est point là une révélation de la conscience; c'est plutôt une loi de la raison. La conscience n'est en quelque sorte que l'occasion de la manifestation de cette loi, de son premier acte d'autorité dans l'esprit.

Du fait de la conscience, vérité contingente, sort la croyance qu'il y a un moi, vérité nécessaire. Seule, la conscience ne donne rien au premier moment que d'actuel et de phénoménal. Mais dans la conscience, je vois nécessairement l'existence nécessaire de l'être consciencieux. Tout cela est lié, inséparable, simultané peut-être, mais tout cela peut être distingué; et cette distinction montre clairement que le *cogito* de Descartes contient plus de choses qu'il n'en a voulu voir, et deux éléments de certitude au moins, savoir le fait actuel de conscience ou la pensée actuelle, certitude de fait, la croyance au moi existant, certitude nécessaire. Et il demeure prouvé en même temps que la conscience n'est pas, en tant que conscience, l'unique source de certitude, et qu'il y a dès le début de la pensée, d'autres éléments de conviction, d'autres principes indubitables que la pensée elle-même.

Cette analyse réfute déjà le scepticisme de Descartes, ou du moins ce qui lui est resté de scepticisme. Elle montre déjà combien il s'est témérairement avancé en récusant la raison, puisque dès le premier pas, il est obligé de s'appuyer sur elle. La suite des *Méditations* contient au reste bien d'autres exceptions au doute universel. Non-seulement les principes nécessaires, lois de la raison, mais les lois du raisonnement sont sans cesse employées par Descartes comme instruments légitimes de certitude. Sa métaphysique suppose la logique dont il ne parle pas. Il a eu tort de ne pas faire de réserve en faveur des facultés dont il accepte ensuite le témoignage. Cette faute est la faute constante et inévitable du scepticisme; et elle en est en même temps la réfutation. Elle est cependant moins grave chez Descartes, parce que son scepticisme n'est que supposé : c'est une méthode, non une doctrine. Lui-même aurait à la première sommation concédé l'autorité de la raison. Nous avons vu qu'il revient plusieurs fois à la *lumière naturelle*, comme à une autorité supérieure à toute objection. Mais nul doute qu'il n'y ait omission ou inconséquence dans sa démonstration. Et son exemple a porté de mauvais fruits; Descartes a prêté des armes au scepticisme. Nos facultés ne sont dans la réalité que les attributs du moi, que le moi considéré dans ses diverses manières d'opérer. On ne peut scinder la foi qui lui est due, ni le récuser comme raisonnable ou sensible, sans ébranler l'autorité de la conscience elle-même. Pour ceux qui ne croient qu'au moi en tant qu'il s'atteste lui-même, il devient très-difficile d'assurer l'existence de ce qui n'est pas le moi, et s'ils ne tombent pas dans le scepticisme absolu, ils n'évitent pas l'idéalisme.

II. Une autre erreur propre à Descartes, mais moins contagieuse, et qui n'a eu de conséquence que pour lui, a besoin d'être relevée; car elle est cause de la faiblesse et de la confusion de plusieurs de ses démonstrations. Elle réside dans sa doctrine de l'idée.

Le sens commun ne voit dans ce monde que des êtres pensants et des êtres auxquels on pense. L'esprit connaît les objets, il les conçoit, il se les représente, il en juge; les objets, en tant qu'ils sont pensés, sont des idées. Mais les idées n'existent pas par elles-mêmes; elles n'ont aucune forme; elles ne sont que des manières de considérer ou de désigner, soit les objets comme pensés, soit l'esprit comme pensant aux objets. Les idées n'ont pas plus d'existence substantielle que les facultés. Maintenant, comment s'opère le commerce entre l'esprit et les objets? La difficulté ou plutôt l'impossibilité d'expliquer ce fait mystérieux, a donné naissance à mille inventions systématiques.

Il est évident qu'une de ces inventions systématiques préoccupe Descartes, et lui fait oublier ou méconnaître la réalité, telle que nous venons de la décrire. Il croit ou paraît croire que les idées sont quelque chose, indépendamment de l'esprit, et qu'elles lui arrivent, pour ainsi dire, comme des émanations des corps, comparables aux rayons lumineux, aux particules odorantes qui viennent du dehors toucher la surface nerveuse. Les idées, plus subtiles, pénètrent plus insensiblement encore à travers nos organes jusqu'au cerveau, et du cerveau jusqu'à l'esprit. Sont-ce précisément des êtres, ou n'y a-t-il dans tout cela qu'une succession de modifications ou de mouvements? Là-dessus Descartes n'est pas net, et dans ce système, nous croyons impossible de l'être. Toujours est-il qu'il regarde les idées comme les effets directs des objets; toujours est-il qu'au lieu de les considérer comme les produits, ou, si l'on veut, comme les opérations d'une faculté de l'esprit, il place la faculté des idées plutôt dans les objets que dans l'esprit même. Il y a, dit-il, entre le moi et les objets, « une faculté « de produire des idées. *Cette faculté active ne peut* « *être en moi*[1]. » Enfin, il semble borner dans la production des idées l'esprit à un rôle passif; il le place à l'égard du monde extérieur, à peu près dans la relation du miroir à la lumière. Je n'examine point si d'autres parties du système de Descartes ne sont pas en contradiction avec cette théorie, si toutes ses expressions s'y rapportent exactement. Je dis seulement que son esprit est visiblement engagé, au moins par le langage, dans cette vieille opinion de l'École, qui attribuait les idées aux *espèces sensibles*, aux effluves des objets matériels[2]. Cette opinion devait conduire un esprit bien fait à la doctrine des idées innées; car comment expliquer autrement l'origine de celles de nos idées qui ne peuvent en au-

---

[1] Descartes, *Méditation* VI, T. I, p. 333, etc.

[2] Il est vrai cependant qu'il n'admet plus ces *espèces sensibles* ou *intentionnelles*, sortant des objets, *voltigeantes par l'air*, pour passer jusqu'à l'œil; et parfois, notamment dans sa *Réponse aux sixièmes objections contre les Méditations* (§. IX), il décrit avec plus de justesse ce qu'on peut savoir de l'action des objets sur les organes; il la réduit à un mouvement excité dans ceux-ci, lequel excite un mouvement dans le cerveau; et l'esprit *s'en ressent*, en vertu de son intime conjonction avec le cerveau. Descartes n'aurait pas dû perdre de vue les conséquences de l'exposition du phénomène de perception contenue dans ce passage.

cune manière être rapportées aux émanations d'objets placés à la portée de notre sensibilité nerveuse, telles que l'idée de Dieu, et d'autres analogues?

Mais il restait de la théorie générale, que les idées, même innées, étaient des effets positifs, matériels ou peu s'en faut, de causes extérieures. De là tous les raisonnements de Descartes sur l'entité qui se retrouve dans l'idée comme dans l'objet qu'elle représente, sur cette réalité que l'objet communique à l'idée, sur la réalité *éminente* ou *formelle,* sur la réalité *objective,* qui est d'autant plus grande dans l'idée qu'il y a plus de réalité, et, pour ainsi dire, plus d'être dans l'objet. De là, enfin, toutes ces argumentations qui prouvent l'existence par l'idée, et qui supposent une analogie de nature entre l'une et l'autre, comme entre la cause et l'effet; tous raisonnements qui ne nous semblent peu concluants et souvent même peu intelligibles que parce que nous ne nous replaçons pas dans cette théorie à demi scholastique, d'où l'esprit de Descartes n'était pas entièrement sorti.

Cette théorie explique la séduction qu'exerce sur sa raison la démonstration de l'existence de Dieu, fondée sur ce que la perfection étant un des éléments de l'idée de la Divinité, l'existence qui est un des éléments de la perfection, ne peut manquer à la Divinité même. On s'est étonné que cet argument eût paru démonstratif; mais ne recevait-il pas quelque force de cette opinion que la cause d'une idée était son objet, et que l'objet devait par conséquent contenir tout ce que contenait l'idée, comme la cause doit contenir, et même à un plus haut degré, les éléments de son effet? On oppose à Descartes que les conceptions de l'esprit ne peuvent être la loi des choses. Mais dans sa théorie, ce sont bien plutôt les choses qui sont la loi des conceptions de l'esprit, et nos idées ne sont pas le moule, mais l'empreinte des réalités.

Il n'est pas nécessaire de réfuter en forme cette théorie; du premier coup d'œil, elle se reconnaît pour une hypothèse, et comme cette hypothèse, qui, d'ailleurs, n'explique rien, et laisse le mystère de la communication des esprits avec les corps aussi obscur qu'elle l'a trouvé, encourt elle-même les difficultés les plus graves, elle ne s'est pas soutenue dans la science. Je la crois condamnée sans retour. Mais il fallait la connaître pour bien entendre Descartes, et l'on en trouve des traces dans les ouvrages métaphysiques de presque tous ses contemporains. Elle ne subsiste plus aujourd'hui que par deux conséquences éloignées; l'une est la théorie de l'idée, selon l'école de Locke, et l'autre est la physiologie appliquée à l'esprit humain [1].

Quant à la démonstration de l'existence de Dieu, privée de l'appui apparent de l'hypothèse en question, elle se réduit à une confusion entre la conception et la connaissance. Descartes a cru que l'une supposait comme l'autre la réalité. Cette démonstration se trouve, au reste, presque mot pour mot dans saint Thomas, qui se fait lui-même une objection qui la renverse : « Posé, dit-il, que chacun entende « que par ce nom *Dieu* il est signifié ce qui est tel

---

[1] Voyez plus bas les Essais III et VII.

« que rien de plus grand ne peut être conçu¹, il ne
« s'ensuit pas pour cela qu'on entende que la chose
« qui est signifiée par ce mot soit dans la nature, mais
« seulement dans l'appréhension de l'entendement.
« Et on ne peut pas dire qu'elle soit en effet, si on ne
« demeure d'accord qu'il y a en effet quelque chose tel
« que rien de plus grand ne peut être conçu : ce que
« ceux-là nient positivement, qui disent qu'il n'y
« a point de Dieu. D'où je réponds, aussi en peu de
« paroles, ajoute le théologien à qui nous empruntons
« cette citation, encore que l'on demeure d'ac-
« cord que l'être souverainement parfait par son
« propre nom emporte l'existence, néanmoins, il
« ne s'ensuit pas que cette même existence soit dans
« la nature actuellement quelque chose, mais seu-
« lement qu'avec le concept ou la notion de l'être
« souverainement parfait, celle de l'existence est
« inséparablement conjointe. » A cela Descartes ne
peut répondre qu'une chose, c'est qu'en l'idée de
Dieu l'existence appartient à l'essence, et que Dieu
ne peut être conçu qu'existant, ce qui est toujours
décider la question par la question².

En résumé, dans l'ensemble des preuves que Des-

---

¹ C'est la définition qui tient, dans saint Thomas, la place de l'*Être souverainement parfait* de Descartes. Celui-ci n'indique pas s'il a trouvé ou emprunté la preuve de l'existence de Dieu que l'on examine ici. Il est certain qu'elle avait été développée avant lui par saint Thomas, et avant saint Thomas par saint Anselme, qui, dit-on, la devait à saint Augustin. Cependant saint Anselme la donne comme sienne. De son temps même, elle fut contredite. Ses œuvres en contiennent une réfutation remarquable par Gaunilon.

² Objection faite par M. Caterus, théologien des Pays-Bas, sur les *Méditations* III, V et VI, et Réponse de Descartes, T. I, p. 365 et 588.

cartes donne de l'existence de Dieu, ce qu'il y a de vrai, c'est qu'une expérience constante, un penchant naturel, un instinct irrésistible nous induisant à penser que toutes les notions communes et essentielles de l'esprit humain se rapportent à quelque chose de réel et d'absolu, la présence de l'idée d'un être souverainement parfait, infini, nécessaire, dans tous les esprits de tous les temps, permet de conclure qu'il doit exister un être en possession de ces attributs; la connaissance en général prouve le connu. Ce n'est point là une démonstration proprement dite, mais c'est une proposition raisonnable, qu'il est possible d'amener à un assez haut degré de force et d'évidence.

Nous bornons à ces observations la conclusion de notre exposé du cartésianisme[1]. Elles rendent suffisamment manifeste,

1°. Que Descartes n'a pas convenablement motivé, soit la préférence qu'il accorde à la conscience sur nos autres facultés, soit la défiance qu'il oppose à ces mêmes facultés;

2°. Qu'il a affaibli les ressorts de la certitude, et particulièrement de celle du monde extérieur, et qu'il a servi la cause, soit du scepticisme, soit de l'idéalisme;

3°. Qu'il a méconnu l'autorité et l'origine de certains principes de la raison, bien qu'il s'en soit servi; ou que s'il en a connu toute la force, il a négligé de les sauver des atteintes de son doute uni-

---

[1] Voyez le début de l'*Essai sur l'Idéologie*, et la critique détaillée du scepticisme de Descartes, par M. Royer-Collard; *Œuvres de Reid*, traduites par M. Jouffroy, T. III.

versel, et les a ainsi admis sans titres dans sa doctrine, quand plus tard il a été obligé de les employer;

4°. Que son analyse, soit des notions communes, soit des faits primitifs, soit des facultés et de leurs opérations, manque d'exactitude et de précision;

5°. Que spécialement dans la théorie de l'idée, il n'a point assez purgé son esprit des hypothèses de la scholastique, et qu'il a donné quelque prétexte au matérialisme, en procédant du dehors au dedans, et en laissant entendre que la matière pouvait être douée d'un pouvoir occulte d'informer incessamment notre esprit.

Cette critique n'est pas complète; mais on se rappellera que nous nous sommes proposé d'étudier spécialement dans Descartes, le rénovateur de la philosophie par la méthode. Ainsi, nous ne pouvions, sans sortir du plan, examiner ou même exposer divers points importants de sa doctrine, comme ses idées sur l'union de l'âme et du corps, sur l'âme des bêtes, sur la toute-puissance de Dieu, et d'autres systèmes, qui tous méritent une place dans l'histoire de l'esprit humain. Cependant, tout incomplète qu'elle peut être, notre critique paraîtra sévère après les éloges que nous avons donnés à Descartes. Quant à nous, il nous semble bien facile de concilier notre admiration pour cet esprit si élevé, si hardi, si original, dont les vues d'ensemble sont si droites et si hautes, avec la liberté de remarquer des inexactitudes, des lacunes, un peu de subtilité logique, un reste de la philosophie de l'École, enfin une tendance à l'hypothèse, qui perdit sa physique et qui se retrouve dans sa philosophie. Descartes a ouvert une nouvelle et large voie, où il y a place pour tous les systèmes, pour toutes les erreurs ordinaires à l'esprit humain. On s'est beaucoup égaré sur ses traces, il importe donc de signaler les écueils dont il a semé sa propre route. Certes, nous sommes moins sévère pour lui que ne l'a été la philosophie du XVIIIe siècle; malgré quelques erreurs, toutes dignes pourtant d'un esprit du premier ordre, malgré ce mélange de lumière et d'ombre que le génie humain présente toujours aux yeux même des générations qu'il guide, une admiration reconnaissante reste due au père de toutes nos philosophies, au créateur de la science de la pensée.

Ce n'est pas nous qui lui décernons ce titre, ce sont les chefs d'une école sévère pour ses doctrines, juge inflexible des conséquences qu'elle impute au principe même de la philosophie moderne. Toujours isolés du reste du monde, on n'ignore pas combien peu les compatriotes de Bacon et de Newton savent reconnaître qu'ils doivent quelque chose aux écrivains du Continent. Toutefois, les fondateurs de l'école écossaise ont été plus justes pour notre Descartes. Il fut *le père*, dit Dugald Stewart, *de la philosophie expérimentale de l'esprit humain, le père de la véritable métaphysique* [1].

Mais un caractère éminent nous frappe dans le génie de Descartes. Avant lui, les textes étaient le

---

[1] *Histoire des sciences métaphysiques*, T. I, part. 1, chap. II, sect. II, p. 178 et 217. Voyez aussi REID, *OEuvres compl.*, T. III, Essai II, chap. VIII; ainsi que l'excellent article de M. Hallam sur Descartes, dans son *Histoire de la littérature*, T. III, chap. III.

principal fondement de la science. Il les négligea; il faisait profession de ne pouvoir s'instruire ni se convaincre par la lecture[1]. Avant lui, la méthode syllogistique était la clef de la science. Il la dédaigna, et repoussant *toutes ces formules comme contraires à son but*, il déclara *la dialectique vulgaire complétement inutile* aux découvertes. *La vérité échappe a ces liens*, dit-il[2], et il rejeta tout, jusqu'aux souvenirs de la tradition, jusqu'aux leçons de l'expérience. Il les appela des préjugés. Et après avoir jonché le sol autour de lui de tous ces débris, seul et dépouillé, lorsqu'il semblait avoir tout perdu, et qu'en le voyant commencer son œuvre on pouvait lui demander ce qu'il lui restait pour l'entreprendre : Moi, répondit-il, comme Médée, et il s'éleva comme elle vers les cieux sur un char, ouvrage de sa main, traîné par les coursiers que son art avait créés. Cette audace nous semble l'exemple et l'augure du génie des temps modernes. Descartes est comme le type et le précurseur de cette liberté d'examen, dédaigneuse du passé, confiante dans l'avenir, qui plus tard devait aspirer à renouveler le monde comme lui la science. Lisez les aveux ingénus qui précèdent dans le *Discours sur la Méthode* l'exposition de ses principes. Les sciences lui paraissent avant lui comme « ces anciennes cités qui, n'ayant
« été au commencement que des bourgades, sont
« devenues, par succession de temps, de grandes
« villes. Elles sont ordinairement *si mal compassées*

---

[1] Passage de Descartes rapporté par M. Hallam, *loc. cit.* p. 192 de la traduction.

[2] Règles pour la direction de l'esprit; Règle X, T. XI.

« au prix de ces places régulières qu'un ingénieur
« trace *à sa fantaisie dans une plaine!* Les bâti-
« ments qu'un seul architecte a entrepris et achevés
« ont coutume d'être plus beaux et mieux ordonnés,
« que ceux que plusieurs ont tâché de raccommo-
« der en faisant servir de vieilles murailles qui avaient
« été bâties à d'autres fins [1]. » Telle est donc la pensée de cet homme qui semble modeste et recueilli, tout raser, tout reconstruire, et faire seul mieux que les siècles. Ne reconnaît-on pas là un esprit qui se perpétuera parmi nous, et Descartes, malgré la simplicité de son langage, la gravité de son attitude, n'est-il pas fait pour être placé à l'origine de ces générations de *douteurs* qui, plus tard et sous des formes diverses, associeront encore ces deux mots chers à la France : Philosophie et Révolution ?

[1] *Méthode*, part. II, T. I.

ESSAI III.

DE LA PHILOSOPHIE DE REID.

§. I.

CARACTÈRE GÉNÉRAL DE LA PHILOSOPHIE ÉCOSSAISE.

Nous nous demandons quelquefois si les philosophes ont raison de s'en prendre au public de ce que la philosophie n'est point en honneur ni surtout en crédit, et de ce qu'il accorde plus d'attention à d'autres sciences moins graves et moins élevées, écartant avec un respect mêlé d'indifférence et d'ironie les recherches abstraites sur la nature et l'objet de l'esprit humain. Il se pourrait que les motifs de cette froideur ne fussent pas tous à l'avantage du public, mais il en est aussi qui ne sont pas à la gloire des philosophes. Si leur science ne jouit pas d'une grande autorité près du commun des hommes, c'est, il faut bien le dire, qu'elle a souvent l'air d'en vouloir au sens commun. Plaçons-nous sur le terrain du sens commun ; gardons son point de vue et son langage, et recherchons simplement dans quelle mesure et à quel titre il fait opposition à la philosophie. Peut-être sera-ce le meilleur moyen de les réconcilier; à coup sûr ce sera le plus certain d'entrer dans l'esprit de la philosophie dont Reid est le créateur.

Si vous venez à parler sans ménagement le langage de la philosophie à un homme raisonnable qui n'y soit pas habitué, et à lui présenter sans préparation les questions qu'elle pose et les thèses qu'elle soutient, il y aura chance de voir votre auditeur imaginer que vous vous moquez de lui, et vous aurez de la peine à lui persuader que des gens sérieux se soient creusé la tête pour de pareilles chimères. Si même il confesse avec une apparente humilité qu'il n'y entend rien, il se dira tout bas, non sans quelque orgueil, qu'il compense en bon sens ce qui lui manque en intelligence, et peut-être qu'il ne se croira pas le plus mal partagé. Cette opposition entre la science des doctes et la sagesse du peuple est si saillante et si connue, qu'elle fait proverbe, que des deux parts on s'y est résigné, que même on a fini par en tirer vanité. Les uns ont mis leur supériorité à n'être pas compris, les autres à ne point comprendre; et tandis que les philosophes tiennent le vulgaire pour méprisable, le vulgaire trouve la philosophie ridicule. De là un contraste, source ancienne et peut-être éternelle d'observation et de comique, et qui, après avoir amusé Lucien, devait, seize siècles plus tard, divertir Molière. Les sophistes que raille Ménippe sont passés, et la scholastique qui impatiente Sganarelle n'est plus de ce monde. Mais la même comédie se joue sous d'autres noms; Voltaire la recommence dans Candide, et Goethe dans Faust; et comme le ridicule durable a tout l'air d'être juste, on pourrait craindre qu'il n'y eût, entre la pensée spéculative et la raison pratique, une incompatibilité absolue qui donnât lieu à tout jamais de gloser sur la science, et de la mettre, non pour sa gloire, aux prises avec le bon sens.

Qu'il y ait là une disparate inévitable, qui se produit dans le langage et dans les manières, même dans les procédés de l'esprit; que le drame et le roman, qui ne s'attachent qu'aux formes, cherchent là un contraste satirique; il est trop vrai, et pour en douter il faudrait fermer les yeux. Assurément la théorie n'est pas la pratique; l'une et l'autre ne s'expriment pas de même; le point de vue de la vie réelle est autre que celui de la vie contemplative. Mais une différence ne constitue pas une opposition; deux points de vue ne supposent pas deux objets, tout au contraire. Positive ou spéculative, la vie est toujours la vie; pratique ou théorique, la raison est toujours la raison. Les philosophes, après tout, ne sont pas plus que des hommes, et les ignorants ne sont pas moins : la raison est la même chez tous, en tant qu'elle se compose ou se sert des mêmes facultés, et la vérité ne change pas, en ce sens qu'elle ne peut résulter et dépendre du mode d'observation dont elle est l'objet. La philosophie se donne pour la science de la raison, ou tout au moins pour la recherche de la vérité. Le bon sens ne se croit ni l'opposé de la raison, ni étranger à la vérité. Si donc la philosophie est aussi fréquemment en lutte avec le bon sens, il est vraisemblable que l'une ou l'autre se trompe, et peut-être l'une et l'autre. Mais comme il est bon d'humilier les superbes, donnons aujourd'hui tort à la philosophie, et mesurons notre sévérité à ses prétentions. Elle qui sait tout, comment ne sait-elle pas persuader? Est-elle excusable de fournir un avantage contre elle, non-seulement aux gens sensés, mais encore aux ignorants et aux sots? Si elle est une puissance, n'est-ce pas son devoir que de faire au moins reconnaître, sinon respecter son droit? Si, comme elle en prend le nom, elle est l'aristocratie de l'esprit humain, ignore-t-elle qu'aucune aristocratie n'est légitime si elle n'est honorée, et ne peut se soutenir sans donner d'autres preuves de noblesse que des prétentions ou des titres?

Se défendra-t-elle en alléguant la dureté des esprits, la légèreté du public, et l'insurmontable difficulté des questions, et l'obscurité nécessaire du langage? ce sont des inconvénients réels, et dont quiconque réfléchit et surtout écrit, n'a pas médiocrement souffert. Mais je n'y vois que des motifs pour être malaisément compris, ou rarement écouté; ce ne sont pas des raisons suffisantes pour apprêter à rire. Rien là n'oblige les doutes de la philosophie à paraître des extravagances, ni ses découvertes des rêveries.

Prenez quelqu'un dans la foule, contez au premier venu qu'il y a des hommes d'esprit qui s'inquiètent très-sérieusement d'avérer si les corps existent: il lèvera les épaules, et demandera si vous plaisantez. Changez de sujet, et dites-lui que, selon de très-habiles gens, il n'est nullement certain, quand son pied est trop serré, que ce soit sa chaussure qui le gêne, parce que rien ne démontre qu'un fait provienne d'un fait, ni que l'un soit l'effet, et l'autre la cause: il continuera de vous croire tant soit peu railleur, et n'en dénouera pas moins sa chaussure. Sans vous décourager par ce mauvais succès, tentez de l'intéresser à la sollicitude de ces rares génies qui se tourmentent studieusement de la question de savoir si l'on peut être certain d'un fait quelconque, et s'il existe, pour les sens et la raison, telle chose que l'évidence : il demandera dans quel pays vivent ces fous-là, afin de prendre soin de n'avoir aucune affaire avec eux.

Vous consolerez-vous en disant, que peu importe, que les maîtres peuvent se passer de disciples, qu'il n'est pas plus nécessaire que les hommes soient tous métaphysiciens que tous orientalistes, et que la science n'est point pour le peuple? Il y aura du vrai dans ces paroles; mais toutefois prenez garde : quelque hérissée, quelque ténébreuse que soit votre science, elle n'est rien moins qu'une science occulte ; aucune ne s'attache à des objets plus communs, plus rapprochés, plus familiers; les objets même des sciences physiques se signalent moins fréquemment à notre attention, et nous serrent de moins près que ceux de la philosophie. L'artisan profite en toute ignorance des lois de la géométrie et de la physique; il les applique le plus souvent sans les connaître; sa science est tout empirisme; mais la philosophie, tout être intelligent en possède les principales idées et les règles fondamentales, quoiqu'il ne sache pas toujours les distinguer ni les nommer. La connaissance qu'il en a, pour n'être pas analytique, nous paraît loin d'être purement expérimentale. Elle est, si l'on veut, naturelle et implicite ; mais elle est en lui, elle vient de lui, et la preuve en est que, pour l'apprendre méthodiquement, il n'a qu'à rentrer en lui-même. Dès qu'il s'élève au-dessus de l'abrutissement d'un travail manuel et continu, le nombre des notions dont il a distinctement conscience, s'accroît en proportion considérable. L'homme ignorant, mais sensé, a comme le philosophe les idées d'espace et de durée, de cause et d'effet, de substance et de qualité, et, pour tout dire, de corps et d'âme, de monde et de Dieu. Et non-seulement il a ces idées, mais il en sait quelque chose ; il répond à ces mots, et les comprend ou pense comprendre. Il a donc part dans la philosophie ; il s'assimile au philosophe pour les facultés, les opérations, les idées; et par conséquent le philosophe est tenu de se mettre en toutes ces choses d'accord avec lui, ou de prétendre que sur toutes, la multitude (savoir le genre humain, moins le philosophe) est dans une profonde ignorance ou dans une complète illusion : ce qui serait prétendre que l'homme ne sait rien de lui-même; ce qui serait prétendre qu'il ignore ce qui lui sert à savoir tout le reste, et qu'il déraisonne sur tous les points sans lesquels tout raisonnement lui est impossible. Ce serait soutenir qu'à la lettre l'homme ne sait pas ce qu'il dit. Comment pourrait-il jamais l'apprendre? De l'homme ainsi fait comment faire jamais un philosophe? probablement aux mêmes conditions.

La philosophie n'a donc qu'une ressource, c'est de n'admettre entre elle et le sens commun qu'une différence de degré, et de se réduire à savoir mieux que le genre humain ce qu'il sait, peut-être à savoir un peu plus qu'il ne sait. Sa prétention serait haute encore, mais elle se pourrait souffrir. Ce ne serait, après tout, que la prétention de l'étude contre l'ignorance, de la méditation contre l'irréflexion. Elle peut être fondée et légitime; mais elle est loin de suffire pour expliquer les hostilités qui éclatent souvent entre la philosophie et le sens commun, encore moins l'infériorité où l'une se trouve placée, quand elle comparaît devant l'autre. Tout au contraire, ceci suppose entre les deux termes un rapport tel que la philosophie corresponde au sens commun tout en l'excédant, qu'elle le surpasse sans le violenter, tandis qu'il la suit sans l'atteindre, et tombe d'accord avec elle sur tout ce qui les intéresse également. D'après cette idée, le cercle du sens commun est, pour ainsi dire, inscrit au cercle de la philosophie, et l'une n'est hors de l'autre qu'en tant qu'elle le déborde. Ainsi, l'une et l'autre se répondent et se confirment mutuellement. A leur origine, l'une et l'autre ne se distinguent pas. Mais nous l'avons vu, ce rapprochement n'est encore que l'utopie des amis de la philosophie.

On ne peut raisonnablement exiger que ce soit le sens commun qui se mette à l'unisson de la philosophie. D'abord, il serait passablement plaisant de voir le public, se conformant aux caprices de la théorie, obéir à des hypothèses et se conduire par des systèmes. Se figure-t-on la société prenant à la lettre le matérialisme, l'idéalisme ou le scepticisme, c'est-à-dire vivant comme s'il n'y avait pas d'âme, ou bien comme s'il n'y avait pas de corps, ou bien enfin comme s'il n'y avait rien du tout? Évidemment il faudrait faire violence à l'ordre naturel pour que de propos délibéré l'humanité se réglât sur la philosophie. Qu'est-ce, en effet, que l'humanité telle que nous l'entendons ici? Il me semble que c'est l'esprit humain. Et la philosophie, qu'est-elle, considérée dans son objet immédiat, sinon la science de l'esprit humain? Or, comment se représenter l'esprit humain se soumettant à la philosophie, l'objet se subordonnant à la science? Autant vaudrait assujettir les astres à l'astronomie, mettre la terre aux ordres de Galilée, et commander aux planètes d'attendre la voix de Copernic pour commencer le cours immuable de leurs révolutions. On sent que ce sont là des jeux d'esprit. Comme l'humanité a précédé les philosophes, la raison préexiste à la science qui la décrit. Les lois qu'elle accomplit, elle les découvre alors qu'elle semble les dicter. Les faits et la logique veulent donc que la philosophie, jusqu'à un certain point, se subordonne à l'humanité. En d'autres termes, la science ne saurait refaire le sens commun. Qu'elle l'éclaire, le développe et l'explique, son ambition peut aller jusque là; mais là aussi s'arrête sa puissance.

Faudra-t-il croire cependant qu'elle ait sans cesse dépassé ses droits et tenté l'impossible? Si l'on ne peut admettre que le genre humain ne sache ce qu'il dit, doit-on supposer que tant d'esprits excellents ou supérieurs n'aient su ce qu'ils faisaient? Il serait dur de le penser, et hardi de l'affirmer; la chose, toutefois, n'est point absolument impossible. On peut sans examen répondre du genre humain, non se rendre caution des philosophes. Avant de s'engager pour ceux-ci, il faut les interroger, et juger par leurs réponses de la foi qu'ils méritent.

Or, c'est précisément cet interrogatoire qui leur est redoutable. Plus il sera fait simplement, plus il risque de les embarrasser, et bien peu de penseurs seraient en état de répondre sans détour ni remise aux questions que le Bourgeois gentilhomme fait à son maître de philosophie. La scène du poëte comique nous représente assez bien le sens naïf de l'ignorance s'adressant à l'oracle de la science. Or, nous sommes dans un temps où les oracles ont besoin d'être clairs pour se faire écouter. Notre siècle est à la fois positif et intelligent, pressé et sérieux. Il ne se paie point de mots, se plaît peu dans l'abstraction, et veut être instruit plutôt qu'amusé de paroles. Le dédain pédantesque, la fausse dignité de la science ne lui imposent plus. Vainement la philosophie essaie de se séparer du vulgaire, et montrant les flots qui coulent à ses pieds,

> Se plaint de sa grandeur qui l'attache au rivage ;

elle doit jeter bas tout superbe appareil, et passer le fleuve à la nage, si elle ne veut rester sur le bord impuissante et délaissée.

Cette nécessité se fait plus que jamais sentir, mais elle n'est pas nouvelle. Avant de rechercher où elle conduit, il est naturel de se demander si déjà elle n'a pas été comprise. S'est-il déjà ouvert une école où le langage ne fût point technique, la méthode exceptionnelle, les conclusions paradoxales? Y a-t-il exemple qu'une secte ait tendu de dessein prémédité, ou même ait été conduite par le raisonnement à conformer sa doctrine aux croyances simples, instinctives, pratiques, du genre humain, en les dégageant de tout préjugé scientifique ou populaire? En un mot, la philosophie s'est-elle jamais avisée de faire la science avec le bon sens?

Oui, une fois cette tentative a été faite, et non point, comme on pourrait le croire, par ceux qui ont écrit le mot de *bon sens* en tête de leurs livres. Cette idée simple, mais hardie par sa nouveauté, est étrangère à ceux qui, malgré le langage, la tradition et la nature, ont prétendu faire de la métaphysique une science physique. C'est en Écosse, c'est dans ce pays longtemps regardé comme la région des nuages, que cette idée si naturelle et si sensée est venue, je dirais presque pour la première fois, à un savant modeste, à un géomètre studieux, à Thomas Reid, enfin. Sa tentative, en effet, est plus neuve qu'il ne semble. Avant lui, quelque brillants que fussent les travaux de la philosophie, quelque certains que fussent plusieurs de ses résultats, jamais elle n'avait suivi avec une fidélité systématique la commune méthode des découvertes. Bacon avait été plus cité qu'obéi. Elle oscillait entre le raisonnement et la sensation, se disant rationnelle ou expérimentale selon qu'elle inclinait vers l'une ou l'autre de ces deux sources de connaissance : double erreur, car ce n'est ni par l'observation externe, ni par la logique, que se reconnaissent et se constatent les faits fondamentaux de la philosophie. Aussi, l'hypothèse tenait-elle une grande place dans les meilleurs systèmes.

C'était donc sortir des anciennes voies que de proclamer pour but à la fois, et pour méthode exclusive, l'étude attentive des faits de conscience, c'est-à-dire l'observation interne et l'application immédiate de la raison à ces données, c'est-à-dire l'induction. C'était, au fond, reprendre l'œuvre annoncée et presque aussitôt abandonnée par le génie aventureux de Descartes. Une telle philosophie courait le risque d'être bornée en étendue comme en hauteur. Mais du moins promettait-elle une solidité, une simplicité, une évidence qui la devait rendre tout à fait assortie à l'esprit exigeant de notre époque. Nous pouvons dire d'avance que tels sont à nos yeux les caractères généraux de la philosophie écossaise.

C'est à Locke que nous devons Reid. Il fut pour Reid ce que la scholastique fut pour Descartes. Il régnait sans tyrannie, il est vrai, mais sans débat, dans les écoles de la Grande-Bretagne, lorsque la hardiesse vint au professeur de Glascow de contester son autorité, et de la soumettre à l'examen, à cette épreuve imprescriptible que prétend décliner toute doctrine régnante. Cet examen produisit une philosophie nouvelle.

Quoique celle de Locke croule aujourd'hui de toutes parts, le fondateur n'en est pas moins un esprit supérieur. Doué de sagacité et d'étendue, il a vu, surtout entrevu beaucoup de choses; il abonde en observations délicates, en raisonnements ingénieux. Peu d'hommes ont réfléchi avec plus d'attention, de constance et de fruit. Mais il semble qu'il ait réfléchi sans ordre, et, le dirai-je, au hasard. Il change sans cesse de point de vue, et ne parait pas s'en apercevoir. Il passe insensiblement d'une observation à une hypothèse, et ne parait point faire de différence entre ses démonstrations et ses conjectures. Ce que l'esprit de Locke laisse le plus à désirer, c'est la conséquence et la précision. Aussi son ouvrage est-il incohérent, et sa philosophie est-elle comme son ouvrage. Il faut se garder, en effet, de penser qu'elle soit exclusive et systématique autant qu'on le croit généralement en France, où l'on juge Locke d'après Condillac. Esprit plus étroit, mais plus sévère que son maître, écrivain plus net et plus exact, Condillac a réduit Locke en l'approfondissant; il a exprimé de son ouvrage toutes les opinions qui pouvaient se lier et former un corps de doctrine; il a écarté toutes les digressions qui le rendaient plus obscur et moins incomplet, toutes les contradictions qui prouvaient au moins que Locke voyait quelque chose au delà de ses propres principes; et, rapetissant le rôle que, dans l'entendement humain, ce dernier fait jouer à la réflexion auprès de la sensation, il a rendu Locke plus intelligible, plus conséquent, et plus sensualiste qu'il n'était. Cependant les réputations usurpées sont rares, et l'on n'a point tort de dire *la philosophie de Locke et de Condillac*. Par la direction générale de son livre, par ses principes les plus habituels, par ses doutes téméraires sur la nature de la pensée, Locke est bien chez les modernes le père de la philosophie sensualiste; et il ne lui est pas permis de désavouer la paternité d'Helvétius et de Cabanis.

Cependant le sensualisme ne résultait pas seul de la philosophie de Locke; une même erreur peut produire des erreurs différentes, quelquefois autoriser des erreurs contraires. Ainsi d'une philosophie qui exagère le rôle de la sensation, il était sans doute naturel de conclure la réduction de toute réalité à ce qui est senti; conclusion qui mène à ne compter dans l'univers que des corps. Mais comme la sensation prise isolément, dépouillée des croyances natives qui l'accompagnent et la fécondent, ne révèle rien qu'elle seule, il était possible également, en suivant Locke, de ne voir dans les objets extérieurs que la sensation qu'ils occasionnent, d'ébranler leur existence propre, et d'appuyer le doute le plus hardi sur l'empirisme le plus humble. Ainsi cette doctrine, qui sacrifie l'esprit à la sensation, pouvait engendrer également la négation de l'esprit, c'est le matérialisme; la négation de la matière, c'est l'idéalisme; enfin la négation de l'un et de l'autre, la négation universelle ou le scepticisme. De toutes ces erreurs la moins déraisonnable semble encore le matérialisme, aussi est-ce l'erreur française. L'idéalisme sans scepticisme ou dogmatique d'une part, et de l'autre le scepticisme avec préférence pour le matérialisme, deux doctrines ou plutôt deux vues subtiles, deux spéculations paradoxales, qui ne pouvaient faire école, sont représentées en Angleterre par deux philosophes sans disciples, Berkeley et Hume. Après Locke, Hume et Berkeley ont donc été les adversaires immédiats de Reid; et nous verrons bientôt comment il les a combattus. Mais leurs doctrines étaient peu faites pour le génie anglais. C'est sur le sol germanique que prospèrent ces sortes de spéculations. Ainsi nous ne devrons pas nous étonner si la philosophie écossaise, telle qu'elle est sortie des mains de son créateur, n'a point repoussé d'avance toutes les objections que l'esprit allemand lui pourrait opposer, si même elle paraît n'avoir pas toutes prévues les conséquences extrêmes que tirerait l'esprit français une fois en voie de matérialisme ; mais elle n'en contient pas moins des germes de vérité qu'aucune des philosophies du Continent ne saurait étouffer. On en jugera par l'analyse étendue que nous allons enfin donner du principal ouvrage de Reid [1].

§. II.

THÉORIE DE LA PERCEPTION.

Reid est si loin de faire au scepticisme une large part, qu'il ne semble même pas le regarder comme une philosophie sérieuse; et sans en concevoir aucun souci, raisonnant en fait, et prenant pour point de départ ce qu'il appelle des *principes convenus*, il met au rang de ces principes :

---

[1] *Essais sur les facultés de l'esprit humain*, formant les quatre derniers volumes des OEuvres complètes de Thomas Reid, publiées par M. Th. Jouffroy (six vol., 1828-1836). Notre Essai contient une analyse assez complète des sept premiers Essais de Reid, qui renferment à peu près toute sa psychologie et ce qu'on peut appeler sa métaphysique, et qui remplissent les tomes III, IV, et la moitié du T. V de ses OEuvres. Nous avons supprimé les citations et les renvois, peu nécessaires lorsqu'il s'agit d'une exposition générale, non d'un examen détaillé. On trouvera une analyse des principes de la philosophie écossaise, sous une forme plus précise et peut-être plus philosophique que celle de Reid, dans les fragments de M. Royer Collard, que M. Jouffroy a réunis à la suite de sa traduction (T. III et IV). Dans l'introduction qui la précède, il a résumé de nouveau et jugé définitivement la doctrine. On peut consulter aussi l'exposition critique donnée par M. Cousin (*Cours d'Histoire*, 1°. *de la philosophie moderne*, 1816-1817, leçons 9, 11 et 12; 2°. *de la philosophie morale au* xviiie *siècle*, 1819-1820, leçons 7, 8 et 9). C'est là qu'on trouvera tout ce qu'il est utile de savoir sur l'histoire de la philosophie écossaise, ainsi que dans l'ouvrage de Dugald Stewart, intitulé par le traducteur français : *Histoire des sciences métaphysiques* (T. III, part. III, sect. IV).

1°. Les opérations de l'âme attestées par la conscience, genre d'évidence particulier à cet ordre de faits;

2°. La persuasion que toutes les pensées, dont l'homme a conscience ou souvenir, sont celles d'un même principe qu'il appelle moi;

3°. La distinction entre toute opération et son objet, en d'autres termes cet axiome : point de connaissance sans le connu;

4°. Enfin, les vérités universellement consenties par les savants et les ignorants, et, ce qui n'en diffère guère, les faits attestés à tout homme raisonnable par les sens, la mémoire, un témoignage digne de foi.

C'est déclarer assez nettement que le doute scientifique l'inquiète peu, et qu'il ne prétend pas séparer à son origine la philosophie du sens commun, c'est-à-dire la science du petit nombre de la science du genre humain.

Suivons-le maintenant dans ses recherches, et ne parlons plus que d'après lui.

Quelque familières que nous soient nos opérations, la difficulté de les connaître n'est pas médiocre, et les faits les plus voisins de l'âme ne sont pas ceux qu'elle observe le plus tôt. Ces faits sont nombreux; une habitude invétérée empêche qu'ils ne nous frappent, et notre première attention se doit aux objets extérieurs plus qu'aux opérations qu'ils provoquent. Ce sont eux qui excitent ces passions dont nos facultés consentent trop souvent à n'être que les instruments. Enfin elle est rare, l'union de la sagacité nécessaire pour observer les faits intérieurs avec la précision qu'il faut pour les exprimer. De là cette marche lente de la science de l'esprit humain, et la singularité comme la multitude des erreurs des plus grands philosophes.

Aussi, dès le début, est-on arrêté par la difficulté de trouver une bonne division de l'esprit humain; celle de l'entendement et de la volonté n'est bonne que pour l'ordre, car elle est fausse en fait, l'entendement intervient dans la volonté, et réciproquement. Celle qui se borne à distinguer la simple appréhension, le jugement et le raisonnement, est pour le moins incomplète, car elle n'offre point de place pour les actes de la conscience, et n'admet point la perception de l'objet par le moyen des sens, laquelle n'est ni une simple appréhension, ni un jugement, ni un raisonnement. Les autres divisions usitées ne supportent pas mieux la critique; par exemple, il n'en est aucune qui comprenne celles de nos opérations qu'on pourrait appeler sociales ou communicatives, telles que l'interrogation, le commandement, la promesse. Ce sont cependant des actes aussi spontanés, aussi naturels, que le jugement ou le raisonnement. Le plus court et le plus sage est donc de prendre les faits à mesure qu'ils se présentent, et de ne point chercher une connaissance réelle, mais un ordre d'étude dans la division que l'on adopte.

Les facultés qui s'offrent d'abord sont celles que nous devons à nos sens. Ici commence une chaîne mystérieuse dont la perception des objets extérieurs est le premier et le principal anneau. Les objets extérieurs font une certaine impression sur les organes, les nerfs, le cerveau. La nature de cette impression est profondément ignorée. Ce mot d'impression lui-même n'est qu'une métaphore qui exprime une hypothèse.

Quoi qu'il en soit, ces impressions sont suivies d'opérations de l'esprit, ou, pour parler plus prudemment, d'opérations intérieures ; elles en sont suivies, mais elles en demeurent distinctes. C'est une pure supposition que de regarder les unes comme la cause efficiente des autres. Écartons d'abord les nerfs et le cerveau ; ne conservons que l'organe du sens. La perception s'opère au moyen des organes ; c'est une vérité d'expérience journalière ; c'est une première loi de la nature. L'œil est un instrument naturel, comme le télescope est un organe artificiel. Mais, quoique mon œil soit à moi, il n'est pas plus moi que l'œil d'un autre. Étant portion de matière, ou composé de parties, il n'est point le seul et même être qui perçoit et qui concentre des perceptions diverses. On dit : je vois ; nul ne dit : mon œil voit. La perception n'est donc pas dans l'organe.

Pour que l'organe soit modifié de manière à ce que la perception s'accomplisse, il faut qu'il soit mis en contact avec l'objet, soit par une application immédiate, soit par un milieu. Cette nécessité, qui limite de nouveau notre faculté de percevoir, est encore une loi de notre nature.

Une troisième loi se manifeste. L'objet vient de produire un changement dans l'organe ; celui-ci en produit un dans le nerf, et le nerf dans le cerveau : nous avons de tout cela des preuves suffisantes. C'est l'ensemble de ces changements que nous venons d'appeler impression. Toute perception est liée à l'impression, telle est la loi. Mais cette liaison est-elle une connexion nécessaire? Rien n'oblige ni n'autorise à le supposer. Les impressions correspondent aux objets, les perceptions aux impressions, soit; le contraire impliquerait que l'instruction fournie par les sens est trompeuse. Or, rien ne donne le droit ni l'envie de le soupçonner; une sorte d'instinct l'interdit. Mais au delà d'une simple correspondance entre l'impression et la perception, nous ne pouvons rien affirmer. La coïncidence est constante : qui en doute? Mais qu'en conclure? Le jour n'est pas la cause de la nuit, quoique la nuit succède constamment au jour. Hasardant un rapprochement gratuit, direz-vous que tout comme, dans la sensation, une impression s'opère sur le cerveau, ainsi, dans la perception, une impression se fait sur l'esprit? Cette assimilation du physique au moral est un préjugé des plus naturels; tant qu'elle se borne à figurer le langage, elle peut se tolérer. Si on la présente comme une comparaison, il faut s'en défier. Si on la donne pour représenter les faits au naturel, il faut la proscrire. Ce sera proscrire l'opinion de bien des philosophes. Ne leur en déplaise, lorsque je perçois un mur, ce mur n'agit pas, moi seul j'agis en le percevant. Les corps pour se mouvoir ont besoin d'une force étrangère; mais pourquoi cette analogie gouvernerait-elle la perception? S'il est vrai qu'elle s'opère à la suite d'un mouvement organique, il ne suit pas que ce mouvement soit la force étrangère qui ébranle l'esprit et le met en jeu. L'esprit, tout nous le représente au contraire comme actif, comme percevant par lui-même dans certaines limites et à certaines conditions. L'existence et le rôle de l'impression sensible ne légitiment point d'autres conséquences.

On a prétendu cependant en tirer de plus étendues. On a dit que, puisque l'impression du cerveau instruisait l'âme, des images étaient apparemment produites dans le cerveau, et que l'âme, qui y est présente, les y percevait. Il suit que des objets elle ne connaît que les images : ce sont elles que l'on nomme *idées*.

Cette théorie des idées est très-ancienne et très-répandue. Elle parait commune à Platon et à Aristote. Les modernes l'ont empruntée à l'antiquité. Tous ont admis des idées, c'est-à-dire des images, c'est-à-dire encore des traces ou empreintes reçues, soit dans le cerveau, soit dans l'âme. Si c'est dans le cerveau, comment l'âme en a-t-elle connaissance ? L'hypothèse, car ce n'est qu'une hypothèse, ne l'explique pas : à quoi donc sert-elle ? Vous direz que l'âme a son siége dans le cerveau. Autre hypothèse destinée à faire jour dans une question inaccessible, et qui tombe devant cette autre question : l'âme a-t-elle un siége ? Abandonnez maintenant les empreintes du cerveau, puisque aussi bien les physiologistes qui nous en parlent, ne les ont jamais ni montrées, ni vues ; et bornez-vous à admettre des images ou empreintes dans l'âme : vous tombez dans le sens de ceux des sensualistes qui croient encore à l'âme. Mais qu'est-ce que ces empreintes ? Que vous enseigne ce mot ? Je ne concevais déjà pas ce que c'était que l'image d'une couleur dans la nuit du cerveau ; que sera-ce que l'image d'un son, l'empreinte même d'une figure dans la substance insaisissable de l'esprit? Après tout, qu'ai-je à faire de ces mots qui n'ont aucun sens précis? Pourquoi l'âme ne percevrait-elle directement que les images des objets? Pourquoi ne dirais-je pas, avec le langage universel, qu'elle perçoit les objets eux-mêmes? Je ne le comprends pas sans doute; mais l'hypothèse qu'on veut substituer à cette donnée de l'expérience est encore moins intelligible. Je dis cette donnée de l'expérience, car enfin nous ne voyons pas les objets en nous, mais hors de nous; et si l'on croit un contact immédiat nécessaire à la perception comme à l'impression organique, d'où vient que nous ne percevons pas le cerveau lui-même? Car dans l'hypothèse, lui seul est en contact avec l'âme.

Il résulte de tout ceci que la perception est un fait aussi incomparable que certain; les impressions sont établies par des faits empruntés à la physiologie; et, pour le dire en passant, la physiologie, même dans ses efforts les plus sublimes, dans ses perquisitions les plus minutieuses pour supplanter la métaphysique, ne fait jamais qu'approfondir davantage la science du mécanisme des impressions sensibles. Le fait de la perception repose sur une tout autre autorité. Ainsi que les autres opérations de l'esprit, il est révélé par la conscience, non par les sens. Aussi est-il révélé également à tous les hommes; les philosophes y font attention et réflexion. Voilà toute la différence.

Par l'attention et la réflexion, ils constatent un premier fait, c'est qu'il n'y a point de perception sans une conception ou notion plus ou moins distincte de l'objet perçu. Nous pouvons concevoir sans percevoir; car, pour agir, l'esprit n'est pas astreint continuellement au joug de ses communications externes; mais la perception est toujours instructive en un certain degré. A la notion qui l'accompagne, se joint la croyance irrésistible à l'existence de l'objet, à moins que la perception ne soit confuse au point d'être douteuse; car la raison est juge de la valeur de nos perceptions particulières, quoiqu'elle ne le soit pas de la validité de la perception en général. La perception proprement dite opère de vive force notre conviction, et dépose irrécusablement de la réalité. L'expérience universelle le proclame. Point d'autre exception que l'hallucination, qui est une maladie, et le scepticisme, qui n'est qu'une spéculation sans autorité. Remarquons encore que cette conviction, fruit de la perception, est immédiate; elle ne se déduit d'aucun raisonnement. La perception se sert à elle-même de preuve, avantage que n'ont pas toujours les vérités les plus évidentes; par exemple, les démonstrations mathématiques. Sous ce rapport, la perception est au même rang que les axiomes.

Quiconque a entendu les leçons du scepticisme, quiconque est familiarisé soit avec les incertitudes du cartésianisme, soit avec les distinctions rigoureuses de la philosophie critique, trouvera sans doute que Reid tranche ici légèrement une grande question, et qu'une simple affirmation est bien peu pour confondre les doutes que la dialectique élève sur la vérité de la perception et sur la certitude de sa cause extérieure. Vainement, en effet, sentons-nous, croyons-nous les objets hors du moi; en percevant l'extérieur, nous ne sortons pas de nous-mêmes, nous n'avons conscience que de nos propres modifications. De quelle autorité, à quel titre avancer qu'il y ait quelque chose qui n'est pas nous, là où la conscience manque pour l'attester, là où la dialectique manque pour le démontrer? De quel droit, pour parler comme l'École, du *sujet* conclure l'*objet?*

A cette question Reid et ses interprètes n'opposent que l'esprit général, ou ce qu'on pourrait appeler le parti pris de leur philosophie. Elle déclare effectivement s'en tenir à l'observation et rechercher des faits. Or, c'est un fait que toute opération des sens est complexe, et donne à la fois une sensation et une perception, puis un jugement. Vous touchez un corps dur, vous êtes affecté d'une certaine manière : c'est la sensation ; elle est dans ce cas obscure et presque insignifiante; mais vous constatez avec cette sensation la dureté et l'étendue au dehors : c'est la perception; elle est claire et distincte. De là vous concluez, sans raisonnement, sans comparaison d'idées, qu'il y a quelque chose d'extérieur qui résiste. Ces trois choses sont des faits, des faits qu'on ne doit pas confondre. Qui les confond, qui ne voit là qu'une sensation pure et simple, comme l'a fait Condillac, infirme toute notre connaissance, donne un démenti à l'esprit humain; car nos sensations n'étant que nos manières d'être, si la perception du dehors n'est pas autre chose que la sensation, le dehors, c'est nous-mêmes différemment modifiés; le dehors, c'est le dedans; la réalité extérieure s'évanouit, et avec cette théorie disparaît la persuasion du genre humain qu'il y a un univers absolu.

Ainsi, le sensualisme rend tout incertain; toutes choses avec lui flottent sur cette mer changeante de nos modifications éventuelles; et de même qu'appliqué à l'existence des corps, il la rend problématique, appliqué à la morale, il doit la transporter tout entière dans le sentiment, et lui enlever toute base en ébranlant la réalité absolue de son principe. La négation du bien et du mal en eux-mêmes est une conséquence naturelle de la philosophie de la sensation.

Cette réponse est une arme qui peut tuer le sensualisme; elle ne fait que blesser le scepticisme. Peut-être l'atteindrait-on plus sûrement en lui demandant compte de son objection même. Cette objection suppose qu'il n'y a de certitude que dans la conscience immédiate, et que la conscience immédiate est circonscrite dans le cercle où l'organe affecté et le moi modifié communiquent. Mais de quel droit cette supposition? Est-elle fondée sur la logique? Qu'on cite un syllogisme qui l'établisse. Ces choses-là ne se prouvent par aucune argumentation. Il faut donc appuyer la supposition sur l'observation. Mais l'observation atteste également la perception et la sensation; mais c'est également un fait que l'homme est affecté d'une façon quelconque, et qu'il voit à travers la sensation l'objet qui l'affecte. Dans l'opération des sens, il y a une affection, plus une connaissance. Aucune logique ne prouve l'une ou l'autre de ces deux choses. L'une n'est ni plus miraculeuse, ni plus explicable que l'autre, et c'est une prétention arbitraire que de donner la sensation pour claire, et la perception pour problématique. Rien, absolument rien ne justifie cette préférence. Si l'on veut des preuves de raisonnement, il faut donc tout nier; la merveille est partout; mais cette merveille est la nature humaine; il faut bien nous y faire.

Le fait a paru si puissant à Reid, qu'il s'est, ou peu s'en faut, contenté de l'exposer. Mais est-ce tout que de l'exposer? Interdirons-nous aux philosophes d'en rechercher la cause ou la nature?

Ils n'y consentiraient pas volontiers. De tout temps la question les a préoccupés : c'est celle de la communication de l'intérieur avec l'extérieur. Les plus célèbres paraissent s'accorder en un point, c'est que les objets extérieurs ne sont pas les objets immédiats de la perception. Suivant eux, nous n'en voyons qu'une image interne. La caverne de Platon est une peinture allégorique de cet état où l'on nous suppose. A ce compte, la vie extérieure n'est qu'une vision. Ce qui prouve que cette idée est au fond des principaux systèmes, c'est que la plupart des philosophes ont admis que l'existence des objets extérieurs avait besoin d'être prouvée. Rien n'est plus bizarre assurément que cette prétendue nécessité. C'est un privilége des savants que d'éprouver de tels embarras; c'est là une de ces découvertes qui, selon l'expression railleuse d'un philosophe, *soulagent le vulgaire d'une partie du respect que la philosophie exige de lui*.

Ne parlons que des modernes, et commençons par Descartes. Selon Reid, sa gloire est d'avoir ouvert la voie de la vraie méthode philosophique qui consiste à réfléchir sur les opérations de l'esprit. Mais il exagéra le principe, ou plutôt il l'abandonna, lorsqu'il fixa ses regards sur un seul fait, la pensée; *je pense, donc je suis.* Il vit là, et là seulement toute certitude. C'était nier l'évidence des sens : aussi ne sait-il d'autre preuve du monde matériel que la bonne opinion qu'il a de Dieu, qui n'a pu vouloir nous tromper. Il ne croit pas apparemment que nous percevions les objets mêmes. Et, en effet, les sensations, selon lui, naissent dans l'âme à l'occasion des impressions du cerveau; mais il n'est pas nécessaire que ces impressions ressemblent aucunement aux choses qu'elles manifestent. Cependant il leur donne le nom d'idées. Or, ces idées sont perçues, ou sont les occasions de la perception. Si elles sont perçues, nous ne percevons que des images sans ressemblance certaine. Si elles sont les occasions de la perception, qu'est-ce donc que nous percevons? Évidemment, cette doctrine, trop confuse pour un si grand esprit, recèle le scepticisme. En limitant la certitude à la pensée, en paraissant tout déduire, jusqu'à l'existence du moi, Descartes a ébranlé toutes les existences qui ne se déduisent pas. Le cartésianisme aboutit à l'égoïsme[1].

Locke ne croit pas plus que Descartes à la perception des objets extérieurs. Il ne diffère que sur l'origine des idées, qu'il dérive toutes de la sensation ou

[1] On voudra bien se rappeler que c'est Reid qui nous fait parler. Nous aurions pour notre compte, sur ce point comme sur beaucoup d'autres touchés dans cet Essai, mainte observation à présenter. Dans le précédent, nous avons dit quelques mots de la théorie des idées de Descartes.

de la réflexion. Mais il les regarde assez constamment comme les éléments immédiats de nos opérations. Si donc je pense à Alexandre, c'est que j'ai dans mon esprit une image d'Alexandre. Ainsi, la pensée aurait deux objets, Alexandre et l'idée d'Alexandre. Or, la conscience, il faut bien le dire, ne trouve aucune trace de cette duplicité. Si elle existe, si la pensée n'a de prise que sur les idées, que devient l'objet des idées?

Ce qu'il devient, on va nous le dire : il s'évanouit. Berkeley admettant, sur la parole des philosophes, qu'on ne pouvait penser qu'aux idées, a conclu qu'on ne pouvait croire qu'aux idées. Son unique tort est d'avoir pris pour certitude le préjugé des savants, et pour paradoxe la croyance du genre humain : c'est ainsi qu'il est arrivé à l'idéalisme. On voit que l'idéalisme pouvait se déduire également de Descartes et de Locke.

Berkeley était religieux. En ruinant l'existence de la matière, il pensait avoir renversé les plus fortes des objections contre l'existence de Dieu, toutes fondées sur les propriétés de la matière. Il ne s'apercevait pas que son argument pouvait se tourner contre toute sorte de substance, et partant contre Dieu, contre l'âme, et réduire ainsi l'ensemble des choses à n'être qu'un néant où surnagent les idées. Un sceptique hardi devait arriver à cette conséquence, et ce sceptique s'est rencontré. Hume divise toutes les perceptions de l'esprit humain en impressions et en idées; il ne voit rien de plus dans l'univers; l'esprit n'est pas plus certain que la matière. Voilà l'idéalisme absolu, ou le nihilisme.

C'est le dernier terme où devait toucher la philosophie moderne; là devait conduire la conséquence dans l'erreur. Il est remarquable que ce dernier terme soit le point de départ de la philosophie allemande.

Reid, que nous n'avons fait que suivre dans cette critique, n'hésite pas à imputer cette longue série d'égarements à la *théorie idéale*. Dans toute la philosophie moderne, il ne trouve qu'Arnauld qui se soit douté que cette théorie était une représentation arbitraire de ce qui se passe ou paraît se passer dans la perception par les sens, et il s'attache à proscrire jusqu'à ce mot d'idée qui a fait une si grande fortune dans la philosophie moderne. Reid a regardé ce point comme sa principale, comme son unique découverte en métaphysique. En convenant qu'il exagère l'erreur qu'il combat, il faut avouer que si, par le mot *idée*, on cesse d'entendre l'acte de l'esprit lorsqu'il se représente un objet, et que l'on prétende désigner un fantôme intermédiaire qui existe réellement et se place entre l'objet et la pensée, cette erreur est grosse de toutes les erreurs qu'il lui reproche, et doit infecter de scepticisme ou d'idéalisme tous les systèmes où elle a pénétré. Rapprochez effectivement ces deux propositions : l'homme croit à l'existence des objets, et il n'est en communication qu'avec les idées des objets. Comment lier les deux faits qu'elles expriment? par quel raisonnement? Car, dans ce système, ne percevant pas les objets, il nous faut un raisonnement pour déduire leur existence. Comment donc conclure de l'idée de l'objet à l'existence de l'objet? Il semble que c'est l'original qui doit garantir la copie; la réciproque est absurde.

L'hypothèse telle quelle est contraire au sentiment universel, à la conviction pratique, puisque assurément tous les hommes croient percevoir les choses mêmes. Il n'y a que des philosophes qui imaginent que le soleil et la lune, qui frappent nos yeux, ne soient pas les astres que la main divine suspendit au firmament le jour de la création, mais des fantômes intérieurs qui ne brillent que d'une lumière idéale. Étrange hypothèse! le soleil et la lune ne seraient que dans notre esprit; ils auraient commencé d'être lorsque nous les avons aperçus, et ils cesseraient d'exister dès que nous cesserons de les voir! Il faut le croire ainsi pourtant, dès qu'on ne donne pour base à nos connaissances que des sensations et des idées, c'est-à-dire l'être sentant et l'être pensant. Nous sommes alors seuls au monde, et le moi n'est que le théâtre d'une perpétuelle fantasmagorie.

Hume et Berkeley conviennent de la violence que cette hypothèse fait aux habitudes de la raison humaine. A-t-elle du moins des preuves, un motif? Non, elle est gratuite. Locke, qui l'affectionne, n'en apporte aucune preuve, car la difficulté d'expliquer comment s'opère la perception n'en est pas une; un mystère vaut mieux qu'une absurdité.

Vous demanderez comment l'esprit aurait directement connaissance des objets, et vous direz : « Une « substance vivante n'est capable de perception qu'au « lieu où elle est présente. » Ou bien : « Il ne peut « y avoir de commerce qu'entre des êtres de même

« nature. » Donc l'âme ne peut être en communication qu'avec des idées ; car « la substance pen-
« sante leur est présente dans son *sensorium* » ; ou
bien : « car elle est de même nature que les idées
« qui ne sont pas plus des corps que l'âme elle-
« même. »

La première objection, qui est de Clarke et qui a tenté Newton, repose elle-même sur la supposition que les propriétés et les opérations de l'âme ne peuvent se concevoir que dans les mêmes conditions que celles du monde matériel. Pourquoi l'âme, en effet, ne pourrait-elle percevoir qu'au lieu où elle est présente ? Apparemment parce qu'elle ne peut agir qu'au contact. Pourquoi cela ? Apparemment parce que l'action physique n'a lieu que de cette manière. L'impulsion nous paraît presque toujours le type de toute action ; mais la perception est une action incomparable. « Il est impossible, dit Clarke, qu'une
« chose agisse ou que quelque sujet agisse sur l'âme
« dans un lieu où elle n'est pas présente. » Que signifie ce mot *agir* ? est-ce donc l'objet qui agit sur nous ? Mais le mur que je vois, le rocher que je regarde, sont parfaitement inactifs. Est-ce l'esprit qui agit sur l'objet ? Mais comment dire que j'agis sur cet arbre quand je le regarde ? Dans la perception il ne se passe donc aucune *action*, dans le sens physique attaché à ce mot.

De ce que la perception est précédée d'une impression produite sur l'organe par l'objet ou par quelque chose venant de l'objet, et de ce que cette impression exige une certaine contiguïté, on conclut que la perception ne peut s'opérer qu'au contact. Mais d'abord il faudrait prouver que la perception n'est qu'une impression faite sur l'esprit, et cela sans métaphore. Si ce langage n'est point figuré, il est clairement inintelligible. Ensuite on demanderait quelle contiguïté est possible entre l'esprit et les idées. Ou les idées ne sont que des images matériellement tracées dans le cerveau; et comment l'esprit, qui dans l'hypothèse n'est pas le cerveau lui-même, peut-il être en contact avec les traces cérébrales? ou les idées sont des images non matérielles (chose d'ailleurs peu concevable); et quelle contiguïté entre deux sortes d'êtres immatériels comme les idées et l'esprit?

Hume a cru trouver une preuve décisive de l'existence des images dans les changements que les objets visibles subissent à nos yeux. Ces changements, dit-il, ne sont pas réels. Lorsque je m'éloigne d'une tour, elle semble décroître; or assurément sa hauteur reste la même : donc ce n'est pas elle, c'est son image qui décroît. L'argument prouverait tout le contraire; car si nous ne percevons que des images, il n'y a nulle raison pour que ces images grandissent ou décroissent selon notre position; tandis qu'on peut démontrer les variations de la grandeur apparente d'un objet suivant la distance où il est placé. Ce ne sont pas les idées, mais les choses qui sont soumises aux lois de la perspective.

Vous bornerez-vous à soutenir qu'il ne peut y avoir de communication qu'entre des êtres de même nature. C'est d'abord juger la question par la question. C'est d'ailleurs invoquer sous d'autres mots l'axiome de physique : *le semblable ne peut agir que sur le semblable*. Où en est la preuve? la preuve du moins que la proposition soit applicable? *agir*, encore une fois, dans le sens d'un *agent* physique, est un mot qu'il ne faut plus prononcer ici. La difficulté de rendre raison de la perception, c'est-à-dire d'expliquer comment elle s'opère, n'est après tout que la difficulté d'en rendre raison par les lois physiques. Et ces lois elles-mêmes ou plutôt ces phénomènes, en pourriez-vous rendre raison? comment se fait-il qu'un corps agisse sur un autre au contact? vous l'ignorez; pourquoi donc ce fait inexplicable serait-il la clef de la perception? pourquoi ne serait-elle pas également un fait non moins constant, non moins mystérieux, auquel nulle analogie étrangère n'est applicable, et qui d'ailleurs par cette application n'en deviendrait pas plus clair?

Cette pensée que nous ajoutons à l'argumentation de Reid sera mise dans tout son jour, lorsque nous chercherons à montrer que toute la philosophie des naturalistes se réduit à prétendre éclaircir ce qu'en métaphysique ils ne comprennent pas, par ce qu'ils ne peuvent expliquer en physique[1].

On vient de voir que l'hypothèse des idées ne saurait se soutenir par elle-même. La jugerons-nous par ses conséquences; destinée à lever des difficultés, elle fait naître une multitude de difficultés nouvelles. Tantôt c'est la place, tantôt c'est l'origine des idées qui devient un épineux problème. Ces idées par lesquelles nous connaissons toutes choses, avec lesquelles nous entretenons le commerce le plus intime, nous demeurent inconnues, et obscurcissent ce

---

[1] Voyez l'Essai VII.

que nous savons le mieux. Car enfin, en quoi le contact avec des êtres représentatifs est-il plus intelligible que la perception à distance, que la pensée des objets disparus, que la conception des objets imaginaires[1] ?

Enfin la théorie des idées prises substantiellement, n'eût-elle d'autre inconvénient que de condamner la philosophie à la nécessité déplorable de démontrer l'existence du monde matériel, devrait être

---

[1] Lorsqu'on dit que *l'homme ne pense qu'aux idées*, et on le dit souvent en philosophie, on dit une chose fausse, si l'on entend qu'il ne pense qu'à des êtres intermédiaires qui se placent entre les choses et lui. Mais cette expression peut avoir un autre sens dont le seul défaut est d'être obscur. Elle peut signifier que l'homme ne pense aux objets que sous la forme que leur impose la constitution de l'intelligence, et non tels que les sens tout seuls les manifestent, abstraction faite de ce que la perception y voit, de ce que conçoit et suppose en eux la raison. Ce qui veut dire que, bien que ce soit à l'occasion des phénomènes externes que nous concevons les qualités, cependant c'est l'application des lois mêmes de la conception aux données de la sensibilité qui nous révèle ces mêmes qualités. Cette révélation est double, elle atteste à la fois que les objets sont conçus et qu'ils sont tels qu'ils sont conçus; elle certifie donc en même temps le sujet et l'objet, le moi et le non-moi. Ainsi ces mots : *nous ne pensons qu'aux idées*, auraient une signification légitime; c'est que les objets pensés étant différents des objets sentis, nous pensons à quelque chose de plus que les produits de la sensation ; en d'autres termes, penser est plus que sentir, et les sensations pensées sont des idées. Mais dire que les objets pensés diffèrent en plus des objets sentis, ce n'est pas dire qu'ils diffèrent de même des objets réels. Au contraire, c'est par l'intervention de la pensée dans la sensation que nous avons connaissance et garantie de la réalité externe. L'expression ci-dessus reste donc équivoque, peut-être incorrecte, mais, entendue comme nous l'interprétons, elle ne contient plus d'idéalisme. Au reste la difficulté, ainsi que bien d'autres de ce genre, ne peut être levée que par la conciliation de la philosophie écossaise et de la philosophie allemande ; cette conciliation est possible, mais elle n'est point faite.

proscrite *ipso facto*. La philosophie doit se hâter de rompre avec un système qui lui donne un ridicule.

Ainsi s'expose et se légitime la théorie de la perception, le propre et l'honneur de l'école écossaise. On doit voir qu'elle comprend bien d'autres théories, et résout ou du moins éclaircit quelques-unes des principales questions de la philosophie. Bien étudiée, elle décide ou conduit à décider la querelle des ontologistes et des idéalistes, des sceptiques et des dogmatiques, des matérialistes et des spiritualistes. Nous ne prétendrons pas que Reid ait définitivement tranché ces grands débats; mais nous croyons qu'il a montré le vrai chemin par où la raison doit les aborder; en d'autres termes, que la psychologie, qu'on accuse d'être si bornée, est la porte d'entrée de toute la philosophie.

§. III.

CONSÉQUENCES DE LA THÉORIE DE LA PERCEPTION.

L'examen rapide de quelques-unes des conséquences que Reid attache à la théorie de la perception, nous en fera mieux connaître encore l'importance et la fécondité.

Il n'est presque aucune perception qui ne soit accompagnée d'une sensation correspondante. Le langage commun confond même l'une avec l'autre, la distinction n'étant point utile dans la pratique. Ainsi, le mot *odeur* désigne à la fois la sensation agréable que donne une rose, et la qualité par laquelle la rose donne cette sensation agréable. Cependant cette qualité n'est point la sensation, elle est l'objet perçu au moyen de la sensation. Lors donc que l'on demande si l'odeur est dans la rose ou dans l'être sentant, on abuse d'une équivoque. La sensation est dans ce qui sent, la qualité perçue est dans ce qui est senti. Cette distinction est importante. En effet, la sensation ne suppose ni la conception ni la croyance de l'objet extérieur; elle ne suppose que l'être sentant. La perception suppose au contraire tout ce que la sensation ne suppose pas. C'est pour cela que toute doctrine appuyée sur la sensation prête à l'idéalisme, tandis que toute doctrine fondée sur la perception l'exclut.

Si nous considérons soit nos diverses perceptions, soit leurs objets, nous verrons que les unes et les autres sont loin d'être de même nature. Qu'est-ce que la perception? C'est la sensation vue dans sa cause externe. Quels en sont les principaux objets? Les causes externes de la sensation ou les qualités des corps. Or, nous pouvons remarquer que parmi ces qualités, il en est dont la perception nous procure une notion directe et distincte, il en est dont nous ne savons rien, sinon qu'elles nous affectent d'une certaine manière. Les unes nous paraissent ressembler à la réalité, et nous donnent quelque idée de la manière d'être des objets; les autres ne sont que des pouvoirs de produire en nous certaines modifications. Si, par exemple, je presse très-fortement cette table, ou tout autre corps dur, j'éprouve une certaine douleur; la douleur n'est qu'une affection de mon âme; rien dans la table n'y ressemble. Mais, à l'occasion de cette douleur, je perçois la solidité dans l'objet senti, j'y réalise impérieusement cette qualité; j'ai de cette qualité une notion distincte. Si je flaire une rose, au contraire, elle ne me fait connaître distinctement que la sensation d'odeur qu'elle me cause. La qualité d'odeur, que je perçois en elle, n'est pour moi que le pouvoir de produire une certaine sensation. Je ne conçois aucune ressemblance entre ce pouvoir et cette sensation. Je ne sais rien de l'odeur de la rose, sinon que je la sens. De là une distinction importante, souvent abolie, souvent rétablie dans la science, celle des qualités primaires et des qualités secondaires. La classification en est difficile, mais la différence est réelle et grave. Les unes, comme l'étendue, la solidité, etc., ont ce mérite d'être des notions directes, non des sensations, et qui révèlent pour support un être extérieur dans lequel elles existent, et qu'elles font connaître. Les autres, au contraire, comme l'odeur, la saveur, etc., ne nous sont connues que par la sensation; ce sont des notions déduites et non directes, que nous ne concevons jamais nettement. Nous nous entendons très-bien quand nous disons d'un corps qu'il est étendu; il n'en est pas de même quand nous disons qu'il est odorant. Aussi les qualités primaires sont-elles en général l'objet des sciences exactes, et les qualités secondaires celui des sciences naturelles. Les unes importent davantage à la perception, les autres à la sensation.

Cette distinction entre les qualités primaires et les qualités secondaires ou premières et secondes, énoncée en termes généraux, paraît plausible, et se fait admettre assez aisément. Mais pour devenir un principe scientifique, elle aurait besoin d'être plus rigoureusement déterminée. Il faut marquer le caractère spécifique qui divise en deux classes les qualités de la matière, et ce caractère deviendra le principe d'un dénombrement des qualités premières.

Au dire de Descartes, la différence éminente entre celles-ci et les qualités secondes, c'est que la notion des unes est plus claire que celle des autres. Cela est vrai, mais vague, et ne peut servir de principe de classification. Locke définit les qualités premières celles que l'esprit juge inséparables de chaque partie de la matière, quelque changement qu'elle éprouve. Mais cette différence est celle des qualités nécessaires, ou que l'esprit juge telles, et des qualités contingentes. Or, on conteste que la distinction des qualités premières et des qualités secondes soit identique à celle-là, et l'on cite pour preuve la couleur sans laquelle nous ne pouvons concevoir aucune particule de matière, et que l'on s'accorde à regarder comme une qualité seconde.

Reid admet comme Descartes que la notion des qualités premières est plus distincte et plus claire que celle des qualités secondes; il ajoute que l'impression que les premières produisent sur nos sens est telle que nous les regardons comme nous faisant connaître quelque chose de ce que les objets sont en eux-mêmes. La notion des qualités secondes au contraire est purement relative. S'il n'y avait pas de nez au monde, nous ne nous faisons aucune idée de ce que serait la qualité qui produit la sensation d'odeur. Au contraire la solidité, l'étendue nous paraissent concevables même hors de nous et indépendamment de nous.

Ainsi la notion des qualités premières est directe,

ce que n'est pas celle des qualités secondes. Nous ne savons en quoi celles-ci consistent; nous n'en connaissons que leur rapport avec le moi sentant. De celles-là, au contraire, nous savons en quoi elles consistent, et, bien que la cause nous en soit inconnue, nous ne les confondons pas avec les modifications du sujet qui sent. Par la sensation, nous percevons la figure, la solidité, mais ce ne sont pas des sensations; ce n'est pas le moi qui est figure ou solidité, tandis que les sensations d'odeur ou de saveur nous font l'illusion contraire. Aussi pouvons-nous appeler la qualité qui produit la sensation d'odeur, la cause de l'odeur, tandis que nous ne pouvons dire d'aucune qualité qu'elle est la cause de l'étendue. La cause de l'étendue, c'est l'étendue elle-même. Les premières prouvent l'objet, les secondes témoignent surtout du sujet. Il s'oublie lorsqu'il contemple les premières; il faut que la sensation qui les accompagne soit très-forte pour obtenir son attention; dans le plus grand nombre des cas, celle-ci se porte immédiatement sur l'objet, et la sensation est réduite à la fonction d'un simple signe.

Sur cette distinction ainsi établie, Reid a fondé sa classification. Les qualités premières de Locke étaient la solidité, l'étendue, la figure, le mouvement et le repos, le nombre. Celles de Reid sont l'étendue, la divisibilité, la figure, le mouvement, la solidité, la dureté, la mollesse et la fluidité [1].

---

[1] M. Royer Collard a soumis cette liste à une sévère analyse, et l'a réduite à l'étendue et à la solidité. (Œuvres de Reid, T. III, *Fragments théoriques*, T. III, p. 428.) D. Stewart, qui attache une grande importance à la distinction des qualités premières et

Ces qualités ont ce privilége d'être plus perçues que senties. Habituellement, nous les prenons comme les conditions des choses, et nous ne les remarquons pas; elles vont sans dire. Les sensations qu'elles produisent, on les éprouve toujours, on ne les nomme jamais.

Tout cela justifie de plus en plus la distinction de la sensation et de la perception, qui, bien que constamment liées dans l'expérience, peuvent être jusqu'à un certain point disjointes par le moi. Impression organique et affection du moi, voilà la sensation; conception et croyance, voilà la perception.

La perception compte d'autres objets immédiats que les qualités des corps. Tels sont d'abord certains états de notre propre corps, états douloureux ou agréables, dans lesquels l'analyse nous montrera deux choses, l'affection et sa cause. Ces deux faits sont tellement unis qu'on les distingue peu et qu'ils ne portent souvent qu'un nom. Ainsi le mal de dents est à la fois le nom de la douleur qu'il fait éprouver, et du désordre physique qui la cause. Mais la douleur est dans l'âme et sa cause dans l'organe. L'une est la sensation; nous avons la perception de l'autre. Comme la sensation, dans ce cas et les cas semblables, domine la perception, les notions de l'état pathologique du corps peuvent être classées avec celles des qualités secondes.

Reid ajoute à cette classification les notions que nous percevons par les sens, de ces attributs des

---

secondes, a traité la question avec développement. — *Essais philosophiques*, traduction de M. Huret. Ess. II, chap. II, sect. II. Nous reviendrons sur ce point dans l'*Essai sur la matière*.

corps qu'on appelle *forces*. Certains effets très-connus qui se produisent soit dans les corps bruts, soit dans les corps organisés, nous obligent à leur assigner des causes sous ce nom de forces (cohésion, attraction, affinité, forces vitales, etc.). Ce sont des causes inconnues d'effets connus; mais cependant nous ne pouvons en proscrire la notion, elle résulte immédiatement de la perception de ces effets. Et comme ces sortes de notions sont obscures et relatives, comme elles ont trait à des causes désignées par les mêmes noms que leurs effets, cette analogie avec les qualités secondes engage encore Reid à classer avec ces dernières les forces que nous concevons dans la nature.

Ainsi, à ses yeux, les qualités des corps révélées à nos sens se divisent en qualités manifestes et en qualités occultes, les unes dont la nature se dévoile immédiatement à nous, les autres qui ne témoignent que leur existence et dont la nature reste inconnue.

De quelque nature que soient les qualités sensibles, nous les rapportons nécessairement à un sujet qui n'est point elles, mais qui n'existe pas sans elles. Nous ne savons rien de ce sujet, sinon qu'il existe, qu'il est quelque chose, que ce quelque chose a ces qualités, et que, hors de ce quelque chose, elles ne peuvent exister. L'idée de ce quelque chose, qu'ici nous nommons matière ou substance matérielle, n'est point une illusion. Elle est conforme au sentiment naturel; elle domine toutes les langues qui toutes distinguent des adjectifs et des substantifs. La relation des qualités au sujet ne se confond ni avec celle de l'effet à la cause, ni avec celle du moyen au but. C'est une notion qui résulte infailliblement du développement de nos facultés. Car si le témoignage des sens nous sert à la concevoir, ce n'est point la sensation qui nous la donne, ce n'est point même la perception seule, car elle ne voit à travers la sensation que les qualités sensibles. Par une nécessité non moins certaine, la raison voit le support de ces qualités ; c'est un jugement naturel.

Faut-il en conclure qu'il soit un préjugé général? La nature se trompe-t-elle? Une notion qui est le résultat infaillible du développement de nos facultés, est-elle un rêve? Il serait difficile de l'admettre, et de faire fond ensuite sur aucune de nos facultés. Car, remarquez-le bien, l'existence de la matière n'est pas une illusion des sens, c'est une conception de l'esprit. Il faut même un certain développement intellectuel pour concevoir la relation de l'attribut à la substance. Reid se montre très-porté à croire que le jugement qui affirme la matière, ainsi que plusieurs autres jugements au sujet de la matière, doit être dérivé de quelque autre source que le témoignage des sens. Telle est la notion de la divisibilité à l'infini ; telles surtout ces vues de l'esprit : « Il est impossible que deux corps occupent à la fois le même lieu. » —« Il est également impossible qu'un corps soit en même temps dans des lieux différents. » « Ce sont, dit-il, des vérités nécessaires, et par con-
« séquent elles ne sont point données par les sens ;
« car les sens ne témoignent que de ce qui est et
« non de ce qui doit être nécessairement. » Et après avoir dit ces mots remarquables, Reid s'arrête et ne conclut pas.

« *La matière est quelque chose d'étendu, de solide, de mobile et de figuré.* » Partout où nos yeux pénètrent, ils la rencontrent; elle occupe l'espace. Mais si c'est à l'aide de la matière que nous percevons l'espace, nous ne percevons aucune qualité première des corps sans que l'espace se présente comme un accessoire nécessaire de cette qualité. Point d'étendue, de mouvement, de cohésion, point de corps enfin s'il n'y a de l'espace. La vue, le toucher en introduisent seuls la notion dans l'esprit; non-seulement les objets le manifestent indirectement à nos sens, mais ils nous suggèrent la persuasion de son existence. Et non-seulement nous ne pouvons concevoir qu'il n'existe pas, puisque l'anéantissement même des corps qui le remplissent le laisserait subsister sous le nom de vide; mais encore nous ne pouvons lui concevoir de bornes, et la notion d'espace est inséparable de celle d'infini. De là, un contraste remarquable; c'est que, tandis que rien n'est plus satisfaisant que la contemplation des portions de l'espace, puisque la géométrie ne considère pas autre chose, l'espace illimité, l'espace absolu est un abîme pour l'esprit.

Il faut donc reconnaître que la notion de l'espace, bien qu'elle ne semble pouvoir s'introduire dans l'esprit qu'à la suite de celle des corps, en devient indépendante dès qu'elle a pénétré dans l'esprit; elle y tient ferme après l'anéantissement de tous les objets qui l'ont fait concevoir, et même elle y grandit jusqu'à l'immensité; mais c'est l'immensité du vide. Voilà donc une notion inséparable de l'esprit, qui se rapporte hors de nous à un vide infini! Ce mystère a des profondeurs où ne peut porter le regard humain.

Reid se plaît souvent ainsi à se récuser devant les questions imposantes. Ce n'est pas scepticisme, c'est au contraire crainte du scepticisme et besoin de croire. Il n'est pas très-exigeant sur les motifs de la croyance; et pourvu que ces motifs lui paraissent constants et la croyance naturelle, il est satisfait. Il reconnaît plusieurs sortes d'évidence; mais toutes ont pour lui un caractère commun, c'est de nous déterminer à croire, les unes, de cette croyance complète qu'on nomme certitude; les autres, d'une croyance moins achevée et qui varie selon les circonstances. Ainsi la conscience, la raison, la mémoire, les sens nous persuadent tour à tour, et ont le droit de nous persuader. De là plusieurs sortes d'évidence, toutes raisonnables en ce sens qu'il est raisonnable de recevoir toutes les instructions que la nature nous donne par des moyens divers. Au-dessus cependant de tous les genres d'évidence s'élève l'évidence des axiomes, c'est-à-dire celle qui s'attache aux vérités nécessaires, qui ne sont limitées ni par le temps, ni par le lieu, mais qui doivent être vraies dans tous les points de l'espace et de la durée. Toutefois, si certaines vérités peuvent être comparées à celles-là, telles sont assurément celles qui ne sont pas déduites d'une vérité antérieure, les vérités directes ou immédiatement saisissables, celles qui reposent sur la conscience et sur la perception. Sous ce rapport, l'existence des objets sensibles est un axiome de la nature humaine.

§. IV.

DES FACULTÉS AUTRES QUE LA PERCEPTION.

La perception, la sensation, et généralement toutes les facultés qui se rattachent aux sens, n'agissent que dans le présent; du moins la durée de leurs opérations est-elle ordinairement si courte que nous n'en tenons aucun compte. Cependant, immédiatement auprès de ces facultés, se place la mémoire, qui, à beaucoup d'égards, est pour le passé ce que pour le présent est la perception. Comme la perception, elle suppose un objet, car on ne peut se souvenir que de quelque chose; et ce dont on se souvient diffère, soit du souvenir, soit de l'être qui se souvient. Comme la perception, la mémoire implique donc conception et croyance des choses auxquelles elle s'applique; comme la perception enfin, elle est une faculté primitive, et les jugements qu'elle suggère emportent et méritent la même foi. Ce n'est pas qu'il soit facile ni possible même de motiver cette foi qui leur est due; toute faculté primitive règne en quelque sorte de droit divin. Ainsi, nous connaissons la pensée et ses opérations par la conscience, les objets et leurs qualités par les sens, les choses passées par la mémoire. Ce sont autorités auxquelles il serait insensé de demander leurs titres.

Le scepticisme, on ne sait pourquoi, a plus ménagé la mémoire que la perception. Quoi de plus gratuit cependant, quoi de plus étrange que l'affirmation des choses passées! L'assentiment à une proposition évidente est déterminé par l'essence même de la proposition. Mais quel rapport nécessaire entre le passé et le moi captive ma croyance? Les faits contingents n'ont point de rapport nécessaire; la foi dans le souvenir provient de ce souvenir même. On croit à la chose dont on se souvient en vertu du souvenir, comme à la chose que l'on perçoit en vertu de la perception. Les sens, la conscience, la mémoire, sont autant de moyens par lesquels le Créateur nous persuade.

Se souvenir d'une chose, c'est la concevoir passée. Une chose ne peut se concevoir ainsi sans une durée entre le moment où elle fut présente, et celui où l'on s'en souvient; c'est donc à la mémoire que nous devons la notion de la durée, et la conviction que la durée existe. Rien de plus clair que cette notion, tant qu'elle s'applique aux choses finies. Comme l'étendue, la durée est une quantité continue, seulement elle n'a qu'une dimension, tandis que l'étendue en a trois. Mais si nous prenons une durée connue, et que nous la considérions comme unité, nous pourrons, en l'ajoutant à elle-même, compter des unités de durée comme des unités d'espace. Le nombre sera donc pour nous la mesure de l'espace et de la durée; mais, de même que l'étendue des corps nous fait concevoir un espace où ils se meuvent, la durée des événements rappelés par la mémoire nous donne la notion d'une durée indépendante des événements qui s'y succèdent. Voilà l'espace et le temps; ils contiennent toutes les existences finies dans leur sein; mais nous ne pouvons leur concevoir de bornes, et l'un se perd dans l'éternité comme l'autre dans l'immensité.

Le temps, l'espace, dans quelle catégorie des choses les ranger? On l'ignore. Dieu présent partout et toujours, a paru à Clarke, et même à Newton, constituer l'espace et le temps, qui ne seraient plus alors que des conceptions partielles d'une éternité et d'une immensité, attributs infinis de l'Être nécessaire. Mais c'est là une pure hypothèse qui n'explique point la réalité apparente de l'espace et du temps, ni comment deux *je ne sais quoi* qui n'ont aucune des qualités de la matière, paraissent renfermer le monde matériel. Reid conjecture que ce sont choses dont probablement nous n'avons qu'une conception trop incomplète pour en raisonner. Sur le temps et l'espace, l'esprit humain n'a que le choix du paradoxe ou de l'énigme.

Faute de savoir ce que sont l'espace et le temps, il faut donc se contenter d'analyser les idées d'espace et de temps. Cette analyse prouvera que ce sont des idées simples et primitives. Il est essentiel au temps et à l'espace d'être composés de parties, mais chacune de ces parties est homogène au tout. Les parties de l'espace peuvent différer en figure et en grandeur, parce qu'il a trois dimensions : comme le temps n'en a qu'une, ses parties ne peuvent différer qu'en grandeur.

La conception du temps étant un des objets les plus simples de la pensée, ne peut être qu'un fait primitif de notre constitution, et le produit d'une faculté originelle de l'entendement.

La vue nous révèle deux dimensions de l'étendue, le toucher trois, et la contemplation des étendues finies conduit la raison à la conception d'un espace infini qui les contient. De même, la mémoire nous révèle les intervalles finis de la durée, et la contemplation de ces durées finies suggère à la raison la conception d'une durée éternelle qui contient tout ce qui a un commencement et une fin.

Voilà, selon Reid, tout ce que l'infirmité de notre esprit et l'impénétrabilité du problème permettent de conclure. Nous ne ferons sur cette conclusion qu'une seule remarque, c'est que bien que cette théorie de l'espace et du temps ne soit qu'une ébauche inachevée, elle admet trois points importants, savoir : 1°. que cette double notion ne pouvant être déduite des sens, quoiqu'elle soit formée à l'occasion des sensations, doit être rattachée à la conception, non à la perception ; 2°. que cette conception, nécessaire à l'esprit humain, n'est pas non plus déduite d'aucun raisonnement. 3°. qu'elle est donc un fait primitif et irréductible qu'il faut rapporter à quelque loi spéciale et primitive aussi de l'intelligence.

Les événements qui se passent dans le temps sont successifs comme le temps lui-même, tandis que les corps subsistent simultanément dans l'espace, qui lui-même est simultané. La mémoire n'étant que la conception d'événements successifs, suppose dans son sujet la continuité d'existence, comme dans ses objets l'existence passée. Cette existence continue qu'elle révèle, paraît appartenir à une substance qui ne peut être divisée, qui, par conséquent, est immatérielle. Cette substance, c'est l'homme même ; c'est le moi ou la personne. Le moi est, non la pensée, mais ce qui pense ; non la perception, mais ce qui perçoit ; non la sensation, mais ce qui sent.

Telle est la notion de l'identité personnelle dont la plus forte preuve est dans le témoignage de la mémoire. Cependant je n'ai point fait une chose parce que je m'en souviens, mais je m'en souviens parce que je l'ai faite. Les philosophes de l'école de Locke, en omettant ou méconnaissant la conviction de réalité attachée au souvenir, comme ils avaient fait pour la perception, ont autorisé le scepticisme sur l'un comme sur l'autre. Ils ont voulu que la mémoire s'appliquât non aux objets, mais à l'idée des objets, c'est-à-dire qu'elle ne fût que l'impression d'une impression. Ainsi, le passé ne serait rien que le souvenir; l'identité personnelle ne serait plus seulement attestée, mais constituée par la conscience du passé; le fait se confondrait avec sa preuve, et l'existence du moi dépendrait de la mémoire. On voit que l'idéalisme, après avoir produit l'égoïsme, le détruit, et contraint, sous l'empire des conséquences, la raison étonnée à ne plus reconnaître que des impressions et le néant. C'est la conclusion presque avouée de David Hume.

La perception et la mémoire sont des faits toujours subsistants qui déposent contre ces chimères de l'esprit philosophique. L'examen de nos autres facultés ne leur est pas plus favorable; nous n'insisterons que sur la théorie du jugement.

Le jugement n'est point la perception d'un rapport de convenance ou de disconvenance entre les idées, comme le veut Locke, car le jugement s'applique aux choses mêmes, et fournit des connaissances réelles, non des connaissances idéales. Mais le jugement suppose la conception.

La conception est une opération de l'esprit parfaitement simple et qui n'entraîne nécessairement aucun jugement sur l'objet conçu, aucune foi dans son existence. Concevoir une chose, c'est ce que depuis Locke on appelle habituellement en avoir l'idée. Il y a des conceptions imaginaires, dont la mémoire combinée avec l'imagination fait tous les frais : il y en a qui ne semblent pour ainsi dire que des copies, les unes, d'un objet réel comme Saint-Pierre de Rome ou le gouvernement des États-Unis, les autres, des qualités des objets généralisées et converties en genres et en espèces. Ces conceptions générales sont susceptibles de plus d'exactitude que les conceptions individuelles. On ne se fait jamais d'une chose réelle une idée complète; le soutien des qualités de l'objet nous échappe toujours. Au contraire, il est des conceptions générales, celles du triangle, par exemple, ou du quarré, qui sont *adéquates*, comme disaient les scholastiques, c'est-à-dire parfaitement conformes à leur objet; mais il n'en est pas de même de toutes les conceptions générales qui servent au raisonnement; car il en est peu qui, telles que les termes mathématiques, soient venues à notre connaissance avec la lumière d'une définition [1].

La théorie de la conception doit se préserver des erreurs qui ont corrompu celle des idées. Ainsi nulle

---

[1] On peut trouver une meilleure raison de l'exactitude et de l'évidence de certaines idées générales comparées à d'autres. Les notions mathématiques ne sont pas seulement de pures abstractions, des termes généraux inventés pour faciliter le raisonnement; ce sont des vérités nécessaires. Ces questions, au reste, sont de celles qui nous occuperont plus d'une fois (Voyez l'Essai IV, et les Essais sur le Jugement et sur l'Esprit).

nécessité d'une image antérieure qui rende la conception possible. Si la conception est individuelle, elle s'applique à l'objet même. Si elle est générale, comment aurait-elle besoin de l'image d'une abstraction, et que serait-ce que l'image d'une abstraction? un non-sens. La conception est telle que la conscience l'atteste; elle est immédiate.

Dans le fait, la conception n'est qu'un mot, il n'y a de réel que l'esprit ou le moi en tant qu'il conçoit; l'idée d'un cercle, par exemple, c'est le cercle conçu. Quel est l'objet de cette conception? le cercle. Où est-il? nulle part. Il n'est point dehors, car il n'y a pas de cercle au monde, mais seulement des objets circulaires; il n'est pas dans l'esprit, car ce qui n'existe pas réellement ne comporte aucune image, et ne peut marquer de traces dans le cerveau, quand même de telles traces seraient réelles ou intelligibles. Il n'y a donc dans l'esprit que la conception du cercle, en entendant par là l'acte de le concevoir. Cet acte n'est pas l'image de son objet, car rien ne se ressemble moins qu'une pensée et une figure; et pourquoi la conception aurait-elle plus besoin de ressembler à la chose conçue que le désir à la chose désirée?

La conception diffère de la perception en ce qu'elle n'implique aucun jugement sur la réalité de son objet. On ne peut donc en faire, comme on l'a essayé, le *criterium* ou la caractéristique de la vérité, ni dire qu'il n'y a de certain ou même de possible que ce qui est parfaitement conçu. Descartes était de cet avis, quant à la certitude, et il s'est trompé, car on peut concevoir parfaitement le faux; non-seulement l'esprit se fait aisément illusion, mais, de plus, on peut comprendre à fond une chose fausse, en sachant qu'elle est fausse. L'erreur n'est même démontrée erreur que pour celui qui la comprend pleinement. Autre chose est donc de concevoir, autre chose de tenir pour vrai.

La conception n'est pas davantage la mesure du possible : on peut concevoir un objet impossible, par exemple un arbre parlant; on peut concevoir une proposition absurde. *Deux côtés quelconques d'un triangle, pris ensemble, sont égaux au troisième* est une proposition parfaitement intelligible. La possibilité est l'objet d'un jugement.

Il n'est point de signe absolu ni de la possibilité, ni de la réalité, ni de la certitude. L'homme est pourvu de différents moyens de conviction, dont aucun n'est infaillible, qui tous cependant donnent certaines convictions indubitables. Quiconque les récuse en masse fait violence à la nature, et force la philosophie qui vient de l'homme à suppléer la raison qui vient de Dieu.

Toutes les facultés nommées jusqu'ici servent de bases au jugement, au jugement la première de toutes, car elle est le moyen de la connaissance et l'organe de la vérité. Le jugement n'accompagne pas la conception, mais il accompagne la sensation, la perception, la conscience, la mémoire. Car il est la détermination de l'esprit sur la vérité ou la fausseté de telle ou telle chose, et d'une croyance subséquente.

Le jugement se rapporte ou à des choses nécessaires ou à des choses contingentes. *Le tout est plus grand que la partie* est un jugement nécessaire ou pur. Si je me souviens distinctement d'avoir vu l'Apollon du Belvédère, le jugement par lequel j'affirme la vérité de ce souvenir est relatif à une chose contingente, mais il n'en est pas moins certain, quoiqu'il le soit d'une autre manière que le jugement nécessaire.

Le jugement intervient dans la création de toute notion abstraite. On ne peut distinguer un attribut d'un autre, sans juger qu'il en diffère, et que tous deux peuvent être affirmés du sujet auxquels ils appartiennent. Mais quoique cette faculté s'exerce à l'aide de la sensation, on ne peut dire qu'elle réside dans la sensation, ni qu'elle en soit déduite. Les sens sont à peu près également développés chez tous les hommes; le jugement est loin de comporter la même égalité. Les sens sont aussi parfaits dans l'enfance que dans la virilité. Cependant, si vous présentez un cube à un enfant, prononcera-t-il sur les propriétés de ce cube les jugements qui les constatent, comme le fera l'homme dont l'esprit est développé? La sensation ne fait donc pas tous les frais du jugement.

De même, pour les jugements relatifs à la perception interne, ce n'est pas la conscience seule qui nous éclaire; elle ne se fixe jamais que sur la pensée actuelle. C'est la réflexion qui distingue et ordonne les éléments fournis par la conscience; et la réflexion, soit qu'elle s'applique aux faits intérieurs, soit qu'elle se porte sur les événements du dehors, ne procède que par la voie du jugement.

Le jugement est donc la faculté la plus haute et la plus familière. Si, quand il est porté sur de grands objets, élevé à une grande puissance, il reçoit des noms sublimes, ce degré de jugement qui se retrouve chez tous les hommes, s'appelle modestement *le sens commun*.

§. V.

DES PRINCIPES DE LA RAISON.

Le sens commun existe, quoi que des philosophes en aient dit; c'est l'arbitre le plus souvent invoqué dans les affaires humaines. Son existence suppose donc qu'il y a des vérités générales immédiatement évidentes, que la raison humaine ne peut se dispenser d'admettre et sur lesquelles l'examen même est ridicule. Ce fait est capital pour la philosophie écossaise. Le sens commun est pour elle le *criterium* dernier de la vérité. Elle le reconnaît pour souverain, et appelle à lui de presque tous les jugements de la science.

La plupart des jugements du sens commun ne sont l'œuvre ni de la déduction ni même de la réflexion; ils se composent d'idées claires par elles-mêmes. Ces idées, quand elles sont générales et abstraites, sont immuables; aucune vicissitude ne peut les atteindre : aussi les a-t-on appelées *vérités éternelles ;* le nom de *vérités nécessaires* eût été plus juste.

Mais il y a un grand nombre de vérités qui pour n'être ni abstraites ni nécessaires, n'en sont pas moins évidentes; ce sont celles qui concernent l'existence : elles ont des droits naturels à la créance. La raison livrée à elle-même ne doute ni de l'existence de celui qui juge, ni de celle des objets dont il juge; cependant toute vérité relative à l'existence est contingente.

Il n'y a qu'une seule exception, c'est Dieu. Dieu est la seule existence nécessaire; toutes les autres existences sont subordonnées au pouvoir et à la volonté de la cause première : elles ne sont donc pas nécessaires.

Mais la cause première elle-même, bien que nécessaire, se déduit de vérités contingentes. Reid aurait pu ajouter que c'est en vertu, d'une part, du principe de causalité, et, de l'autre, du principe de contradiction, qui tous deux sont des vérités nécessaires. Mais il n'en est pas moins vrai que la preuve de l'existence de Dieu la plus usitée et la plus puissante repose sur l'existence de l'homme, et en général sur celle des êtres finis; or, ces existences sont contingentes.

L'existence de Dieu étant appuyée sur quelque preuve, est un jugement logique ou démonstratif. Les jugements qui servent de fondements, soit au sens commun, soit à la science, sont intuitifs, c'est-à-dire qu'ils sont crus aussitôt que compris. Ceux-ci portent le nom de *faits primitifs* ou de *premiers principes*. Toute connaissance acquise par le raisonnement les suppose; quiconque les nie est sceptique. Toute science qui parvient à posséder pour son propre compte des premiers principes, c'est-à-dire des axiomes dont on ne dispute plus, est une science définitive. Telles sont les mathématiques; telle est la philosophie naturelle, ou, mieux dit, la physique générale, depuis que Newton a gravé sur l'airain ces axiomes fameux sous le nom de *Regulæ philosophandi*.

Reid a entrepris la revue et le dénombrement des premiers principes de la raison humaine : il les a divisés en premiers principes des vérités contingentes, et premiers principes des vérités nécessaires.

I. Ceux-là sont au nombre de douze. Nous ne les rapporterons pas textuellement [1]. La plupart ressortent naturellement de tout ce qui précède ; ce sont autant de conclusions qui peuvent en général se ramener à cette proposition : « Nos facultés naturelles ne sont point délusoires. » Le seul jugement dont la liaison immédiate avec cette maxime ne soit pas évidente, est celui-ci, que Reid a placé le dernier sur sa table des premiers principes : « Dans l'ordre « de la nature, ce qui arrivera ressemblera proba- « blement à ce qui est arrivé dans des circonstances « semblables. » Nul doute que ce ne soit là une croyance naturelle, qui seule donne du prix à l'expérience des siècles. La stabilité des lois de la nature est la base de toutes les sciences physiques. Aussi Newton l'a-t-il posé en axiome : *Effectuum generalium ejusdem generis eædem sunt causæ*[2]. Ce

---

[1] Voyez l'Essai VI de Reid, chap. v et vi (*OEuvres*, T. V), ou la sixième leçon du *Cours* de M. Cousin, de 1819-1820, p. 212, et la critique de la liste des premiers principes de Reid, par M. Jouffroy (*OEuvres complètes*, Préface, T. I, p. cl.).

[2] C'est dans ces termes que Reid cite la proposition de Newton (T. III, Essai VI, chap. v). Le texte porte : *Effectuum naturalium ejusdem generis eædem assignandæ sunt causæ, quatenus fieri potest* (*Philos. nat. princip. mathem.*, lib. III. — *Regul. phil.*, reg. II). Il n'est pas tout à fait exact, quoi que dise Reid, que la maxime qui veut que de plusieurs phénomènes semblables on induise une cause identique, soit absolument la même que le principe

principe n'a point l'évidence des axiomes géométriques; il ne peut se déduire d'aucun raisonnement. Aussi n'est-il pas une vérité nécessaire, mais il est difficile de lui contester les caractères d'une loi de la raison, qui n'est guère moins certaine que les révélations de la conscience; peut-être même Reid s'est-il montré trop timide en ne reconnaissant qu'une probabilité dans la constance des phénomènes de la nature.

II. Les premiers principes des vérités nécessaires sont revêtus d'une autorité bien supérieure encore à toute contestation. Reid dit avec raison que la grammaire générale, que la logique, contiennent des vérités nécessaires comme les mathématiques. On ne voit pas, en effet, comment la raison humaine et le langage qui en est l'expression n'auraient pas des lois immuables aussi bien qu'une science qui ne doit la nécessité de ses axiomes qu'au plein et irrésistible acquiescement que leur accorde la raison même. Reid ajoute qu'il y a des premiers principes en matière de goût. La morale a les siens, et il se plait à le proclamer; mais ceux qui obtiennent sa plus grande attention sont ceux qu'il appelle métaphysiques : il en distingue trois principaux.

Le premier est celui-ci : « Les qualités sensibles
« qui sont l'objet de nos perceptions ont un sujet
« que nous appelons *corps*; et les pensées dont nous
« avons la conscience ont un sujet que nous appe-
« lons *esprit*. »

La substance corporelle et spirituelle n'a été niée

ou la croyance qui affirme comme probable la reproduction des mêmes phénomènes dans des circonstances semblables.

ou du moins mise en doute par les disciples de Locke que faute de pouvoir déduire clairement l'idée de substance de la théorie des idées qu'ils s'étaient faite; ils trouvaient plus commode d'infirmer la substance que leur théorie. Mais comme Locke convient lui-même que nous ne pouvons concevoir que les qualités sensibles existent seules et par elles-mêmes, il s'ensuit que l'idée d'un soutien commun de ces qualités est une idée nécessaire. Peu importe que Locke ne puisse démontrer qu'elle soit une idée de sensation ou une idée de réflexion : cela ne change rien à la validité d'une conception et d'une croyance qui n'est point l'ouvrage des philosophes; et de même que l'étendue suppose un sujet étendu, la pensée suppose un sujet pensant.

Second principe métaphysique. « Tout ce qui « commence à exister est produit par une cause. »

On a tenté d'inutiles démonstrations de ce principe, connu sous le nom de *principe de causalité*. Hume a fait voir que toutes ces démonstrations supposent ce qui est en question, et en a conclu que la certitude du principe était douteuse : il en fallait conclure que le principe était évident de soi-même; tout ce qui est nécessaire est proprement indémontrable. En effet, le principe de causalité ne se laisse ni anéantir ni ébranler dans l'esprit; on ne peut dire pourtant qu'il soit une induction de l'expérience; car l'expérience la plus constante prouverait tout au plus que les faits ont en général une cause, mais non qu'il fût nécessaire qu'ils en aient une. C'est ce que Reid établit avec une force à laquelle il ne nous semble pas que les Allemands aient rien ajouté.

Troisième principe métaphysique. « Les marques « évidentes de l'intelligence et du dessein dans l'effet « prouvent un dessein et une intelligence dans la « cause. »

Ce jugement dont l'autorité dans la pratique est incontestable, ne peut s'établir par aucune déduction. Car l'intelligence, le dessein, l'art, ne sont point des objets des sens ; la conscience ne nous les révèle nulle part qu'en nous-mêmes. Cependant nul n'hésite à conclure d'une action courageuse le courage, d'une action prudente la prudence, et par-conséquent d'un effet intelligent [1] l'intelligence ; ce jugement est donc naturel ; l'esprit le porte de lui-même. On peut dire qu'il est nécessaire. Ce qui fait sa plus grande valeur, c'est qu'il sert de fondement à l'existence de Dieu.

Tout philosophe qui n'est point sceptique reconnaît les premiers principes, aussi datent-ils de loin dans l'histoire de la philosophie. L'antiquité les multipliait arbitrairement, Aristote les prodiguait ; par une sorte de réaction, Descartes n'a guère admis qu'un seul premier principe ; c'est son célèbre enthymème qui repose sur l'autorité de la conscience. Fort de cette autorité, la seule qu'il reconnût, il a entrepris de tout en déduire par le raisonnement, c'est-à-dire de tout démontrer. L'entreprise était belle, mais elle a, contre son dessein, ouvert la porte au scepticisme qui a suivi. En faisant au raisonnement une trop large part, il a obscurci l'évidence

---

[1] Cette expression n'est pas tout à fait correcte, mais elle est si claire que nous l'avons conservée.

d'un grand nombre de vérités qui ne relèvent pas du raisonnement.

Locke dont l'excellent esprit n'est pas toujours conséquent à ses principes, et qui leur fait infidélité par fidélité à la raison, a très-bien connu sous le nom de *maximes* l'existence des axiomes ou vérités intuitives; seulement il en a trop limité la portée; et en soutenant, ce qui est vrai, qu'ils ne sont point la source de toutes nos connaissances, il a rapetissé le rôle qu'ils ont joué dans les sciences.

L'existence et la validité des premiers principes sont incompatibles avec les théories sur le moi auxquelles la philosophie de Locke a conduit ses disciples. Si le moi n'est, comme le prétend Hume, qu'une succession d'impressions et d'idées, s'il n'est, comme le veut Condillac, qu'une collection de sensations et d'idées, que devient la vérité? Comment sont possibles les vérités nécessaires? Comment sont possibles les principes non nécessaires, mais immédiatement évidents, mais primitifs, qui fondent les diverses existences? Il faut donc reconnaître les premiers principes comme des faits, les rattacher à la constitution même de l'esprit humain, les mettre au nombre de ces choses qu'on n'explique qu'en disant : *Cela est ainsi.*

La raison, qui s'appuie et sur les premiers principes et sur toutes nos facultés, est donc une autorité inattaquable en ce monde. En effet, aucun argument ne peut être dirigé contre elle sans impliquer quelqu'un des premiers principes; et la condamnation de nos facultés par nos facultés mêmes est un cercle. Le cercle est tout l'argument du scepticisme. Ce qui trompe et encourage le scepticisme, c'est une vérité dont il abuse, savoir que nous sommes sujets à l'erreur, que nous pouvons toujours nous tromper : cela est vrai, et il faut en conclure que nous devons porter dans nos recherches la défiance et la modestie ; mais non que toutes nos connaissances soient incertaines. L'homme n'est point infaillible, mais il y a des règles infaillibles. Il n'échappe jamais complétement à l'erreur, mais il y a des vérités certaines. Son esprit, sa raison est imparfaite, mais il y a, sinon des sciences, au moins des connaissances parfaites. Les mathématiques, par exemple, sont pleines de démonstrations parfaites en elles-mêmes. Si l'on abuse de cette idée de la faillibilité humaine, au point d'en conclure l'incertitude universelle, il s'ensuit que cela même est incertain que l'homme soit infaillible ; et alors que dire ? Ces deux propositions — l'homme est sujet à se tromper — l'homme n'est pas sujet à se tromper — deviennent également probables : qu'en pense le scepticisme ?

Nos facultés méritent toute la confiance que le sens commun leur accorde. Cette proposition résume toute la philosophie écossaise. Elle doit faire pressentir quelles sont les opinions de Reid relativement à la morale. La liberté existe, puisque nous en avons conscience ; et comme nous en avons conscience, elle est soumise à une loi morale qui subsiste indépendamment de nous, et que nous avons la faculté de connaître. Comme toute autre vérité absolue, cette loi nous est attestée par nos facultés naturelles. Elle est l'objet d'une perception directe qu'on pourrait appeler la perception morale. La notion du bien et du mal n'est pas une simple notion abstraite. Elle n'est ni le résultat de l'expérience ni l'œuvre du raisonnement. Nous sommes constitués de manière à la concevoir, à prononcer des jugements moraux, comme des jugements sur la substance, l'existence ou la cause, et nous appliquons à nos propres actes ou à ceux d'autrui la notion du bien et du mal au moyen de cette faculté innée, qu'on nomme *sens du devoir* ou *conscience*. La conscience morale a ce caractère d'être à la fois une faculté intellectuelle et une faculté active. Cette faculté et toutes celles qui sont actives comme elle, c'est-à-dire relatives à l'action (liberté, volonté, passions, etc.), constituent l'homme moral, distinct et inséparable tout ensemble de l'homme intellectuel.

L'homme intellectuel de Reid est connu. C'est là proprement l'objet de la philosophie; c'est là le champ des systèmes. Ce que nous avons dit doit suffire pour caractériser celui de l'école écossaise, et le terme de notre analyse est atteint.

§. VI.

OBSERVATIONS GÉNÉRALES.

Jusqu'ici nous avons raconté plutôt que nous n'avons jugé. Ce serait le moment de reprendre la doctrine de Reid et d'y faire la part exacte du faux et du vrai. Nous trouverions très-peu de l'un, beaucoup de l'autre; ou plutôt il n'y a guère dans Reid que de la vérité, mais il n'y a pas toute la vérité. Il s'est peu égaré, il ne s'est pas assez avancé. Mais outre que dans le cours de cet ouvrage nous aurons plus d'une occasion de revenir sur sa doctrine, nous ne pourrions la discuter sans répéter ce que d'autres ont dit et mieux dit. Bornons-nous donc à distinguer dans Reid cinq points principaux : 1°. sa théorie psychologique en elle-même, savoir la théorie de la conscience et de la perception; 2°. sa controverse sur l'existence de l'idée; 3°. l'application de la théorie psychologique à la métaphysique; 4°. la valeur de la méthode qui l'a conduit à cette théorie, par rapport au reste de la science; 5°. enfin, le rôle de sa philosophie au milieu des systèmes qui l'ont suivie ou précédée. Tous ces points ont été traités avant nous; nous les toucherons rapidement hormis le dernier qui nous retiendra davantage.

I. Reid, comme Descartes, a fait remonter la science à la conscience; il a eu raison. Sa description de la conscience est vraie en général; mais elle ne vaut pas ce qu'elle est devenue sous la plume de ses interprètes français. Plus précise chez M. Royer-Collard, plus précise et plus complète chez M. Jouffroy, plus précise, plus complète et plus profonde chez M. Cousin [1], elle est devenue tout à la fois égale à la réalité et susceptible de servir de point de départ à toute la philosophie. Mais dans le cercle même des idées écossaises, un compatriote distingué de Reid, M. Hamilton, qui a prêté à sa doctrine ce qui

---

[1] M. Royer-Collard, *Fragments théoriques*, OEuvres de Reid, T. III et IV. — M. Jouffroy, De la science psychologique, *Mélanges philosophiques*. — M. Cousin, Du fait de conscience, *Fragments philosophiques*, T. I et *passim* dans ses Cours.

lui manquait, l'érudition et la rigueur, a montré ce que M. Royer-Collard lui-même avait méconnu, que la conscience n'est pas une faculté, mais la condition universelle de l'intelligence, et qu'en la séparant trop absolument de la perception, Reid avait quelque peu affaibli la foi que la perception mérite [1]. La connaissance que donne la perception est aussi immédiate pour la conscience que celle du fait de la perception même, et comme toute perception est un rapport, les deux termes, savoir l'affection du moi sentant et la perception de l'objet senti, sont donnés dans une conscience indivisible. En d'autres mots, la conscience n'étant pas une faculté distincte, mais l'élément ou la forme de toutes les facultés, n'est pas plus près ni plus loin de telle faculté que de telle autre; et si elle est la source de toute certitude comme fait supérieur à l'objection, inaccessible au doute, elle communique son privilége à toute opération fondamentale du moi; ou plutôt elle n'a pas de privilége, et c'est le droit commun des facultés que la certitude et des opérations actuelles et des connaissances absolues dont elles nous donnent la conscience.

II. Les résultats positifs de la grande polémique de Reid contre la théorie de l'idée intermédiaire entre la sensation et l'esprit, sont définitivement

---

[1] *Fragments de philosophie*, par M. W. Hamilton, traduits par M. L. Peysse, p. 57. — M. Cousin avait également, bien qu'autrement, démontré que la perception étant une faculté de relation, n'était pas concevable, si elle ne donnait simultanément et nécessairement le sujet et l'objet avec une certitude égale. *Cours d'hist. de la philos. mor.*, partie écossaise, VIIIe leçon.

acquis à la science; et l'hypothèse qu'il combat est, je pense, abandonnée. Peut-être n'a-t-elle pas autant contribué qu'il le suppose aux erreurs de la philosophie moderne; et ceux qui ont employé le mot idée, n'en ont pas toujours été dupes au point où il l'a soupçonné. Mais ce qui est plus grave à remarquer, c'est qu'en détruisant l'idée comme être, image ou empreinte, il a supprimé à peu près l'idée souvenir; du moins il n'a fait nulle réserve en faveur de cette faculté que nous possédons de reproduire idéalement soit les objets, soit les émotions, soit les conceptions, sous un seul signe, ou, comme on dit, sous un seul concept, faculté qui n'est pas uniquement la mémoire, quoiqu'elle en soit inséparable, et qui est nécessairement représentative, puisqu'elle ne rend que la réalité pensée, non la réalité sentie. Cette faculté, la mémoire, d'autres encore sont représentatives, c'est aussi une observation de M. Hamilton, tandis que la perception est intuitive; c'est-à-dire qu'elle seule donne ou atteint l'objet, et les autres, la représentation de l'objet, distinction que Reid a omise dans sa crainte superstitieuse de rouvrir la porte à l'hypothèse des images intermédiaires. Il tombe cependant sous le sens que le souvenir de la perception ne peut avoir le même objet immédiat que la perception même.

III. Maintenant comment la théorie psychologique de Reid, rectifiée ou non suivant ces indications, se comporte-t-elle quand on l'applique à la métaphysique? N'étant que l'expression systématique de la croyance naturelle, en ce qui touche l'origine intérieure de nos connaissances, elle devient un titre pour le sens commun, et elle l'exhausse au rang de principe régulateur de la science. Il semble, en effet, que pour la former il n'y ait plus qu'à rechercher par le même procédé ce que révèle sur les vérités premières, sur les rapports essentiels des choses, sur leur essence même, l'exercice libre, naturel et régulier de nos facultés; et la philosophie se trouve ainsi appuyée sur une base solide, sinon profonde. En lui-même, le principe de Reid est irréprochable, pourvu qu'on le traduise sous une forme plus sévère. Si l'on prend le sens commun, non tel qu'il existe en fait, mais dans ce qu'il a de primitif et de fondamental, il est la raison humaine, et nul doute pour nous que l'observation et l'analyse de la raison humaine, que, si l'on veut, la psychologie de la raison humaine, ne soit la loi de la philosophie tout entière. Mais sous le nom de sens commun, la raison se charge d'un grand nombre de notions expérimentales et de croyances secondaires, qui ne sont ni permanentes, ni nécessaires, et qui peuvent cependant être admises dans la science à titre de principes du sens commun. La liste des vérités primitives serait ainsi portée à un nombre exagéré. C'est ce qu'on a justement critiqué dans Reid, et il lui est devenu presque impossible de rechercher comment naissent dans l'esprit, si elles y naissent, les vérités nécessaires, et s'il n'y aurait pas une faculté spéciale qui nous donne tous les jugements primitifs, ou du moins une loi qui règle leur apparition dans l'esprit[1]. En résumé,

---

[1] M. Jouffroy, Préface de la traduction de Reid. Voyez T. I.

Reid a bien connu ce que c'était que l'homme raisonnable ; il n'a pas connu aussi bien ce que c'était que la raison.

IV. Enfin, du procédé par lequel Reid a montré la vraie nature des phénomènes psychologiques, et du procédé par lequel il a constaté les principes du sens commun, il a tiré, et surtout ses continuateurs ont tiré pour lui l'idée générale d'une méthode. C'est la méthode psychologique, qu'ils ont appelée surtout méthode expérimentale, méthode d'observation et d'induction. Il y a assurément beaucoup de vérité dans tout ce que l'école écossaise affirme de l'excellence de cette méthode. De même que pour faire les sciences de la nature, il faut regarder autour de soi, il faut pour faire la science de l'homme regarder en soi ; et, pour les unes comme pour les autres, réfléchir sur ce qu'on a observé. Mais si l'on entend dans un sens strict cette assimilation des sciences philosophiques aux sciences naturelles, on court risque de mutiler les premières, et de poser des limites trop étroites aux entreprises et aux droits de l'esprit humain. Il est rare que la philosophie même la plus sensée n'outre pas son principe, et ne convertisse pas en erreur la vérité d'où elle est partie. C'est ainsi que les Écossais, pour avoir fixé d'abord leur attention sur les questions de fait, ont rejeté dans l'ombre ces questions ultérieures qui ne peuvent être résolues que par le raisonnement. C'est ainsi encore que pour avoir enfermé la science humaine dans les bornes de l'observation, ils lui ont interdit toute spéculation sur ces notions fondamentales de la métaphysique que l'observation ne donne point. Les continuateurs de Reid, Dugald Stewart surtout, ont vraiment intimidé la philosophie. Tandis, par exemple, que son maître est presque aussi explicite que Descartes sur la réalité et la distinction des deux substances, la substance corporelle et la substance spirituelle, Stewart en vient à s'interdire toute curiosité à cet égard, et l'interprète fidèle et clairvoyant de la doctrine écossaise parmi nous, M. Jouffroy, qui certes n'a jamais passé pour manquer de circonspection philosophique, a été obligé de condamner sévèrement cette fausse prudence qui eût ramené le scepticisme par la timidité [1].

V. Mais cette réserve même à l'égard des questions que l'observation seule ne peut résoudre, a servi puissamment la doctrine écossaise dans le rôle actif qu'elle a joué en Angleterre et en France, comme critique des philosophies contemporaines. Son caractère général la rendait particulièrement propre à les accabler du poids de leurs tristes ou folles conséquences. C'est sous ce rapport que nous nous attacherons à la considérer en finissant.

Les conséquences du système de Locke interprété par le scepticisme, l'idéalisme, l'égoïsme, le nihilisme, paraissent, en effet, avoir été le motif déterminant qui suscita la doctrine de Reid. C'est contre elles que se souleva son bon sens, et le bon sens avait chez lui cette sagacité qui touche au génie. Comment n'aurait-il pas été pour toute philosophie paradoxale un incommode adversaire? Il s'est préservé

---

[1] Préface déjà citée, IV, V, VI.

avec scrupule de la faute qui a compromis tant de philosophes, l'abus de la logique.

C'est effectivement en convertissant en problèmes logiques toutes les questions de la science que l'on réussit le mieux à obscurcir l'évidence et à manquer la vérité. On en convient depuis plus de deux siècles pour les sciences naturelles : il fallait s'en souvenir mieux dans les sciences philosophiques. Les faits qui servent de fondement aux unes ainsi qu'aux autres ne se démontrent point par arguments; ils se démêlent et s'observent. En demander la preuve, c'est déjà faire profession de scepticisme; c'est se montrer sourd à cette parole intérieure qui, sous le nom de conscience, atteste nos opérations, qui, sous celui de raison, constate, distingue, apprécie directement toutes les vérités fondamentales. De ces vérités, les unes sont intuitives, les autres naissent si immédiatement des premières qu'elles en sont inséparables, et le lien qui les unit se découvre par un procédé spécial, que nos contemporains ont désigné par le nom contestable d'induction [1]. L'observation et l'induction, voilà donc la base de toute méthode; les faits primitifs et naturels, voilà le fondement de toute science. « La loi de la pensée, dit M. Royer-
« Collard, qui fait sortir le moi de la conscience de
« ses actes, est la même qui, par le ministère et
« l'artifice de l'induction, fait sortir la substance
« matérielle de la perception de ses qualités. Aucune
« autre loi ne lui est antérieure; elle agit dans la

---

[1] Voyez, dans le second volume, l'Essai X, et la préface que M. Cousin a jointe à son édition des *OEuvres philosophiques* de M. Maine de Biran.

« première opération de l'entendement; par elle
« seule naissent toutes les existences; l'analyse s'y
« arrête comme à une loi primitive de la croyance
« humaine. Si nous étions capables de remonter plus
« haut, nous verrions les choses en elles-mêmes;
« nous saurions tout. Quand on se révolte contre
« les faits primitifs, on méconnaît également la con-
« stitution de notre intelligence et le but de la phi-
« losophie. Expliquer un fait, est-ce donc autre
« chose que le dériver d'un autre fait? et ce genre
« d'explication, s'il doit s'arrêter quelque part, ne
« suppose-t-il pas des faits inexplicables? n'y as-
« pire-t-il pas nécessairement? La science de l'esprit
« humain aura été portée au plus haut degré de per-
« fection qu'elle puisse atteindre, elle sera complète,
« quand elle saura dériver l'ignorance de sa source
« la plus élevée. »

On pourrait reconnaître le caractère et la portée de la doctrine écossaise à l'introduction dans la science d'un seul mot, que nous ne nous rappelons pas avoir souvent rencontré dans les écrits des philosophes : c'est le mot de *croyance*. L'esprit humain en effet a des croyances naturelles et essentielles, qui sont les ressorts de toute activité. Or, ces croyances sont déjà des faits; et elles entraînent d'autres faits auxquels elles se rapportent. La croyance, c'est l'idée impliquant réalité de son objet; ce mot distingue donc et signale une philosophie; il la préserve dès le début de toute apparence de scepticisme ou d'idéalisme, et il exprime le fait pratique d'une manière plus exacte. En effet si vous appelez idée toute notion primitive, vous donnez à entendre que la réalité est une notion déduite, et vous vous créez une grande difficulté, celle de faire sortir de l'idée la foi dans son objet; il y a là un abîme qu'aucun raisonnement ne saurait franchir. Si, au contraire, vous préférez une expression qui comprenne également la pensée de l'objet et celle de son existence, non-seulement vous vous épargnez une difficulté fort embarrassante, mais vous reconnaissez et rendez la vérité, qui est que l'une comme l'autre pensée est également primitive, également enveloppée dans toutes les notions, éléments essentiels de la raison humaine. Ce sont donc des croyances; du moins on peut les appeler ainsi. Cette synthèse est l'œuvre de la nature, elle est la nature même. Permis ensuite à l'analyse de distinguer, dans chaque croyance, ce qui est d'intelligence, ce qui est de foi, enfin la perception, la conception, l'idée. Cette distinction faite ainsi plus tard indique assez qu'elle n'est qu'une classification scientifique, et qu'il n'existe aucune inégalité de certitude entre ces divers faits ou plutôt entre ces divers éléments du même fait.

Cependant, comme Reid écrivait dans un pays où les esprits, naturellement sensés, fuient les conséquences extrêmes, il ne paraît pas toujours avoir la mesure de la hardiesse ou de l'obstination avec laquelle on peut lui répondre. Il semble ignorer à quels excès peut se porter l'esprit philosophique, et croire qu'il a confondu un adversaire, dès qu'il l'a convaincu de scepticisme ou accusé de matérialisme. Ne sait-il donc pas qu'il y a des gens qui font gloire de l'un et de l'autre? Et n'a-t-il pas prévu qu'au lieu de lui céder, on s'occuperait des moyens de fortifier et pour ainsi dire d'acérer toutes les objections qu'il pense avoir brisées?

L'idéalisme et le matérialisme peuvent être également déduits des principes de Locke, et le scepticisme peut également incliner vers l'un ou vers l'autre. On sait comment les nations pensantes se sont partagé l'héritage philosophique : scepticisme et idéalisme, voilà pour l'Allemagne ; scepticisme et matérialisme, voilà pour la France. L'esprit humain chez nous n'aime ni le vague ni le bizarre. Après de longues erreurs, après d'innombrables controverses, il y a dans le doute une prudence apparente qui devait nous convenir. Le sensualisme a un caractère positif, le matérialisme prend une forme expérimentale qui devait tenter notre raison ; aussi le peuple philosophique de la France s'est-il divisé en ces trois nuances : le matérialisme proprement dit ; le sensualisme inconséquent, et qui ne nie point l'âme, ni Dieu ; le scepticisme modéré, qui se rapproche de l'une ou de l'autre des deux précédentes nuances. Voilà quels ont été les derniers fruits, parmi nous, de la philosophie du xviiie siècle.

C'est en présence de cette situation des esprits et des sectes qu'il faut placer la philosophie écossaise. Forte contre Locke, Berkeley, Hume, peut-être n'est-elle pas prête pour d'autres adversaires. La métaphysique des sensations a gagné en France une clarté persuasive, et les apparences d'une déduction au moins fort élégante dans les ouvrages de Condillac ; la sensation concentrée en elle-même est devenue le fait unique servant de principe, soit à l'intelligence, soit à la science. L'école écossaise aurait donc à justifier la multiplicité de ses principes contre cette unité de principe si chère au sensualisme. Adopté et interprété par la physique, le sensualisme est venu aboutir à ce matérialisme savant que Reid semble avoir négligé, et qui s'autorise de toutes les découvertes des sciences naturelles. Enfin, les Allemands ont en quelque sorte renouvelé le scepticisme et l'idéalisme, en prenant tous les systèmes à une plus grande profondeur, en creusant le puits de la mine au-dessous de tous les niveaux atteints avant eux. Devant tous ces ennemis inattendus, la philosophie écossaise a pu se trouver faible et mal préparée.

Cependant, c'est en elle-même une redoutable philosophie polémique, et nous croyons qu'elle renferme tous les principes dont peut se servir heureusement l'esprit d'examen pour battre en brèche les systèmes exclusifs. Déjà elle a été une fois avec un incomparable succès dirigée contre l'école française de Locke. Elle a trouvé parmi nous l'introducteur le plus capable de lui donner ce qui pouvait lui manquer encore. M. Royer-Collard était excellemment propre à prêter aux idées écossaises l'énergie pénétrante dont elles ont besoin pour s'emparer des esprits. Lorsqu'il fut appelé, il y a plus de trente ans, à la chaire d'histoire de philosophie moderne, c'est dans Reid qu'il puisa les principes de la critique à laquelle il soumit quelques-uns des plus célèbres chefs d'école, Locke et Condillac, Descartes et Malebranche. Il réussit à les convaincre tous de scepticisme sur l'existence du monde extérieur, et fit de ce délit principal le fondement de son acte d'accusation contre la philosophie moderne. Pour l'établir, la théorie de la perception, celle de la sensation, celles de l'espace et de la durée durent être rigoureusement étudiées et exposées ; et, sur ces divers sujets, il s'appropria les idées de Reid avec une telle puissance, il les traduisit avec tant de force et de netteté, qu'elles semblent dans ses mains une seconde fois originales.

Comme critique de la philosophie de Locke, tant que cette philosophie ne devient pas la physiologie, la doctrine du sens commun paraît donc avoir accompli son œuvre. Il ne sera pas très-difficile, je pense, de la diriger avec succès contre le matérialisme que les sciences naturelles cherchent à faire prévaloir. Ses arguments remis à neuf, sont suffisants et au delà pour briser cette alliance de l'observation superficielle et de la déduction gratuite qui entretient les illusions et les prétentions de la physiologie métaphysique.

L'Allemagne opposera de plus rudes jouteurs. Entraînée par elle au fond des problèmes, c'est alors que la philosophie écossaise pourra s'apercevoir qu'elle est un peu légèrement armée. Ce sera à son tour de rendre compte de ses principes, et de justifier ses convictions si nombreuses et si faciles. Peut-être alors reconnaîtra-t-elle qu'il y a aussi de la témérité dans le sens commun, et que la croyance universelle et permanente n'est qu'une forte présomption, jusqu'à ce qu'on en ait bien reconnu l'origine.

Je persiste à penser que l'esprit général de la philosophie de Reid est sage, et que ses conclusions sont justes. Mais ses analyses, mais ses classifications pourraient être utilement revisées, et cette révision produirait une réduction de ce grand nombre soit de principes divers d'origine et de qualité, soit d'affirmations légèrement acceptées, à un nombre beaucoup moindre de principes proprement dits. Un peu de hiérarchie et de choix serait introduit parmi les notions et les croyances dont Reid encombre l'esprit humain. Là où il a négligé ou nié les preuves, des preuves seraient offertes; la déduction reparaîtrait là où il l'a forcée de faire place à l'intuition; sans perdre son caractère raisonnable et sensé, la philosophie écossaise serait ramenée à la forme d'une science. Il faut convenir qu'elle en a besoin; que Reid, préoccupé de l'infaillibilité des instincts pratiques de l'humanité, s'est un peu trop souvent contenté d'affirmer ce qu'on lui niait et d'interdire les questions au lieu de les résoudre.

Il y a certainement des faits primitifs : il y a des croyances sans titre et des principes sans antécédents. La nature de l'esprit humain bien étudiée, bien constatée, est une vérité qui se suffit à elle-même, et lorsque l'observation, guidée par la raison, aura réussi à mettre à nu tous les faits, à les ranger dans un nombre égal et dans un ordre correspondant à tous les phénomènes, on aura touché les bases de la certitude, et cette science toute descriptive sera bien véritablement une science. Elle en mériterait le titre autant pour le moins qu'aucune science naturelle. Où serait en effet la différence entre le genre de certitude qu'elle présenterait, et celui qui s'attache au système du monde de Newton? Ce système, après tout, qui satisfait et enorgueillit la raison humaine, ne doit sa vérité qu'à sa coïncidence constante avec les faits. Il n'en est aucun de connu qui n'y trouve sa place ou duquel on ne prévoie qu'il pourra s'y placer; car tel est le genre de démonstration dont les sciences physiques sont susceptibles. D'où vient donc que la même démonstration, la même méthode, le même genre de vérité ne suffirait pas à l'étude de l'esprit humain? d'où lui viendrait le reproche de n'être pas une science, lorsqu'elle présenterait à ce titre les mêmes droits que l'astronomie, la science modèle, la seule qui donne un plein repos à la raison?

Or, en consentant à toutes les objections contre Reid, voilà le lot qui peut rester encore avec lui à la philosophie; elle peut demeurer au moins une science descriptive, et rien ne saurait l'empêcher de l'être. Ainsi conçue, elle n'aurait rien à envier en fait de certitude et d'autorité aux sciences naturelles. Il est vrai que ce serait l'amoindrir, et qu'elle doit être quelque chose de plus. Par la nécessité de ses principes, par ses rapports avec les conditions mêmes de la raison, la philosophie diffère des sciences naturelles, ou plutôt s'élève au-dessus d'elles et participe de la nature des sciences exactes. Elle est à la fois expérimentale à la manière de la physiologie et rationnelle comme les mathématiques. Ce n'est pas tout : tandis que celles-ci restent abstraites et pures, condition bien commode pour demeurer exactes et démonstratives, la philosophie n'a point les mêmes libertés; elle est forcément enchaînée au problème des existences. Elle ne peut les perdre de vue sans devenir une hypothèse; elle a affaire aux choses réelles, à la nature des choses; quand elle étudie l'étendue, ce n'est pas l'étendue abstraite; quand elle parle de l'être, ce n'est pas de l'être possible ni de l'être supposé. La mécanique se déduit *comme s'il* y avait des forces, la physique générale *comme s'il* y avait une attraction. Mais l'attraction, qu'est-elle? mais les forces existent-elles et que peuvent-elles être? Voilà les questions pour la philosophie. L'organisation et ses causes immédiates sont prises comme des faits par les sciences de la vie physique; mais la possibilité de l'organisation, mais sa valeur intrinsèque, mais la cause des causes directes de ses phénomènes sont de la compétence de la philosophie. Il faut qu'elle marche là où toutes les autres sciences s'arrêtent; il faut qu'elle voie là où la lumière leur manque. Elle ne doit fuir aucune question, elle doit les aborder toutes, ne fût-ce que pour démontrer comment certaines questions sont insolubles. Elle est la plus spéculative des sciences, en ce sens qu'elle est la plus générale; et en même temps elle s'occupe de ce qu'il y a de plus réel, de plus substantiel dans l'universalité des choses. Il faut qu'elle satisfasse à la fois les exigences de la raison et les besoins de l'observation. Il faut qu'elle soit exacte et expérimentale, rationnelle et positive. Elle doit combiner des principes nécessaires et des existences contingentes. Elle a l'obligation d'être démonstrative comme la géométrie, descriptive comme l'histoire naturelle, et de plus d'être universelle. Elle ne saurait se limiter à son gré, et elle plonge jusque dans l'infini. Ce peu de mots indique assez la grandeur et la difficulté de la science; on prévoit qu'il est impossible qu'elle soit jamais égale à son objet.

Ainsi comprise, la philosophie ne se retrouve pas tout entière dans les livres des Écossais; mais s'ils n'ont point fourni toute la carrière, ils sont entrés dans la bonne voie. Il n'est point nécessaire, pour bien mériter d'une science, de la terminer; le grand point est de ne pas la fausser, de ne pas l'égarer. Les premiers pas sont les plus difficiles, la direction donnée importe plus que l'espace parcouru. Reid a suivi sans déviation la voie que Descartes avait ouverte sans s'y beaucoup avancer; Reid a marché droit et sûrement; sa philosophie est bonne et incomplète. Ce sont les commencements de la science, plutôt que la science définitive; mais qui a plus fait pour le système du monde, de Kepler qui l'a commencé, ou de Laplace qui l'a achevé?

La forme systématique manque à la philosophie écossaise; elle n'est pas scientifique, c'est là le grand reproche que lui adressent les Allemands. Dans les ouvrages de Reid, la diction un peu littéraire, le défaut d'ordonnance, justifient à beaucoup d'égards cette critique; quelquefois même elle est juste au fond, mais elle doit porter sur les applications de la méthode plutôt que sur la méthode même. Non seulement cette méthode est bonne, mais ceux qui l'attaquent sont tôt ou tard obligés d'y revenir. Il y a toujours dans les recherches philosophiques un point où elle est inévitable : la déduction ne peut être infinie, et lorsqu'elle trouve son terme, c'est qu'elle heurte des faits qui ne se démontrent pas. Les Allemands, qui sont en général si dédaigneux pour

Reid, ne sauraient lui contester sérieusement ce point fondamental des faits primitifs, base de tout son dogmatisme. « Les faits primitifs, ou les pre« mières conditions de la pensée, dit M. Ancillon, « sont la base qui doit porter l'édifice de nos connais« sances. Il faut s'abandonner avec confiance à ces « faits primitifs, ou renoncer à penser; seulement il « faut s'assurer qu'on est arrivé aux faits primitifs, et « ne pas s'arrêter à des faits douteux ou à des faits dé« rivés. On doit piloter jusqu'à ce qu'on arrive à un « fond solide; mais il serait ridicule de prétendre ar« river au noyau de la terre avant de poser la première « pierre[1]. » Leibnitz accorde une confiance absolue aux notions nécessaires qui ne procèdent d'aucun antécédent logique. C'est la connaissance résultant des faits primitifs que Jacobi a célébrée sous le nom d'intuition de la raison. Les notions *a priori* de Kant sont aussi des principes antérieurs à toute déduction. Schelling a également admis un savoir immédiat, indépendant de toutes vérités dérivées. Hegel ne le nie pas, quoiqu'il ne voie dans ce savoir primitif que le début, et pour ainsi dire le crépuscule de la science. Enfin l'école allemande est d'accord en général avec Platon, qui a le premier établi avec force et développement, et cette fois sans être démenti par Aristote, l'existence des vérités immédiatement révélées par la raison. C'est accorder le principe que soutient l'école écossaise; seulement celle-ci se détermine en faveur des croyances primitives,

---

[1] *Premiers mélanges de littérature et de philosophie*, T. II, *Fragments*.

en raison de leur nature moins que de leur autorité effective sur l'intelligence.

Entre Reid et ses critiques, il n'y a vraiment qu'une question de proportion. Quelle part faut-il accorder aux faits primitifs, et quel en est le nombre? Tel est le point litigieux. Nous sommes prêt à convenir que Reid en a été prodigue, et qu'il semble prêt à déclarer primitif tout ce qui est naturel. Il y a entre nos opérations, entre nos facultés, une ordonnance, une subordination qu'il a méconnue; parce que tout est simultané, il place tout sur la même ligne. Mais nous sommes peu touché du reproche qu'on lui adresse d'avoir, en admettant des croyances fondamentales et des principes évidents par eux-mêmes, rétabli dans la science *les qualités occultes* de l'ancienne philosophie. Les qualités occultes justement proscrites, ce sont les causes supposées, comme l'*horreur du vide*, comme les *espèces sensibles*, etc., ce ne sont pas les faits constatés et inexplicables. S'il faut voir là des qualités occultes, il y en aura toujours dans le monde et dans la science, au moins tant que l'esprit de l'homme ne sera pas infini. Toujours il devra reconnaître des données originelles qui ne supportent aucune explication logique, parce qu'elles sont les éléments et de la connaissance et de la raison; il le devra du moins, tant qu'il ne pourra répondre à cette question surhumaine: Pourquoi les choses sont-elles comme elles sont? Trop heureuse la science si elle parvient seulement à les voir et à les montrer *comme elles sont!* La nature des choses est, dans le sens légitime du mot, une qualité occulte.

La philosophie de Reid nous paraît un des plus beaux résultats de la méthode psychologique. Plus approfondie, mieux ordonnée, elle peut devenir plus systématique et plus complète; elle peut donner à l'observation une forme plus rationnelle. Sans doute elle n'est pas toute la vérité philosophique; mais dans son ensemble elle est vraie, et nous croyons qu'elle doit être considérée par les écoles modernes comme la philosophie élémentaire de l'esprit humain.

ESSAI IV.

DE LA PHILOSOPHIE DE KANT.

La philosophie de Kant est encore peu connue en France, quoique le nom de Kant y soit devenu célèbre. Mais ses ouvrages n'ont pas été beaucoup étudiés, même de ceux qui l'admirent. Quant à ceux qui l'attaquent, ils se piquent rarement de l'avoir lu, et joignent pour l'ordinaire la prétention de ne pas l'entendre à celle de le juger. C'est à son nom seul qu'ils font la guerre.

La langue de Kant est étrange et rebutante. Elle fait presque toute l'obscurité de ses doctrines; elle leur sert de voile et non de flambeau; elle contribue à leur impopularité. En écrivant cet Essai destiné à les faire connaître en partie, j'ai été constamment arrêté par la difficulté du langage. C'est un idiome à part, technique, pédantesque, mais rigoureux, savamment médité, et employé avec une sévérité d'algébriste; il est également difficile de le faire entendre en le conservant, ou de le changer sans altérer la pensée. La langue ordinaire se compose de mots usés par le temps; la signification semble en être devenue presque arbitraire. Comme elle est commune, elle est vague : c'est une monnaie effacée qui ne peut plus avoir de cours forcé. Kant s'est fabriqué un langage au titre et au poids qu'il a déterminés ; mais avait-il le droit de battre monnaie ?

Lui-même semble en avoir douté ; et il a condamné son propre exemple, comme on le verra dans un passage qui fera connaître en même temps son style et sa candeur [1]. « En nous efforçant de donner
« à notre connaissance la perfection de la fonda-
« mentalité scholastique en même temps que celle
« de la popularité, sans tomber dans une fonda-
« mentalité ou dans une popularité affectée, nous
« devons avant tout faire attention à la perfection
« scholastique de notre connaissance (forme mé-
« thodique de la fondamentalité), et tâcher à cet
« effet de rendre vraiment populaire la connaissance
« acquise méthodiquement à l'école. Cette popula-
« rité n'est atteinte qu'autant qu'on se fait entendre
« facilement et généralement sans que la profon-
« deur en souffre ; car il ne faut pas, sous prétexte
« de popularité, sacrifier la perfection scholastique,
« sans laquelle toute science ne serait qu'un jeu et
« un badinage.... Cette condescendance pour la por-
« tée intellectuelle du public et pour le langage vul-
« gaire (ce qui n'est point exclusif de la perfection
« scholastique quant au fond, mais regarde simple-
« ment la forme de la pensée, de manière à cacher
« l'échafaudage (c'est-à-dire la partie *méthodique* et
« *technique* de ce genre de perfection), à-peu-près
« comme on efface les lignes tracées au crayon après
« qu'on a écrit dessus), cette perfection vraiment
« populaire de la connaissance est en réalité une

---

[1] C'est un passage de la Logique de Kant (Introd. VI) ; j'emprunte la traduction fort technique et que je crois très-fidèle de M. Tissot.

« grande et rare qualité qui témoigne de beaucoup
« de connaissance dans la science. Elle rend aussi,
« entre autres services, celui de soumettre les appa-
« rences scientifiques à une nouvelle épreuve, à celle
« du sens commun. Car l'examen purement schola-
« stique d'une connaissance peut encore permettre
« de douter quelquefois si l'on a bien vu, et laisse
« toujours la majorité des hommes pour le moins
« indifférents à une connaissance dont ils n'aper-
« çoivent point l'utilité, ce qui est un grand ob-
« stacle à la propagation des connaissances et à l'a-
« mour de la science. »

On voit comment écrit Kant et comment il aurait voulu écrire, s'il avait eu, comme il le dit ingénument, *une grande connaissance du monde*, et qu'il eût *appris la véritable popularité dans les écrits de Cicéron et de Hume, d'Horace et de Shaftesbury, de Virgile et de Fontenelle, tous hommes qui ont fréquenté la haute société*. Il faut ajouter que lorsqu'il abandonne la langue qu'il s'est faite, il parle celle des écoles allemandes, celle que comprenaient ses compatriotes et qui nous est de tout point étrangère. Il écrivait pour des gens qui pensaient et parlaient comme Leibnitz et Wolf, non comme Voltaire et Condillac. En France, depuis un siècle, la philosophie a fait de grands efforts pour cesser d'être pédantesque, et le langage même de l'enseignement ne sent plus l'école. Cependant comme le génie de Kant n'était pas sans quelque ressemblance avec celui d'Aristote, son expression rappelle souvent le péripatétisme, et celui qui ne connaîtrait pas la Logique ou *l'Organon*, celui qui ne saurait pas quel rôle joue dans la philosophie d'Aristote la combinaison de la matière et de la forme, ce que veut dire *catégorie, esthétique, schema, analytiques*, etc., aurait de la peine à lire dans le texte l'ouvrage fondamental de la philosophie kantienne.

Telles sont les difficultés qui se produisaient à chaque ligne dans la composition de cet Essai. Pour les vaincre, on s'est attaché à franciser autant que possible les pensées du philosophe prussien, sans toutefois les dénaturer. On a même conservé toutes les expressions essentielles de sa langue systématique; mais en les interprétant, mais en les faisant précéder ou suivre d'une définition ou d'une paraphrase qui les répète et les traduit. Il n'est guère de proposition importante qui ne soit ici tournée de diverses manières et présentée sous plusieurs formes. Peut-être ainsi l'ouvrage qu'on va lire réussira-t-il non-seulement à donner une idée claire des choses qu'il renferme, mais même à faire comprendre les portions du système qu'il ne reproduit pas. Sous ce double rapport, on peut le considérer comme une introduction à l'étude de la philosophie de Kant [1].

Cependant le lecteur nous permettra de lui demander une extrême attention, et même de lui rappeler que l'attention n'est complète que lorsqu'elle est bienveillante.

---

[1] Nous avons suivi l'ouvrage principal de Kant, intitulé *Critique de la raison pure* (Critik der reinen Vernunft). Il a été traduit en français pour la première fois par M. Tissot (2 vol. in-8, Paris, 1835 et 1836). On peut consulter aussi la traduction latine de Born (*Immanuelis Kantii Opera ad philosophiam criticam*, 4 vol., Leipsick, 1796), et les deux ouvrages français intitulés : 1°. *Philosophie de Kant*, par Charles Villers (1 vol. in-8, Metz, 1801); 2°. *Philoso-*

I.

OBJET DE LA PHILOSOPHIE CRITIQUE.

IDÉE D'UNE SCIENCE TRANSCENDANTALE.

L'homme connaît ou croit connaître. La connaissance suppose une faculté de connaître ; mais pour que celle-ci soit mise en action, il faut que les objets affectent nos sens. Aussitôt, d'une part, il naît en nous des représentations de ces objets ; de l'autre, la puissance intellectuelle s'émeut, et ces représentations sont les termes de comparaison qu'elle associe ou qu'elle sépare. Elle les exploite comme une matière brute, et fait servir ainsi les impressions sensibles à cette connaissance qu'on appelle l'expérience.

Ainsi, dans le temps, aucune connaissance ne précède en nous l'expérience. Toute connaissance commence avec elle, c'est l'expression exacte de

---

phie transcendantale, par L. F. Schon (1 vol. in-8, Paris, 1831). M. Cousin a discuté çà et là dans ses ouvrages presque tous les points principaux du kantisme ; mais l'exposition la plus étendue qu'il en ait encore donnée se trouve dans les douze dernières leçons de son *Cours d'histoire de la philosophie moderne*, 1816-1817 (1 vol. publié en 1841). Il prépare une exposition critique de cette philosophie qui sera complète et définitive. On trouve un tableau intéressant, quoique sommaire, des idées fondamentales de Kant dans un ouvrage récemment publié intitulé *Dictionnaire des mathématiques*, art. Philosophie des mathématiques.

Voyez aussi les histoires de la philosophie, l'*Histoire comparée*, de M. de Gérando, l'*Histoire de la philosophie allemande*, par M. Barchou de Penhoen, et les traductions de Tennemann et de Buhle.

l'axiome célèbre en philosophie : « Toutes nos connaissances viennent de la sensation. »

Cet axiome, en effet, va trop loin. Rien ne prouve encore que la connaissance soit due à la sensation. De ce qu'elle commence avec l'expérience, il ne suit pas qu'elle en provienne tout entière. Il est au moins possible que la connaissance expérimentale ou empirique soit un composé de ce que nous recevons par les impressions, et de ce que nous y ajoutons de notre propre fonds.

Y a-t-il des connaissances, ou dans la connaissance y a-t-il des éléments qui ne viennent ni de l'expérience ni d'aucune impression sensible? C'est là la question.

De telles connaissances ou de tels éléments de connaissance, s'il en existe, sont dits *a priori*, pour les distinguer des connaissances empiriques qui ont leur origine *a posteriori*, c'est-à-dire dans l'expérience.

Il faut entendre ces mots *a priori* dans un sens rigoureux. En effet, on traite souvent de notions *a priori*, des connaissances qui ne sont pas, il est vrai, déduites immédiatement de l'expérience, mais d'une règle générale, laquelle d'ailleurs est empruntée à l'expérience. Ainsi, par exemple, qu'un homme ait miné sa maison, et qu'elle s'écroule, on dira : il devait savoir *a priori* qu'elle s'écroulerait; c'est-à-dire : il n'avait pas besoin d'attendre l'expérience pour être assuré de la chute. C'est en effet une règle générale que les corps sont pesants, et que par conséquent, privés d'appui, ils tombent. Mais cette règle, bien que connue dès longtemps de l'esprit, bien qu'antérieure à l'expérience particulière que nous avons supposée, est elle-même dérivée de l'expérience. C'est une connaissance générale, ce n'est pas une connaissance rigoureusement *a priori*.

Il ne faut donner ce nom qu'aux connaissances indépendantes non-seulement de telle ou telle expérience particulière, mais de toute expérience quelconque. Ces connaissances sont dites *pures*, lorsqu'il ne s'y mêle absolument rien d'empirique. Ainsi, par exemple, cette proposition : « Tout changement a sa cause », est, comme on va le voir, une connaissance *a priori;* mais elle n'est pas *pure*, parce que l'idée de changement ne peut être puisée que dans l'expérience. Nous ne l'aurions pas, si nous n'avions rien vu changer.

Qu'il y ait des connaissances pures, des connaissances *a priori*, c'est ce dont on ne peut douter, si l'on veut bien observer et réfléchir.

1°. L'expérience nous enseigne bien qu'une chose est de telle ou telle façon, mais non qu'elle ne puisse être autrement; elle nous enseigne les conditions actuelles, non les conditions nécessaires; or, il y a des conditions nécessaires; nous concevons, nous connaissons des conditions nécessaires. Nous avons donc des connaissances qui ne procèdent pas de l'expérience. Si une proposition se conçoit sur-le-champ en vertu de sa nécessité propre, c'est un jugement *a priori*.

2°. L'expérience ne confère jamais aux jugements qu'elle fonde, une rigoureuse universalité, mais une généralité supposée par induction. Les jugements généraux fondés sur l'expérience, peuvent tous se traduire ainsi : « Autant que nous l'avons observé jusqu'à présent, il ne se rencontre aucune exception à cette règle. » C'est une conclusion de ce qui est valable pour la plupart des cas, pour tous les cas connus, à ce qui est valable pour tous les cas possibles. Lors donc qu'un jugement est évidemment en possession d'une universalité rigoureuse, il sort d'une autre source que l'expérience.

Il est peu de jugements d'expérience aussi certains, aussi généraux, que celui-ci : « Tous les corps sont pesants. » Cependant il n'est ni absolument nécessaire, ni rigoureusement universel; car on conçoit que les corps pourraient n'être pas pesants : donc point de nécessité; et l'expérience seule autorise à dire qu'aucun corps n'est sans pesanteur; une exception à la règle est possible, et cette règle n'exprime que le résultat d'observations que rien n'a encore démenties : donc point d'universalité.

Mais il y a des jugements absolument nécessaires et rigoureusement universels.

D'abord telles sont les propositions des mathématiques. A ces propositions : « Dans la proportion géométrique, le produit des termes extrêmes est égal au produit des termes moyens. » — « Les trois angles d'un triangle sont égaux à deux droits », non-seulement il n'y a pas d'exception connue, mais il n'y en a pas de possible, il n'y en a pas de concevable.

En second lieu, la raison commune emploie de tels jugements et les prend pour points d'appui. A défaut de toute autre preuve, on pourrait demander comment les connaissances empiriques seraient possibles, s'il n'y avait pas de connaissances *a priori*. Que serait l'expérience, l'expérience existerait-elle si elle n'avait pas des règles qui lui donnent sa forme et sa valeur, car il implique que les règles de l'expérience viennent de l'expérience même. Les jugements d'expérience supposent au moins les conditions du jugement, et les conditions du jugement ou les règles en vertu desquelles le jugement est bon ou mauvais sont apparemment *a priori* dans l'esprit. Ce sont bien là des connaissances *a priori*.

Prenez un axiome usuel et pratique, par exemple l'axiome déjà cité : « Tout changement a sa cause. » L'idée de cause ne contient-elle pas celle d'une liaison forcée entre la cause et l'effet ? Est-ce simplement une liaison fréquente et probable ? Non, c'est une combinaison nécessaire et universelle. Dérivez-la de l'expérience, elle s'annulle; la sensation ou l'expérience, en effet, ne vous donne que des phénomènes qui se succèdent, une conjonction fortuite d'accidents; Hume l'a prouvé. Cependant l'idée de causalité existe dans l'esprit; elle y est inébranlable; elle donne naissance à des jugements nécessaires et universels; elle n'est donc pas d'origine empirique, c'est une connaissance *a priori* qui se traduit en jugements *a priori*.

Enfin il est si vrai que l'expérience n'est pas la source unique de nos connaissances, cela est si vrai, que l'esprit humain, par un irrésistible penchant, abandonne souvent le champ de l'expérience, et se lance dans ces hautes recherches dont l'objet ne tombe sous les prises d'aucune expérience possible. Dédaignant le monde des sens, armé d'idées qui ne correspondent à aucune apparition extérieure, il construit des jugements tout spéculatifs, et semble atteindre des connaissances qui portent dans une sphère où nulle expérience ne pénètre. Et rien ne peut le faire renoncer à ces sublimes travaux qui plaisent à la raison pure; elle revient sans cesse à ces problèmes inévitables : Dieu, la liberté, l'immortalité. Où est l'expérience qui puisse servir de point d'appui à la science dévouée à ces problèmes, je veux dire la métaphysique? Comment cette science prend-elle sur elle d'en aborder l'examen, sans avoir seulement regardé si elle en a le droit et les moyens, sans avoir établi sa puissance ou son impuissance pour une si grande entreprise?

Avant ces problèmes, il y aurait donc une question; avant la métaphysique, il y aurait donc une science. C'est celle qui rechercherait comment on peut ainsi sortir du domaine de l'expérience, sur la foi de quelles idées primitives on peut s'élever à ces spéculations aventureuses, quelle est l'origine et la portée de ces axiomes sur lesquels on s'appuie, sans savoir d'où ils viennent, pour ériger le brillant édifice des spéculations métaphysiques. Cette science serait celle des fondements de la connaissance humaine. Mais le désir d'étendre cette connaissance, l'attrait puissant des recherches spéculatives l'emporte. On aime à planer dans un large espace; une fois hors du cercle de l'expérience, on est assuré de n'être ni retenu, ni contredit par elle; on se sent libre et puissant. N'a-t-on pas d'ailleurs l'exemple des mathématiques qui sont en vieille possession de la certitude, qui ont une vieille renommée d'évidence, et qui, appuyées sur des idées *a priori*, trouvent la vérité hors de l'expérience? Fort d'une telle preuve de la puissance de la raison, le penchant à l'agrandissement scientifique ne connaît plus de bornes. La plus légère colombe, tandis que dans son vol rapide elle sent la résistance de l'air, ne peut-elle pas rêver que dans un espace vide d'air son vol serait plus libre et plus rapide encore? Ainsi rêve l'esprit humain ; ainsi Platon, délaissant le monde sensible, s'élançait sur les ailes des idées dans les champs de l'entendement pur.

Singulière destinée de notre raison ! Toujours elle se hâte d'élever l'édifice, et bien tard elle songe à s'assurer de la solidité des fondements. Pourvue d'une multitude de connaissances acquises, riche d'idées plus ou moins confuses, elle se plaît à les classer, à les éclaircir, à les développer ; elle se donne ainsi et le plaisir de l'activité, et l'apparence de lumières nouvelles ; elle croit apprendre, et ne revient pas sur ces connaissances et ces idées pour les approfondir, les apprécier, les raffermir, et, en quelque sorte, assurer son pavillon avant d'engager le combat. Que d'esprits et même d'esprits philosophiques à qui la question de la valeur originelle des éléments de la connaissance n'est jamais venue à la pensée !

La question qui vient d'être indiquée est, en quelque sorte, l'objet de toute la philosophie de Kant. Cette philosophie est précisément la science première de toute métaphysique. C'est ce que fera mieux comprendre l'exposé qui va suivre.

C'est un lieu commun de la logique que tout jugement renferme un sujet et un attribut, et exprime la pensée d'un rapport entre tous deux. Mais ce rapport est possible de deux manières : ou l'attribut appartient au sujet, comme quelque chose qui est contenu dans l'idée du sujet, qui est pensé avec lui et n'en peut être séparé; ou l'attribut n'est pas compris dans le sujet, quoiqu'il lui soit légitimement réuni [1]. Dans le premier cas, le jugement est analytique; dans le second cas, il est synthétique. Il y a dans l'un identité de l'attribut au sujet; dans l'autre il y a combinaison sans identité. En un mot, ou la proposition qui exprime le jugement analyse le sujet en extrayant l'attribut, ou elle ajoute au sujet en lui rattachant l'attribut : ou elle explique, ou elle amplifie; là l'analyse, ici la synthèse.

Ce jugement : *tous les corps sont étendus*, est un jugement analytique; car l'idée d'*étendue* n'ajoute rien à l'idée de *corps*; elle y est nécessairement comprise; qui pense le corps, pense l'étendue. Le jugement ne fait donc que développer le sujet; il n'en sort pas pour y rien ajouter.

Au contraire, ce jugement : *tous les corps sont pesants*, est un jugement synthétique, car on peut concevoir le corps sans la *pesanteur*. Le corps n'est pas nécessairement pesant. L'idée de corps étant indépendante de celle de pesanteur, il faut que le jugement sorte de la première pour y joindre la seconde.

Ce dernier jugement est fondé sur l'expérience. C'est elle qui seule nous autorise à rattacher un attribut nouveau à la simple idée de corps. Mais le ju-

---

[1] Il n'est question ici que des jugements affirmatifs. On fera aisément l'application de cette théorie aux jugements négatifs.

gement analytique : *tous les corps sont étendus*, n'a besoin d'aucune expérience. Aucune expérience n'est nécessaire pour tirer d'une idée ce qui y est nécessairement compris. Ayant l'idée du sujet, j'ai toutes les conditions du jugement analytique. Tout jugement analytique est donc un jugement *a priori*.

Dans le jugement synthétique qui nous a servi d'exemple, à la connaissance que j'ai du corps j'ajoute une autre connaissance; j'apprends de l'expérience que la pesanteur est constamment unie aux autres caractères du sujet, et je l'ajoute; il n'y a pas identité entre les deux termes du jugement; mais il y a union, union synthétique. L'expérience n'est qu'une synthèse d'intuitions diverses qui s'appartiennent l'une à l'autre, mais d'une manière contingente et non par un lien nécessaire.

Les jugements analytiques sont *a priori*; ils ne donnent aucune connaissance réelle. Les jugements synthétiques ajoutent au contraire à nos connaissances, et généralement cette addition de connaissances vient de l'expérience : les jugements synthétiques sont donc, en général, *a posteriori*.

Mais puisqu'il y a des connaissances *a priori*, il faut bien qu'il y ait des jugements synthétiques *a priori*. Comment sont-ils possibles?

Soit le jugement : *tout ce qui arrive, tout événement a une cause*. Ce jugement est nécessaire et universel; il ne vient donc pas de l'expérience, il est donc *a priori*. Cependant il est synthétique. Dans l'idée de *quelque chose qui arrive*, je comprends une idée d'existence, une idée de temps, etc. De là je pourrais tirer des jugements analytiques. Mais l'idée de *cause* n'y est pas essentiellement comprise. L'idée de *cause* est hors de l'idée *de ce qui arrive;* elle signifie quelque chose qui en est différent. Comment donc se fait-il que je conçoive et que je dise qu'elle lui appartient, que le différent appartient au différent et lui appartient nécessairement? Quelle est cette x, cette inconnue sur laquelle s'appuie l'entendement, lorsqu'il distingue hors du sujet A un attribut B, étranger à cette idée A, et qu'il n'en juge pas moins que cette idée B est unie à cette idée A, et que leur union est nécessaire, quoiqu'elles puissent l'une et l'autre être pensées séparément? Ce ne peut être l'expérience, encore une fois; car expérience et nécessité impliquent. L'entendement prend donc sur lui cette synthèse, il a un pouvoir synthétique qui lui est propre, ou plutôt il ne peut se dispenser de produire de ces jugements synthétiques dont hors de lui rien ne rend raison.

Ainsi les jugements analytiques sont ce que Condillac appelle des jugements identiques. Ils sont très-utiles pour la clarté des idées et l'ordre de nos connaissances. Mais ils ne nous donnent ni idées, ni connaissances de plus; ils sont *a priori*.

Les jugements synthétiques nous conduisent seuls à l'acquisition d'une connaissance réellement nouvelle. Ils sont *a posteriori* ou *a priori*.

Dans le premier cas, ils nous procurent une connaissance tout empirique.

Dans le second, ils sont supérieurs à l'expérience. Ils constituent toute notre connaissance *a priori*. Ils lui servent d'axiomes.

Toute science vraiment spéculative, ou pour parler comme Kant, toute science *théorétique* a pour principes des jugements synthétiques *a priori*. Cette vérité, Kant la regarde comme une grande découverte, et elle est en effet la pierre angulaire de sa philosophie.

Elle se prouve par le triple exemple des mathématiques, de la physique pure, de la métaphysique.

1°. Les mathématiques. On ne s'est pas aperçu jusqu'ici que les jugements mathématiques étaient des jugements synthétiques *a priori*. De ce qu'une proposition complète l'idée du sujet par celle de l'attribut, on est porté à inférer que celui-ci est toujours compris dans celui-là; mais il n'en est rien. Soit la proposition *sept et cinq font douze*. Il semble au premier abord que *douze* soit la même chose que *sept et cinq*, et que ce jugement puisse, comme tous les jugements analytiques, se traduire ainsi : *le même est le même sous une expression différente;* mais nullement : *sept et cinq*, ou si l'on veut, l'idée d'une somme de 7 et de 5 ne contient rien de plus que la réunion de deux nombres dans un seul. Mais quel est ce nombre qui réunit les deux autres ? C'est ce qui n'est nullement renfermé dans l'idée de la réunion de ses éléments. Ce nombre est 12; l'idée de 12 est autre chose que celle de 7 + 5. Celle-ci, c'est l'idée de 7 réuni à 5; l'idée de 12 est l'idée d'un nombre entier, d'un tout divisible par 2, par 3, par 4, par 6, etc., etc. Ainsi, la proposition arithmétique est synthétique. Ceci paraîtrait encore plus clairement, si nous prenions des nombres plus forts. Jamais les éléments d'un total considérable additionnés, mais non résumés et combinés en un seul nombre, ne vous donneront l'idée de ce nombre.

On peut dire la même chose des propositions géométriques. Dans celle-ci : *la ligne droite est la plus courte entre deux points*, évidemment le sujet n'est pas compris dans l'attribut. La notion de *droit* (qualité) ne contient rien de la notion de *plus court* (quantité). Ce caractère de *la plus courte entre deux points* n'est pas puisé dans l'idée de *ligne droite*; aucune analyse ne saurait l'en extraire. Que l'on fixe deux points, que l'on trace une figure, on aura emprunté le secours de l'intuition sensible, et l'on concevra plus aisément la proposition. On ne la concevrait pas moins bien en se représentant en esprit les deux points et la droite. Mais il est évident que ce n'est ni le tracé, ni l'expérience, ni cette représentation qui nous portent, qui nous forcent à reconnaître pour évidente, pour universelle et nécessaire, la proposition elle-même. Elle est synthétique, et elle est *a priori*.

2°. La physique pure. Cette science offre également des principes où nous retrouverons les mêmes caractères. Qui pourrait les contester à cette proposition : *Dans tous les changements du monde physique, la quantité de la matière reste invariable ?* Voilà certainement un jugement nécessaire pour la physique. Or, peut-on nier que la *quantité de la matière* ne soit une idée, et la *permanence invariable* une autre? qui pense l'une ne pense pas nécessairement l'autre; et pour joindre l'une à l'autre, il faut sortir de la première et passer à la seconde, en les unissant par la pensée. La pensée unit les idées; c'est comme un pont d'une seule arche jeté entre deux rives.

3°. La métaphysique. Il est évident que pour arriver à des connaissances positives, elle forme des jugements synthétiques, et comme c'est une science spéculative, il faut bien que ces jugements soient *a priori*. Kant ne veut pas s'engager; il regarde la métaphysique comme une tentative de science, plutôt que comme une science véritable. On verra plus loin de quelles précautions défiantes il entoure et les moyens de recherche et les découvertes de la métaphysique. Mais telle qu'elle est, elle existe en fait; elle est indispensable à l'esprit humain; elle est l'expression de ce besoin spirituel que l'homme éprouve d'étendre incessamment ses connaissances *a priori;* et pour que cette extension ait lieu, il faut bien qu'il ne se borne pas à analyser des idées acquises; il faut qu'il y ajoute ce qui n'y était pas naturellement contenu. Il faut donc qu'il porte *a priori* des jugements synthétiques. Le mot métaphysique lui-même désigne une science qui est au delà de l'expérience.

Veut-on des exemples; ils n'abondent que trop. Tel est celui-ci : *le monde doit avoir eu un commencement*. Il est certain qu'à tort ou à raison la métaphysique tient ce jugement pour nécessaire. Il est également certain qu'on peut avoir une idée *du monde*, sans avoir jamais pensé qu'il ait *commencé*. Cette dernière idée est donc réunie à la première par voie de synthèse, et certes nul ne s'avisera de prétendre que cette synthèse-là s'autorise d'aucune expérience. C'est donc un axiome métaphysique, ou un principe *a priori*.

L'existence des sciences théorétiques dépend, comme on le voit, de l'existence des jugements synthétiques *a priori*. Comment ces mêmes jugements sont-ils possibles? En posant ce problème, on met en question la métaphysique, la physique pure, les mathématiques.

Si la métaphysique seule y était engagée, on pourrait prendre son parti de laisser la question indécise. Kant paraît tout prêt à s'y résigner. Il trouve la métaphysique si hasardée, si incomplète, si incohérente, qu'il hésite à lui donner le nom de science; et il pardonne facilement à Hume de l'avoir ébranlée, en attaquant l'autorité d'un seul principe, celui de causalité. Mais il n'en est pas de même de la physique, ni surtout des mathématiques. Ce sont bien certainement des sciences, s'il y a des sciences au monde; elles sont données; il est donc permis de demander comment elles sont possibles, car elles doivent être possibles, puisqu'elles existent. Et même la métaphysique, si comme science son existence est douteuse, elle existe au moins comme disposition naturelle. C'est un fait que la raison humaine est sans relâche entraînée vers ces questions qui ne sont solubles par aucun des principes issus de l'expérience, et qu'en tout temps, chez les hommes élevés au-dessus du travail purement matériel, il y a eu quelque métaphysique. Elles renaissent incessamment, ces questions attirantes que se propose la raison pure. En vain le temps fauche les systèmes; les tiges tombent, mais la racine ne périt pas.

Comment donc est-elle possible, cette métaphysique sans cesse essayée? Certes, la question vaut la peine qu'on l'examine. Cet examen d'ailleurs doit servir, soit à confirmer, soit à détruire, soit à limiter la puissance et les droits de la raison à l'égard de ces sortes de recherches. Ce résultat, quel qu'il fût, serait scientifique. Il réduirait la métaphysique à ce qu'elle est effectivement, et cela même serait une connaissance positive.

Ainsi donc, il n'y a pas de curiosité vaine à rechercher si la raison pure, soit qu'elle s'en tienne aux mathématiques, soit qu'elle s'abandonne à la métaphysique, est en droit de procéder dogmatiquement, c'est-à-dire sans se rendre raison des données intellectuelles qui lui servent de point de départ, sans examiner si elle a titre et qualité pour l'entreprendre; et puisque ces études ont abouti, puisqu'elles ont produit des sciences, sans vérifier comment ces sciences sont possibles. Tel est le grand problème exprimé par ces mots : « Comment sont possibles les « jugements synthétiques *a priori ?* » L'examen de ce problème est toute une science dont l'objet est la raison pure. La raison est éminemment le pouvoir de connaître; c'est la connaissance en puissance. La raison pure contient les principes de la connaissance *a priori*. La science doit la considérer dans ses éléments, dans ses lois, dans ses procédés, indépendamment de l'objet même de ses connaissances. Kant appelle cette science du nom qu'il donne à son principal ouvrage : *Critique de la raison pure.*

Cette science est *critique,* car elle a pour but moins de donner la connaissance que de l'expliquer, moins d'agrandir la raison que d'y porter la lumière. Elle laisse de côté la nature des choses, mystérieux objet des sciences métaphysiques, pour ne s'occuper que de l'intelligence qui juge de la nature des choses, et encore de l'intelligence seulement en tant qu'elle connaît *a priori*.

Toute connaissance qui ne porte pas tant sur les objets à connaître que sur les moyens de connaître *a priori*, est dite *transcendantale*; voilà le sens de ce mot plus souvent répété que compris, et que l'on adresse parfois à la doctrine de Kant comme une injure. La philosophie transcendantale doit, autant que possible, exclure toute idée qui contienne un élément empirique. La connaissance *a priori* doit s'y montrer entièrement pure. La morale elle-même, quoiqu'elle repose sur des principes *a priori*, n'y doit pas figurer, car elle ne peut être séparée de son but pratique, des volontés et des sentiments qu'elle doit détruire ou diriger, épurer ou contenir. Or, tout cela touche à l'expérience. La philosophie transcendantale proprement dite serait une science positive et complète de la raison pure ou absolument spéculative. Kant n'en donne que la critique; on verra qu'il tient plus que ce mot ne promet.

II.

DE LA SENSIBILITÉ PURE.

ESTHÉTIQUE TRANSCENDANTALE.

§. Ier. Objet de l'esthétique transcendantale.

Le point de départ de la philosophie critique ou transcendantale (car on lui donne indifféremment ces deux noms)[1] est maintenant connu. L'introduction qu'on vient de lire contient peut-être la plus grande nouveauté de la doctrine de Kant. Elle montre du moins comment il a conçu la philosophie, et comment il s'est efforcé d'en faire ce qu'on n'en avait jamais fait, une science exacte.

Nous avons vu que cette science est celle des fondements de la connaissance humaine. Il est temps de la commencer.

L'homme a connaissance des objets extérieurs, il a connaissance de lui-même. Que cette connaissance soit légitime, certaine, complète, ce n'est pas la question. Toujours est-il qu'il est en communication avec le monde extérieur, et pour ainsi parler, avec lui-même. Il observe ce qui se passe au dehors et ce qui se passe en lui. Cette double faculté ou cette double opération, beaucoup de philosophes l'expriment d'un seul mot, *sentir*. L'homme, disent-ils, sent les objets et se sent lui-même. Kant n'aurait nulle répugnance à nommer cela *sensibilité*, pourvu qu'on distinguât seulement dans la sensibilité le

---

[1] Le premier nom est pris du procédé, le second, de l'objet de la philosophie de Kant.

sens interne et le *sens externe*, ou la sensibilité en rapport avec l'intérieur et la sensibilité en rapport avec l'extérieur.

Qu'est-ce qui sent dans l'homme? Quel est le sujet sentant? Nous sommes loin de cette question; et c'est sans prétendre la résoudre que nous pourrons quelquefois appeler *âme* le théâtre des opérations de la sensibilité. Quelle que soit la nature du principe qui sent et qui pense, esprit ou matière, personne ne nie qu'il n'y ait en nous, substantiellement ou par abstraction, un être mental, une existence intellectuelle, un intérieur enfin qui observe et qui s'observe. Or nous n'entendons nullement décider ici ce que l'âme est essentiellement, nous ne rechercherons que ce qu'elle fait et ce qu'elle contient.

Ame ou esprit, sensibilité, sens externe, sens interne, jusqu'ici tout est simple et clair. Voilà des mots et des idées qui ne doivent encore embarrasser personne.

Pour que la faculté de connaître s'applique à un objet, il faut que cet objet soit donné. Lorsqu'un objet est donné, nous sommes affectés d'une façon quelconque, le phénomène de la sensation s'accomplit.

Ce fait peut être décomposé au moins par l'abstraction, au moins par le langage.

De l'objet donné on peut dire qu'il nous apparaît; c'est une *apparition* ou *phénomène*.

L'effet produit par l'apparition, ou plutôt l'ensemble de ce qui se passe dans l'homme ainsi affecté, se nomme *sensation*.

A l'occasion de l'apparition, au moyen de la sensation, le moi se représente l'objet, il a une *représentation*.

La connaissance qui en résulte, la connaissance qui résume tout cela, la connaissance rapportée immédiatement à l'objet apparu, s'appelle *intuition*.

Ainsi, la connaissance intuitive a lieu quand l'objet est perçu ou la représentation rapportée au phénomène, sans qu'il soit nécessaire de connaître ce que c'est que ce phénomène ou cet objet. Mais l'intuition d'une chose confine au concept de la chose, à l'idée ou notion de la chose, pour parler le langage ordinaire de la philosophie. Le concept, c'est l'intuition mieux connue, c'est la représentation comprise par l'esprit. Un sauvage voit un objet au loin, une maison, par exemple. Il aperçoit et distingue parfaitement cet objet; mais il ne sait pas que c'est une maison ni ce qu'est une maison : il n'a qu'une intuition. L'homme civilisé, qui voit la maison et qui connaît que c'est une maison, a l'intuition et le concept. La matière de la connaissance est la même pour tous deux; la forme diffère; la matière tient à l'objet, la forme au sujet. Toute connaissance est un rapport entre l'objet et le sujet. Sous le premier point de vue, elle est déterminée par la représentation; sous le second, par la conscience. Ainsi, dans l'exemple, les deux hommes, pour une représentation égale, n'ont pas chacun conscience d'une connaissance égale.

On pourrait dire que l'intuition connaît, et que le concept reconnaît. Il n'y a rien que de particulier dans l'intuition sans le concept, et dans le concept il y a toujours quelque chose de général rapporté à l'intuition actuelle. Aussi Kant dit-il que l'intuition est une représentation singulière, le concept une représentation générale. L'une appartient à la sensibilité, l'autre à l'entendement.

La sensibilité qui nous occupe ici principalement n'est encore que la faculté générale d'avoir des représentations en tant que nous sommes affectés des objets. Elle n'est que le nom de notre aptitude à être modifiés par les circonstances extérieures, ou de cette *réceptivité* générale, attribut de l'espèce humaine. Puisqu'elle seule nous met en rapport avec les objets, et pour que la sensation s'accomplisse, puisqu'il faut que les objets soient donnés, il suit que la sensibilité s'appuie sur l'expérience. C'est ce qu'on exprime lorsqu'on dit que l'intuition qui appartient à la sensibilité, est *empirique*. Elle ne se rapporte à l'objet que moyennant la sensation qui elle-même exige que l'objet soit donné; elle est donc fondée sur l'expérience : elle est empirique, et comme telle, *a posteriori*. Tout cela veut dire qu'elle n'est point indépendante et absolue. C'est ce que les philosophes de l'école de Locke exprimeraient inexactement en disant qu'elle vient des sens.

Dans l'intuition empirique ou plutôt dans l'apparition ou phénomène qui y correspond, distinguons d'abord tout ce qui appartient à la sensation, tout ce que donnent les sens. Ce sera la matière de l'apparition ou du phénomène, élément accidentel et toujours divers, toujours actuel, de la sensation. Mais la connaissance en coordonne la diversité, elle conçoit tous les rapports qui le déterminent. Ceci, c'est la forme du phénomène. Tout phénomène ou apparition a ainsi une matière et une forme. La matière, on l'a vu, est donnée *a posteriori*. Elle se rapporte à la sensation qui suppose toujours l'expérience. Elle est donc variable et contingente. La forme dans laquelle nous concevons, nous déterminons ces données empiriques, est au contraire applicable à toute apparition : elle est générale.

Par la sensibilité, les objets sont sentis ; par l'entendement proprement dit, ou par l'intelligence, ils sont pensés. C'est ce qui a été indiqué d'une manière générale par la distinction entre l'intuition et le concept (perception et notion de Reid, sensation et idée de Condillac). Tout penser se rapporte donc directement ou indirectement à une intuition, par conséquent s'appuie sur la sensibilité. C'est ce qu'il y a de vrai dans l'axiome : *les idées viennent des sens*.

Dans la représentation même qui résulte de la sensation la plus simple, il y a des déterminations, nous l'avons dit, qui s'appliquent à la matière du phénomène. Par un besoin de notre nature, par une invincible nécessité, les sensations ne peuvent être représentées, ordonnées, acceptées que sous une certaine forme. Cette forme de l'apparition ne peut être une donnée de la sensation seule. Qu'est-ce que la sensation ? Un objet, une rose, supposons ; une certaine modification dont nous nous sommes plus tard accoutumés à nommer la cause phénoménale une rose. Mais qui la détermine, c'est-à-dire qui la place ici et non pas là, après ou avant une autre apparition, hors de toute autre apparition ? Qui se sent comme forcé de la déterminer ainsi? C'est nous-mêmes; en nous seuls est la nécessité de le faire. La sensation toute seule n'a ni lieu, ni époque, ni différence, ni ressemblance; car elle est sans comparaison et sans mémoire. C'est un fait isolé n'ayant nulles relations avec d'autres, si ce n'est par le moi. Ce fait ne se détermine pas lui-même.

Ainsi, tandis que la matière du phénomène est dans les données de la sensation, la forme en général n'y est pas. Tandis que la matière de tout phénomène ne nous est livrée qu'*a posteriori ;* la forme en repose *a priori* dans l'être mental, dans l'esprit humain, dans le moi; elle est en nous toute préparée; à la première sensation, nous l'appliquons. La matière des apparitions vient à nous; la forme leur va.

Ceci est important et veut être compris; répétons. Un objet se présente, la sensation s'opère, on dit qu'il est senti. Qu'en savons-nous? Si nous n'en savons que ce que les sens transmettent, nous n'avons avis que d'un effet produit en nous, et même nous ne savons pas que c'est un effet, nous l'éprouvons, voilà tout. Il se peut même que faute de le remarquer, tout se réduise à une modification dont nous sommes à peine touchés. Telle est la perception des objets extérieurs, lorsqu'une méditation profonde, une étude, une lecture attachante nous captive; telles paraissent être les perceptions des enfants à la mamelle. Les objets passent devant leurs yeux; ils sont vus, puisqu'il y a des sens; ce ne sont que des apparitions; il n'y a pas même d'intuitions; il y a pourtant des sensations.

Mais l'enfant grandit et devient attentif, il sait voir, il apprend à sentir. Mais notre préoccupation se dissipe, et les sensations reprennent leur empire; nous leur rendons notre âme. Et alors qu'apercevons-nous? plusieurs choses dans une sensation; des qualités dans l'objet, des conditions sans lesquelles nous ne le concevrions pas possible. Eh bien, supposez qu'il n'y eût au monde que des objets et la faculté de sentir, c'est-à-dire ici d'être affecté : ces conditions se révèleraient-elles? La sensibilité proprement dite ne nous donne qu'un certain effet produit en nous; mais il y a en nous quelque chose qui y ajoute quelque chose. Ce qui ajoute, c'est le moi sentant; ce qui est ajouté, c'est une certaine détermination de l'effet produit dans la sensation proprement dite. Comme la sensation ne nous paraît complète qu'après qu'elle est déterminée, comme un penchant irrésistible, une habitude constante et invétérée lie en nous la modification venue des sens à la détermination que nous donnons aux objets, comme celle-ci suppose celle-là, nous avons peine à distinguer ces opérations; nous les confondons toutes sous le nom de sensation, et les objets semblent passer par les sens, tels qu'ils apparaissent à l'esprit. Il n'en est rien. Cela prouve seulement que l'homme a tout à la fois des sens et un esprit; mais il n'en est pas moins vrai que l'objet de la sensation, indéterminé dans la sensation, est déterminé dans l'intuition définitive.

Ce qui fait la difficulté de cette distinction, c'est que les objets nous paraissent au dehors de nous déterminés de la même manière que dans notre esprit. Nous croyons fermement qu'ils sont tels que nous les concevons; et j'ajouterai que cette croyance, bien qu'un peu suspecte aux yeux de Kant, n'est pas à mon avis une illusion. Quoi qu'il en soit, elle nous induit à juger que les objets sont sentis comme ils sont pensés, puisqu'ils sont pensés tels qu'ils semblent donnés; les objets et les sensations, les intuitions et les notions ne nous paraissent avoir d'autre différence que celle de la réalité à l'image. Au fond, cette croyance native du genre humain est vraie dans ce qu'elle a d'essentiel; mais pour qu'elle subsiste essentiellement, il n'est point nécessaire que les sensations soient aussi complètes que les notions, ni même que les perceptions. Nos sens peuvent être à la fois bornés et fidèles; ce peut être l'esprit humain seul qui restitue à la sensation ce qui lui manque, qui la complète en voyant par son entremise les objets tels qu'ils sont; et la réalité des choses ne s'abîmera pas, et la certitude expérimentale de nos connaissances ne sera pas ébranlée. Cette certitude d'ailleurs est une tout autre question, dont nous sommes loin encore. Marchons pas à pas, prenons les faits un à un. Ne nous enquérons ni de la nature de la cause externe de nos sensations, ni de celle du moi qui sent et qui perçoit; faisons-nous indécis et ignorants. C'est le seul moyen de philosopher avec méthode.

Ainsi reconnaissons sans crainte ni scrupule, que quelque opinion que l'on se forme des objets extérieurs, la sensation ne les transmet pas seule tels qu'ils se manifestent finalement à l'intuition. La main-d'œuvre de la sensation n'est pas dans la sensation même. Celle-ci ne rend pas tous les éléments que nous retrouvons dans une intuition complète.

Il est donc clair que dans la connaissance sensible, la sensation n'est pas tout. Mais ce n'est pas à cette vérité générale que Kant s'est attaché au début de sa philosophie, et dans ces termes un peu vagues, elle ne suffirait pas aux vues profondes de l'analyse critique. Si nous prenons pour accordé que les notions qui semblent engendrées par la sensation, lui sont ajoutées, écartons-les maintenant, bornons-nous à l'intuition sensible ou empirique, c'est-à-dire à l'œuvre de la pure sensibilité dégagée de toute coopération de l'entendement; et dans ces termes mêmes, voyons si la sensation proprement dite peut rendre raison à elle seule de tout ce que l'intuition contient. Tout dans une intuition quelconque peut-il être exclusivement empirique ou *a posteriori?*

Toute intuition distingue son objet. Il y a donc là déjà une détermination de la matière du phénomène. Ainsi, dans l'intuition empirique, il y a déjà une forme, et tout ne doit pas être donné par la représentation sensible. Soit en effet la représentation d'un corps quelconque : écartez avec Kant tout ce que l'entendement en pense, la substance, la divisibilité, la force, etc., toutes choses que l'intuition ne connaît point par elle-même; puis les qualités que la sensation révèle, comme l'impénétrabilité, la dureté, la couleur, etc.; il restera l'étendue et la figure. Ces deux qualités, sans lesquelles un objet ne peut être manifesté à l'intuition réelle, ne sont ni le produit de la pensée, ni de simples sensations; car on ne peut, sans l'une ni sans l'autre, penser les objets ni les sentir. Elles appartiennent donc à l'intuition *a priori*, car elles paraissent des conditions de l'intuition *a posteriori*. Y aurait-il donc une intuition pure qui subsiste en nous comme une simple forme de la sensibilité, et indépendamment de tout objet réel de la sensation?

Encore une fois, il ne s'agit ici que des déterminations nécessaires de tout phénomène; il s'agit des formes sous lesquelles uniquement les objets pourraient être représentés, formes générales qui s'imposeraient nécessairement aux données de l'expérience, aux matériaux que fournit la sensibilité. Les éléments variables et accidentels de toute sensation sont de leur nature *a posteriori*. Les conditions auxquelles ils sont soumis, les formes dans lesquelles ils se placent, seront les éléments *a priori* de toute représentation. Pour obtenir une représentation complète, il faut et la matière et la forme de l'apparition. Et de même que l'intuition de ce qui est *a posteriori* a été appelée *intuition empirique*, l'intuition de ce qui est *a priori* sera nommée *intuition pure*. Qu'est-ce donc que l'intuition pure? La forme nécessaire des intuitions sensibles, sorte de cadre vide qui doit se trouver *a priori* dans l'esprit humain. C'est tout ce qui est *a priori* dans la sensibilité; c'est la sensibilité *a priori*.

La sensation est l'*æsthesis* des Grecs. L'esthétique sera le nom de la science de la sensibilité[1]; la sen-

---

[1] Les Allemands donnent aussi ce nom d'esthétique à la science du beau, à la théorie des arts. Ce nom vient de la maxime *le beau se sent*; il signifie la science du sentiment du beau; et sous cette signification, il est presque admis en français. Kant l'a repris dans le sens pur et général que lui donne l'étymologie.

sibilité empirique est l'objet ordinaire des recherches ou métaphysiques ou physiologiques de ceux qui écrivent sur les sens : de là l'esthétique expérimentale. La science de la sensibilité *a priori* sera l'*esthétique transcendantale*.

Quelle est la valeur du témoignage de la sensibilité? Les objets sont-ils tels qu'elle nous les montre? Que sont-ils en eux-mêmes? Point de réponse à ces questions. Nous ne connaissons encore des objets que notre manière de les percevoir. Ainsi, la matière même de la sensation est un mystère. Mais sa forme peut être connue directement, abstraction faite de toute perception réelle; car c'est une intuition pure, à laquelle se subordonne l'intuition empirique. Celle-là est essentielle à la sensibilité, et partant constante, tandis que celle-ci est contingente et variable.

Qu'un rocher, un arbre, un cheval nous apparaissent, que de différences dans la matière de ces apparitions! La matière des apparitions en général est donc indéterminée, la circonstance seule décide de ce qui nous apparaît. Mais ce cheval, cet arbre, ce rocher sont toujours représentés dans un lieu et dans un moment; ce sont là des déterminations nécessaires. Nous ne pouvons percevoir les objets qu'à cette double condition. C'est une forme imposée à toute apparition, quelle qu'en soit la matière. Ainsi, l'intuition sensible est soumise à deux formes, *l'espace* et *le temps*; ce sont là les deux formes pures de la sensibilité *a priori*. L'espace et le temps, voilà donc l'objet de l'esthétique transcendantale.

Les objets nous apparaissent comme hors de nous

et dans l'espace. Ainsi du moins les représente le sens externe. Ce n'est que dans l'espace que leur figure, leur grandeur, leur situation est déterminée ou déterminable.

Le sens interne, c'est-à-dire la faculté d'avoir l'intuition de nous-mêmes ou plutôt de notre état intérieur, ne nous donne pas, il est vrai, l'intuition directe et réelle de ce *nous-mêmes*, quel qu'il soit, et quelque nom qu'il reçoive. Mais cependant il y a une forme dans laquelle seulement la contemplation de nous-mêmes est possible. Cette forme, ce n'est point l'espace, c'est le temps. Notre état intérieur est dans le temps, ils se déterminent dans le temps; les objets extérieurs se déterminent dans l'espace. Point d'intuition du sujet dans l'espace, point d'intuition des objets dans le temps.

Qu'est-ce donc que le temps et l'espace? Des êtres réels, ou des relations des choses, relations qui n'en sont point séparables et qui leur appartiennent indépendamment de toute intuition? Ou bien des formes de l'intuition qui n'ont leur fondement que dans notre constitution mentale?

§. II. De l'espace.

L'espace n'est point une notion empirique sortie des expériences externes. Soit pour rapporter de certaines sensations à quelque chose qui réside hors de moi, c'est-à-dire dans un autre point de l'espace que le lieu que j'occupe, soit pour me pouvoir représenter des objets séparés et voisins les uns des autres ou placés en différents lieux, il faut que la représentation de l'espace préexiste. C'est dans l'espace que je place les objets. Il semble donc que je le trouve déjà dans mon esprit pour les y placer à mesure que les sensations me les donnent. Il faut que je l'aie conçu avant de les concevoir dans son sein; ou plutôt en même temps que je les aperçois, l'espace se présente à moi comme une condition nécessaire. C'est ce que signifie l'expression : « L'espace est une *forme* que nous imposons à la *matière* de la sensation. » Loin donc que l'espace soit emprunté aux apparitions extérieures, pures données de l'expérience, c'est la représentation ou conception de l'espace qui rend possible l'expérience elle-même. On ne peut, en effet, se représenter aucun objet là où il n'y a point d'espace; rien de plus facile que de concevoir l'espace là où il n'y a aucun objet. L'espace est donc la condition de la possibilité des phénomènes; appelons-le une représentation *a priori*.

L'espace n'est pas une idée *discursive* (idée générale ou abstraite de Condillac), une idée des relations des choses; car on ne peut se représenter qu'un seul et même espace. Les parties de l'espace sont toutes dans l'espace; elles ne peuvent être pensées hors de lui. L'espace est essentiellement unique. Nous ne le concevons pas petit à petit, partie par partie, nous ne le concevons que tout entier. C'est une grandeur infinie; car de même qu'il nous paraît contenir de droit tous les objets possibles, la représentation d'espace embrasse toutes les représentations extérieures possibles.

C'est ce qui distingue cette conception-là des concepts ou notions proprement dites. Prenons pour exemple celle de *solidité*. Sans doute la solidité s'applique à tous les solides ; et l'on peut dire en ce sens qu'elle contient toutes les solidités particulières, mais non toutes les portions d'une seule et même solidité. Penser à la solidité, c'est penser à une abstraction, ou à la qualité d'un certain corps, non à la totalité des corps solides. Qui imaginerait de dire que ces corps ne font qu'un sous le nom de solidité ? Ce serait identifier des êtres distincts ou réaliser une abstraction. Penser à l'espace, au contraire, c'est penser à l'espace tout entier, à tout ce qu'il y a d'espace au monde, d'espace possible, c'est-à-dire à l'espace infini. Ce n'est que par hypothèse qu'on le divise en espaces particuliers ; tous ces espaces forment un tout qui n'est point une abstraction comme la solidité ou la couleur. L'espace n'est donc point une idée ordinaire, un simple produit de l'intelligence ; il est le moyen de se représenter les choses. Il est une représentation *a priori* qui enserre toutes les représentations *a posteriori*. Nous espérons être compris.

Ce n'est donc pas à la métaphysique ordinaire, c'est à la science transcendantale qu'il faut demander l'*exposition* de l'idée d'espace [1], puisque la science transcendantale est celle des *principes* ou formes nécessaires. L'espace, on a dû le voir, est une forme nécessaire de la sensibilité.

La géométrie n'est pas une science d'expérience ; les propriétés de l'espace, elle les détermine synthétiquement, c'est-à-dire qu'elle ne les extrait pas de la notion de l'espace bien analysée ; et elle les démon-

---

[1] Exposer une idée, c'est en faire connaître le contenu. L'*exposition* de Kant est l'analyse de Condillac.

tre *a priori*, c'est-à-dire qu'elle les fait reconnaître certaines *a priori*. Il faut donc que l'espace lui-même soit une intuition *a priori*. Car d'une simple notion, d'une notion déduite, on ne saurait déduire des propositions qui l'excèdent et la dominent; d'une idée empirique, on ne peut tirer des conséquences qui ne le sont pas. Or, puisque les propriétés de l'espace se démontrent *a priori*, il suit que l'espace est une intuition primitive. Les propositions géométriques sont inséparables de la conscience qu'elles nous donnent de leur nécessité. Exemple : « l'espace n'a que trois dimensions. » L'impossibilité d'en concevoir une quatrième est plus qu'un jugement d'expérience; c'est un jugement *a priori*, un jugement nécessaire. L'espace lui-même est donc une intuition *a priori*, une intuition nécessaire.

Or, maintenant comment une intuition extérieure, ou du moins qui ne s'applique qu'à l'extérieur, peut-elle résider préalablement en nous, y précéder les objets mêmes, et leur servir comme de moule où vienne se modeler la représentation de ces mêmes objets? Il faut qu'elle réside dans le sujet, c'est-à-dire en nous, comme une condition préalable, un élément nécessaire de son aptitude à être affecté desdits objets, à en acquérir ainsi la représentation immédiate ou l'intuition. Il faut qu'elle soit la forme du sens externe en général.

Ce qui surprend, ce qui donne à cette théorie l'air forcé (et ici nous commentons, au lieu d'exposer), c'est qu'elle veut que la représentation d'espace précède en nous les représentations sensibles; et que cependant en fait, une représentation sensible, une sensation, est nécessaire pour que la conception d'espace se représente à nous; c'est l'application qui nous la révèle. Quoi? l'expérience est la condition de cette représentation *a priori* qui, dit-on, rend seule possible l'expérience elle-même? Cette difficulté se rencontre fréquemment sous une forme ou sous une autre dans l'étude de l'esprit humain. Il y a ici un fait général qu'il est bon d'exposer.

L'homme est ainsi fait que le dehors sert d'occasion aux phénomènes du dedans. Ainsi l'on ne peut concevoir un homme qui ait la notion d'espace, avant d'avoir eu la sensation d'aucun objet extérieur, en un mot avant d'avoir rien vu. Il est vrai; historiquement, nos sensations précèdent l'intuition de leur objet; dans l'ordre chronologique, la modification organique qui nous vaut la sensation, vient avant la représentation intérieure. C'est la sensation qui donne le mouvement à l'âme humaine. De cette observation est née la philosophie qui dérive tout de la sensation.

Mais l'ordre chronologique est-il donc l'ordre logique? De ce qu'une sensation est indispensable, s'ensuit-il que l'intuition qui s'y applique en soit l'ouvrage? Que le vent agite le pendule immobile d'une horloge montée, elle part, elle va. Est-ce le vent qui a monté l'horloge? Est-ce le vent qui l'a faite? Est-il la cause et le régulateur du mécanisme chronométrique, et même de la mobilité du pendule? Est-ce lui qui nous apprend l'heure qu'il est? Allons plus loin; du mouvement même que le pendule a reçu, de l'impulsion qu'il a donnée, ferons-nous procéder la combinaison des roues et des ressorts, et la connaissance que leur jeu nous donne? Non sans doute; le vent a soufflé, l'horloge s'est mue, elle marque l'heure et mesure le temps. Ces trois faits dont le premier a provoqué le second, et qui se lient les uns aux autres, sont pourtant distincts et hétérogènes. Les aliments sont indispensables à l'action de l'estomac; l'air à celle de la poitrine. Les fonctions de la poitrine n'existaient-elles pas en puissance avant la première aspiration, celles de l'estomac avant la première digestion? La forme de l'action de ces organes n'était-elle pas réglée d'avance, invariable, nécessaire, toute prête au moment de leur mise en activité? Ainsi, l'horloge et ses lois existaient avant le mouvement du balancier; ainsi la sensibilité et ses lois, et ses formes, avant la sensation.

Les conditions formelles de notre nature intérieure sont supérieures aux occasions qui les manifestent, aux phénomènes qui les appellent à se révéler; et cependant elles ont besoin de ces occasions et de ces phénomènes. Ce n'est pas le seul exemple de ce mélange de supériorité et de dépendance, noble et triste apanage de l'humanité.

Que signifie au vrai cette nécessité de l'intervention d'une apparition sensible, pour que nos facultés se déploient? Elle signifie, ce que nous ne pouvons méconnaître, que le monde existe indépendamment de nous, qu'il nous est extérieur, antérieur même, et que nous sommes avec lui dans un certain rapport. Entre lui et nous, il y a coordination.

S'ensuit-il que rien ne soit *a priori* dans l'entendement humain, que toutes nos idées soient des dépendances, des conséquences de faits extérieurs?

Nous avons déjà nommé la géométrie : sans contredit, c'est une science *a priori*; qui oserait l'ignorer? Quel géomètre n'en fait gloire? Qui a jamais prétendu avoir vu le point, la ligne, le cercle, le triangle, dont elle nous enseigne avec tant d'exactitude et de clarté les propriétés invariables? Il est des figures, celle du polygone à mille côtés, par exemple, dont nous ne pouvons obtenir en esprit une représentation même imparfaite. Et cependant, n'ayant vu que des figures empiriques, toujours inexactes, quelquefois essentiellement fausses, on pourrait dire contradictoires, comme, par exemple, la ligne et le point, nous en affirmons des vérités nécessaires, des propositions qui ne sont vraies que de ces figures idéalement conçues, prises hors de l'expérience, et vues des yeux de l'esprit. Ces propositions sont vraies *a priori*, indépendamment de l'application et de l'expérience. Elles dominent et précèdent toute figure réelle. Elles sont des conditions nécessaires que l'esprit leur impose. Personne ne s'est hasardé encore à nier ce que dit Montesquieu, qu'avant qu'on eût tracé de cercle, tous les rayons étaient égaux.

Toutefois, peut-on prétendre que si les figures empiriques n'existaient pas, l'homme eût découvert la géométrie? Si la nature ne nous montrait de certaines formes, si l'art graphique ne les reproduisait pas, les propositions géométriques existeraient sans doute; c'est le droit des vérités éternelles : mais les saurions-nous? Les comprendrions-nous? Les penserions-nous? L'aspect des figures, ou pour parler plus philosophiquement, la contemplation de l'étendue réelle a été indispensable à la découverte de la géométrie, l'observation est nécessaire à la science, et la sensation à l'observation. En d'autres termes, l'esprit de l'homme a besoin de ses sens.

Si donc il a fallu l'expérience pour la découverte de la géométrie, qui vit de vérités supérieures à l'expérience, il suit que des connaissances *a priori* peuvent avoir besoin de la sensation sans en procéder; et parce que certaines conceptions exigent une occasion tout extérieure pour se montrer en nous, elles ne laissent pas d'être *a priori*, si leur nature ne comporte pas d'autre origine. De même qu'il faut avoir vu des cercles et des carrés pour concevoir les propriétés *a priori* du cercle et du carré, il faut des apparitions externes pour concevoir les intuitions *a priori* qui seules les transforment en intuitions complètes. Il faut une matière pour que la forme se réalise ou passe de la puissance à l'acte. Il faut que des objets apparaissent pour que la conception d'espace se lève dans l'esprit; et bien que l'apparition des corps soit empirique, l'intuition de l'espace dans lequel ils apparaissent subsiste *a priori*.

Cette analogie, qui est presque une similitude, n'avait peut-être pas encore été remarquée. Elle peut, ce me semble, éclaircir une difficulté qui souvent arrête dans les recherches métaphysiques. Cette difficulté a égaré d'excellents esprits, des écoles tout entières. La philosophie de Locke n'a presque jamais su la résoudre, ni concilier la nécessité pratique de la sensation qui n'est pourtant qu'un accident, avec la nécessité impérative des lois de notre nature intellectuelle.

Reprenons la trace de Kant.

Puisque ce qu'on peut appeler la *réceptivité du sujet*, c'est-à-dire l'aptitude du moi à être affecté des objets, précède nécessairement toute intuition de ces mêmes objets, la forme de tout phénomène, préalable obligé de l'intuition, peut être donnée dans l'âme avant toute aperception actuelle. Comme intuition pure et dans laquelle tous les objets doivent être déterminés, elle peut contenir les principes des rapports de ceux-ci, antérieurement à toute expérience. Non-seulement cela peut être, mais cela est ainsi; ce qui revient à dire que nous préexistons à nos sensations.

Jusqu'ici, l'espace n'est donc qu'une forme; il est une condition subjective de la sensibilité, c'est-à-dire un besoin du sujet, c'est-à-dire encore une nécessité du moi. On comprend que la forme générale des apparitions du sens externe rende seule possible l'intuition extérieure.

Mais de cette théorie de l'espace il sort une conséquence générale, qu'il ne faut ni supprimer, ni légèrement accepter. Exposons-la avec soin.

Si l'espace n'est qu'une forme, s'il est une condition subjective de la sensibilité, il n'est pas une qualité des choses, une de ces modifications ou déterminations des objets, qui leur demeurent inhérentes, même après qu'on a fait abstraction du sujet qui les perçoit, du spectateur qui les contemple. C'est même une question si de telles qualités existent. Kant les regarde pour la plupart comme des conditions particulières de la sensibilité, au lieu que l'espace en est la forme générale; par conséquent, elles sont des conditions de l'apparition des choses auxquelles nous les attribuons; rien encore n'autorise à prétendre qu'elles soient des conditions de la possibilité des choses en elles-mêmes. Tout ce qui vient d'être exposé a pour but de montrer comment l'homme est fait, non comment les choses sont faites. Dire que l'espace est une condition subjective, une intuition pure, une forme, c'est dire qu'il est une loi de la constitution humaine, ce n'est pas dire qu'il soit une loi de la nature extérieure. Supposez un autre sujet que l'homme, ses apparitions peuvent n'être pas soumises aux mêmes conditions. Les lois qui sont pour nous constantes et universelles, le sont-elles pour un sujet quelconque, pour tout autre être que l'homme? le droit manque pour l'affirmer.

Sur l'idée d'espace, fondez ce jugement : « Toutes les choses, en tant qu'apparitions, c'est-à-dire en tant que manifestées à l'homme par la sensation, sont à côté les unes des autres dans l'espace. » La proposition est constante, universelle, elle ne supporte aucune restriction. Elle est absolue, le sujet une fois donné, ou plutôt elle est absolue dans le sujet. Mais dans l'objet? c'est autre chose. Traduisez-la en termes plus généraux, rendez-la plus véritablement absolue, et dites: « Toutes les choses sont les unes à côté des autres dans l'espace. » Alors elle est hasardée, elle est sujette à restriction, à objection. Du moins elle fait scrupule à la circonspection du philosophe dont nous répétons en ce moment les leçons.

Il enseigne que l'espace n'est quelque chose que relativement à nous. On peut affirmer la réalité de l'espace par rapport à toute représentation externe. Cette réalité est empirique, puisque l'espace est la condition de toute expérience, l'attribut que nous rattachons nécessairement aux phénomènes sensibles. Mais par rapport aux choses elles-mêmes, l'espace n'a point de *réalité ;* on ne peut lui reconnaitre qu'une pleine *idéalité.*

Cette idéalité est transcendantale, c'est-à-dire que l'espace ne peut être affirmé comme le fondement des objets en eux-mêmes. Réalité empirique, idéalité transcendantale de l'espace, cela signifie que la représentation d'espace s'appuie seulement sur la constitution de l'esprit humain, que l'espace est la condition de la possibilité de l'expérience, non de la possibilité des choses. Il n'appartient pas à l'objet, mais au sujet. Nous l'imposons aux choses; nous ne le dérivons pas d'elles ; c'est une condition subjective, non une condition objective de la sensibilité; c'est une forme enfin, ce mot dit tout.

Nulle représentation extérieure n'est possible hors de l'espace, il est vrai, mais cela ne signifie pas que d'une manière absolue rien d'extérieur ne soit possible hors de l'espace. Non ; seulement rien ne peut être représenté sans la condition de l'espace, et par conséquent hors de l'espace rien n'est possible pour l'homme.

Les autres représentations subjectives, applicables aux choses extérieures, ont bien cela de commun avec celle de l'espace, qu'elles appartiennent à la constitution de notre sensibilité, comme le son à l'ouïe, la couleur à la vue, la solidité au toucher; mais elles n'ont point l'idéalité qui caractérise la représentation d'espace, car elles ne donnent point naissance à des jugements synthétiques *a priori*, tels que ceux qui se fondent sur la représentation de l'espace. Essayez d'asseoir sur la représentation de couleur ou de son une proposition universelle *a priori*, comme celle-ci : « Point de représentation « extérieure possible hors de l'espace »; ou comme cette autre : « L'espace n'a que trois dimensions. »

La représentation de son appartient bien à la constitution de notre sensibilité, mais la sensation seule la suggère. Elle ne procède point tout entière de l'intérieur; elle n'y réside point *a priori.* Sans avoir de valeur objective absolue, puisqu'elle dépend de notre manière de sentir, elle est cependant puisée dans les phénomènes, et non imposée aux phénomènes. Elle n'est donc point subjective *a priori*. C'est ce qu'on exprime en disant qu'elle n'a point d'*idéalité transcendantale.*

Cette représentation, et celles qui lui sont analogues, ne doivent être considérées que comme des modifications de nous-mêmes, comme des changements dans le sujet, qui peuvent différer chez des sujets différents. Tout le monde comprend que la couleur d'une rose pourrait apparaître diversement aux yeux de chacun. Quand nous parlons de la couleur d'une rose, nous ne parlons pas nécessairement de la même chose, de la même apparition. L'espace au contraire, intuition pure, représentation venue de nous, et non originaire de la sensation, est nécessaire. Point d'entendement, point de sensibilité, sans la conception identique et universelle d'espace. Son idéalité est inébranlable. Toute comparaison de cette représentation avec celles de couleur, de saveur, d'odeur, etc., est inexacte.

Il résulte clairement de cette exposition, que nous avons prolongée afin qu'elle se fît pleinement comprendre, il résulte que l'espace ne doit pas être pris pour une forme des choses qui leur soit essentiellement propre. Nous ne pouvons sortir du point de vue de l'humanité, et les objets en eux-mêmes ne nous peuvent être connus. Ce que nous nommons objets extérieurs se réduit à de simples représentations de notre sensibilité dont l'espace est la forme.

Telle est la conclusion de Kant. Nous ne saurions la laisser passer sans observation. Nous ne renonçons pas à juger ce que nous exposons.

§. III. Observation.

Il y a ici deux choses à observer; l'une est la théorie de l'espace, l'autre la portée de cette théorie.

Les opinions des philosophes sur l'espace ont beaucoup varié; on pourrait les ramener à trois principales.

L'espace n'est rien : c'est le vide, le néant, l'absence ou la négation de tout corps; en d'autres termes, il n'est qu'une supposition de l'esprit, un nom abstrait, la désignation d'un point de vue des objets; au lieu de dire qu'ils sont les uns à la suite des autres, on dit qu'ils sont dans l'espace. C'est une pure façon de parler.

L'espace est une qualité des objets, non une qualité que l'esprit leur attribue, non une expression de leur manière d'être, non une hypothèse prise pour telle. C'est une qualité réelle des corps, puisqu'il n'y a point de corps sans espace ; et cependant sans les corps l'espace se réduit à néant. La présence des corps qui seule le manifeste, seule aussi le réalise.

L'espace enfin est quelque chose par lui-même ; car on ne peut concevoir de corps sans espace, et l'espace, vide de corps, se conçoit très-bien. Supprimez le corps, vous ne supprimez point l'espace. Le contenant est aussi réel que le contenu.

Il faut l'avouer, chacun de ces systèmes offre de terribles difficultés. Nous n'en discuterons aucun ; peut-être y reviendrons-nous ailleurs. Remarquons seulement que Kant à ces trois opinions en a ajouté une quatrième. On peut dire qu'il les a toutes rejetées, et cependant toutes admises. Voici comment.

On ne saurait prétendre, a-t-il dit, que l'espace ne soit rien ; car nous ne voyons ni ne concevons rien d'extérieur hors de lui ni sans lui. Ce n'est point une simple négation ; c'est une idée nécessaire. S'ensuit-il qu'il soit quelque chose de plus qu'une idée, qu'il soit un être? Mais toutes nos représentations n'ont de réalité certaine que subjectivement, et il n'y a pas plus lieu de regarder l'espace comme un être par lui-même que comme une qualité des choses. Il existe donc ; mais il existe subjectivement. C'est en quelque sorte une qualité nécessaire ou plutôt une condition que notre constitution intérieure impose aux objets. Elle ne les conçoit qu'à ce prix ; et ce double fait d'être une condition, c'est-à-dire une circonstance nécessaire, et d'être une représentation, tout entière originaire de l'intérieur, quoique provoquée par la sensation extérieure, distingue l'espace de toutes les autres représentations sensibles, appelées communément qualités de la matière. On divise celles-ci en qualités premières et en qualités secondes. Les unes sont celles qui sont nécessaires ou que nous tenons pour une représentation ressemblante des choses; les autres, celles qui n'ont aucun de ces deux caractères. Eh bien, l'espace ne rentre ni dans la classe des qualités secondes, ni dans celle des qualités premières. Sans doute il est nécessaire, mais il l'est *a priori*; c'est une intuition pure, et les qualités même premières sont originairement empiriques. Ce n'est même qu'improprement qu'on peut appeler l'espace une qualité, bien qu'il soit, comme les qualités, un élément naturel de notre manière de voir les choses. Comme être, idée, ou qualité, il est à part. Comme être, son existence est subjective; c'est une forme sans matière. Comme idée, il est *a priori* en nous, et cependant il se lie exclusivement aux représentations sensibles. Comme qualité enfin, il n'est pas attribué aux corps, à raison d'une impression produite; il s'impose aux sensations au lieu de s'en dériver, et l'homme le projette sur le monde au lieu de l'emprunter à la nature. C'est qu'il y a une sensibilité *a priori*, dont la science n'est pas empirique, comme la philosophie des sensations. Cette science est dite transcendantale, ce qui signifie qu'elle est la science de ce qui est pur, de ce qui est *a priori* dans notre âme, ou dans notre moi. Cette science est une découverte de Kant. Un des objets de cette science est la sensibilité *a priori*; un des principes de la science de la sensibilité *a priori*, ou de l'esthétique transcendantale, est la représentation d'espace; représentation pure, primitive, *sui generis*, qui est à la sensibilité ce que les catégories sont à l'intelligence.

Cette théorie est très-ingénieuse; elle contient beaucoup de vrai; mais où conduit-elle? Voyons quelle en est la portée.

Kant n'a rien dissimulé. Il est convenu que cette théorie n'affirmait rien de la réalité de l'espace, et il n'a pu se justifier que par l'objection générale que l'on oppose à l'affirmation de toute réalité. Comment savoir ce que sont les objets en eux-mêmes? Comment savoir à quel titre ils existent? Nous ne les connaissons que tels qu'ils nous apparaissent; nous ne savons que ce que nous voyons. Ce que nous concluons de nos sensations, nous le concluons sur la foi d'inductions ou de raisonnements qui ne sont que des lois de notre esprit. La réalité est donc dans ces lois mêmes; ce qu'elles légitiment, est certain par rapport à nous. Toute science, toute certitude est purement subjective; toute réalité objective n'est qu'un besoin de notre esprit ou une excursion de notre raison hors de nous-mêmes. En présence du monde, l'homme est tout ensemble juge et témoin. Il ne peut attester que lui de ce qu'il prononce.

Tel est l'argument du scepticisme ensemble et de l'idéalisme. L'idéalisme, savoir la négation du monde extérieur; le scepticisme, savoir la négation de la certitude, peuvent ressortir de la théorie que Kant a donnée de l'espace. Il faut bien le dire, la pensée même d'une science transcendantale semble contenir l'idéalisme et le scepticisme.

Cependant ne nous hâtons pas. Un examen plus

approfondi pourrait montrer que cette double accusation, encore que plausible à plusieurs égards, ne retombe pas de tout son poids sur la philosophie critique.

Reconnaissons-le, Kant part de l'hypothèse du scepticisme ; mais il n'est jamais sceptique d'intention, et il ne l'est pas toujours de fait. Descartes a commencé par le doute, et certes sa philosophie est dogmatique. Kant aussi suppose le doute, et toute philosophie rationnelle le suppose jusqu'à un certain degré. Mais il s'est proposé la certitude, et il l'a cherchée là où doit s'adresser toute philosophie, dans l'homme même. Quels sont les faits de l'esprit humain? Telle est la perpétuelle question qu'il examine. Que pense et que croit le genre humain, et ce qu'il pense, ce qu'il croit, comment le croit-il et le pense-t-il? Voilà la principale question. Mais ce qu'il croit, ce qu'il pense, l'homme a-t-il le droit de le penser et de le croire? Autre question, à laquelle Kant ne touche pas encore, et qu'il réserve à la métaphysique, à cette science dont il fait profession de se tenir à respectueuse distance. Sa philosophie, que de ce côté-ci du Rhin de beaux esprits trouvent mystique, est une philosophie de faits. Ces faits, qui sont les faits de l'esprit humain, il les démontre ou les constate : il les affirme ensuite, et, en ce sens, sa philosophie est dogmatique, mais dogmatique rationnelle, puisqu'elle est fondée sur l'examen. L'homme est ainsi; telles sont les lois de la raison; l'esprit humain est fait de sorte que ceci est juste, cela absurde, ceci nécessaire, cela contingent, ceci certain par soi-même, cela par déduction : voilà ce qu'il dit à chaque page. Voulez-vous aller plus loin? Lui demandez-vous davantage? Les lois de la pensée sont-elles les lois de la nature? L'homme est-il le miroir de la réalité? Sa science est-elle la vérité, sa raison concorde-t-elle avec la constitution des choses, avec la raison divine? Kant s'arrête, il hésite, il se récuse, il élude la question. Il vous répond que ce n'est pas ce dont il s'occupe, que vous lui parlez d'ontologie, quand il s'agit de psychologie, qu'il n'a pas promis de répondre à tout; et c'est par là que sa philosophie est exposée au soupçon de scepticisme.

Je dois ajouter cependant que cette réserve peut être un procédé méthodique. Il a voulu isoler les questions, distinguer les sciences, nuancer les certitudes. Or, les questions ontologiques sont plus hasardeuses que les questions psychologiques, et si les premières conduisent à quelques principes certains, ces principes sont beaucoup moins nombreux, et quelques-uns d'une certitude moins entière, surtout moins directe, que les vérités qui naissent de l'observation de l'esprit humain. L'ontologie, comme science, restera éternellement bien moins complète que la psychologie.

Kant se disculpera plus difficilement de l'imputation d'idéalisme. Il est bien vrai que l'idéalisme, impliqué dans l'esthétique transcendantale, est à certains égards une hypothèse. L'auteur n'a point voulu tout considérer à la fois, tout dire en même temps. Il désavoue ailleurs toute incrédulité sur l'existence des corps. En général, il paraît mettre une grande différence entre refuser toute réalité aux objets extérieurs, et reconnaître que les représentations ne sont pas une preuve démonstrative de l'existence des choses qu'elles représentent. Mais il faut convenir que ce soin scrupuleux, cette résolution prise de se renfermer dans l'enceinte du moi, dans l'intérieur de l'homme, de se borner à cette certitude égoïste qui n'est valable que pour l'esprit humain, laisse à l'abandon la croyance aux réalités extérieures, en affaiblit l'énergie et l'empire; et l'on ne peut s'étonner que, contre l'intention de Kant, l'idéalisme le plus audacieux soit sorti de son école.

Idéaliste cependant, il ne veut pas qu'on le soit. Sans cesse il indique que l'homme ne l'est pas. Dans sa pensée même, il doit résulter de ce que nous ne pouvons bien savoir que le moi, de ce que l'esprit humain est l'objet de toute philosophie, il doit résulter, dis-je, que l'esprit ne peut que rester fidèle à ses propres lois, qu'il ne saurait, sans attenter sur lui-même, nier ce qu'il est dans sa constitution d'affirmer, et que croire autrement qu'il ne croit est un crime contre nature. La raison ne peut prévaloir contre elle-même. Puis donc que nous ne pouvons rien savoir de l'extérieur sans le supposer existant, qu'il n'est représenté que comme réel, la représentation équivaut à la réalité, et vouloir en savoir davantage, c'est prétendre s'élever au-dessus de l'humanité; c'est affecter Dieu. La conclusion de la philosophie de Kant pour un esprit sain serait donc en définitive la confiance aux croyances naturelles, et la foi dans le sens commun qui n'est que l'expression naïve et spontanée de l'esprit humain. C'est le mépris de l'idéalisme.

Avouons cependant que, d'une part, l'effort de raisonnement et d'abstraction nécessaire pour constamment tenir la science transcendantale distincte des croyances ontologiques, et pour s'isoler dans la sphère des connaissances subjectives, loin du monde des réalités externes, doit à la longue énerver la foi pratique, et façonner l'esprit à cette sorte de tour d'adresse, qu'on appelle l'idéalisme. Ajoutons que Kant n'a pas tenu assez de compte de ce que Reid a mis en lumière; savoir, l'importance et la force de ce principe de foi dans l'objet des sensations, qui sert d'appui à la raison et de guide à la vie. La théorie de la perception est restée le privilége et la gloire de l'école écossaise. Et puis enfin, en admettant que la perception ne soit qu'un fait puissant, une croyance forte, il y a dans la raison quelque chose d'absolu qui commande et légitime les convictions de l'humanité. Kant n'en est pas assez frappé.

Ainsi, pour appliquer immédiatement ces observations à la théorie de l'espace, il est parfaitement vrai que la conception de l'espace est inséparable de nos représentations; et sans doute on est par là autorisé à dire que l'espace est une forme nécessaire de nos représentations. Mais n'est-il que cela? Est-ce là toute la vérité? Peut-on, à l'aide de cette théorie, satisfaire à toutes les questions que vous font les diverses écoles sur la nature et la réalité de l'espace? N'est-ce pas un véritable subterfuge que de répondre aux uns : il est quelque chose, car il a une réalité subjective; et aux autres : il n'est rien, car il a une idéalité transcendantale?

Qu'a fait Kant? « Nul objet ne peut être *conçu* hors de l'espace. » Toute sa théorie n'est que l'exposition détaillée, rigoureuse, de cette incontestable proposition. C'est cela qu'il dit, qu'il démontre, qu'il développe dans l'exposition analytique que nous avons presque littéralement reproduite. Mais voici une autre proposition non moins vraie, et qu'il a complétement omise ou méconnue : « Nul objet ne peut être *perçu* hors de l'espace. » Cette proposition, qui ne me paraît pas pouvoir être contestée davantage, ramène avec elle tous les problèmes sur la nature et la réalité de l'espace. Et ces problèmes, il faut bien le dire, Kant ne nous donne aucun moyen de les résoudre. Il tourne avec une prestesse merveilleuse la difficulté, puis nous laisse impitoyablement nous briser à l'écueil qu'il a franchi.

En un mot, l'espace est une conception; sur ce point Kant a tout dit. Mais si l'espace est une perception, Kant nous laisse beaucoup à apprendre; et ce qu'il faut apprendre, Reid lui-même ne nous l'enseigne pas; car, en définitive, on ne sait avec lui si l'espace existe ou n'existe point[1].

Concluons que la doctrine de Kant sur l'espace n'est point absolument satisfaisante, même en admettant avec lui que la notion d'espace ne fût essentielle qu'à la sensibilité, et cela même est encore une question.

---

[1] Voyez l'Essai précédent, p. 216.

§. IV. Du temps.

Le temps a été placé auprès de l'espace; car il est aussi une forme de la sensibilité *a priori*. C'est ce qu'il faut expliquer pour le temps comme pour l'espace.

Le temps n'est point une notion empirique, ou provenue des expériences extérieures. Si la représentation du temps n'existait en nous primitivement, jamais nous n'arriverions à la représentation de succession ou de simultanéité. Quand nous concevons les objets dans un même temps, ou dans un temps divisé, ce n'est pas la sensation qui nous donne cette conception; car une sensation est nécessairement isolée; deux ou plusieurs sensations ne sont en rapport entre elles que par l'identité du sujet; elles ne se lient que par le moi. Le temps est une représentation nécessaire que nous trouvons en nous, et nous y concevons les intuitions; nous les plaçons en idée dans le temps; seul, il les rend possibles.

Et la preuve qu'il n'est pas donné par l'expérience, c'est qu'il est le fondement de propositions évidentes par elles-mêmes, qui sont les règles et non les produits de l'expérience, qui nous enseignent l'expérience et ne nous sont pas enseignées par elle. Telle est cette proposition : « Le temps n'a qu'une dimension. » Et cette autre : « Des temps « différents ne sont point simultanés, mais l'un « après l'autre » (tandis que des espaces différents ne sont pas l'un après l'autre, mais simultanés).

Le temps n'est pas plus que l'espace une idée

discursive ou générale. Des temps différents ne sont que les parties d'un même temps, et le temps ne peut être assimilé à ces qualités des choses qui se retrouvent séparément dans chaque chose, et sans avoir d'autre rapport entre elles que celui d'être reconnues par l'abstraction pour un commun caractère d'objets différents. Tous les temps particuliers font partie d'un temps fondamental, tandis que des solidités différentes, celle du marbre et celle du bois, par exemple, ne sont pas des fractions d'une même solidité. Par voie de limitation, on peut supposer des grandeurs déterminées de temps; mais l'idée originelle de temps est donnée sans limite; le temps fondamental est une grandeur infinie. Les idées générales, les représentations empiriques n'ont point ce caractère; la représentation totale de temps n'en peut donc provenir. Elle est une intuition primitive, une forme pure de la sensibilité.

Ainsi le temps est un des principes de la science transcendantale.

En effet, l'idée de changement, par suite celle de mouvement, n'est possible que par la représentation de temps, et dans cette représentation le mouvement suppose le temps. Si donc le temps n'est pas une intuition *a priori*, rien ne peut rendre concevable la possibilité d'un changement, c'est-à-dire la réunion dans un même objet d'attributs contradictoires. Par exemple, une chose est et n'est pas dans le même lieu; comment cela est-il possible? Successivement, c'est-à-dire dans le temps; le temps est ici une condition nécessaire. De même que la géométrie n'est possible que dans la supposition de l'espace; la statique, la mécanique, en général la science du mouvement, n'est possible que dans la supposition du temps.

Des conséquences nombreuses se présentent.

D'abord le temps n'est pas quelque chose de subsistant par soi-même; car il serait réel sans objet réel, puisque jamais on n'a pu dire que le temps fût un objet; le temps n'est point perçu.

Il n'est pas une qualité des choses, ce que Kant appelle une détermination objective des choses; car il échappe au procédé par lequel on isole et distingue ces qualités. Dépouillez par l'abstraction un objet de toutes ses déterminations objectives, il ne vous restera pas le temps; il n'appartient pas à l'objet. S'il en dépendait, il ne pourrait s'imposer aux objets comme une forme nécessaire, et servir de base à des propositions synthétiques d'une évidence absolue.

Comme l'espace est la forme du sens externe, le temps est la forme du sens interne. Il n'appartient à aucune figure, à aucune position; il n'est la détermination d'aucun phénomène extérieur; il n'y en a aucun qui ne soit complet, indépendamment du temps, au lieu qu'aucun ne peut se passer de la détermination d'espace. C'est donc avec nous-mêmes, avec notre état intérieur, que le temps détermine le rapport des représentations extérieures. Il fait partie d'une intuition de nous-mêmes, qui se combine avec celle du dehors. Tout le monde comprend que, sans la durée du sujet, les phénomènes ne pourraient être déterminés dans le temps; ils ne donneraient jamais à eux seuls l'idée de cette détermination.

De ce fait double que le temps est la condition *a priori* de toutes les apparitions, condition immédiate des apparitions internes, condition médiate des apparitions externes, on peut déduire les propositions suivantes :

« Tous les phénomènes externes sont dans l'espace. »
« Tous les phénomènes en général sont dans le temps. »

Par rapport aux phénomènes, le temps a bien une valeur objective; car les phénomènes sont les choses mêmes, en tant que nous les prenons comme objets de nos sens. Mais si l'on écarte cette dernière restriction, si l'on fait abstraction de la sensibilité pour en considérer l'objet, et de notre moyen de nous représenter les choses pour voir les choses absolument, le temps n'est plus. Il n'est qu'une condition subjective de l'intuition. Par lui-même et hors du sujet il n'est rien. Si les changements n'ont lieu que dans le temps, et par conséquent le supposent, cela veut dire que je ne puis avoir conscience de mes représentations diverses que dans une succession; cela ne prouve qu'une forme du sens interne. Il ne s'ensuit pas que le temps soit une détermination inhérente aux choses, ni que, si notre sensibilité était autrement constituée, la représentation de changement aurait encore lieu. Le temps n'a donc qu'une réalité subjective. La seule proposition, ayant une valeur objective, que l'on puisse formuler sur le temps, est-celle-ci : « Toutes les choses en tant que phénomènes sont dans le temps. » Mais supprimez ces mots *en tant que phénomènes*, la proposition est hasardée et gratuite.

Le temps étant donc dénué de toute valeur objective, indépendamment de nous, c'est-à-dire de toute réalité absolue, n'appartient aux choses ni comme condition ni comme propriété, et n'est ni dans les objets, ni au nombre des objets, soit comme subsistant, soit comme inhérent. De là résulte l'*idéalité transcendantale* du temps.

§. V. Observation.

L'exposition des idées de temps et d'espace épuise l'esthétique transcendantale, ou la science de la sensibilité *a priori*. Toute autre idée appartenant à la sensibilité suppose, en effet, quelque chose d'empirique. Telle est l'idée de mouvement qui suppose d'ailleurs l'espace et le temps. Essayez de concevoir l'idée du mouvement, sans quelque chose qui soit mû, sans l'apparition d'un mobile? Or, l'espace en lui-même n'a rien de mobile. Il faut donc que l'expérience vous donne quelque chose de mû dans l'espace. Le changement, idée plus simple que celle de mouvement, exige également une donnée empirique. Ce qui change est quelque chose qui est représenté dans le temps, lequel lui-même ne change pas. Il faut donc un objet dont les modifications se succèdent; et c'est là une donnée empirique, soit qu'on la cherche dans l'extérieur, soit qu'on la réduise au moi dont les affections sont diverses.

Kant a bien senti que cette négation de l'existence du temps et de l'espace était une nouveauté grave qui se ferait difficilement accepter. Il faut voir comment il répond aux objections, et quelle sorte de certitude et de réalité il s'est efforcé d'établir. Elle est bien restreinte, mais elle a du moins cet avantage apparent d'échapper à l'idéalisme, et Kant croyait en triompher dans le point même où nous l'accusons d'y avoir cédé.

D'abord il ne convient pas qu'il refuse au temps et à l'espace toute réalité. L'un et l'autre ont avec lui une réalité subjective.

Prenons le temps. Il est réel pour moi, non comme objet, mais comme moyen de représentation de moi-même, considéré comme objet. Il faut même remarquer une différence entre le temps et l'espace. La réalité absolue de l'espace est indémontrable; mais du moins l'objet du sens interne, l'intérieur pris comme objet, le sujet se servant d'objet à lui-même, ce que les Écossais appellent le moi ou l'intuition du moi, c'est-à-dire de ses phénomènes, est quelque chose de clair et d'évident immédiatement. La conscience n'exige pas de démonstration. Or, le temps est la forme réelle de cette intuition interne; il est donc quelque chose d'inébranlable comme le moi.

L'espace est la forme des apparitions du sens externe. Mais ces apparitions peuvent-elles être révoquées en doute? Qu'on dise, si l'on veut, qu'elles ne déposent pas avec autorité de la nature de leurs causes extérieures; mais qu'on ne les nie pas. Elles sont certaines, elles sont réelles. Le moi en a également conscience, et la réalité subjective est la première des réalités. Assurément elle ne manque pas à la représentation d'espace.

Que ce genre de réalité seulement appartienne à l'espace et au temps, la sûreté de la connaissance expérimentale en sera-t-elle compromise? Nullement; nous en sommes également assurés, que les formes appartiennent nécessairement aux choses ou à l'intuition des choses.

Que faire, d'ailleurs?

Direz-vous que l'existence de l'espace et du temps est attestée par l'expérience : mais ni le temps ni l'espace ne peuvent se constater par expérience. Ils n'apparaissent pas; ils ne sont et ne peuvent être des phénomènes. Ils ne tombent pas sous les sens. La sensation les suppose, c'est tout ce qu'on peut affirmer; ce qui veut dire que l'être qui sent ne peut s'en passer, ou mieux que ce sont les formes nécessaires de la sensibilité.

Affirmerez-vous *a priori* la réalité absolue de l'espace ou du temps comme quelque chose de subsistant, comme des êtres, ce qui est le parti que prend l'ontologie : vous voilà forcé d'admettre deux vides, deux néants éternels, infinis, existant par eux-mêmes, et qui sont, même sans qu'il y ait quelque chose.

Suivrez-vous le parti ordinaire aux métaphysiciens, et direz-vous que l'espace et le temps sont quelque chose d'*inhérent*, sont des relations des phénomènes, relations déduites de l'expérience; y verrez-vous des rapports des choses, empiriquement constatés : alors les vérités mathématiques *a priori* perdent leur validité, leur certitude absolue. Car enfin, elles se fondent sur la notion d'espace, et cette notion, conçue *a posteriori*, déduite de l'expérience, simple produit de la faculté de former des idées, ne peut servir de base à des vérités absolues, supérieures à toute expérience. Les vérités mathématiques n'auraient plus qu'une probabilité expérimentale, qu'une certitude relative, analogue à cette proposition : « Le soleil se lève tous les jours. » Kant aurait pu ajouter que ce système est celui de l'idéologie à laquelle le don de la certitude est refusé, et qui ne saurait se défendre de l'accusation d'un involontaire idéalisme.

De ces deux derniers systèmes, l'un sauve la certitude des mathématiques ; mais hors du champ des mathématiques, il tombe dans l'absurde et l'impossible : l'autre sacrifie les mathématiques à l'avantage de se délivrer de la difficulté d'expliquer le rapport nécessaire des représentations d'espace et de temps avec les objets de l'intuition. Ces deux dangers, ces deux fautes, le système de Kant les évite. C'est un système évasif.

Sans aucun doute, Kant a raison, lorsqu'il affirme que dans sa théorie l'espace et le temps ont autant de certitude que dans toute autre. La certitude subjective bien comprise ne connaît pas de supérieure, et si les représentations de temps et d'espace sont fondées sur la conscience, elles sont au-dessus du doute ; toute philosophie raisonnable en conviendra. Mais la certitude n'est pas tout à fait la réalité. La réalité accordée ici au temps et à l'espace n'est que subjective, c'est-à-dire qu'elle est égale et conforme à celle qu'il faut reconnaître à nos facultés ; et je crois, en effet, que cette réalité n'est point usurpée. Le temps et l'espace sont nécessaires à l'esprit humain. Nul doute que ce ne soient des conditions sans lesquelles nous ne concevons rien d'existant. A ne les prendre que comme des idées, ce sont des idées nécessaires à toutes les idées que nous nous formons des objets, l'espace pour les objets de la sensibilité appliquée au dehors, le temps pour les objets de la sensibilité appliquée au dedans. Il y a plus : la réalité subjective du temps et de l'espace n'est pas moins un fait actuel que celle des apparitions ou modifications de la sensibilité produites à l'occasion des objets. Or, ces apparitions, il s'en faut qu'elles ne soient que des apparences ; ce sont des faits incontestables. Mais sont-elles une image des choses ? Nous représentent-elles les choses telles qu'elles sont? Voilà l'inconnu. C'est ce genre de réalité que Kant n'affirme pas ; et par conséquent il ne peut l'accorder aux formes générales de l'apparition, pas plus qu'à l'apparition même. Remarquez qu'il ne dit point que les apparitions ne fassent pas foi de quelque chose, il ne nie point que quelque chose ne leur corresponde objectivement, en termes ordinaires, que la sensation ne prouve un objet. Il dit seulement que la nature de cette cause externe reste incertaine, mystérieuse, et qu'il est impossible de démontrer que les objets soient comme ils paraissent.

Ce doute, il faut bien le dire, est contraire au sentiment commun de l'humanité. Mais bien qu'à mon avis il soit possible de le lever en partie, avouons qu'il y a nécessairement beaucoup d'inconnu dans la nature des objets en eux-mêmes. Que cette portion d'inconnu soit plus ou moins grande, qu'elle enveloppe jusqu'à l'existence des objets, c'est ce dont Kant ne s'est pas toujours assez inquiété. Il semble avoir pris pour irréfutable, dans les systèmes ordinaires, l'argument de l'idéalisme, et afin de l'éluder, il a insisté sur la distinction de l'objet en lui-même et de l'apparition. Oui, a-t-il dit à Berkeley, l'objet en lui-même, je vous l'abandonne; je consens à l'ignorer toujours; mais l'apparition, j'en suis certain. Elle est réelle, elle est un fait; elle participe de la certitude de la conscience. C'est un fait, un fait impérieux, que non-seulement les objets, mais la constitution même que nous leur attribuons, sont pris dans l'intuition comme des choses véritables; c'est une nécessité, je ne puis m'y soustraire; cette croyance, je ne puis la repousser. Il n'y a point là d'illusion ni d'incertitude. Aucun artifice logique, aucun scepticisme ne peut jeter le moindre doute sur le fait, que les objets m'apparaissent d'une certaine façon, et que les formes de cette apparition soient des formes nécessaires. Ceux-là seuls, au contraire, qui veulent que les apparitions soient l'expression exacte de la réalité, qui veulent que l'objet soit ce qu'il apparaît, ne sont pas à l'abri des piéges du scepticisme, et ne peuvent solidement établir qu'ils ne se fient pas à de simples apparences. La prétention de connaître la réalité des choses les jette dans l'hypothèse; ils tombent dans l'incertitude, quelquefois dans l'absurdité. Témoin ceux qui font des êtres distincts de l'espace et du temps; car ils se mettent sur les bras deux choses infinies qui sans être ni substances, ni inhérentes aux substances, existent, bien plus, sont la condition de toutes les existences, et qui, sans réalité ni matérielle ni spirituelle, survivraient à l'anéantissement de toutes les choses réelles. Que répondront-ils à Berkeley qui leur demandera comment les corps existent nécessairement dans un néant tel que l'espace, et comment notre existence même dépend d'une pure idée telle que le temps?

La réalité limitée, mais consolidée dans le cercle où la conscience domine, échappe à ces captieuses questions, à ces doutes embarrassants. Kant, en la déterminant ainsi, n'a pas cru l'ébranler. On doit même reconnaître qu'il a élevé un rempart neuf contre les assauts du scepticisme; et sous ses doutes apparents, sous la réserve de ses affirmations, il cache un dogmatisme secret et borné, auquel la raison peut s'abandonner avec confiance.

Les Écossais semblent n'avoir jamais compris toute la portée des objections des sceptiques; du moins se sont-ils hâtés de les croire brisées sous les coups du sens commun. Il n'est pas douteux, et nous l'avons remarqué, que Reid n'a point assez fait pour mettre les esprits exigeants et subtils à l'épreuve du scepticisme. Kant, au contraire, l'a voulu combattre corps à corps, et si la portion de doctrine que nous venons d'exposer d'après lui est loin de satisfaire tous les besoins et de garantir tous les droits de la raison humaine, reconnaissons qu'elle oppose aux subtilités insidieuses de la dialectique, des distinctions rigoureuses qui la contiennent dans certaines limites. En tout, il semblerait que Kant eût prévu et voulu faire mentir la maxime d'un philosophe français[1], qu'on ne fait point au scepticisme sa part. Faire les parts, telle est la constante ambition de la philosophie critique, et c'est même le sens

---

[1] M. Royer-Collard.

primitif du mot *critique*. Aussi, en ce qui touche le temps et l'espace, quelques points de sa théorie me paraissent-ils des positions imprenables pour le scepticisme.

En effet, Kant échappe au scepticisme sur des articles importants :

1°. Il admet que l'homme a une connaissance certaine et légitime de ses phénomènes intérieurs.

2°. Il reconnaît implicitement les règles de la logique, puisque c'est à l'aide de ces règles qu'il mesure et apprécie la valeur de nos diverses sortes de jugements.

3°. Il reconnaît, soit aux intuitions internes, soit aux intuitions externes, une réalité, une certitude subjective.

4°. Il pense qu'il y a des jugements certains par eux-mêmes, des jugements nécessaires.

Mais sa doctrine présente avec le scepticisme et l'idéalisme plusieurs caractères communs, savoir :

1°. Il nie ou du moins laisse en question toute réalité objective.

2°. Il méconnaît ou néglige soit la valeur, soit même l'existence de ce jugement naturel qui accompagne nos sensations et qui nous persuade de la vérité de leur objet.

3°. Il paraît ne faire aucune distinction entre les qualités de la matière, et les regarder toutes comme également relatives à l'être sentant, et partant comme n'ayant qu'une valeur égale à la pure sensation.

4°. Il réduit l'espace et le temps à des manières

de concevoir les choses, ou plutôt à des moyens de perception.

5°. Il oublie ou du moins il tait ce caractère des jugements nécessaires, et généralement de tout ce qui est nécessaire, jugements, formes, idées, notions; ce caractère, dis-je, d'être nécessaires pour l'esprit, non relativement, mais absolument, de sorte que l'esprit croit invinciblement que tout ce qui est nécessaire pour lui est une loi extérieure, et a droit à une validité objective : croyance directe, dogmatisme primitif qui doit être admis par quiconque n'est pas pleinement sceptique, ou dont la négation ramène le scepticisme tout entier.

En résumé, la théorie kantienne de l'espace et du temps peut être jugée du point de vue de l'ontologie et du point de vue de la philosophie critique elle-même.

Du point de vue de l'ontologie, elle est certainement insuffisante, je ne dis pas fausse, car il me paraît difficile d'attribuer, au temps du moins, une réalité positive et individuelle. Mais enfin le temps et l'espace, comme notions, correspondent certainement à quelque chose au dehors qui est dans les phénomènes. Ce n'est pas répondre que de dire qu'ils sont seulement nécessaires à notre manière de sentir; on pourrait en dire autant de toutes les notions de l'ontologie les unes après les autres; et quand on croirait ainsi n'avoir aboli que la métaphysique, on aurait anéanti tout le reste avec elle.

Du point de vue de la philosophie critique, c'est-à-dire de la logique appliquée à la psychologie, je crois qu'il y a erreur à réduire le temps et l'espace à des formes de la sensibilité : c'est en effet ne leur attribuer qu'une nécessité relative à la sensibilité même ; or ils me paraissent nécessaires d'une nécessité absolue, c'est-à-dire relative à la raison. J'accorde ici que la sensibilité seule me donne l'existence des choses et qu'elle me la donne dans l'espace et le temps, j'accorde même encore qu'elle ne la prouve pas ; mais étant donnée la sensibilité, ou mieux quand même la sensibilité n'existerait pas, quand même on ne saurait pas que les objets existent, il serait vrai qu'ils ne pourraient exister que dans l'espace et le temps. Si l'un et l'autre sont des formes de la sensibilité, c'est la raison qui les lui impose ; l'un et l'autre sont donc des formes d'une nécessité plus haute que celle que Kant leur attribue.

Ainsi, que le temps et l'espace soient pris dans la perception ou dans la conception, la théorie de Kant est au moins incomplète, et, si ce n'est qu'il a mieux éclairci les notions d'espace et de temps, elle se rapproche de celle de Descartes qui avait déjà vu dans le temps et même dans l'espace distinct de l'étendue corporelle, de pures façons de penser. Seulement pour Kant, ces façons de penser sont nécessaires.

III.

DE L'ENTENDEMENT PUR.

LOGIQUE TRANSCENDANTALE.

§. Ier. Objet de la logique transcendantale.

Il faut se rappeler la grande question de la philosophie transcendantale : «Comment les propositions synthétiques sont-elles possibles *a priori?* » La connaissance débutant par l'expérience, on a vu que l'expérience donne les intuitions ; l'intuition en général est donc expérimentale. Mais l'intuition se compose de matière et de forme. La matière de l'intuition ou l'intuition *a posteriori* se distingue de la forme de l'intuition ou de l'intuition *a priori*. Dans toute intuition empirique, il y a de l'intuition pure ; dans toute sensation on peut distinguer, des données actuelles de la sensibilité, ses conditions formelles. Les éléments purs ou formels de la sensibilité sont l'objet de l'esthétique transcendantale ; et cette première partie de la science nous donne les premiers fondements de la possibilité des jugements synthétiques *a priori*.

Mais si la connaissance commence par l'intuition, nous avons vu qu'à l'intuition s'ajoute la conception, ou que l'homme pense après avoir senti. Les philosophes disent en général qu'il connaît au moyen des sensations et des idées. Avec les sensations, il forme des idées, et l'objet des unes et des autres lui est ainsi connu. Kant exprime la même chose en disant que la connaissance a sa source principalement dans la faculté de recevoir des représentations, et par ces représentations de concevoir leur objet ; c'est à dire dans la réceptivité des impressions et dans la spontanéité des concepts [1]. Par l'une l'objet est donné, par l'autre il est pensé.

[1] Le concept est l'opération par laquelle l'esprit pense ce que la sensation lui transmet. Je me sers souvent du mot *idée*, parce que celui de concept, bien que de tout temps appartenant à la langue, est peu usité, et que l'idée est le grand mot de la philosophie française. Le mot allemand qui y correspond ici (*Begriff*) est proprement et étymologiquement la *conception* ; et c'est aussi la concep-

La conception, l'idée sans une intuition qui lui corresponde de quelque manière, directement ou indirectement, l'intuition sans une idée ne peut donner la connaissance.

La puissance de recevoir des représentations, nous l'avons appelée sensibilité; celle d'en produire soi-même s'appellera *l'intelligence* ou *l'entendement proprement dit*. L'entendement, c'est ce qu'il y a de spontané dans la connaissance, c'est la faculté des idées, concepts, notions ou conceptions.

Les deux facultés se lient et se tiennent; conception sans contenu sensible est vide, intuition sans conception est quelque chose d'aveugle. Il y a égale nécessité de rendre sensibles ses conceptions et de rendre ses sensations intelligibles, de joindre aux idées l'objet en intuition et de convertir les intuitions en idées. Ces deux opérations, ces deux facultés ne peuvent se suppléer l'une l'autre, mais elles se peuvent distinguer. La science de la sensibilité s'est appelée *l'esthétique;* celle de l'intelligence s'appellera *la logique*.

Il y a longtemps que la logique n'est plus seulement l'art de raisonner. Du jour où le règne d'Aristote a pris fin, le mot *logique* a changé de sens.

---

tion que Reid avait voulu substituer à l'idée. J'aurais pu me servir également du mot de *notion*. Le mot allemand *Idee*, commun aux deux langues, signifie plus habituellement un type idéal, un exemplaire intellectuel, soit que l'on ne donne à ces sortes de conceptions primitives qu'une existence abstraite, soit qu'à l'exemple de Platon, on les regarde comme subsistantes et éternelles. La vraie distinction kantienne serait peut-être celle des conceptions qui sont les idées de l'entendement, et des idées, qui sont les conceptions de la raison.

La Logique de Condillac est un traité élémentaire de psychologie. Celle que nous étudions ici est plus restreinte; elle mérite mieux son nom de logique; car au lieu d'embrasser toutes nos facultés, elle se borne à la science des idées, et ne traite que de l'entendement, c'est-à-dire de la faculté d'asseoir des idées sur les sensations. Elle se réduit à l'examen d'un problème qui pourrait être ainsi posé : « Com-« ment pensons-nous les objets de nos sensations [1] ? »

La logique est universelle comme l'intelligence; mais cependant elle peut être pure ou mixte. Elle est pure, lorsqu'elle fait abstraction de toutes les conditions empiriques au milieu desquelles s'exerce l'entendement, comme l'influence des sens, les jeux de l'imagination, les lois de la mémoire, l'empire de l'habitude. Elle est mixte, lorsqu'elle donne les règles de l'entendement agissant dans la sphère de ces conditions empiriques qui nous sont enseignées par la psychologie; alors même, cependant, elle est encore universelle, en ce sens qu'elle traite de l'entendement sans distinction des objets qui l'occupent.

Mais quelque générale que soit cette science, la logique transcendantale l'est plus encore; car non-seulement elle fait abstraction du contenu de la connaissance intellectuelle et de la diversité de ses objets, mais encore elle n'admet aucun principe empirique; elle reste donc absolument séparée de la

---

[1] Cette expression *penser les objets* n'est point parfaitement correcte, mais elle a des précédents en métaphysique. Nous citerons entre autres M. de Bonald qui s'est tant servi de la formule suivante : « L'homme pense sa parole et parle sa pensée. »

psychologie ordinaire et donne la pure forme de la pensée. C'est une science où tout doit être *a priori*.

Si l'on a bien compris ce que c'est que la sensibilité *a priori*, on concevra ce que c'est que la logique transcendantale. L'esthétique transcendantale contient tout ce qui est *a priori* dans la sensibilité; la logique transcendantale renferme tout ce qui est *a priori* dans l'entendement.

La logique est-elle appliquée aux notions fondées sur certains objets de l'intuition, c'est une science particulière. Est-elle appliquée aux idées que nous nous formons en général à l'aide des représentations données par l'expérience, quel que soit d'ailleurs l'objet de ces représentations, elle est universelle ou générale; mais elle n'est pas pure, car enfin elle admet les représentations empiriques; elle s'occupe par conséquent de l'élément empirique des idées en général; elle tient de l'idéologie ou de la psychologie. Mais simplifiez encore, ne vous enquérez pas de la base expérimentale de nos pensées, ne cherchez pas à rapporter la connaissance à une origine extérieure quelconque, ne considérez dans les représentations que les lois suivant lesquelles l'intelligence les saisit, les exploite et les combine, c'est-à-dire les conçoit; faites sa part dans les pensées dont l'intuition a donné les matériaux; ne contemplez enfin que la forme de l'entendement, vous aurez la logique pure ou transcendantale. Elle expose les lois du *connaître*, sans le moins du monde s'occuper du *connu*.

Voyons maintenant si cette science existe, c'est-à-dire si de même qu'il y a des intuitions pures qui s'imposent *a priori* aux représentations ou intuitions sensibles, il y a également des conceptions pures ou formelles qui puissent *a priori* s'imposer aux objets, et qui soient les procédés de la pensée pure.

Cet examen d'abord a pour objet unique la recherche et la décomposition, au cas qu'ils existent, des éléments *a priori* de la conception des intuitions, ou formes de la connaissance, ou conditions pures de la pensée des objets, indépendamment, 1°. de la nature de ces objets; 2°. de l'existence de ces objets, c'est-à-dire de la matière de nos connaissances et du rapport de cette matière avec nos moyens de la connaître et notre manière de la concevoir. Telle est la première partie de la logique transcendantale. Elle est donc tout analytique.

La seconde partie sera dialectique. Car c'est ce que devient la logique, lorsque cessant d'être la science des règles et des principes logiques, elle les emploie indépendamment de l'expérience, et que sans égard à la matière des connaissances, pourvu qu'elle leur impose ses propres lois, elle se donne pour *l'organe* de la vérité. La dialectique, dit Kant, est la logique de l'apparence; c'est-à-dire qu'elle prend les formes logiques pour l'équivalent de la vérité. La logique transcendantale aura aussi sa dialectique. Seulement la dialectique transcendantale sera la critique de l'autre, car elle réduira l'application des formes du raisonnement aux conceptions de l'entendement pur à n'avoir que la valeur d'une science abstraite, c'est-à-dire les caractères extérieurs et apparents d'une science. Les connaissances purement dialectiques sont, quant à leur matière et quant à leur forme, intégralement subjectives. Elles ne sont donc certaines que quant à leur forme.

§. II. Des idées pures ou catégories.

Analytique des concepts [1].

Le premier devoir de la logique transcendantale sera d'isoler l'entendement pour y démêler les principes sans lesquels aucun objet n'est pensé. C'est la décomposition de la connaissance *a priori*, ou l'analyse des conditions formelles de la pensée.

Il faut :

1°. Que les éléments qui sortiront de cette analyse soient des idées pures et non empiriques.

2°. Qu'ils appartiennent non à l'intuition, mais à la pensée, non à la sensibilité, mais à l'intelligence.

3°. Qu'ils soient rigoureusement des éléments, par conséquent bien distincts des idées dérivées; qu'ils soient primitifs et non déduits.

4°. Que l'analyse soit complète, c'est-à-dire que les idées admises comme formes de la pensée pure remplissent tout le champ de l'intelligence.

Cette analyse n'est point l'analyse ordinaire qui décompose les idées et fait l'inventaire de ce qu'elles contiennent. C'est la décomposition de la puissance intellectuelle. L'intelligence elle-même, non ce

---

[1] Le mot *analytique* est pris ici substantivement (*analytique*, science de l'analyse), par imitation de la partie de la Logique d'Aristote, qui précède la dialectique (premières et secondes analytiques, part. III et IV de l'*Organon*). Les idées dont il est ici question, sont les idées pures, c'est-à-dire ce qui est *a priori* dans la conception des intuitions. Il faut entendre ici le mot *idée* dans le sens où l'entendent Locke, Condillac et Reid.

qu'elle reçoit, non ce qu'elle produit, voilà ce que nous explorons. Il s'agit, suivant l'expression de Kant lui-même, de poursuivre les idées pures, et de les *prendre au gîte*. La philosophie transcendantale va les chercher là où elles reposent, préformées et toutes prêtes pour le moment où, l'expérience intervenant, elles sont employées et déployées par l'intelligence elle-même.

Nulle recherche n'est plus difficile, plus incertaine, parce que au premier abord nulle n'est plus arbitraire. Les idées ne se présentent qu'occasionnellement, elles s'associent par analogie ; le rapport qui les unit semble appartenir à l'intuition, aux sens, aux objets ; il faut se défier de ces relations tout empiriques. Quel est donc le principe d'après lequel les idées primitives doivent être recherchées et ordonnées? Un fil conducteur est bien nécessaire dans ce labyrinthe immense.

L'entendement est la faculté de connaître, distraction faite de la sensibilité, ou la *puissance cognitive non sensible*. La connaissance intellectuelle, c'est la connaissance par les idées sans intuitions. L'intuition suppose une affection, c'est-à-dire que le sujet est affecté ; l'idée suppose une fonction, c'est-à-dire que le sujet agit par lui-même. Cette fonction réside dans l'unité d'action nécessaire pour ordonner différentes représentations sous une représentation commune.

Un phénomène se manifeste, un bruit s'élève, un corps tombe : des sensations diverses que ce phénomène me donne, je forme un tout, une notion qui est une, l'idée ou notion de la production d'un son, de la chute d'un corps. Des idées plus simples encore, celle d'une rose, celle d'un corps, ne sont que l'unité que l'intelligence impose aux représentations diverses que suggère l'objet (figure, couleur, odeur, etc.). En un mot, différentes représentations ordonnées sous une représentation commune, voilà le concept ou l'idée d'une chose.

Le fait de former une idée est une action ou fonction de l'intelligence; il y a là quelque chose de spontané. L'intuition sensible repose sur la réceptivité des impressions; l'idée sur la spontanéité de la pensée. Dans la formation d'une notion, à la suite d'une intuition sensible, isolez de tout ce que donne cette intuition tout ce que l'intelligence apporte dans cette formation, vous isolerez toute la fonction intellectuelle. Mais pour la connaître dans toutes ses formes et tous ses degrés, il faudrait avoir décomposé ainsi toutes les notions actuelles ou possibles, s'assurer qu'on n'en a omis aucune, et obtenir une connaissance discursive ou par voie de généralisation, de la totalité des idées pures. Or, ce procédé est impraticable; il en faut un autre.

Quand l'entendement conçoit une chose, forme une notion, il juge. Sa part nécessaire dans l'opération, l'acte propre, la fonction spontanée qui lui appartient, c'est le jugement. L'idée ne se rapporte jamais à l'objet immédiatement, mais à une représentation de l'objet[1]. Cette représentation peut être

---

[1] On a dû remarquer déjà que Kant est complètement étranger aux objections des Écossais contre la théorie des idées. Suivant ceux-ci, la connaissance procède ainsi, impression, sensation, perception, souvenir d'objets perçus, jugement, etc. Dans l'école de Condillac,

une intuition ou déjà même une idée. Quand elle est une intuition, c'est l'idée simple de Condillac, c'est-à-dire celle qui, selon lui, est la transformation immédiate d'une sensation; mais, à parler exactement, il n'y a point là d'idée, une telle représentation se rapporte immédiatement à l'objet. Si la représentation est vraiment une idée, elle se rapporte, non à l'objet, mais à l'intuition, ou à quelque notion intermédiaire. Dans tous les cas, l'idée n'est un moyen de connaître que parce qu'elle est un moyen de juger.

Le jugement n'est que la connaissance médiate d'un objet, conséquemment la représentation d'une représentation de l'objet : ceci va être expliqué par un exemple.

Soit le jugement : « Tous les corps sont divi-
« sibles. »

L'idée de corps, ou la représentation de corps, suppose l'intuition ; celle de divisibilité, l'intuition et l'idée; car l'intuition ne pourrait donner que la division. La division actuelle suggère la division possible ou la divisibilité. L'idée de possibilité vient de l'intelligence; c'est une idée pure.

Or, l'idée ou notion de divisibilité peut s'appliquer à diverses idées, mais particulièrement à celle de corps, et celle de corps à diverses intuitions rapportées à divers phénomènes ou objets. Ces objets

---

la sensation qui résulte de l'impression se transforme en idée simple et particulière, puis en idée générale, etc. Dans Kant, l'impression qui produit une affection donne lieu à l'intuition (perception de Reid, sensation-idée, ou idée simple et particulière de Condillac). L'idée générique de l'objet de l'intuition est l'idée ou le concept de Kant. La représentation se dit de l'objet de la pensée donné dans la conscience, que ce soit une sensation ou une idée.

sont donc représentés par l'intuition, puis par l'idée de corps; puis à celle-ci s'ajoute l'idée de divisibilité, une représentation nouvelle est rapportée à la représentation du corps. Ainsi le corps est médiatement représenté par l'idée de divisibilité. C'est par ce moyen que l'entendement connaît du corps quelque chose de plus. Il est donc vrai de dire que le jugement est la connaissance médiate d'un objet ou la représentation d'une représentation.

Dans le jugement, des représentations données sont ramenées sous une représentation commune. C'est ainsi que dans le jugement, « tous les métaux sont divisibles », l'idée de divisibilité, applicable à une multitude d'objets, est concentrée sur l'idée de métal, et de même les diverses représentations de métaux sont réunies sous la représentation commune de divisibilité; ainsi, l'intelligence connaît une représentation par l'autre.

Les jugements sont, on le voit, des *fonctions de l'unité entre les représentations;* c'est-à-dire que par eux, une représentation plus haute, plus reculée que la représentation immédiate, et qui la comprend, ainsi que d'autres, fait faire un nouveau progrès à la connaissance de l'objet; et par là, plusieurs connaissances sont réunies en une seule. Ainsi, le jugement est une opération qui consiste à ramener des représentations différentes à l'unité. Il est donc la fonction de l'unité entre des représentations diverses.

Or, toutes les opérations de l'entendement peuvent être réduites à des jugements. D'où il suit que l'entendement peut en général être considéré comme un pouvoir de juger. Il est, nous l'avons dit, une faculté de connaître. Il connaît par les idées. Les idées sont des éléments de jugements possibles. Exemples : « Les métaux sont des corps. — Les corps sont divisibles. » L'idée de corps sert d'attribut à celle de métal; l'idée de divisibilité à celle de corps. Et de plus, toute idée peut se ramener à un jugement; ainsi l'idée de corps à ce jugement : « Une substance étendue et figurée est un corps. » L'idée de triangle à ce jugement : « Toute figure terminée par trois lignes est un triangle. » On peut donc dire que nous connaîtrions toutes les fonctions de l'entendement, si nous connaissions toutes les fonctions de l'unité dans le jugement.

Ainsi, le problème se transforme. Ce que nous cherchons maintenant, ce sont les règles formelles du jugement en lui-même, indépendamment de son contenu, c'est-à-dire de la matière, soit intuition, soit idée, à laquelle il s'applique.

La fonction de la pensée dans le jugement ou la fonction logique de l'entendement peut être considérée sous quatre points de vue : La quantité, la qualité, la relation, la modalité.

Quantité. — Le jugement est universel, particulier ou individuel (unique, singulier).

Qualité. — Il est affirmatif, négatif ou infini.

Relation. — Il est catégorique, hypothétique ou disjonctif.

Modalité. — Il est problématique, *assertorique* ou *apodictique*[1].

---

[1] Le jugement *assertorique* est l'assertion, la proposition prise comme vraie. Il peut être aussi affirmatif ou négatif, particulier ou universel, etc. Le jugement *apodictique* (mot grec) est le juge-

EXEMPLES :

Jugement universel : *Les corps sont étendus.*

Jugement particulier : *Certains corps sont liquides.*

Jugement individuel : *Pierre est vivant.*

Jugement affirmatif : *Les corps sont étendus.*

Jugement négatif : *L'âme n'est pas un feu.*

Jugement infini : *L'âme n'est pas mortelle*[1].

Jugement catégorique : *Dieu est juste.*

Jugement hypothétique : *S'il y a une justice parfaite, la méchanceté persévérante sera punie.*

Jugement disjonctif : *Le monde existe ou par un hasard aveugle, ou par une nécessité intérieure, ou par une cause extérieure.*

Jugement problématique : *L'âme pourrait être immatérielle, sans être immortelle.*

Jugement assertorique : *L'âme est immatérielle.*

ment démonstratif, ou qui porte son évidence avec lui. C'est celui, dit Kant, qui est lié avec l'entendement, c'est-à-dire qui ne peut être faux sans que l'entendement le soit aussi. C'est le jugement dont la vérité est nécessaire.

[1] Il y a cette différence entre le jugement *négatif* et le jugement *infini* (mieux dit *indéfini*), que le premier ne fait que nier du sujet un attribut qui ne lui convient pas; comme lorsqu'on dit : *le poisson n'a pas de voix ; l'âme n'a point de couleur*, etc., etc.; et le jugement infini, sous une forme négative, affirme réellement ce qu'est le sujet. Ainsi le jugement : *l'âme n'est pas mortelle*, range l'âme dans l'infinie multitude de choses qui restent encore, quand de toutes les choses existantes ou possibles on a retranché ce qui est mortel. L'âme est par là placée dans un *infini*, qui est tout, moins le mortel. En d'autres termes, elle est affirmée non mortelle : ce n'est point là une connaissance négative. De là cette dénomination peu claire et mal choisie de *jugement infini*, laquelle Kant paraît avoir remplacée par celle de *jugement limitatif*. C'est du moins ce mot que quelques traducteurs ont substitué à celui d'*infini*.

Jugement apodictique : *Une substance simple est immatérielle.*

Je ne traduis pas ici la *Critique de la raison pure*. Ce n'est donc pas le lieu d'éclaircir par des développements techniques cette classification qui bien qu'ingénieuse, me paraît pécher par un excès de division et de symétrie, et que Kant a énoncée plutôt qu'il ne l'a démontrée. Remarquons bien seulement les quatre titres sous lesquels tous les jugements sont classés.

L'opération qui consiste à combiner ensemble des représentations différentes, et à concevoir leur multiplicité et leur diversité en une connaissance qui soit une, cette opération que l'on pourrait comparer à l'effet de la lentille qui produit un point lumineux en concentrant des rayons inaperçus, s'appelle synthèse. La synthèse serait pure, qui s'opèrerait sur des représentations *a priori*, comme l'espace et le temps; mais la synthèse en général s'accomplit sur des données empiriques.

Comment en général s'associent les éléments intuitifs ou autres dont la synthèse donnera lieu à une conception ou à un jugement? C'est une opération assez mystérieuse. Si, par exemple, des sensations diverses nous sont données, elles s'associent naturellement par groupes; il en est de même si ce sont des idées diverses. Dans les deux cas, sensations ou idées, intuitions ou concepts, les représentations diverses en un mot s'assemblent comme les traits d'une image. Aussi Kant appelle-t-il la faculté dont cette synthèse involontaire est l'œuvre, *le pouvoir d'imaginer*, faculté aveugle qui agit presque sans que nous en ayons conscience. Les groupes de représentations se forment comme des fruits naturels dans l'esprit; et l'entendement donne à chacun de ces groupes l'unité de la pensée. La formation des conceptions ou idées atteste donc dans le moi un pouvoir spontané d'unité synthétique dont les deux facultés constituantes sont celle d'imaginer et celle de juger.

Mais ce qui se fait ordinairement à l'aide d'éléments empiriques, ne se peut-il pas faire ou concevoir dans l'ordre transcendantal? La synthèse des éléments empiriques, aboutissant à une combinaison d'intuitions ou d'idées, ne suppose-t-elle pas une synthèse pure pouvant conduire à la conception pure, au jugement pur? Puisqu'elle se fonde sur un pouvoir d'unité synthétique propre à l'entendement, ce pouvoir doit exister antérieurement à toute expérience, à toute intuition, à toute représentation. Il est de l'essence de l'entendement. La logique générale montre analytiquement comment des représentations différentes sont ralliées sous une seule et même idée. La logique transcendantale montrera comment, non pas les représentations, mais la synthèse pure qui s'applique aux représentations peut être réduite en conception. De même qu'un multiple d'éléments divers, intuitif ou autre, doit être préalablement donné pour que l'entendement en fasse la synthèse et les combine en jugement et en conception, il faut à l'entendement pur un multiple d'éléments purs, lequel ne peut être que l'intuition pure donnée par l'esthétique transcendantale. La synthèse de ces éléments vient ensuite; comme reposant sur un principe d'unité synthétique *a priori*, comme acte synthétique abstrait, elle est pure. Puis, à la synthèse pure de l'intuition pure succède l'idée ou conception pure, simple représentation de cette unité synthétique qui est une nécessité de l'intelligence, ou forme générale qu'indépendamment de toute matière déterminée l'entendement peut *a priori* donner à l'objet quelconque d'une conception ou d'un jugement possible.

La fonction qui, dans un jugement, donne l'unité à des représentations diverses, étant la même qui donne l'unité aux éléments de ce jugement, c'est-à-dire aux représentations diverses dans l'intuition, l'unité de conception vient de l'entendement comme l'unité de jugement et par la même opération. C'est comme une matière transcendantale que l'entendement introduit dans ses représentations, et unit à la matière donnée *a posteriori* de ses concepts et de ses jugements. Ainsi, comme dans toute intuition, il y a de l'intuition pure; dans toute intuition, pensée ou conception, il y a de la conception pure. Ce que l'entendement ajoute ainsi de spontané aux représentations données, ses conceptions pures, ses représentations *a priori*, ses idées exclusivement intellectuelles, les formes générales que la pensée combine à la matière des intuitions (toutes ces expressions peuvent se confondre), sont comme les conditions de la connaissance, mais ne sont pas la connaissance, ou ne sont que des connaissances à la fois primitives, universelles et vides.

§. III. Dénombrement des idées pures ou catégories.

Il suit de l'identité démontrée de l'acte de l'entendement dans le jugement et dans le concept, que les conceptions qui se rapportent *a priori* aux objets de l'intuition en général doivent se trouver en nombre égal avec les fonctions logiques de tous les jugements possibles. En effet, l'acte de réduction d'une diversité d'intuitions à l'unité, est, comme on l'a vu, un acte de jugement. Autant qu'il y a de jugements possibles, il doit y avoir d'idées pures ou *a priori*, que le jugement applique en se formulant. Ainsi, par exemple, le jugement qui établit ou la réalité, ou la possibilité, ou la nécessité d'un objet, implique et suppose l'idée pure, ou de réalité, ou de possibilité, ou de nécessité dans l'intelligence. Connaissant donc toutes les espèces possibles de jugements, ou, comme parle Kant, toutes les fonctions logiques du jugement, nous pouvons connaître toutes les idées pures que le jugement introduit pour ainsi dire et emploie dans la réduction à l'unité ou formation d'une notion quelconque. Ces idées pures, Kant les appelle, après Aristote, les *catégories*.

Quantité. — Qualité. — Relation. — Modalité.

Sous le titre de la quantité, nous placerons l'*unité*, la *pluralité*, la *totalité*.

Sous le titre de la qualité : la *réalité*, la *négation*, la *limitation*.

Sous le titre de la relation : *inhérence* et *subsistance* (substance et accident); *causalité* et *dépendance* (cause et effet); *communauté* (réciprocité entre l'agent et le patient, ou action et réaction).

Sous le titre de la modalité : *possibilité* et *impossibilité*, *être* et *non être*, *nécessité* et *contingence*.

Ce tableau des idées pures est tracé d'après un principe. Ce principe est dans la puissance de juger ou la faculté du jugement, ou d'un seul mot le jugement. C'est ce qui, aux yeux de Kant, donne à cette classification le mérite de n'avoir rien d'arbitraire. Ce fut, dit-il, une œuvre digne d'un grand esprit comme Aristote, que de rechercher les idées fondamentales de l'intelligence [1]; mais un principe lui manquait pour les reconnaître et les ordonner. Il en recueillit d'abord dix qu'il nomma catégories, c'est-à-dire *prédicaments* ou attributs; et ensuite il en ajouta cinq autres sous le nom de *post-prédicaments*. Mais cette table fut dressée pour ainsi dire au hasard, et elle contient autre chose que des idées

---

[1] Le mot *catégorie* en grec signifie au propre *accusation*, ce dont on accuse le prévenu. Les chefs d'accusation sont des imputations fondamentales; on conçoit comment ce même mot a pu désigner les attributions fondamentales des objets, les *chefs* d'idées auxquels toutes les idées peuvent être ramenées. Aristote a donc nommé *catégories* ou *prédicaments*, les idées élémentaires, les manières fondamentales de concevoir, les différentes classes auxquelles peuvent se ramener les objets de nos pensées, ce qu'il appelle les *termes simples*. De ses dix catégories, la première est la *substance*. Les neuf autres comprennent tous les accidents ou modes, savoir : la *quantité*, la *relation*, la *qualité*, l'*action*, la *passion*, le *lieu*, le *temps*, la *situation*, l'*avoir* (c'est-à-dire la manière d'être, comme, par exemple, le fait d'*avoir* des vêtements, des armes, etc., etc.). Les post-prédicaments sont l'*opposition*, la *priorité*, la *simultanéité*, le *mouvement*, enfin la *possession*, qui rentre dans la catégorie de l'*avoir*, catégorie très-vague et qui embrasse bien des espèces. Aristote, selon Kant, regardait les catégories comme les principes objectifs et de la pensée et de la connaissance des choses; en d'autres termes, il les croyait des lois fondées tout à la fois dans la raison et dans la nature. (*Organon*, I, Catég., Topic. 1, 9.)

pures; car on y trouve des modes de la sensibilité pure, comme l'*époque*, le *lieu*; une idée empirique, celle de *mouvement*; des idées dérivées, admises par erreur au rang des idées originelles, telles que celles d'*activité* et de *passiveté*. Enfin, on peut citer des idées pures qui y manquent complétement.

Kant se prévaut d'avoir subordonné à un principe la recherche des catégories, en traduisant l'idée dans le jugement, et d'avoir seul conçu rigoureusement ce que c'est que l'idée pure, tant par l'exclusion absolue de tout élément empirique, que par la découverte de la sensibilité *a priori*.

De ces idées pures élémentaires, il tirera ensuite toutes les idées secondaires dont se compose la philosophie transcendantale, idées pures encore, mais dérivées, et qu'il appellera *prédicables*, par opposition aux catégories ou *prédicaments*. Ainsi la catégorie de causalité donnera naissance aux prédicables de *force*, d'*action*, de *passion*, etc. L'idée originelle de modalité, aux idées dérivées de *persistance*, de *transition*, de *changement*, etc. La différence entre ces sortes d'idées, c'est que les unes sont originelles et primitives, les autres déduites et subordonnées.

C'est dans les livres d'ontologie ou de critique de l'ontologie, qu'il faut chercher l'énumération et le développement de ces idées, attributs généraux des choses. C'est l'ouvrage de Kant lui-même qu'il faut lire, pour voir par quelles considérations toujours ingénieuses, quelquefois subtiles et forcées, il justifie les différentes branches de sa classification des catégories, et démontre l'analogie et la presque identité des idées qui figurent sur la table des catégories avec les fonctions logiques, inscrites sur la table des modes du jugement.

Il suffira de se rappeler les points que voici :

La sensibilité a des intuitions ; l'entendement des idées.

L'intuition pure se combine à l'intuition empirique ; au tout qui en résulte se combinent les idées pures, elles servent à le concevoir. Elles sont les moyens de connaître, ou les conditions spéculatives de la connaissance.

Le but des idées, c'est le jugement ; toute idée peut même se traduire en un jugement.

Combien y a-t-il de sortes de jugements ; ou quelles sont les diverses manières de juger ? La solution de cette question donne le dénombrement et la classification des idées pures ou catégories. Il y en a autant qu'il en faut, pour que tous les jugements soient possibles.

Et en effet la table des jugements et celle des catégories correspondent parfaitement.

§. IV. Application des idées pures.

Déduction transcendantale des catégories.

Mais les catégories une fois admises, une grande question se présente. C'est un fait que les idées pures sont dans l'intelligence, et qu'elles n'y demeurent pas oisives ; au contraire, elles sont les moyens constants de la connaissance ; nous les rapportons aux intuitions des objets ou aux idées résultant de cette expérience. Nous les combinons avec les données empiriques, et par là nous connaissons les objets.

Nous donnons au tout une valeur objective. Ainsi dans les besoins et les procédés de notre esprit, nous croyons voir la réalité des choses. S'avise-t-on de douter que les événements aient des causes, qu'il y ait des choses possibles et des choses impossibles, que les êtres aient des qualités, etc.? Hésite-t-on en un mot à prendre les formes de la pensée pour les lois mêmes de l'univers?

C'est un fait, nous agissons ainsi; mais de quel droit, voilà la question. Que pouvons-nous alléguer, si ce n'est l'expérience, à l'appui de l'application que nous faisons de nos idées pures aux choses qui nous environnent?

Il ne faut pas grande habitude de la philosophie pour reconnaître ici la question véritable du scepticisme.

Rechercher et montrer comment et à quel titre une catégorie ou idée pure peut se rapporter aux données empiriques, c'est, dans la langue de Kant, empruntée ici à la jurisprudence, entreprendre la *déduction transcendantale* de cette idée.

Nous avons nous-même après lui donné un échantillon de déduction transcendantale, en montrant comment les représentations de temps et d'espace ne sortaient pas des objets, mais s'imposaient aux objets. Pour celles-là, il n'y avait pas moyen de les déduire de l'expérience, de leur faire subir la déduction empirique; car c'étaient des formes de la sensibilité même; hors de ces représentations, aucune intuition n'est possible : on a pu montrer aisément que ce n'était pas dans l'intuition même qu'il fallait chercher les conditions auxquelles elle se réalise. La condition précède et domine nécessairement le conditionnel.

Il n'en est pas de même des formes pures de l'intelligence. Les idées primitives ne paraissent pas d'abord indispensables aux intuitions ; l'appareil sensitif et les formes pures de la sensibilité suffisent pour donner ces dernières. Des apparitions peuvent avoir lieu indépendamment des fonctions de l'entendement pur. Comment donc ce qui est une condition du sujet peut-il être transformé en condition de l'objet ? Comment aux formes subjectives de la pensée attribuer une portée objective ? Il n'est point nécessaire *a priori* que des apparitions contiennent rien de telle ou telle catégorie. Une catégorie, une idée pure pourrait donc être une forme vide, une idée stérile, oiseuse, un superflu de l'esprit. On conçoit qu'aucune intuition sensible n'ait lieu hors des formes de la sensibilité ; mais où est la nécessité que les objets, ou seulement les intuitions des objets se conforment aux modes essentiels de la pensée ? On peut supposer des apparitions qui violent les conditions d'unité de l'intelligence. On peut s'imaginer que des phénomènes ne mettent point en action les procédés logiques de l'esprit. Par exemple, dans la série successive des phénomènes, ne se pourrait-il pas que rien dans aucun cas ne donnât lieu à une synthèse entre eux, que rien par conséquent ne répondît dans les apparitions extérieures à l'idée de causalité ? On peut par hypothèse se figurer tous les objets isolés et sans relation appréciable de cause et d'effet ; et alors la conception de cause et d'effet, l'idée pure de causalité serait une inutilité intellectuelle, un principe chimérique.

Mais, dit-on, la chose n'arrive pas. Sans doute l'expérience est contre; elle nous montre des liaisons de phénomènes si fréquentes et si constantes que force est à l'intelligence ou d'en extraire ou d'y introduire l'idée de cause, et ainsi s'établit la valeur objective de cette idée. Mais encore une fois, c'est là une déduction empirique, une preuve empirique, et rien d'empirique n'est de mise dans la logique transcendantale. L'expérience résout, si l'on veut, la question de fait; mais la question de droit lui échappe.

Locke a déduit de l'expérience les idées de l'entendement. Cette déduction est utile, quand elle se borne à nous montrer, non le principe de la possibilité de ces idées, mais la cause occasionnelle qui les met en jeu. On peut ainsi exposer comment nous passons d'une perception à l'autre, et écrire l'histoire de la connaissance humaine. Mais, si l'on nous donne la déduction empirique comme le titre unique, comme l'origine légale de nos idées pures et de leur application aux produits de la sensation, on se hasarde, on s'égare, et en rapportant à l'expérience des connaissances qui passent de beaucoup toutes les limites de l'expérience, on ébranle les fondements de la connaissance même, et l'on ouvre ainsi la porte aux incertitudes et bientôt aux rêveries qu'engendre l'alliance funeste du doute et de la dialectique.

C'est ce qui est arrivé à Locke. Qu'importe qu'il ait engagé les esprits à se contenter de la certitude que donne l'expérience, et recommandé à la raison la modération et la prudence? Hume est venu, et découvrant le faible de la démonstration de Locke, il a cru surprendre non-seulement les philosophes, mais le genre humain en flagrante illusion ; et toute certitude a disparu devant lui, et la réalité des choses s'est pour ainsi dire fondue entre ses mains.

En effet, vous dites que plusieurs phénomènes qui se suivent révèlent la causalité? Causalité, c'est alors rapprochement dans le temps, succession habituelle. Mais, en conscience, n'est-ce rien de plus? N'est-ce pas, au contraire, une relation telle entre deux phénomènes que l'un résulte de l'autre? Oui, c'est un lien nécessaire; c'est une règle qui veut que la chose A soit de telle sorte qu'une autre chose B s'ensuive, et ne puisse pas ne point s'ensuivre. L'effet ne s'adjoint pas à la cause, il en dérive. Les apparitions, aidées de la représentation de temps, de la conception de succession, ne vous donneront jamais que des conjonctions fortuites, que des rapprochements particuliers ; mais une règle nécessaire, universelle, ne peut sortir des apparitions, provenir d'une origine empirique; il faut qu'elle vienne de l'intelligence même, et soit imposée par elle. Or, de quel droit? Hume, qui n'a pas su plus que Locke rapporter à leur source les idées primitives, a vu cependant que pour établir un lien nécessaire entre le phénomène réputé cause et le phénomène appelé effet, il faudrait que cette idée fût *a priori* dans l'entendement; et comme il ne concevait pas d'idées ainsi privilégiées, il s'est vu forcé de dériver aussi de l'expérience la notion de causalité. Il n'a ainsi attribué à la causalité qu'une nécessité expérimentale, résultant d'une fréquente association des phénomènes dans l'expérience. En d'autres termes, la causalité n'a, selon lui, d'autre fondement que l'habitude. Or, cette théorie est inconciliable avec la réalité des connaissances scientifiques *a priori*, avec les mathématiques pures, avec les principes universels de la science de la nature. Par conséquent, elle est démentie par le fait.

Hume cependant a cet avantage sur Locke d'avoir été conséquent ; car ne reconnaissant aucune certitude impérative à des principes fondés sur l'expérience et plus généraux que l'expérience, il a pris le périlleux parti d'en douter, et n'a guère vu dans la causalité qu'une illusion utile et naturelle.

Que manquait-il à Locke et à Hume ? La connaissance des idées pures de l'intelligence, et la déduction transcendantale de ces idées.

On comprend, j'espère, la pensée de Kant. Qu'on me permette cependant de l'expliquer, en la répétant dans un langage plus connu des écoles françaises.

On y a professé longtemps que les idées sont toutes dérivées des sensations, soit directement, soit indirectement. Le vent souffle et un arbre s'agite ; une bille en frappe une autre, et celle-ci se meut. Mille faits de ce genre se produisent à chaque instant ; ce sont des effets et des causes. Du moins nous les jugeons tels, c'est-à-dire que nous jugeons que l'un de ces phénomènes naît de l'autre. De ce spectacle mille fois répété, de ce jugement mille fois provoqué, nous déduisons, ajoute-t-on, l'idée générale de cause et d'effet, et toutes les propositions qui en découlent.

Mais s'il est vrai que les choses se passent ainsi, comment se fait-il que la notion de cause et d'effet et les jugements qui s'ensuivent immédiatement, nous semblent empreints d'un caractère de nécessité et d'universalité? Aucune sensation n'est universelle, aucun fait accidentel n'est nécessaire. De la répétition constante des mêmes phénomènes résulte bien pour l'esprit une croyance forte, une certitude morale qu'ils se renouvelleront toujours tels qu'ils se sont présentés. Ainsi, d'une série d'observations nombreuses se déduisent des règles générales très-dignes de confiance que les physiciens appellent même des lois de la nature; mais ces lois ont-elles un caractère d'universalité et de nécessité rigoureuse? Non sans doute. Soient par exemple les propositions : « La chaleur dilate les corps. » « La vie cesse avec la respiration. » Voilà des propositions sur lesquelles la science peut édifier avec quelque confiance. Mais cependant s'emparent-elles de l'esprit avec la même autorité que celles-ci : « Point de changement sans cause. » « Point de qualité sans substance »? La conscience répond : non. En effet, que l'on vienne vous citer une exception aux règles de la physique, sans doute vous ne l'accueillerez qu'avec défiance; mais oserez-vous dire d'avance : c'est impossible? Oui, la chaleur dilate les corps, vous n'en doutez pas; mais vous ignorez, je suppose, qu'avant de se congeler, environ quatre degrés au-dessus de la température de zéro, l'eau cesse de se condenser; son volume, qui diminuait par le refroidissement, bientôt augmente jusqu'à ce qu'elle soit arrivée à la congélation, et par conséquent elle semble alors se dilater par le froid. Qu'on vous annonce ce fait, il vous surprendra; vous en douterez avant de l'avoir vérifié; mais enfin vous ne vous hâterez pas de le déclarer impossible. Vous auriez grand tort, en effet; et quand vous l'aurez avéré, vous pourrez en conserver quelque étonnement; mais votre raison n'en sera point confondue; mais les bases de toute certitude ne vous paraîtront pas ébranlées. Il en sera de même s'il venait à vous être démontré que dans quelques cas de catalepsie un homme a cessé de respirer sans cesser de vivre.

Que l'on vienne vous dire, au contraire, qu'il existe un effet sans cause, une qualité sans substance; c'est impossible, vous écrierez-vous soudain. Il y a là absurdité, c'est-à-dire impossibilité *a priori*; vous sentez qu'on s'attaque aux fondements mêmes de la raison humaine. Elle croule, elle s'abime, si de telles choses sont possibles. Telle est même votre foi dans ces conditions de la pensée, que vous n'hésitez pas à les déclarer éternelles. Ainsi, quelque générale que soit une loi physique de la nature, par exemple celle de la pesanteur, quelque générale que soit une idée, par exemple celle que tous les objets sont mobiles, vous concevez très-bien qu'une cause toute-puissante, que Dieu aurait pu donner au monde d'autres lois, et que la matière aurait pu, sans contradiction, recevoir une constitution différente. Les lois primitives, au contraire, les lois de la raison même, exercent sur nous un tel empire, que nous osons les ériger en lois suprêmes; nous les croyons involontairement communes à Dieu et à nous. C'est là cette participation de la raison divine que les grands philosophes de l'antiquité ont reconnue à la nature humaine.

Ces lois sont-elles de simples idées abstraites? Ayant une tout autre portée, un tout autre caractère, peuvent-elles avoir la même origine? Éternelles à nos yeux, inconditionnelles, absolues, peuvent-elles être puisées dans ce qui est accidentel, contingent, passager? car telle est la sensation, telle est l'expérience. Tirer de l'expérience, de la sensation, les notions fondamentales et nécessaires, c'est admettre un contenu plus grand que son contenant; c'est subordonner l'absolu au contingent, et concevoir clairement que deux et deux font cinq. C'est faire dépendre du procès la loi, et non chercher dans la loi la règle du procès; c'est mettre le permanent au-dessous du passager, l'éternel au-dessous du périssable, et prendre la statue du Dieu pour le Dieu même.

S'il pouvait en être ainsi, si les idées absolument nécessaires pouvaient n'être que des sensations généralisées, on n'aurait donc que l'alternative ou de supposer que la sensation donne à ses produits ce qu'elle n'a pas, supposition absurde, ou de douter des lois de la raison humaine, pure rêverie. La supposition est de Locke, de Condillac et de leurs disciples : la rêverie est de Hume.

Puis donc que les idées absolument nécessaires ne sauraient se déduire des sensations, il faut qu'elles viennent d'ailleurs et se produisent autrement. Ceux qui les dérivaient de l'expérience, les forçaient à remonter de la sensation à la raison ; c'était les faire venir de bas en haut. Il faut les faire descendre de la raison aux sensations ; c'est de l'intelligence qu'il faut les déduire. Cette déduction de haut en bas, c'est la déduction transcendantale. Le mot maintenant est expliqué.

Ainsi se démontre que les catégories sont *a priori* dans l'entendement.

Recommençons à extraire ou à traduire Kant.

Ou l'objet rend seul possible la représentation ; ou la représentation l'objet.

Quand le premier cas se réalise, il n'y a point de représentation *a priori*, tout est empirique. Si ce cas était le seul possible, on pourrait presque dire que nous ne sommes rien qu'un effet du monde extérieur, rien que l'objet transformé.

Dans le second cas, la représentation est ou la seule cause de l'existence de l'objet, ou le moyen nécessaire pour le connaître : le premier sens n'est pas admissible ; le second signifie que la représentation est une détermination *a priori*, et que par elle seule il est possible de reconnaître quelque chose comme étant un objet.

Or, pour cela, deux choses sont nécessaires : l'intuition, par elle l'objet est donné ; l'idée, par elle il est pensé.

L'intuition a des formes *a priori* ; nous les connaissons. Les apparitions se plient aux conditions formelles de la sensibilité.

Comme la sensibilité, la pensée a-t-elle aussi des conditions ? Existe-t-il des idées *a priori* qui soient ces conditions, auxquelles seules toute chose, indépendamment de l'intuition, puisse être pensée? Voilà la question. Si elle doit se décider par l'affirmative, toute connaissance empirique est nécessairement conforme à ces idées. Elles sont la présupposition indispensable de toute expérience.

Ces idées *a priori*, ou ces catégories sont essentiellement subjectives; cependant elles ont une valeur objective, qui consiste en ce que par elles seules l'expérience, en tant que connaissance, est possible.

On peut les définir les idées des objets en général. C'est en elles que le jugement, qui est l'expression de toute connaissance d'un objet, puise ses éléments; et la fonction logique, celle du jugement, en ordonnant ces éléments, détermine l'intuition. Soit le jugement : « Tous les corps sont « graves. » On peut dire également : « Tous les « graves sont corps. » Il y a là quelque chose d'indéterminé; mais la catégorie de *substance* qui est comprise dans celle de *corps*, ordonne le jugement, détermine l'intuition, constitue la connaissance, en un mot fixe l'ordre et le rapport du sujet et de l'attribut; et vous dites alors : « Tous les corps sont « graves. » Voilà la vraie connaissance.

Pour que cette fonction du jugement s'accomplisse, c'est-à-dire pour que des intuitions diverses soient ordonnées et ramenées à l'unité, il faut qu'il y ait unité dans l'entendement. La pensée doit accompagner toutes nos représentations. Le *cogito* de Descartes est inséparable de toutes nos sensations. Autrement, sensations, représentations, intuitions, seraient nulles pour nous.

Ce fait qui revient au fait de conscience des philosophes contemporains, Kant l'appelle *aperception pure et primitive*. Cette aperception convoie, pour ainsi dire, toutes nos représentations. Quelque diverses qu'elles soient, elles viennent se lier, se fondre dans une seule et même conscience; une synthèse puissante et naturelle les concentre. C'est par elle seulement que j'appelle des représentations mes représentations; et puisque je m'approprie et rallie en une des représentations diverses, j'ai la conscience de l'unité du moi[1].

Cette unité, caractère essentiel de l'aperception pure ou du fait de conscience, est la condition du rapport de l'intuition à l'intelligence. Aucun objet n'est pensé ou connu que grâce à cette unité. L'unité du *moi consciencieux* constitue seule la relation des représentations à l'objet, par conséquent leur valeur objective, c'est-à-dire qu'elle est la condition de toute notre connaissance. Aussi, Kant l'appelle-t-il unité transcendantale de la conscience. L'entendement n'est que la faculté d'unir *a priori* et de soumettre à l'unité primitive de l'aperception la diversité des représentations données. Si elles ne pouvaient être ralliées dans une même conscience, elles ne seraient pas miennes, et elles ne seraient pas con-

---

[1] Malgré la règle que Kant s'est prescrite de se préserver de la métaphysique, c'est-à-dire de toute induction relative à la nature des choses, il semble ici induire l'unité du moi, et c'est, ou peut s'en faut, préjuger la nature de la substance de l'âme. Cependant on devra se rappeler que l'unité phénoménale du moi, celle qui est la forme et le caractère de toutes ses opérations, n'est pas l'unité spirituelle, l'unité substantielle, laquelle n'est conçue que par la raison. Celle-ci, il est vrai, peut être à bon droit conclue de celle-là; mais Kant s'efforce de ne rien dire qui exprime cette conclusion.

çues ou pensées. Cette synthèse nécessaire à la connaissance constitue l'unité phénoménale du moi.

La connaissance a besoin de la pensée, mais elle n'est pas la pensée. Pour qu'il y ait connaissance, il faut que la pensée se rapporte à quelque chose d'objectif. On pourrait supposer une intelligence pure pour qui les objets ne seraient pas donnés, et qui, au contraire, puiserait tout en elle-même. Elle ne se représenterait pas les objets, mais elle les produirait en quelque sorte, et les tirerait de son propre sein : ses représentations seraient des créations. Telle peut-être est-il permis de concevoir l'intelligence divine. Pour un entendement ainsi fait, les catégories n'auraient aucune valeur; car elles ne sont que des moyens de combiner et d'ordonner les matériaux de la connaissance, les données de l'expérience, de façon que l'homme puisse penser aux choses et concevoir le monde.

Or, comment des idées qui ne sont point dérivées de l'expérience, peuvent-elles faire connaître les objets de l'expérience? Comment les lois de l'intelligence peuvent-elles être les lois de la réalité? Si elles étaient extraites de la sensation, on concevrait ou du moins on croirait concevoir que les idées fussent les images des objets sensibles; mais alors elles seraient tout empiriques, et c'est la chose impossible, car c'est la chose contradictoire.

On a vu que les intuitions s'assujettissent nécessairement aux formes de la sensibilité *a priori*. Pourquoi le même rapport, la même concordance n'existerait-elle pas entre les apparitions et les formes de l'intelligence *a priori?* L'un n'est pas plus étonnant que l'autre. Nous ne pouvons sentir aucun objet hors des formes de l'espace ou du temps. Nous ne pouvons penser aucun objet qu'au moyen des catégories. Nous ne pouvons connaître aucun objet pensé qu'à la suite de l'intuition; elle est le lien entre les phénomènes et les idées; elle rend seule possible le rapport de l'idée à l'objet. En tant que l'objet est donné, cette connaissance est empirique; mais bien qu'empirique, elle ne vient pas tout entière de l'expérience. Il y a en elle de la connaissance *a priori*, c'est-à-dire des formes et des règles de connaissance empirique, des idées pures qui sont les fondements de l'expérience.

Rechercher comment elles sont indispensables à l'expérience, comment elles la règlent, et cependant ne paraissent se manifester que par elle et pour elle, comment avec un caractère de nécessité elles ont besoin de l'intuition empirique qui est toute contingente, développer enfin tout l'ensemble des fonctions et des formes primitives de l'âme, c'est l'objet précis de la science de la raison pure.

Voilà l'idée générale, mais vague, qui doit rester de cette théorie célèbre des catégories. Nous permettra-t-on d'insister encore, et au risque de fatiguer l'esprit des lecteurs dans les détours obscurs d'une subtile analyse, oserons-nous serrer de plus près et présenter plus à nu la pensée littérale du plus méthodique des philosophes?

Ce qui ressort de ce qu'il appelle la déduction transcendantale, c'est que la liaison des représentations diverses dans une seule représentation, ou si l'on veut, des éléments d'un objet dans la perception d'un seul objet, ne vient pas de l'unité de l'objet même, ni du rapport effectif de ces représentations ou de ces éléments, mais de l'unité de l'aperception originelle ou pure, indestructiblement liée à l'unité de la conscience de soi-même.

Cette unité est le premier principe ou plutôt le fait primitif de l'entendement humain, en ce sens qu'il est le principe suprême de l'usage de l'intelligence. Nous ne pouvons même nous faire aucune idée d'une autre forme d'entendement. Ce n'est que par hypothèse qu'on peut distinguer l'unité de conscience de l'unité de l'aperception. La conscience de l'identité du moi est comprise dans toute synthèse de représentations diverses. Comment concevoir l'homme ne se concevant plus le *même*, mais *plusieurs mêmes*, et concentrant des représentations en une? Cela implique. Se concevoir le même, le *cogito* de Descartes, l'unité de conscience, le moi, sont donc une condition ou plutôt un élément nécessaire de cette unité d'aperception, de ce pouvoir synthétique, de cette liaison de sensations diverses, de cette perception de l'objet comme un. Je ne puis avoir une sensation ou perception d'objet comme une, sans l'avoir comme mienne.

Or, maintenant, cette unité de l'aperception originelle, en tant que c'est par elle et en elle qu'est ralliée toute diversité, toute multiplicité de l'intuition, est transcendantale. Et comme elle donne ainsi une conception de l'objet, elle est objective; ce qui pour Kant veut dire seulement qu'elle suppose l'objet, qu'elle le donne à l'intelligence et non qu'elle le prouve d'une manière absolue. Puisqu'elle rend seule possibles les représentations, elle est une condition qui vient du sujet, plutôt que de l'objet.

L'acte par lequel les connaissances données ou plutôt les éléments de connaissance sont réduits à l'unité objective de l'aperception, est le jugement. Le rapport de ces représentations à l'aperception primitive, à l'unité synthétique du moi, est nécessaire, puisqu'il y a là une condition indispensable, quoique le jugement qui les combine puisse en lui-même être contingent. En d'autres termes, les représentations rapportées, rapprochées par le jugement, s'appartiennent nécessairement à raison de l'unité nécessaire de l'aperception, mais non pas nécessairement dans l'intuition empirique, c'est-à-dire hors de nous, et dans la réalité, telle même que nous la concevons. En d'autres termes encore, l'unité à laquelle nous ramenons les représentations est nécessaire, bien que subjective; mais l'unité affirmée par le jugement comme objective, peut n'être pas nécessaire.

L'action de l'intelligence par laquelle la diversité de représentations données est ramenée à une aperception en général, est la fonction logique des jugements. Ces fonctions logiques ou les catégories sont une seule et même chose. Pourquoi l'intelligence agit-elle ainsi? parce qu'elle est ainsi faite; il n'y a nulle raison à en donner.

La connaissance d'un objet renferme : 1°. Une intuition sensible, soit pure (espace et temps), soit empirique (donnée qu'on se représente comme réelle dans l'espace et le temps); 2°. la conception ou idée par laquelle en général un objet est pensé, ou la catégorie. Appliquée à l'intuition pure, la catégorie vous fait connaître des objets non perçus. Tels sont les objets des mathématiques qui n'ont pas besoin de perception ou d'intuition empirique. Ils n'ont que la forme de phénomènes; aussi pourrait-on dire à la rigueur que les connaissances mathématiques n'ont que la forme de connaissances. La connaissance des choses exige donc de plus l'intuition empirique; les catégories n'ont donc d'usage réel qu'à la condition de l'expérience. Supprimez l'expérience, supprimez toute intuition ou la possibilité que les objets soient données; les catégories, les idées pures sont des conceptions vides, de simples formes de la pensée, ne contenant que l'unité synthétique de l'aperception, et encore la contenant en puissance plutôt qu'en acte, et séparée même de la conscience empirique du moi, du moi affecté et du moi pensant; car nous l'avons supprimée en supprimant toute intuition empirique. Celle-ci donne donc seule un sens et une valeur aux formes de la pensée, qui sans l'élément de l'expérience est une géométrie sans figures, même idéales. Une représentation *a priori* est actuellement impossible sans une représentation donnée, comme une forme est actuellement impossible sans une matière. L'entendement est comme un livre blanc où l'expérience seule fait apparaître des caractères sympathiques, avant elle invisibles.

L'intelligence est spontanée; elle peut concevoir *a priori* l'unité synthétique de l'aperception des éléments divers de l'intuition sensible. Cette unité se représente à elle comme la condition à laquelle doivent être soumis tous les objets. Mais cette unité pensée et non perçue, forme générale de l'intelligence, est distincte de cette unité sentie en quelque sorte dans le moi, tel qu'il apparaît à la conscience. L'aperception pure et le sens interne, l'entendement pur et la conscience actuelle sont choses distinctes. On sait que le moi, comme sujet pensant, se connaît comme objet pensé; mais il se connaît tel qu'il est donné, tel qu'il apparaît ou phénoménalement, c'est-à-dire dans la conscience d'une représentation actuelle. Ce qui ne signifie pas qu'il y ait deux moi, mais que le moi agit sur lui-même; qu'en tant qu'intelligence il est général et spontané, en tant que perçu consciencieusement il est particulier et déterminable. Les déterminations du sens interne sont nécessairement ordonnées dans le temps; nous sommes donc pour nous-mêmes et sous cette forme un objet d'intuition sensible. Nous ne nous percevons qu'en tant que nous sommes intérieurement affectés; nous ne connaissons notre propre sujet que comme phénomène, et non tel qu'il est essentiellement.

La pensée de l'unité dans la synthèse transcendantale des représentations diverses, n'est pas une intuition. L'homme se conçoit ainsi; on ne peut pas dire qu'il se connaisse ainsi; car pour connaître, nous l'avons vu, il faut une intuition sensible, quelque chose de divers à réduire à l'unité. Tel serait le moi perçu, le moi du sens interne, qui, en tant que phénomène, offre quelque chose de divers, puisqu'il comporte des déterminations dans le temps. Mais tel n'est pas le moi intellectuel; l'unité transcendantale de l'aperception se pense; le moi du sens interne est objet d'intuition. Le moi intelligent est pensé comme étant *un*, mais n'est pas connu comme tel faute d'intuition. Le moi du sens interne est le seul connu ; mais en sa qualité de phénomène, il est connu comme il apparaît, non comme il est. La liaison entre cette unité conçue et le moi perçu n'est pas objet d'intuition, ni par conséquent de connaissance. Tout ce qu'on peut dire, c'est que l'homme est une intelligence qui a conscience de sa faculté synthétique, en d'autres termes, une intelligence qui a l'aperception intellectuelle de l'unité de l'intelligence ; bref, une intelligence qui s'aperçoit.

Cette analyse, et généralement toute analyse de l'application des idées pures aux intuitions, doit conduire à remarquer un point important, c'est que dans la possibilité de toute intuition est déjà comprise la nécessité des catégories. Soient pour exemples l'espace et le temps ; ils peuvent être pris non-seulement comme formes de l'intuition sensible, mais comme intuitions mêmes. La synthèse, qui conçoit l'unité de l'espace et de l'intuition sensible extérieure en général, est déjà une application de l'idée pure d'unité ; toute synthèse suppose donc la catégorie de quantité. L'aperception pure est donc inséparable des catégories ; et celles-ci sont les conditions de toute expérience. Prenez de même la perception du moindre changement ou événement ; vous le déterminez dans le temps, forme de l'intuition interne, c'est-à-dire dans un certain rapport avec votre sensibilité ; assurément la détermination de ce rapport implique la catégorie de cause et d'effet.

Il suit que les idées pures ou catégories peuvent être considérées comme donnant des lois aux phénomènes, c'est-à-dire à la nature. Or, puisqu'elles n'en sont ni des déductions ni des empreintes, comment concevoir que la nature semble les prendre pour règles, et s'asservir à notre raison? Grand mystère que Kant ne sait éclaircir qu'en nous renvoyant à sa constante idée, que la nature n'étant qu'un ensemble de phénomènes, et les phénomènes n'existant que par rapport à un être sensible, ils ne peuvent être soumis comme tels à aucune autre loi d'union avec la sensibilité que la loi de cette sensibilité même. Pareillement, en tant qu'ils sont compris, ils ne sont soumis qu'aux lois de l'intelligence. La nature que nous connaissons n'existe que conformément à nos connaissances. Qu'est-elle hors de nos connaissances? En d'autres termes, qu'est la nature que nous ne connaissons pas? Par la supposition même, nous l'ignorons; quant à leurs relations communes, les phénomènes sont exclusivement soumis aux catégories, instruments nécessaires de la liaison que nous concevons entre eux. La nature n'est qu'un objet d'intuition, et, comme telle, elle dépend de nos idées, *fondement primitif de sa légitimité nécessaire.*

Il faut bien convenir que cette réponse de Kant peut conduire à cette monstrueuse pensée, que l'homme produit tout ce qu'il voit et crée le monde en l'observant.

Quoi qu'il en soit, et avant de discuter ces téméraires insinuations, on doit rappeler que Kant, sans accorder une valeur ontologique aux idées pures de l'intelligence pour la constitution des choses, persiste à nier qu'elles soient purement subjectives, ce qu'elles ne seraient, selon lui, qu'à la condition de perdre leur caractère indélébile de nécessité. A ses yeux, les catégories sont les principes spontanés de notre connaissance *a priori*, par conséquent des principes *en soi*. Ces principes ne souffrent ni objections, ni doutes, ni preuves.

§. V. Résumé et observations.

On jugera cette théorie; pour la rendre aisément intelligible, peut-être aurait-il fallu la retraduire en un langage moins scientifique. Mais nous ne pouvons étendre outre mesure cet Essai, et les développements dans lesquels nous sommes entré, en exposant le contenu des premiers chapitres de la Critique de la raison pure, serviront peut-être d'indications de la manière d'interpréter le kantisme. Cependant il nous tarde d'apprécier ce que jusqu'ici nous nous sommes contenté d'interpréter.

La Critique de la raison pure n'est au fond qu'une analyse de l'esprit humain. Cette analyse ne diffère de la psychologie qu'en ce que celle-ci montre ce que fait l'esprit humain, et que celle-là recherche comment il est possible qu'il le fasse. La psychologie, celle de Wolf, celle de Locke, celle de Reid, vous dit que le moi a des sensations, puis des perceptions, puis des notions, puis qu'il forme des jugements, et parvient ainsi à connaître. La psychologie critique se demande comment il se peut qu'il connaisse, comment des sensations, perceptions, notions, jugements, qui appartiennent à un être individuel, peuvent être un lien avec un ou plusieurs autres êtres individuels externes, et constituer de ceux-ci à celui-là le rapport du connu au connaissant ; en un mot, comment il se fait que les phénomènes de l'un soient pris comme la traduction des phénomènes de l'autre. Pour cela, elle décompose plus sévèrement les opérations de l'être connaissant, et cherche à se rendre compte de tous les éléments de la connaissance. Sans doute elle ne fait au fond que reculer la difficulté, et toujours, en définitive, elle explique la possibilité par le fait. Mais enfin elle donne au moins les *premiers comment* de l'opération, si elle n'en trouve la dernière raison. Son analyse est donc plus profonde, plus radicale; c'est une psychologie critique, c'est-à-dire qui discerne en décomposant, et elle diffère assez de la psychologie ordinaire pour porter un nom particulier.

Si l'on considère la connaissance dans son ensemble, il est évident que quel que soit l'objet auquel elle s'applique et la manière dont elle s'accomplit, elle contient toujours quelque chose d'identique et de permanent, et quelque chose de changeant et d'accidentel. L'un est la nature du *connaître*, l'autre la nature du *connu*. En d'autres termes, nous connaissons des objets divers; les êtres varient et se renouvellent; mais nous les connaissons toujours dans de certaines mêmes conditions. Ainsi, par exemple, les connaître, c'est connaître qu'ils sont, quels ils sont, quelles relations ils ont avec d'autres. Nous n'appelons connaissance que ces déterminations-là. Or, ces déterminations, diverses selon les objets, sont identiques en elles-mêmes. Dans toute connaissance, il y a donc le divers et l'identique, ou, si l'on veut, l'accidentel et l'universel. La connaissance ne résulte que de la combinaison de l'un avec l'autre, ou de la matière du connu avec la forme du connaître.

Que cette forme soit dans la matière même, soit son essence objective, c'est ce qui ne peut se prouver; on en sait les raisons. C'est également ce qui ne peut se constater par l'observation ; car ce serait juger la question par elle-même, puisque c'est précisément l'observation qu'il s'agit de décomposer. Mais que l'objet observé ne donne pas les conditions permanentes de l'observation, c'est ce qui se peut prouver directement et indirectement.

Preuve directe. Les objets apparaissent; ils apparaissent par les sens à la sensibilité; à ce titre, ils ne sont que des phénomènes. Le phénomène pour les sens est variable, isolé, contingent : ce qu'il a ou peut avoir de permanent, d'identique, et qui nous paraît nécessaire, n'est pas donné dans la sensation, celle-ci n'étant qu'une affection actuelle qui n'a rien d'universel. Concevoir, à propos d'une affection, sa cause et les conditions de cette cause, c'est, on en convient généralement, l'acte propre et caractéristique de facultés plus intérieures, et la psychologie le rapporte en général à la constitution du moi. Admettez la coïncidence exacte du dedans et du dehors, et que les conditions de l'objet en tant que connu soient réellement dans l'objet en tant qu'existant, il restera que nous avons une conscience immédiate et constante des conditions dans lesquelles nous le connaissons, mais aucune intuition sensible des conditions nécessaires dans lesquelles il existe. Ainsi, quand par hypothèse il y aurait parité complète entre les conditions de la connaissance et celles du connu, toujours les premières existeraient-elles indépendamment de toute application, c'est-à-dire *a priori*.

Preuve indirecte. Si les conditions du connaître venaient toutes de l'objet, c'est-à-dire de la sensation, c'est-à-dire encore *a posteriori*, il n'y aurait nulle connaissance *a priori*. Or, il y en a, témoin l'exemple tant cité des mathématiques. Or, s'il y a des connaissances *a priori*, c'est qu'elles sont possibles, et si elles sont possibles et réelles, il peut y avoir une science de la connaissance *a priori*, ou de tout ce qui est *a priori* dans la connaissance : cette science sera une psychologie transcendantale.

L'objet de cette science, quoique réel, est, dans la science, nécessairement abstrait; car les conditions du connaître ne se réalisent en général que moyennant un connu; l'abstrait n'est actuel qu'avec un concret, la forme qu'avec une matière. Il faut donc quelque effort pour fixer sous l'œil de l'esprit des propriétés, des règles, des lois purement virtuelles, et qui en général, dès qu'elles passent de la puissance à l'acte, se combinent avec un principe hétérogène, la matière des intuitions. La raison pure, objet de cette science *a priori*, est pour ainsi dire une algèbre sans signes.

Or cette idée générale de la connaissance *a priori* nous donne deux cas possibles.

Ou les formes *a priori* existent en nous sans application possible à une matière donnée;

Ou elles existent applicables et appliquées à une matière donnée.

Dans le premier cas, elles sont en nous comme si elles n'existaient pas; nous n'avons même aucun moyen de savoir si elles existent; la connaissance actuelle étant le seul signe de la faculté de connaître et des lois de cette faculté.

Le second cas est seul réel; mais il se réalise en diverses hypothèses.

Les formes de la connaissance peuvent s'appliquer à une matière de l'intuition, donnée *a posteriori;* c'est l'hypothèse commune. On a souvent cité la causalité. Tenons pour accordé qu'elle ne ressort pas pour nous des phénomènes; il faut, puisqu'elle subsiste dans l'esprit, qu'elle y soit indépendamment d'eux, c'est-à-dire *a priori;* et alors comment en aurions-nous conscience, si nous n'étions constitués de façon à l'appliquer d'autorité aux phénomènes actuels, lesquels seuls la font apparaître dans l'esprit; la connaissance sans actualité possible étant comme non existante. Il y a donc en nous, cet exemple en fait foi, une nécessité subjective, mais *a priori*, d'appliquer les formes virtuelles du connaître aux objets actuels de la connaissance.

Mais toute représentation, c'est-à-dire tout objet actuel de la conscience, qu'il provienne ou non de l'intuition sensible, peut devenir objet de la connaissance et servir jusqu'à un certain point de matière aux formes du connaître. C'est ce qui fait que les propriétés mathématiques, quoique nullement expérimentales, quoiqu'elles ne soient que des phénomènes abstraits, deviennent l'objet d'une science, et reçoivent l'action des formes de la connaissance. L'espace qui est introduit *a priori* dans la connaissance du dehors par le moi et non par le phénomène externe, devient à son tour la donnée d'une science transcendante, la géométrie. D'autres idées non moins pures peuvent également être reprises en sous-œuvre par l'entendement, soumises aux formes de la conception et du jugement, et quoique non originaires de l'intuition, servir de données à une science doublement *a priori* : c'est ce qui arrive souvent en métaphysique.

Maintenant la science de l'identique de la connaissance doit sortir de la généralité et suivre, à la manière de la psychologie, les divers degrés de la connaissance, commencer en conséquence par la sensibilité, et passer de là à l'entendement.

Qu'y a-t-il d'identique, c'est-à-dire de permanent et de nécessaire dans les perceptions des sens? Que les objets de ces perceptions ne peuvent être que des multiples ou des divers perçus les uns hors des autres et les uns après les autres, c'est-à-dire perçus dans l'espace et le temps. L'espace et le temps sont donc tout ce qu'il y a de nécessaire dans l'intuition sensible, les conditions *a priori* de la connaissance sensible, les formes pures de la sensibilité. C'est là le domaine de la sensibilité; au delà commence celui de l'intelligence.

La connaissance par l'intelligence ou l'entendement prend les objets connus dans les formes et dans la matière de la sensibilité; comme tels ils ne sont que des éléments d'un multiple successivement présent dans toutes ses parties à la conscience; mais ces éléments sont à la fois réunis en une ou plusieurs représentations totales, et conservés dans la conscience à mesure qu'ils sont remplacés par d'autres dans la sensibilité. Des facultés imaginatives et représentatives opèrent ce premier travail, et associent comme à notre insu, et suivant les lois d'une affinité inexpliquée, les phénomènes perçus, même après qu'ils sont évanouis; puis ces groupes de phénomènes reçoivent une certaine unité qui les fait se représenter comme des touts. C'est ce qu'on appelle les concevoir, en former le concept ou l'idée. Une fois formée, l'idée est une représentation qui devient indépendante de son objet, et qui s'applique éventuellement à tout objet semblable. Elle est donc une forme à son tour, forme générale quoique non primitive, ce qui fait qu'elle peut également servir de forme pour les objets postérieurs de la sensibilité, et de matière pour les opérations ultérieures de l'intelligence.

Mais cette unité, imposée par l'activité propre, par la puissance spontanée de l'entendement aux intuitions, l'est suivant des modes constants, des conditions permanentes. Quel est le caractère général de cette puissance? Elle est synthétique. Quelle est la forme générale de son action? Le jugement. Son résultat? L'idée ou la notion, toujours convertible en jugement. Quelles sont les conditions diverses et élémentaires de cette synthèse, de ce jugement, de cette conception? C'est demander quelles sont les formes *a priori* de la connaissance par l'entendement.

Ici, un peu d'hésitation se trahit dans la philosophie critique. Elle avoue qu'elle a besoin d'un principe qui lui découvre et lui garantisse la nature et le nombre de ces formes universelles de la pensée. Elle se prévaut et se félicite avec raison de l'avantage qu'elle a seule de le pouvoir chercher dans l'analyse des modes fondamentaux du jugement. Mais quand elle passe enfin à la recherche de ces modes, elle les énonce pour ainsi dire empiriquement, et ne les démontre pas. Elle semble les trouver par voie de revue générale, ou les emprunter à la logique ordinaire, et, quelque complète que puisse être son énumération, elle oublie de nous dire sur quoi elle la fonde. Le tableau des catégories n'est pas justifié.

Quoi qu'il en soit, voici le principe. Nous ne pouvons juger d'une chose qu'en résolvant une de ces questions : Quelle est-elle en quantité? Quelle est-elle en qualité? Quelles sont ses relations? Quels sont ses modes? C'est en résolvant toutes ces questions qu'une chose peut être conçue comme une, plusieurs ou totale, comme réelle ou négative, comme possible, existante, nécessaire, etc. Ces conceptions et d'autres qui se subordonnent trois à trois à chacune des conceptions plus générales de quantité, de qualité, de relation, de modalité, sont les douze catégories de Kant. Ces catégories sont subjectives, c'est-à-dire qu'elles ne sont pas données comme les conditions de l'être, mais comme les formes de la connaissance.

Prises comme telles, elles sont les modes du jugement, les fonctions de la synthèse, en d'autres termes, les diverses conditions que l'entendement pense dans l'unité totale qu'il impose aux divers ner la connaissance que des objets des sens. S'il y a des connaissances au delà, réelles ou apparentes, elles appartiennent à une autre faculté; l'entendement n'est que le flambeau du domaine de l'expérience.

Deux remarques seulement sur cette théorie dont nous renouvelons incessamment l'expression pour la faire mieux comprendre.

I. Les catégories ne nous paraissent point trouvées et établies par la même méthode que le reste. Kant a plutôt cherché à dresser un tableau systématique qu'à exposer dans l'ordre rationnel et réel les formes universelles de la pensée des êtres. Nous concevons qu'il n'ait point songé à chercher ces formes dans les êtres mêmes, et que son exposition n'ait rien d'ontologique. C'eût été abandonner son principe et intervertir son système; mais restait l'ordre logique ou l'ordre psychologique. Or, il ne me paraît s'être conformé ni à l'un ni à l'autre.

Logiquement, si l'on regarde d'abord les quatre grandes divisions du tableau, on ne comprend pas qu'il commence par la quantité, surtout quand la troisième section ou la relation contient la substance, et que la quatrième ou la modalité contient l'existence. La raison en est probablement que l'auteur a voulu concevoir l'objet par hypothèse dans toutes ses parties, dans tous ses degrés, comme il serait, au cas qu'il fût, pour arriver finalement à ces trois questions : Est-il possible? Est-il existant? Est-il nécessaire? Mais c'est là un ordre purement méthodique, un ordre d'enseignement, non un ordre rationnel. Je comprends que la question de multiples de l'intuition. Pour que cette opération soit possible, il faut que tout, intuition et conception, perception et jugement, sensibilité et entendement, toutes les phases enfin de la connaissance se représentent dans une même conscience. Ces actes peuvent être successifs, mais cependant ils exigent et prouvent une identité dans l'agent. Ils sont donc subordonnés à l'unité synthétique originelle de l'aperception, nom savant de la conscience de soi-même, ou, plus brièvement, de la conscience, fait dominateur de toutes nos connaissances. C'est une première condition de la possibilité de la connaissance; et, par parenthèse, si, comme on n'en peut douter, cette condition est remplie, c'est un pur fait, dont la philosophie critique a besoin tout comme la psychologie commune, et qu'elle ne démontre pas davantage. Le principe de Descartes est l'ancre de salut de toute philosophie.

Maintenant, la possibilité de toute connaissance se déduit en peu de mots. Les catégories nécessaires à la connaissance des objets ne la renferment pas. Il leur faut des intuitions réelles auxquelles elles se rapportent. Les intuitions sont ou pures ou empiriques. Rapportées uniquement aux intuitions pures, les catégories ne donnent qu'une connaissance des objets *a priori*, relative seulement à la forme de l'apparition des objets dans l'espace et le temps. Rapportées aux intuitions empiriques, elles donnent la connaissance des objets phénoméniques, c'est-à-dire les choses comme nous les pensons. Telle est la portée et la limite de l'entendement proprement dit. L'intuition pure mise à part, il ne peut donl'existence, comme question de fait, vienne des dernières. Mais logiquement, avant d'examiner l'être comme un ou plusieurs, c'est-à-dire dans sa quantité, il faut l'avoir conçu comme existant au moins par supposition, comme possible; et puisqu'il s'agit ici, non d'ontologie, mais d'idées pures, l'idée pure de possibilité et celle d'existence sont un antécédent logique nécessaire des conceptions des premières sections.

Psychologiquement, il ne serait pas moins difficile de soutenir que dans l'ordre réel de l'acquisition de nos connaissances, ou du développement chronologique de nos facultés, nous pensions l'unité ou la limitation, avant d'avoir pensé la substance ou même la cause. L'être est la notion fondamentale impliquée nécessairement dans toute conception, même dans toute perception; et ce reproche de méthode arbitraire que Kant a tant tenu à repousser, il l'encourt à mon avis tout entier.

Quant au nombre et au choix des catégories elles-mêmes, il est invraisemblable au premier abord que la nature de l'esprit humain procède aussi régulièrement, et que ses idées marchent trois par trois. C'est plutôt là une exigence individuellement subjective de la nature d'esprit du philosophe; à lui seul cette symétrie est nécessaire. Est-ce que la substance, par exemple, n'est qu'une catégorie de relation? Oui, si l'on veut dire qu'elle ne se conçoit bien que par la relation du sujet à l'attribut; non, si l'on entend que le jugement qui affirme la substance affirme une relation, comme celui qui établit le rapport d'action de l'être qui agit à l'être sur lequel il agit. La substance peut avoir besoin de la relation pour se définir; mais elle n'est nullement conçue comme une relation, elle est même conçue comme ce qui n'en est pas une. Autre exemple : Il y a une idée universelle que nous nous faisons nécessairement de tout être donné, et que je ne vois pas sur le tableau : c'est l'idée que cet être a une certaine nature. C'est le mot de la question : Quel est-il? La véritable qualité d'un être, c'est-à-dire ce qu'il est comme étant lui et non pas autre, peut être impénétrable, ineffable; mais à coup sûr elle est autre chose que la vérité, la négation, la limitation (les trois catégories de qualité). Je suis prêt à convenir que les essences sont un mystère inaccessible, mais nous n'en avons pas moins la notion fondamentale d'essence; nous ne concevons les êtres que comme ayant une essence, qui fait qu'ils sont eux et non pas d'autres. C'est là une idée pure et qui n'est pas identique à l'idée de substance. C'est vraiment la question *Quid* de la scholastique.

On pourrait pousser plus loin la critique de la liste des idées pures; mais cela paraîtrait étranger au fond de la philosophie transcendantale. Remarquez cependant qu'une fois incomplète, elle devient douteuse. C'est une science exacte que Kant a voulu construire; l'exactitude dans les détails est indispensable à la certitude de l'ensemble.

II. Quand on lit la Logique d'Aristote, il est difficile de voir clairement ce qu'au fond il pense des catégories. On ne sait quel genre de vérité il leur attribue. Il les expose plutôt comme la classification raisonnée des termes de toute langue, que comme l'inventaire de toutes les vérités universelles, ou même de toutes les conceptions possibles sur l'être. Il semble quelquefois ne donner que la théorie du langage et composer une grammaire générale. Au vrai, cependant, il classe des idées, non des mots, et c'est bien une logique qu'il écrit, c'est-à-dire une grammaire du raisonnement. Mais s'il s'est en effet occupé des idées, a-t-il eu également en vue les choses que représentent ces idées? Le doute s'est élevé parmi ses disciples sur cette question, et il faut convenir qu'à elle seule la Logique (l'*Organon*) ne fournissait pas les moyens de le dissiper entièrement. C'est qu'en effet la question n'est pas du ressort de la science appelée logique. Les catégories sont-elles ce qu'on pense ou ce qui est? La science de ce qui est n'est pas la logique, mais l'ontologie. Les catégories sont-elles vraies? C'est un problème qui se rattache au problème de la vérité de nos connaissances, problème général qui excède les forces de la logique et qui est le premier problème de la métaphysique. C'est donc dans la Métaphysique d'Aristote qu'on doit chercher sa pensée sur le fond des choses, et là, en effet, la vérité des catégories se trouve, si ce n'est démontrée, du moins affirmée.

La même distinction est valable avec Kant; seulement il n'a point fait une métaphysique proprement dite; ou plutôt il a presque condamné d'avance tout ce qui porte ce nom, en accusant la science de témérité toutes les fois qu'elle est autre chose que la connaissance de la connaissance. Telle est, en effet, la philosophie critique. Les catégories sont des idées nécessaires, les seules idées pures possibles, les seules formes de la connaissance par l'entendement; mais elles sont subjectives. Elles nous font connaître à quelles conditions l'entendement connaît qu'il connaît les objets; c'est-à-dire qu'elles ne nous font en définitive connaître que l'entendement. La logique transcendantale est une mécanique abstraite qui ne sait pas s'il y a des machines.

Si l'on jugeait de la doctrine par ce qu'elle donne de vérité réelle, de vérité sur les choses, on la trouverait bien stérile, et l'on s'étonnerait d'un si grand effort pour un si petit résultat. On pouvait prendre une voie plus courte et plus praticable que celle que notre philosophe s'est laborieusement frayée, pour arriver à la démonstration, seule importante à nos yeux, de ce fait qu'il y a des idées nécessaires, idées qui sont pour l'esprit un patrimoine plutôt qu'une acquisition.

Cette démonstration, une fois acquise, devait inspirer plus de confiance. On souffre de voir Kant, une fois en possession des idées nécessaires, en tirer si peu de parti. Quelle timidité désespérante en effet que celle qui hésite à lier la conception de l'unité de l'intelligence avec la perception *consciencieuse* de l'identité du moi dans le temps, uniquement parce que l'une n'est qu'une pensée sans intuition, et que l'autre, comme intuition empirique, est purement subjective; tandis que la conscience vous crie qu'il y a plus que liaison, qu'il y a unité entre le moi de l'intelligence et le moi du sens interne; tandis que cette combinaison d'une conception nécessaire et d'une intuition expérimentale exerce sur nous une autorité non moins forte que celle de l'axiome le plus impérieux, et constitue essentiellement le fond de la nature humaine! La distinction subtile qui arrête ici la philosophie critique, lui est toute relative; elle tient à sa méthode, à son langage. Elle est plus logique que raisonnable, plus nominale que logique; et sans nier qu'il y ait là une difficulté scientifique, nous n'y voyons pas pour notre compte le sujet d'un doute sérieux ni d'une pénible incertitude.

Cela dit, et comme il importe de bien comprendre le philosophe qu'on veut juger, il faut se placer dans son point de vue, ne point marcher plus vite que lui, ne le point blâmer de n'avoir pas donné plus qu'il n'avait promis. Sa répugnance à concéder, soit aux témoignages des sens, soit aux conceptions de l'intelligence, le droit et le pouvoir de révéler la nature, répand sur toute sa doctrine un vernis de scepticisme : mais il n'est pas vraiment sceptique; il est défiant plutôt qu'incrédule. Il ne ruine pas la certitude, il la restreint. Il circonscrit étroitement ses croyances et ses affirmations; mais ce qu'il croit, ce qu'il affirme, est pour lui d'une inébranlable certitude. Il consolide tout ce qu'il constate, et ajoute une rigueur et une évidence nouvelles aux vérités qu'il admet. Ainsi, personne n'a jamais reconnu plus d'autorité aux faits du sens interne et du sens externe, aux jugements nécessaires en eux-mêmes; c'est même d'avoir méconnu cette autorité qu'il accuse ses devanciers, et c'est pour l'avoir appréciée et remise dans tout son lustre, qu'il a été conduit au besoin d'une philosophie nouvelle.

Quoique cette philosophie limite d'ailleurs le

champ de la certitude humaine, quoiqu'elle répète toujours à l'homme que les choses sont vraies relativement à lui, et que puisqu'il est donné, rien, à proprement parler, n'est absolu; cependant elle ne lui permet pas de douter de ce qui est absolu pour son esprit; elle l'assujettit pratiquement à ses sens, à sa raison, et lui dénonce comme un tour de force impossible la tentative de nier ce qu'il perçoit, ce qu'il pense, ce qu'il juge. Lors même que la certitude *a priori* n'aurait aucune valeur objective qui fût démontrable, Kant la tient pour maîtresse de l'intelligence. Les jugements nécessaires étant les lois mêmes de l'esprit humain, l'esprit humain n'est pas capable de s'y soustraire; il ne peut les nier sans s'anéantir. Or, ce n'est pas là le scepticisme, c'est-à-dire le doute universel.

La foi dans la certitude objective de nos connaissances ne dépend pas nécessairement de l'opinion qu'on s'est faite de leur source et de leurs conditions. Qu'on les rapporte toutes à la sensation, toutes aux faits primitifs de l'âme, on peut également révoquer en doute, par rapport à la réalité des choses extérieures, le témoignage de la sensation ou celui de l'intelligence. Le monde n'est pas plus mal garanti par l'intelligence que par la sensation, et le raisonnement peut arguer de faux l'une comme l'autre. La sensation n'est pas moins relative au sujet que la catégorie; elle a même la nécessité et l'universalité de moins. Elle est donc plus inhabile encore à produire une certitude absolue. Aussi, ceux qui en ont fait le principe de toute science ont-ils douté de la fidélité de son témoignage. On sait que Condillac ose à peine se prononcer sur l'existence des corps. Les philosophes de son école seraient donc mal venus à poursuivre Kant pour fait de scepticisme.

C'est que la certitude du témoignage du sens interne et du sens externe puise sa force ailleurs que dans les théories de Locke ou de Kant. Cependant elle ne peut être affermie que par une philosophie qui admette des idées nécessaires, et des connaissances supérieures à l'expérience. Peut-être réussirait-on à délivrer la philosophie kantienne de tout idéalisme; l'idéalisme est au contraire le péché originel de Locke et des siens. Je crois que ce serait une entreprise heureuse que de chercher à concilier la théorie inductive de Reid avec les analyses plus profondes de Kant; et loin d'exclure la première, celui-ci fournirait peut-être les moyens de la rendre plus rigoureuse et plus démonstrative. Une fois qu'on est en possession des catégories, particulièrement de celles de substance et de cause, n'est-ce pas chose assez naturelle que d'élever à la dignité de jugements catégoriques tous ces jugements sur lesquels repose la raison pratique de l'humanité? Le nombre des choses certaines est plus grand qu'on ne croit; et si, comme on l'a dit, l'esprit, dès qu'il a donné accès au scepticisme, se laisse envahir tout entier, une fois que l'on a admis des vérités nécessaires, on doit marcher à grands pas dans le champ de la certitude, et conquérir ainsi à la raison de nouveaux droits et de nouveaux domaines. Il est étrange qu'elle ait si souvent mis son orgueil à s'infirmer elle-même, et qu'elle ait fait gloire des coups qu'elle se portait.

Comme d'autres souverains de la terre, il semble qu'elle en soit venue à se *croire un abus*, et qu'elle ait été embarrassée de son empire. L'esprit humain a tenté, surtout depuis un temps, de supprimer une partie de ses richesses par mesure d'économie. Sans doute il ne doit pas s'exagérer ses trésors et les dissiper en les prodiguant; mais qu'il se garde de s'appauvrir. L'autorité de la raison n'est pas infinie; mais dans ses limites elle est entière, elle est sacrée. La raison ne doit pas plus abdiquer qu'usurper.

§. VI. Des jugements purs [1].

Analytique des principes.

La sensibilité a des formes pures : l'espace et le temps. L'entendement a des idées pures : les catégories.

Ces deux propositions sont les fondements de la philosophie de Kant. Nous les avons exposées avec un développement presque égal à celui qu'il leur a donné. Il le fallait pour initier en quelque sorte les esprits à sa doctrine. Passons plus rapidement sur le reste. Il suffit d'offrir une idée générale de l'ensemble.

La logique transcendantale contient deux parties : la première, *l'analytique des concepts*, a fait connaître les catégories, ou les idées pures de l'intelligence. La seconde, *l'analytique des principes*, ou des propositions fondamentales, expose la manière dont

---

[1] Les jugements dont il s'agit ici sont les jugements fondamentaux (*Grundsœtze*), ce que Reid appelle les *premiers principes* : ce sont les axiomes de la raison.

les catégories se traduisent en jugements purs, ou universels et nécessaires, c'est-à-dire en principes.

Les catégories ne peuvent s'appliquer immédiatement aux données de l'expérience. La représentation doit être homogène au représenté. Heureusement elles ont avec les objets une forme commune, c'est le temps ; pour qu'une intuition soit une ou distincte d'une autre, pour qu'une idée se distingue d'une idée, il faut le temps, c'est-à-dire qu'il faut que nous ne pensions pas l'une en même temps que l'autre ; les contempler, c'est les placer dans le temps. De même, les objets ne sont donnés que dans le temps ; car nous avons vu qu'il est la forme nécessaire de la sensibilité. Il l'est aussi de la conscience. Après avoir figuré dans les intuitions de la sensibilité, il se retrouve donc dans les conceptions de l'entendement, et il est ainsi en général le lien commun des catégories et des objets.

Qu'est-ce, par exemple, que la substance *a priori*? Ce qui peut être pensé comme sujet et jamais comme attribut. Mais que faire de cette représentation? quelle en est l'utilité, la valeur, l'application? le temps seul lui donne un sens. Déterminez la catégorie de substance par l'intuition sensible de *persistance*, la substance réelle est alors quelque chose qui persiste. Or ajouter à la catégorie de substance la détermination sensible de persistance, c'est combiner la substance et le temps.

La catégorie ainsi déterminée, l'idée pure mise en relief par l'addition du temps prend une valeur d'utilité. En thèse générale, il faut que la catégorie ne reste pas rigoureusement pure pour être applicable à l'intuition. De là la nécessité d'un moyen terme entre l'une et l'autre, moyen terme que Kant appelle du nom grec de *schèma*[1].

Le *schèmatisme* est une faculté, un art naturel par lequel l'esprit humain emploie les catégories pour se former des images des objets, et en porter des jugements. Par cette synthèse spontanée, il exploite les catégories, il les tire du vague et les introduit dans le positif. Non déterminées par le schèma, les idées pures de l'intelligence n'ont qu'une valeur logique. Les catégories ne sont que des fonctions idéales de l'entendement. La signification réelle ne leur est donnée que par la sensibilité (puisque le temps appartient à la sensibilité). C'est elle qui les rend valables en les déterminant. Elle réalise et restreint tout ensemble l'intelligence, car, sans elle, celle-ci serait spéculative et illimitée.

Qu'est-ce donc que le schèma? la catégorie rendue sensible par le temps. Chaque catégorie a son schèma; ainsi déterminées, les catégories deviennent les éléments des jugements. En d'autres termes, le schèma se rapproche de ce que les philosophes élèves de Condillac appelleraient l'idée sensible d'un objet en général, ou l'image intellectuelle. C'est, suivant eux, au moyen de ces idées ou images, de ces souvenirs d'intuitions généralisés, que nous jugeons et raisonnons. Lorsque, par exemple, nous formons des jugements et des raisonnements sur le triangle, est-ce sur l'image d'un certain triangle? Non, aucune image d'un triangle ne pourrait être égale, et

---

[1] Ce nom signifie la figure.

comme dit l'École, adéquate à la conception du triangle en général, puisque cette conception s'applique à toutes les sortes de triangle; et que l'image d'un triangle n'est jamais que celle d'un triangle d'une espèce déterminée. Il faut donc comme une image générale du triangle. C'est une image intellectuelle, ou une conception sensible; c'est quelque chose de moyen entre l'entendement et la sensibilité, entre l'idée pure et l'intuition empirique, et qui rend possible la jonction de l'une avec l'autre. Ce n'est pas l'image formée des traits épars de l'intuition, œuvre de l'imagination empirique. C'est au contraire un produit de l'imagination pure, agissant sur les idées pures, et les traduisant, les figurant pour ainsi dire, ou plutôt les rendant figurables pour qu'elles puissent s'adapter aux images déterminées. C'est comme un premier pas de l'idée pure vers l'intuition. Subordonner un objet sensible à une conception pure ou appliquer celle-ci à celui-là, c'est une opération dont le nom technique est la *subsomption*. Pour qu'un objet puisse ainsi être *subsumé* à une conception, pour qu'il puisse être encadré dans une conception, il faut que cette conception sorte de sa pureté originelle et se détermine davantage. Cette détermination est générale encore, mais enfin elle a quelque chose de la détermination spéciale et particulière. La détermination de polygone en général est un schéma entre l'idée plus pure de figure et les intuitions de pentagone ou de carré, et elle est nécessaire pour concevoir celles-ci et en porter des jugements.

Il y a quatre schèma fondamentaux correspondant aux quatre catégories fondamentales, et qui se composent par l'addition du temps à l'idée pure de chacune d'elles. Ainsi, par exemple, le schèma de la catégorie fondamentale de quantité est l'idée de l'addition successive des parties homogènes du temps, ou le *nombre;* et ainsi du reste.

Sans rien disputer à Kant, remarquons seulement qu'en introduisant ce mot nouveau, il n'a point donné de lumières nouvelles sur un point très-obscur de la science, et que la question des idées, car c'est au fond la question dont il s'agit, telle que l'agitent les écoles de psychologie, méritait quelque chose de mieux que les assertions gratuites dont se compose la théorie du schématisme.

Il reste admis, sous toutes les réserves de droit, que c'est à l'aide de notions, idées ou schèma, que se construisent ou paraissent se construire les jugements.

Les jugements sont tous analytiques ou synthétiques.

Nous savons que le jugement analytique est celui dans lequel l'attribut analyse en quelque sorte le sujet. C'est le jugement qui affirme ou nie une qualité contenue dans le sujet ou exclue du sujet. Ainsi, cette proposition : *les corps sont étendus*, est analytique; les deux termes de la proposition sont identiques. Condillac n'a reconnu que des jugements analytiques, car il les ramène tous à cette formule : *le même est le même.*

Le principe d'après lequel doit être apprécié tout

jugement analytique, s'appelle *le principe de contradiction*, savoir : « L'attribut ne peut être contradictoire au sujet. »

L'étendue est indivisible, *le cercle est carré*, sont des jugements contradictoires. C'est ce que manifeste la simple analyse du sujet.

Le principe de contradiction est plus connu sous cette formule : « Il est impossible qu'une chose soit et ne soit pas en même temps. » Mais c'est alors un principe objectif, et qui n'est point pur, n'étant point dégagé de la condition de temps. Car A qui est B ne peut *en même temps* ne pas être B. Mais il se peut que *successivement* A soit et ne soit pas B. Le principe de contradiction, pour être un principe purement logique, doit donc être autrement conçu et exprimé, et alors il est la règle fondamentale du jugement analytique. Mais il n'est pas le *criterium* de la vérité des connaissances exprimées par les jugements. Un jugement conforme au principe de contradiction peut ne donner aucune connaissance. Exemple : *Le triangle a trois angles*.

Le jugement synthétique doit être conforme au principe de contradiction; mais ce principe est une condition, non la détermination de la vérité de ce jugement. Dans le jugement analytique, je ne fais que développer l'idée du sujet, que mettre en regard du sujet ce que la pensée comprend sous le nom de ce sujet même. Dans le jugement synthétique, au contraire, je sors de l'idée donnée pour mettre en relation avec elle quelque chose qui n'y est pas compris, et qui ne lui est ni identique, ni contradictoire.

Ce jugement ajoute donc aux idées nécessaires qui

forment la notion du sujet, et ne se borne pas à développer ces idées. Il exprime donc une synthèse, non une analyse; et comme il exprime ce que ne sait pas nécessairement l'esprit qui a l'idée du sujet, il donne une connaissance, ce que ne fait pas le jugement analytique.

Tous les jugements analytiques sont *a priori*. Car l'idée une fois donnée, aucune expérience n'est nécessaire pour dire qu'elle est ce qu'elle est, qu'elle n'est pas ce qu'elle n'est pas. Il n'y a là aucune déduction empirique. Les jugements synthétiques sont en général *a posteriori*. Car l'expérience est en général nécessaire à la connaissance, et par elle seule nos idées prennent une valeur objective. Cependant il y a des jugements synthétiques *a priori*, et nous avons vu que cette grande observation, fécondée par le génie de Kant, a donné naissance à toutes ses recherches.

Quoi qu'il en soit, comment *a priori* les jugements synthétiques sont-ils possibles?

Dans le jugement analytique, j'insiste sur l'idée donnée, je la presse pour la développer, mais je ne sors pas du cercle de cette idée. Dans le jugement synthétique, au contraire, je sors de l'idée donnée pour la mettre en rapport avec quelque chose qui n'y est pas contenu. Il suit que rien dans ce jugement, pris isolément, n'en indique la vérité ni l'erreur. Le sujet ne contient l'attribut qu'en vertu de mon affirmation. Pour que je rattache ainsi l'un à l'autre, pour que j'en fasse la synthèse *a priori*, enfin pour que les jugements synthétiques soient possibles *a priori*, il faut qu'ils s'opèrent dans un certain milieu qui en contienne les éléments. Ce milieu est le temps. Le temps contient toutes nos représentations, puisqu'il est la forme *a priori* du sens interne. Pour ajouter au sujet un attribut qui n'y est pas renfermé, il faut le temps. Le jugement synthétique est successif. Sans le temps, l'esprit ne pourrait se concevoir passant d'une idée à une autre, et les reliant l'une avec l'autre. Dans le jugement même, il y a succession du sujet à l'attribut. Ce jugement : *les corps sont pesants*, représente deux moments ; l'un marqué par l'idée de corps sans la pesanteur, l'autre par l'adjonction de l'idée de pesanteur. La synthèse des représentations, cette synthèse dont le jugement est l'expression, ne s'opère que par la puissance spontanée de l'imagination, faculté nécessaire à la conception. L'unité qui résulte de cette synthèse, l'unité synthétique des représentations a son fondement dans l'unité de l'aperception originelle, c'est-à-dire dans l'unité de la conscience.

Telle la condition générale *a priori* de la possibilité des jugements synthétiques.

Comment *a priori* les jugements synthétiques sont-ils valides?

En général, pour qu'un tel jugement ait une valeur objective, il faut l'expérience, il faut qu'un objet soit donné. Supprimez l'expérience, la connaissance est comme nulle, le jugement est stérile, les représentations sont vides. Penser ainsi, c'est jouer aux représentations. Que seraient celles même de l'espace et du temps, sans l'occasion, sans la nécessité d'en faire usage expérimentalement, de les appliquer aux objets de l'observation? Ce seraient des formules sans valeur. Il faut, pour que ces sortes de représentations aient une signification, pouvoir les rapporter à l'expérience effective ou possible. Mais si la possibilité de l'expérience donne seule une réalité objective à nos connaissances *a priori*, l'expérience elle-même exige l'unité synthétique des apparitions. Sans quoi il n'y aurait pas de connaissance, mais une *rapsodie* de perceptions, non combinées suivant les lois de l'esprit, non réduites à l'unité de l'aperception. Il faut donc que l'entendement opère suivant ses idées, c'est-à-dire conformément à ses lois, la synthèse des objets des apparitions; hors de cette liaison du subjectif et de l'expérience, les jugements synthétiques ne sont rien.

L'expérience a donc des conditions et des règles: ce sont les formes *a priori* et les catégories.

Le principe suprême des jugements synthétiques peut s'exprimer ainsi : « Tout objet est soumis aux conditions nécessaires de l'unité synthétique du multiple ou divers donné intuitivement dans une expérience possible. » Ce qui revient à dire que rien ne nous apparaît qui, divers dans la perception, ne puisse être conçu par l'intelligence dans une certaine unité; en d'autres termes, que tout senti peut être pensé; ce qui revient à dire encore, qu'il y a correspondance entre les facultés de la nature humaine et le monde extérieur, au moins tel qu'il s'offre à nous.

Ainsi, pour qu'un jugement synthétique soit légitime, il faut que toutes les conditions soient remplies, c'est-à-dire qu'il y ait compatibilité et accord entre les intuitions et l'aperception synthétique, les formes de la sensibilité et les catégories; il faut enfin que l'expérience, l'entendement et la sensibilité concordent dans la conscience.

C'est ici peut-être que Kant touche le plus à l'idéalisme. Car le sens évident de cette théorie est que d'un côté les notions *a priori*, dénuées de l'appui de l'expérience, ne sont qu'un jeu intérieur de l'esprit et n'apportent aucune connaissance réelle, et que d'un autre côté l'expérience ne donne jamais des résultats nécessaires et universels. *A priori*, il n'y a que des éléments logiques; *a posteriori*, des matériaux contingents. Pour que la connaissance de l'entendement soit valable, il faut que les idées s'appliquent universellement et nécessairement aux objets. Or, *a priori*, rien ne prouve la légitimité de cette application. *A posteriori*, rien ne la peut donner comme universelle et nécessaire. Les objets en eux-mêmes ne pouvant donc être légitimement *convaincus* d'être conformes aux lois sous lesquelles nous les concevons, il suit que ceux que nous concevons ne peuvent être pris que comme des phénomènes, ou comme des dépendances des conditions mêmes du sujet.

L'entendement fournit les idées qui sont les éléments des règles de l'expérience : l'expérience donne les cas auxquels s'appliquent ces règles.

Les jugements purs ou *a priori* se tirent, les uns des idées pures, les autres des intuitions pures. Ceux-ci se rencontrent dans les mathématiques. Écartons-les, car eux-mêmes, pour avoir une validité objective, pour s'appliquer à l'expérience, ont besoin des idées pures, des facultés transcendantales de l'esprit humain, et supposent ces jugements *a priori* qui dominent tous les autres.

Ceux-ci que nous appellerons principes, sont de deux sortes. Quelques-uns, analogues sous ce rapport à ceux des mathématiques, sont comme les règles de l'intuition même. Quelques-uns ont trait à l'existence des objets et supposent la présence des apparitions. Les premiers sont absolument nécessaires, évidents par eux-mêmes; les seconds, supposant l'existence comme possible, admettent quelque chose d'empirique, par conséquent de contingent. Ainsi, quoiqu'ils aient les caractères d'une nécessité *a priori*, cependant cette nécessité n'est pas absolue. Il y a une condition; l'évidence de ces jugements n'est donc pas immédiate. Le principe : « Toutes les intuitions sont des grandeurs extensives [1] » est analogue aux axiomes mathématiques; il repose sur l'intuition en général; il est d'une évidence absolue. Car il ne signifie qu'une chose, c'est que les intuitions sont toutes encadrées dans l'espace et le temps.

Au contraire, le principe : « Dans tout changement des apparitions persiste la substance, dont la quantité n'augmente ni ne diminue dans la nature », ce principe, dis-je, n'est que conditionnellement nécessaire. Il suppose une donnée empirique, la perception du changement; le changement étant quelque chose d'inintelligible en soi, s'il n'est donné par une intuition. Mais l'intuition des objets étant donnée, le principe s'applique *a priori*, c'est-à-dire par sa

---

[1] C'est-à-dire des composés dans lesquels la représentation des parties précède et rend possible la représentation du tout.

propre force, en vertu de son évidence; seulement cette évidence a besoin de l'apparition des objets, ou d'une donnée *a posteriori*.

De ces deux formules, la première est celle du principe de quantité posé par Kant comme la règle des *axiomes de l'intuition;* la seconde n'est qu'une des *analogies de l'expérience* rangées par lui sous la loi du principe de relation.

Conformément à la division déjà connue, il y a donc quatre principes : principes de quantité, de qualité, de relation et de modalité; ce sont comme les axiomes de l'entendement. Ce sont les règles de l'application des idées pures à l'expérience possible, ou de l'usage objectif des catégories. Si la table de ces principes est bien faite, elle doit renfermer dans les lois de l'observation les lois mêmes de la nature phénoménale; car on a vu que la constitution de notre esprit et celle de l'apparition externe coïncident parfaitement. Sans rien révéler de l'essence même de la réalité extérieure, elle doit épuiser tout ce que l'entendement peut, en s'unissant à la sensibilité, concevoir de la nature des êtres qui lui apparaissent, en un mot tout ce qu'en général il peut connaître par l'expérience. C'est ici que l'on trouvera toutes les propositions fondamentales sur l'intensité, l'*extensité*, la substance, la causalité, la possibilité, la réalité, etc., etc., dont toute science, toute connaissance, toute expérience a besoin comme de règles et de points d'appui. A chacun de ces principes Kant donne une formule rigoureuse et souvent une démonstration neuve, s'attachant à raffermir ainsi les bases de la connaissance humaine qu'il avait d'abord ébranlées. Mais cette démonstration ne s'applique qu'aux principes en eux-mêmes, c'est-à-dire qu'elle est purement abstraite, et par conséquent ne prouve rien quant à leur validité objective. C'est moins une démonstration qu'une analyse logique des règles de l'entendement.

Le temps nous manque pour examiner si la table est complète, si elle n'est pas suspecte d'une symétrie artificielle, si, telle qu'elle est enfin, elle n'est pas le produit d'une philosophie idéaliste. Kant s'en est inquiété, car il l'a fait suivre d'une réfutation en forme de l'idéalisme. Cette réfutation était trop nécessaire pour ne pas nous arrêter un moment.

§. VII. De l'idéalisme transcendantal.

Phénomène et noumène.

Le quatrième principe, ou celui de modalité, est celui du rapport des objets à nos facultés; car c'est sur les modes que s'exercent la perception et le jugement. Il pourrait se formuler ainsi : « Tout objet connaissable doit être dans un rapport quelconque avec les conditions formelles de l'expérience. » Si c'est un rapport de concordance quant à l'intuition et aux concepts, l'objet est possible; si à ce rapport se joint le rapport de connexion avec la sensation, il est réel; si la connexion avec le réel est déterminée conformément aux lois universelles de l'expérience, à la possibilité et à la réalité se joint la nécessité. Ces trois cas expriment ce que Kant appelle *les postulats de la pensée empi-*

rique, dénomination empruntée aux mathématiques, et qui désigne les hypothèses données et non démontrées, dans lesquelles la pensée s'applique à l'expérience. En effet, hors de ces trois hypothèses, l'entendement ne fait des principes qu'un usage spéculatif. Elles sont nécessaires pour qu'il y ait expérience véritable, et par conséquent connaissance effective. C'est ce qu'on exprime quand on dit que c'est à ces conditions que la pensée devient empirique. Mais elles sont ici présentées et conçues *a priori*; elles appartiennent donc à la science transcendantale, quoiqu'elles réduisent les catégories à l'usage empirique, et en interdisent l'usage transcendantal, parce qu'il ne donnerait pas à l'entendement de vraie connaissance.

Mais ces principes eux-mêmes ne faisant qu'exprimer *a priori* les rapports de nos perceptions et de nos facultés dans toute expérience, ne paraissent fournir rien encore que de subjectif, et le concept pur de réalité ne devient le signe d'une réalité que moyennant la perception. La question vient tout naturellement de savoir si c'est une *réalité réelle*, ou seulement la détermination de l'objet conçu comme réel.

Descartes, dit Kant, croit à lui-même sur la foi de la pensée, et doute de l'existence des corps. Voilà l'idéalisme sceptique ou problématique. Berkeley voit dans l'espace une condition inséparable des choses, et l'espace, étant à ses yeux impossible de soi, lui paraît la négation de toutes les choses dont il est la condition. Voilà l'idéalisme dogmatique.

Il faut répondre à Berkeley que l'espace est une

condition *a priori* de la perception, et qu'ainsi il peut être nécessaire à l'intuition des choses, sans qu'il soit nécessairement un être, et sans qu'il entraîne l'anéantissement de tout ce qui est perçu en lui, anéantissement qu'il entraîne nécessairement s'il est une condition des choses en elles-mêmes ; car étant un vide, un non-être, il emporte dans son néant tout ce dont il est la condition.

Il faut dire à Descartes que s'il a la conscience de l'existence par celle de la pensée, j'ai la conscience de mon existence comme empiriquement déterminée dans le temps. Or, toute détermination dans le temps suppose quelque chose qui persiste ; en effet, c'est au sein du temps seul que peuvent être représentées la simultanéité et la succession ; la représentation de changement nécessaire à la détermination dans le temps, n'est possible que par la forme du temps. Mais le temps demeure et ne change point. Comme il n'est qu'une forme, il ne peut être perçu en lui-même ; il faut donc qu'il y ait dans les objets de la perception quelque autre chose qui demeure et en quoi puisse être perçue toute succession ou simultanéité, et puisée la représentation de changement. Ce quelque chose de permanent, au moyen duquel tous les rapports de temps des phénomènes peuvent être déterminés, on l'appelle substance. La substance est ce qu'il y a de réel dans le phénomène. Ce principe de la permanence des substances est un des principes synthétiques de l'entendement pur. (Première analogie de l'expérience, principe de relation.)

Or, si j'ai la conscience de mon existence comme

déterminée dans le temps, ce que cette détermination dans le temps suppose de permanent, de persistant, ne peut être en moi. En effet, ma propre existence ne peut être déterminée dans le temps qu'à la condition de ce quelque chose de permanent; car je n'ai conscience ni connaissance d'une substance moi, mais seulement de représentations, ayant comme telles besoin de l'existence de quelque chose de permanent qui n'est pas elles. Donc la perception indirecte de quelque chose qui persiste n'est possible qu'au moyen de quelque chose hors de moi, et non par la simple représentation d'une chose hors de moi. D'où il suit que la détermination de mon existence dans le temps n'est possible que par l'existence des choses réelles que je conçois hors de moi-même. La conscience de ma propre existence est donc nécessairement liée à la conscience de l'existence d'autres choses qui soient hors de moi.

Ceci suppose une conscience de l'extérieur, tandis que la psychologie cartésienne n'admet de conscience que pour l'intérieur. Aussi Kant se vante-t-il d'avoir *rendu à l'idéalisme jeu pour jeu*. Pour comprendre son argumentation, il faut remarquer que la permanence de quelque chose, comme condition nécessaire de toute détermination de temps, est supposée *a priori*, et non tirée de l'expérience externe. Or, le moi comme perçu est, on l'a vu, une intuition empirique, par conséquent non démonstrative. Le moi, comme conçu, n'est que la simple idée de la spontanéité d'un sujet pensant. En vertu de cette distinction, Kant se fait idéaliste sur l'existence du moi, afin de transporter au non-moi la certitude consciencieuse de Descartes. Et comment le fait-il ? Au moyen du principe *a priori*, du principe nécessaire qui n'admet pas de détermination dans le temps sans quelque chose de permanent. Le temps comme forme du sens interne, s'écoule constamment. Tout changement suppose quelque chose de constant dans l'intuition. Or, aucune intuition constante ne peut être trouvée dans le sens intime, l'aperception pure n'étant qu'une puissance, et toute intuition empirique qui la réalise étant phénoménale et actuelle. Ainsi le quelque chose de constant, de permanent, n'étant pas le moi, qui n'est connu qu'empiriquement, est forcément le *non-moi* qui est pensé nécessairement. Mais le non-moi ou le dehors est-il connu ? Non, il n'est qu'attesté par la conscience dans laquelle se découvre la loi de l'intelligence, qui ne permet point qu'il ne soit pas. Voilà ce que Kant, en forçant un peu les termes, appelle la *conscience immédiate de l'existence des choses extérieures*.

En résumé et en langage plus simple, les phénomènes de la conscience n'ont lieu que dans le temps. Ils ne sont pas percevables dans l'espace. Cependant ils nous suggèrent la notion du changement par leur diversité et leur succession. Or, diversité et succession sont choses relatives à un même qui dure. Est-ce le moi ? mais nous n'avons de lui aucune intuition, et le supposer, serait en ce moment juger la question par elle-même. Il n'en est pas ainsi pour le sens externe; le changement peut être perçu dans l'espace; un même point qui se meut donne la notion du changement, et avec elle celle d'un même qui subsiste. Ainsi se conçoit la substance. Nous empruntons l'idée de changement, de succession, de durée, et même de substance, pour la transporter au moi. Nous ne pouvons donc concevoir les changements de celui-ci qu'à la condition d'une existence externe qui persiste. Le non-moi est donc la condition de la conscience et de la mémoire de nos déterminations internes. Le non-moi existe donc.

Je ne crois pas que par cet argument ingénieux et subtil Kant ait fait autre chose qu'appuyer l'existence du monde extérieur sur une nécessité logique et psychologique. Il n'en a donc donné qu'une preuve subjective, et l'on pourrait demander pourquoi il admet ce genre de preuves sous cette forme après l'avoir repoussé sous une autre. Sa parfaite conséquence dans cette occasion nous paraît contestable. Quant à nous, nous consentons bien volontiers à lui accorder que s'il n'y avait rien au dehors, il n'y aurait rien au dedans, que, dans le fait, la succession de nos modifications internes nous révèle le dehors avant le dedans, en ce sens que nous pensons au non-moi avant de penser au moi, et qu'enfin c'est par l'opposition du non-moi que nous sommes conduits à poser l'existence du moi, quoique la conscience confuse de cette existence préexiste à tout, et s'unisse à la première des sensations de la vie. Mais sur ce point, nous nous contentons à meilleur marché que la philosophie transcendantale.

Quoi qu'il en soit, la conclusion générale de l'exposé des principes de l'entendement pur est d'abord que les catégories ne sont point par elles-mêmes des connaissances, et ne seraient dans l'entendement que virtuellement, c'est-à-dire comme si elles n'y étaient pas, si des intuitions n'étaient données par l'expérience qui en suscite l'intervention et l'emploi; les catégories ne sont que les éléments de notions possibles, mais l'intuition appelle seule ces notions à l'existence. Quant aux choses elles-mêmes, leur possibilité ne peut être comprise, leur réalité objective ne peut être posée qu'au moyen d'intuitions et d'intuitions extérieures. Ainsi, pour que quelque chose de subsistant corresponde à la notion ou idée pure de substance, une intuition dans l'espace est nécessaire, parce que dans l'espace seul quelque chose se détermine. A ce prix seulement, parmi les catégories de relation, celle de substance acquiert une réalité objective. De même, pour que telle chose que le changement corresponde à la conception pure de causalité, nous sommes obligés de prendre pour exemple le mouvement, de nous donner ainsi l'intuition d'un changement dans l'espace. Faute de l'idée de changement qui ne peut naître spontanément dans l'entendement, la catégorie de cause y resterait comme nulle. De même enfin pour la catégorie de réciprocité; il est impossible de comprendre par la raison seule que s'il existe plusieurs substances, de l'existence de l'une il résulte quelque chose dans l'existence de l'autre, et réciproquement. La possibilité de cette corrélation des phénomènes est conçue aisément, quand on se les représente dans l'espace, car l'espace contient *a priori* des rapports extérieurs formels, qui sont les conditions des rapports réels ou perçus. Aussi par le fait que deux corps apparaissent dans l'espace, ils y sont nécessairement conçus dans de certains rapports, et l'un ne peut pas plus être sans relation avec l'autre que deux lignes ne peuvent s'empêcher d'être l'une par rapport à l'autre parallèles, obliques ou perpendiculaires. L'intuition sensible met donc seule au jour la catégorie de réciprocité.

Cette observation importante sur les catégories, et qui est par elle-même une preuve ou du moins une objection contre l'idéalisme, s'étend aux jugements purs qui ne sont que l'application des idées pures, aux principes qui ne sont que la mise en œuvre des catégories. Les principes de l'entendement pur ne sont que les principes *a priori* de la possibilité de l'expérience. Sans l'expérience, c'est-à-dire sans les intuitions qui les suggèrent, non-seulement ils seraient inconnus de l'entendement, mais quand même l'entendement serait constitué de manière à en avoir spontanément conscience, ils seraient sans valeur appréciable, et ne donneraient aucune connaissance. A plus forte raison en est-il ainsi dans l'état vrai de l'intelligence, qui ne pense qu'à la condition d'avoir senti. Ainsi, tout jugement synthétique, même *a priori*, exige intuition, au moins intuition de la sensibilité pure, habituellement intuition expérimentale. Ce principe même qui applique la catégorie de possibilité, et que Kant rédige ainsi : « Ce qui s'accorde avec les conditions formelles de l'expérience est possible », exige l'accord de la conception et de la perception. Cela n'est pas seulement vrai des conceptions d'objets matériels. La possibilité d'un triangle dont la conception est assurément indépendante de l'expérience, ne résulte pas de cette conception qui demeure imaginaire tant qu'elle n'est pas représentée dans l'espace. Il faut que l'espace, cette condition formelle *a priori* de l'expérience extérieure, intervienne, pour que la possibilité réelle de la figure soit reconnue. L'idée seule de triangle, abstraction faite de l'espace (si cette abstraction était possible), n'établirait pas la possibilité du triangle. Ce que nous disons du principe de la possibilité, un de ceux qui se rapportent à une des catégories de modalité, est vrai de tous les autres principes. Eux aussi ne sont que des formes, des règles, des conditions de l'intelligence mise en jeu par l'expérience. Les jugements purs n'existent comme tels qu'en vertu de l'abstraction. Ce sont des lois de l'esprit qui ne deviennent des vérités que par le contact avec les choses.

En les appelant *vérités*, je dépasse la pensée de Kant; il dirait, lui, *connaissances*. Il convient que l'homme connaît, c'est-à-dire se forme des faits une théorie qu'il en croit l'expression : c'est là la connaissance. Dans la connaissance, Kant n'admet guère comme objectivement certaine que la réalité de l'existence de quelque chose.

Admettons avec lui que nous ne connaissons rien du monde extérieur, sinon que quelque chose persiste hors de nous. Tout ce que nous voyons de ce quelque chose, passé cela, est phénoménal. Le monde n'est qu'un objet intuitif. Sous ces apparences, ce que nous concevons de réel, de durable, ce principe des phénomènes, cette base que l'entendement leur suppose, n'est que pensée, et à ce titre Kant l'appelle *noumène*. Insistons sur cette distinction du noumène et du phénomène [1].

Si vous considérez l'esprit humain à l'état pur, si vous prenez *a priori* ses facultés et ses lois, ses données et ses idées, vous ne trouvez que des formes vides, un jeu intellectuel, quelque chose d'inutile et presque de frivole. L'utilité ne résulte que de la possibilité de l'expérience. C'est, au moins en ce monde, pour l'expérience que l'âme humaine a été constituée, et le but de tous les ressorts de la machine ne se montre qu'au moment où l'expérience la met en mouvement. De sorte qu'on peut dire à la fois que les éléments *a priori* de la sensibilité et de l'intelligence sont les conditions de la possibilité de l'expérience, et que la possibilité de l'expérience est la condition de l'utilité de ces éléments primitifs de notre nature intellectuelle.

Ces éléments sont de deux sortes : les uns sont les formes de l'intuition, les autres les formes de la pensée. Les unes sont l'espace et le temps, les autres les catégories. Les unes sont les conditions de la sensibilité, les autres celles de l'entendement. Elles constituent un simple pouvoir logique. Par elles, le jugement est possible; et de là la connaissance, la connaissance qui exige et suppose l'expérience.

L'expérience suppose la correspondance entre l'objet et l'idée. Par là seulement l'idée *devient sensible*. On en peut citer un exemple très-frappant, c'est celui des mathématiques. Les mathématiques

---

[1] Mots grecs : *phénomène*, chose manifestée; *noumène*, chose pensée.

sont dans cette condition, qu'elles n'ont pas besoin, pour être vraies, de la réalité objective des choses dont elles traitent. Il en résulte même qu'elles sont la seule science qui connaisse l'essence de son objet. La géométrie connaît à fond le triangle; elle sait, elle donne l'essence du triangle; on ne peut dire cela d'aucune autre science et d'aucun autre genre d'objet.

Et cependant la nécessité d'une intuition correspondante à l'idée est si positive et si forte, que les mathématiques satisfont à cette nécessité pour la géométrie par la construction des figures. Les figures sont une intuition sensible, quoique produite *a priori*. De même, l'idée de grandeur s'appuie sur le nombre; et le nombre, on se le représente par le calcul, par des lignes, par des points, autres moyens d'intuition sensible. Ainsi, les objets propres des mathématiques sont *a priori*, et cependant l'esprit humain a besoin de les transformer, pour ainsi dire artificiellement, en représentations sensibles. C'est le caractère particulier, c'est l'originalité des mathématiques. Il n'y aurait pas de figure du triangle au monde, que les propriétés du triangle n'en seraient pas moins certaines; et s'il n'y avait pas de figure du triangle au monde, nous ne connaîtrions pas les propriétés du triangle.

Mais cette certitude immédiate et directe, ce caractère de nécessité qui s'attache à tout ce qui est *a priori*, l'expérience ne les possède jamais; elle ne peut les donner à ce qui vient d'elle. C'est ce qui décide Kant à proscrire le nom présomptueux d'ontologie, c'est-à-dire d'une science qui prétende ériger en une doctrine systématique les connaissances synthétiques des choses en elles-mêmes, et à le remplacer par le titre plus modeste d'analyse de l'entendement pur.

Cependant, il résulte de la liaison naturelle qui existe entre l'entendement pur et l'expérience, que les objets peuvent être considérés de deux manières. Pris comme intuitions, c'est-à-dire lorsque nous distinguons le mode dans lequel nous les contemplons de leur constitution en eux-mêmes, nous les appelons êtres sensibles. Et, lorsque nous considérons cette constitution même, quoique nous ne puissions la percevoir intuitivement, ou bien lorsque nous contemplons les choses purement possibles, qui ne sont pas les objets de nos sens, mais des objets pensés par l'intelligence, nous les nommons êtres intelligibles. Les êtres sensibles et les êtres intelligibles, Kant les appelle en grec *phénomènes* et *noumènes*. Le phénomène, c'est l'objet en tant que perçu; le noumène, c'est l'objet en lui-même, ou l'objet possible qui n'est point sensible. L'être ainsi considéré ne peut être, en effet, que pensé. Le phénomène est l'apparu, le noumène le pensé.

Mais il ne faut rien confondre. Le mot *phénomène* n'a qu'un sens; le mot *noumène* en a deux. Lorsqu'il désigne une chose en tant qu'elle n'est pas l'objet de notre intuition sensible, c'est-à-dire ce qui dans l'être objectif ne peut qu'être pensé, le mot a un sens négatif. Lorsqu'au contraire nous entendons par là l'objet d'une intuition non sensible, *l'être de raison*, proprement dit, un idéal enfin, alors le sens du mot *noumène* est positif.

Or, la science de la sensibilité comprend la science des noumènes, mais seulement dans le sens négatif, c'est-à-dire des choses telles que l'entendement les suppose à travers l'intuition.

Cette distinction est importante, car, dans ce dernier cas seulement, les faits se passent comme nous les avons décrits, et des connaissances réelles sont possibles ; la sensibilité et l'expérience ont un rôle. Dans l'autre cas, au contraire, comme il s'agit d'objets insensibles, peut-être imaginaires, nous sortons de la limite de nos moyens de connaître.

Le noumène est une notion problématique ; car une notion est problématique, lorsqu'on ne peut la constater par intuition, ni la démontrer par le principe de contradiction. Mais cependant c'est une notion indispensable ; à vrai dire, c'est une limite. Elle restreint les usurpations ontologiques de la sensibilité ; mais elle n'est que d'un usage négatif, et l'on n'en peut rien affirmer. Remarquez toutefois que, si là où l'intuition manque la possibilité des noumènes ne peut être assurée, l'impossibilité n'en saurait être prouvée davantage, la notion du noumène n'étant pas une notion contradictoire.

Qu'est-ce, dans le commun langage, que le phénomène ? les qualités. Et le noumène ? la substance. Des phénomènes, c'est-à-dire des qualités nous apparaissent, ce n'est pas douteux. Le noumène, c'est-à-dire la substance, est une idée qui résulte nécessairement de cette apparition ; cela est indubitable encore. En outre, la conscience du moi conduit à la démonstration, qu'il y a quelque chose de persistant hors de nous. Voilà encore qui est certain.

Ce quelque chose a-t-il les qualités que nous percevons, et telles que nous les percevons? En est-il le support, ou bien n'en est-il que la cause? Se réduit-il à la substance? Voilà ce que notre nature nous refuse les moyens de vérifier d'une manière absolue.

Il s'ensuit que toutes les idées ou facultés que nous avons reconnues dans l'esprit humain *a priori*, ne peuvent avoir qu'un usage empirique. Elles n'ont point un usage transcendantal. Hors de l'expérience, elles ne sont que les règles et les moyens d'une expérience possible, et peuvent tout au plus servir à anticiper ce qui résulterait de l'expérience, c'est-à-dire de l'action de la sensibilité, pour la connaissance. Étudier l'esprit à l'état pur ou transcendantal, c'est étudier une simple puissance qui ne devient actuelle que par la sensibilité, et dont la valeur est subordonnée à l'existence de la sensibilité. La plus grande source d'erreur de la raison est dans son penchant à faire d'elle-même un usage transcendantal, c'est-à-dire un usage hypothétique auquel elle se fie comme s'il portait sur des réalités. En d'autres termes, elle est trop souvent entraînée à prendre les formes de la connaissance pour des connaissances mêmes, et ce qui rend l'expérience possible pour les résultats de l'expérience. Telle est, en général, l'erreur de la métaphysique proprement dite, de celle qui tend à se confondre avec l'ontologie. Quant à celle qui se réduit à l'idéologie, elle tombe dans l'erreur contraire : elle prend pour des produits de l'expérience les règles de l'expérience même, elle fait empirique ce qui est transcendantal, et prête ainsi un caractère d'universalité et de nécessité à ce qui est particulier et contingent.

La distinction fameuse du phénomène et du noumène est le fond de la doctrine critique. Résumons cette doctrine une dernière fois.

Les intuitions sont données, elles sont pour ainsi dire fatales. Nous ne pouvons les récuser sans nous récuser nous-mêmes. Nous ne pouvons en réaliser les représentations hors de nous, sans sortir de notre sphère, sans juger la question par la question; et cependant un penchant nous y porte. Il y a dans la croyance humaine tendance constante à la pétition de principe.

L'intuition a des formes nécessaires, universelles, *a priori*. Elles s'appliquent aux objets, elles ne leur appartiennent pas essentiellement, elles ne sont inhérentes qu'à nous.

L'intuition pensée, c'est l'idée. La connaissance résulte de l'application des formes de la pensée aux données de la sensibilité. Ces formes sont également nécessaires, universelles, *a priori;* mais subjectives comme celles de la sensibilité. Ce sont les idées pures, comme celles-ci sont les intuitions pures.

Les jugements *a posteriori* s'appuient sur l'expérience. Ils ne sont nécessaires que l'expérience une fois donnée. Les jugements *a priori* sont nécessaires, mais d'une nécessité purement logique, c'est-à-dire subjective, c'est-à-dire encore eu égard à la constitution de la raison. Ils supposent au moins les intuitions pures et les idées pures.

Les faits du moi sont certains pour le moi. Que cette certitude soit relative, il n'importe. Il ne peut y avoir d'autre certitude en ce monde. Le mot certitude n'a pas d'autre sens.

Le fait du non-moi est inséparable de la conscience des phénomènes du moi. Mais du non-moi nous n'en pouvons rien savoir, rien affirmer, sinon qu'il existe. Cette existence est certaine, comme les faits du moi, savoir, d'une certitude relative à l'humanité.

Au delà de cette existence, nous n'avons que des connaissances phénoménales. Le non-moi, sauf comme substance, est pur phénomène. Comme substance, il n'est que pensé, ce qui veut dire que notre esprit ne peut s'empêcher de le concevoir existant.

Ainsi l'ontologie a tort, et l'idéalisme a tort. Car l'une et l'autre jugent la question par la question. Le scepticisme a tort, car il est en contradiction avec lui-même, et récuse la raison par la raison. Le nihilisme a tort, car il est, ce qui implique, et il se pose au moment qu'il se nie. Le suicide est impossible à l'esprit qui renaît sur le bûcher qui le consume.

Il n'y a donc de raisonnable, de conséquent, de possible, que l'examen analytique des faits intérieurs et de leurs lois; que la détermination des éléments, de la valeur et des limites de nos connaissances; que la mesure de la portée de notre raison. C'est toute la philosophie critique. Tout discerner, tout circonscrire, c'est son œuvre. Elle est critique, c'est-à-dire qu'elle juge. Elle juge, car elle constate des faits, les apprécie, règle des compétences, expose des lois. Elle ne va pas au delà; elle ne s'érige pas en législatrice, prétention commune et téméraire de toutes les philosophies.

IV.

DE LA RAISON PURE.

DIALECTIQUE TRANSCENDANTALE [1].

On serait dès ce moment en mesure de juger le caractère de la philosophie transcendantale. Le fort et le faible doivent se laisser entrevoir, et peut-être serait-il temps de nous arrêter.

Que penseraient cependant ceux que la philosophie intéresse surtout par les problèmes métaphysiques ou pratiques dont elle tente la solution? Ils se demandent peut-être ce que pense Kant de la nature de l'âme, de sa destinée en ce monde, de son origine et de son avenir; quelle est la morale de Kant, sa religion, son système du monde. Loin de pouvoir satisfaire une curiosité si vaste, ces Essais ont bien plus pour objet de caractériser les doctrines, que de les enseigner, d'inspirer le goût des questions philosophiques, que de les résoudre. Mais pourtant il faut donner une idée de la manière dont

---

[1] La dialectique est proprement la partie de la logique qui traite du raisonnement. De là le nom de dialectique transcendantale donné par Kant à cette partie de son livre où il traite de l'emploi que la raison pure fait des formes pures de la sensibilité et des formes pures de l'entendement. Comme ces formes sont des intuitions, des idées, des jugements, on peut dire qu'il résulte de leur emploi des raisonnements purs. Toute science strictement rationnelle, la métaphysique par exemple, s'appuie de ces sortes de raisonnements. On peut donc appeler dialectique transcendantale la science critique qui les analyse, et qui juge ainsi de l'usage et de la portée de la raison pure. Tout ce chapitre est, à proprement parler, l'examen de la validité des sciences métaphysiques proprement dites.

les principes de la philosophie critique s'appliquent à ces questions. Là encore elle a beaucoup innové.

L'ouvrage capital de Kant s'appelle *Critique de la raison pure*. Esthétique et logique sont les noms des premières parties du livre, de celles que nous venons d'extraire. La raison pure a été décomposée dans ses premiers éléments. Il reste à la voir en action ; c'est l'objet du reste de l'ouvrage, savoir, de la seconde partie de la logique, ou de la dialectique, et de la méthodologie. Un ouvrage particulier est consacré à la morale (*Critique de la raison pratique*).

On a vu la sensibilité, l'entendement, l'idée, le jugement. La raison conclut un jugement de deux autres jugements. C'est proprement le raisonnement. Quoique raisonner soit l'office spécial de la raison, sans doute on ne peut la réduire à cette fonction ; la raison comprend tout ce qui précède. Elle emploie et suppose tous les faits, toutes les lois, toutes les facultés dont nous avons tracé le tableau. Cependant les opérations qui lui sont propres pourraient s'appeler les raisonnements purs. Ils supposent les catégories, c'est-à-dire les conceptions pures et les jugements purs ; mais ils peuvent être considérés à part de l'expérience ; ils ne sont même purs qu'à ce prix. Toutefois, ils donnent naissance à des conclusions dogmatiques, à des connaissances toutes rationnelles. C'est du moins la tendance, sinon la prérogative de la raison pure, que de raisonner *a priori*. Elle ne se borne pas à l'emploi régulier des formes pures de la sensibilité et de l'entendement, combinées avec la matière de l'intuition. Elle isole les conceptions de l'entendement, les combine entre elles, et du rapprochement abstrait de leurs principes déduit une science spéculative. Comme d'étroites limites cernent nos facultés, comme un lien étroit les unit, peut-être en agissant ainsi la raison pure empiète-t-elle hors de leur légitime domaine. Si elle le fait, il est bon du moins qu'elle le sache. La dialectique transcendantale a pour but de le lui apprendre.

Dans un langage rigoureux, on a pu appeler la dialectique la *logique de l'apparence*, c'est-à-dire la théorie critique d'une science toute de formes. L'apparence d'ailleurs n'est ni la vérité, ni la fausseté. Quelle qu'elle soit, elle est, ainsi que la vérité, non dans l'objet en tant qu'il est perçu, non dans l'entendement en tant qu'il est le moyen général de concevoir, mais dans le jugement porté par l'entendement sur l'objet. Les sens ne se trompent point, car ils ne jugent point. Dans les lois de l'entendement, il n'y a pas plus d'erreur que dans une représentation des sens. Où donc chercher la fausseté ou la vérité de la connaissance? Si elle est d'accord avec les lois de l'entendement, cet accord ne constitue que le *formel* de la vérité, ou la vérité de forme. L'erreur n'est donc ni dans l'entendement, ni dans la sensibilité, mais dans quelque influence secrète de l'un sur l'autre, c'est-à-dire dans le jugement qui résulte de l'application de l'un à l'autre. L'intelligence est semblable au corps en mouvement qui irait toujours en ligne droite, si un autre corps ne venait infléchir sa direction. L'erreur peut être comparée à la diagonale, résultante de deux forces. L'apparence peut donc être divisée en apparence empirique et en apparence transcendantale. La première est dans l'usage empirique des lois de l'entendement; la seconde est celle qui résulte de l'emploi formellement régulier des principes purs de l'intelligence, hors du domaine de l'expérience. Il y a dans notre raison des règles qui ont tout à fait l'air de principes objectifs. La propension subjective à opérer de certaines synthèses pures au moyen de ces principes, se prend aisément pour une nécessité objective des déterminations des choses en soi. C'est une illusion naturelle et inévitable, un élément ou une faculté principale de l'esprit humain. La critique transcendantale, en la taxant d'apparence, n'a point la prétention de la détruire.

Ainsi reconnaissons avec Kant qu'il y a en nous une inclination à construire des connaissances sur le seul fondement de l'activité de la raison. Nous avons besoin de systématiser nos connaissances, c'est-à-dire de leur donner l'unité et la totalité. Ce penchant est invincible; il équivaut à une nécessité intérieure. Sortant ainsi de la sphère de nos facultés, nous arrogeons à toutes nos conceptions une valeur objective; nous y ajoutons une foi parfaite. Ces inductions hardies du subjectif à l'objectif sont naturelles à l'esprit, et comme nécessaires à la raison; elles lui donnent quelque repos, une sorte de satisfaction, et servent de principes à presque toutes les sciences. Seulement il faut bien comprendre qu'elles n'ont ni une vérité complète, ni une certitude rigoureuse, ni une autorité absolue. Elles semblent des besoins plutôt que des droits de l'esprit humain. Elles sont l'expression de cette faculté suprême, de cette tendance à l'absolu, instinct téméraire, mais indestructible de notre nature intelligente.

C'est cette tendance qui égare si souvent les philosophes, lorsqu'ils bâtissent des systèmes hyperphysiques, lorsqu'ils veulent rendre raison de l'existence des choses, représenter dogmatiquement leur essence, enfin statuer sur des objets qui ne sont pas de la compétence de la science humaine. Cette même tendance se reconnaît encore dans une foule de notions, d'axiomes, de raisonnements qui semblent beaucoup moins hasardés que les systèmes, et dans lesquels l'esprit se complaît et se repose, quoiqu'ils soient de véritables entreprises de la raison sur l'inconnu.

Ainsi l'on dit : « La matière est divisible à l'infini, parce qu'autrement elle ne pourrait point exister dans l'espace. » Si l'on veut dire qu'étant donné l'espace, qui est purement subjectif, la chose ne peut être conçue autrement, point d'objection. Si l'on veut dire encore que l'expérience ne nous montre jamais que des composés, et partant ne nous conduit jamais jusqu'à l'indivisible, jusqu'au simple, il faut encore l'accorder. Dans ces deux sens, c'est-à-dire subjectivement et empiriquement, la proposition est vraie. Mais l'est-elle objectivement et comme proposition ontologique ? Qui peut le savoir ? On ne saurait dire que la matière en elle-même soit essentiellement divisible à l'infini, car c'est ce qui échappe à nos moyens de connaître. On ne peut affirmer le simple comme réel, puisque l'expérience ne nous le montre pas; ni le nier, puisqu'il peut être renfermé dans la chose elle-même, asile impénétrable à nos regards. Lors donc que nous prenons pour vraie objectivement la proposition précitée, nous tombons dans une illusion transcendantale.

Autre exemple. Nous concevons un être nécessaire, un être parfait, le plus réel de tous; et de ce que nous le concevons, nous induisons qu'il existe; car il ne serait ni nécessaire, ni parfait, s'il lui manquait l'existence. C'est la preuve que Descartes a donnée de l'existence de Dieu. Cette preuve conclut d'une possibilité logique à une existence réelle. De ce qu'une idée a besoin de supposer l'existence pour être complète, on infère que l'objet de cette idée subsiste. On passe ainsi gratuitement du subjectif à l'objectif. La preuve de Descartes est encore une illusion transcendantale.

C'est dans la raison pure, dans la raison proprement dite, qu'il faut chercher l'apparence transcendantale, source de toutes les affirmations ontologiques.

L'entendement est la faculté des règles. On pourrait définir la raison, la faculté des principes [1] : à l'une les règles de l'expérience, à l'autre les principes des règles. La raison a son usage purement formel, ou sa fonction logique; elle a sa fonction transcendantale, c'est-à-dire que par son activité

---

[1] Le mot *principe* ne signifie pas la même chose ici que dans la théorie de l'entendement où nous l'avons souvent employé pour rendre le mot allemand *Grundsatz*; ici le texte emploie le mot français.

propre elle enfante des conceptions, elle engendre des principes qu'elle érige en connaissances absolues. Ces conceptions transcendantales seront les conceptions rationnelles, pour les distinguer des conceptions pures de l'entendement. C'est à ces conceptions rationnelles que Kant réserve le nom d'idées, en prenant ce mot dans un sens qui offre quelque analogie avec celui que lui donne Platon[1]. L'idée est en ce sens le type idéal, ou, d'un seul mot, l'idéal. A suivre rigoureusement le langage de Kant, ce que les philosophes français appellent indistinctement idée, ce que les Écossais proscrivent sous ce nom, pourrait s'appeler représentation. En tant que liée à une perception objective, la représentation est une connaissance. Cette connaissance est ou intuition, ou conception. L'intuition se rapportant immédiatement à l'objet, est nécessairement particulière; la conception ne s'y rapporte que médiatement, et quand elle est pure, elle pourrait s'appeler spécialement notion.

La conception qui est comme suscitée par les no-

---

[1] On trouvera sans doute que nous n'aurions pas dû donner au concept pur (*Begriff*) le nom d'*idée*. Nous l'avons fait pour nous rapprocher de la langue de la philosophie française, et pour conserver à la doctrine de Kant l'ordre qu'il avait emprunté aux psychologies ordinaires. Il s'est attaché, en effet, à suivre la division commune, sensation, idée, jugement, raisonnement, méthode, et à la reproduire dans la psychologie transcendantale.

1°. Sensation; sensibilité. (Esthétique transcendantale.)
2°. Idée; idées pures.
3°. Jugement; jugements purs. } (Logique transcendantale.)
4°. Raisonnement; raison pure, conceptions rationnelles. (Dialectique transcendantale.)
5°. Méthode. (Méthodologie transcendantale.)

tions seules, qui dépasse la possibilité de l'expérience; qui est le pur produit de la raison pure, et qui, bien qu'issue d'un pouvoir purement formel, affecte naturellement l'autorité d'une connaissance réelle, est la conception rationnelle, l'idée transcendantale, l'idée proprement dite.

Le titre commun des idées entendues dans ce sens, c'est l'absolu. L'absolu est le caractère ou de la chose prise en soi et de ce qu'elle vaut intrinsèquement, ou de la chose valable à tous égards et sous tous les rapports. Ce qui est possible en soi peut n'être pas possible à tous égards et sous tous les rapports. Ce dont l'opposé est impossible à tous égards et sous tous les rapports (et non pas seulement intrinsèquement impossible), est absolument nécessaire. Tel est le véritable absolu. La raison pure ose s'élever à cet absolu. L'unité qui résulte de l'usage de l'entendement, celle qu'il conçoit de lui-même et qu'il impose à toute synthèse des catégories, est seulement conçue. Elle est intellectuelle, c'est-à-dire qu'elle est un principe général et virtuel de l'entendement relativement à l'expérience possible. Elle est en un mot une pensée, mais non pas une conclusion. L'unité rationnelle, au contraire, celle que la raison pure s'est réservée, et qu'elle conçoit, lorsqu'elle tend à embrasser toutes les conditions d'un objet quelconque de la pensée dans un tout absolu, auquel ne peut correspondre aucun multiple de l'intuition, aucune expérience actuelle ni possible, est un principe transcendant, une conclusion que la raison tire de l'entendement à elle même. C'est la conception de la vérité en soi.

Le tout absolu ou l'idée étant un *maximum*, aucune réalité ne lui peut être adéquate. L'idée n'est donc qu'une idée, ou si l'on veut, un problème sans solution. Cependant comme règle de l'intelligence pratique, elle a une valeur applicable, elle est une condition, elle dirige et agrandit l'entendement; elle ne fait pas connaître un objet de plus, mais elle avance et perfectionne la connaissance de l'objet. Ainsi elle importe dans l'activité pratique de l'esprit humain; elle la féconde et la guide. C'est ce qui se montre surtout avec éclat dans la morale. Là l'idéal est bien certainement la règle du réel.

Les idées transcendantales appartiennent à la raison pure. La raison pure est au delà de l'entendement pur. Les conceptions qu'elle conclut de celles de l'entendement pur, et la connaissance qu'elle tire ainsi d'elle-même, appartiennent à une synthèse absolue, et non à cette synthèse conditionnelle à laquelle l'entendement pur reste toujours attaché. Nous avons assez dit qu'il n'établit ni ne connait rien à lui seul.

Mais quoique les idées de la raison pure diffèrent de celles du pur entendement, il faut en présenter le système, comme on a dressé celui des catégories; et une déduction que nous ne pouvons que résumer, conduit Kant à ramener les idées transcendantales à trois classes ou à trois chefs : 1°. l'unité absolue du sujet pensant; 2°. l'unité absolue de la série de toutes les conditions du phénomène; 3°. l'unité absolue des conditions de tous les objets possibles de la pensée en général. Ces trois unités sont l'âme humaine, le monde, Dieu; de là trois sciences transcendantales: la psychologie rationnelle, la cosmologie rationnelle et la théologie rationnelle. Toutes ces sciences ainsi conçues sont des sciences métaphysiques, c'est-à-dire contenant des principes au delà de l'expérience. Toutes ces sciences sont ontologiques, c'est-à-dire qu'elles prêtent, en vertu de la raison seule, la réalité aux conceptions de la raison. Pour elles, la pensée de l'être tient lieu de preuve à l'être, et la raison est, sinon égale, au moins homogène à la vérité.

C'est sous le bénéfice des réserves dictées par la philosophie critique que Kant admet ces sciences audacieuses. Il les *critique*, c'est-à-dire qu'il discerne avec rigueur tous les ordres de pensées et de connaissances que possède l'esprit humain. Il donne à chaque ordre son domaine, il établit la valeur de chaque sorte de certitude, et ainsi tour à tour ébranle ou consolide, affaiblit ou fortifie les connaissances qu'il passe en revue. Il est impossible de le suivre dans les détails de cette scrupuleuse inspection. Il suffit d'en signaler le résultat le plus général, c'est un air de paradoxe donné à toutes les croyances capitales de l'esprit humain.

Et comment n'en serait-il pas ainsi, lorsqu'on a osé prendre le parti de les décomposer en illusions et en apparences, et de contester tout caractère de droit aux conceptions spontanées et inévitables de la raison?

Par une loi de sa nature, en effet, la raison ramène à l'unité toutes ses connaissances, et agrandissant incessamment la synthèse de ses intuitions, de ses conceptions, de ses jugements, produit spontanément des conclusions universelles, auxquelles elle souscrit. Telles sont les solutions des grandes questions métaphysiques, de celles qui touchent au monde, à l'âme, à Dieu. Dans toutes ces solutions, c'est-à-dire dans tous les systèmes philosophiques, la raison affecte l'absolu. Or, tout ce que l'entendement ou la sensibilité lui fournit, étant subjectif, est conditionnel. Ainsi l'absolu n'en peut provenir. L'absolu dont se paie la raison n'est donc pas de bon aloi, la prétention à l'absolu est illégitime. Il s'ensuit qu'il y a contradiction dans la nature humaine, nécessité et impossibilité de l'absolu. C'est, à mon gré, et sous d'autres noms l'amour de l'infini dans un être fini.

Kant poursuit et développe sa thèse par la critique des principes et des preuves les plus répandues sur les points principaux du spiritualisme, de la cosmologie, de la théologie. Sur tous ces points, il s'attache à convaincre la raison d'excès de pouvoir et même de contradiction, et l'on doit avouer qu'il réussit en général à montrer qu'en ces matières l'esprit humain a tantôt mêlé le noumène avec le phénomène, tantôt pris *a priori* ce qui n'est qu'*a posteriori*, tantôt vu dans l'intuition ce qui n'est que dans la pensée, tantôt résolu par la logique ce qui était du ressort de l'expérience, presque toujours confondu le subjectif avec l'objectif, le transcendantal avec l'empirique, et, par un égoïsme présomptueux, façonné les choses à l'image du moi. C'est ainsi que sous le nom de *paralogismes*, *d'antinomies*, *d'antithèses*, Kant attaque les démonstrations scientifiques des croyances les plus chères à la raison, et que bientôt, avec un calme effrayant, il semble se précipiter dans un brutal scepticisme.

C'est du moins la conséquence logique de cette partie importante de la dialectique transcendantale qui répond à la métaphysique proprement dite. Il faudrait un nouvel essai, aussi étendu que celui-ci, pour l'exposer de façon suffisante; quelques traits esquissés exciteront peut-être une curiosité que nous renonçons à satisfaire.

Les phénomènes sont bornés et conditionnels. Les notions sont subjectives, c'est-à-dire relatives au sujet. Elles ne sont absolues que pour lui; c'est encore une manière d'être conditionnelles. Lors donc que l'esprit humain cherche une connaissance absolue, il franchit ses limites, il cède à un penchant qui paraît lui avoir été donné dans un but pratique, et tout à la fois pour entretenir son activité et appuyer sa faiblesse.

C'est ce qu'il fait, lorsqu'il s'efforce de connaître l'objet en lui-même; ordinaire ambition de *l'ontologie rationnelle*.

Appliquée à l'âme prise comme objet, l'ontologie cherche le sujet absolu de la pensée. C'est la *psychologie rationnelle*; science impossible. L'âme ne peut être connue comme cause de la conscience, mais seulement comme phénomène de conscience. Tout ce qu'on affirme de l'âme en elle-même, comme la simplicité, la spiritualité, etc., on ne peut l'affirmer que du moi, c'est-à-dire de l'intuition de l'âme, c'est-à-dire encore de l'âme prise comme phénomène. Il ne peut y avoir au-dessus de la psycholologie empirique qu'une psychologie transcendantale, ou bornée au subjectif.

Pour avoir observé des milliers de phénomènes, on prétend connaître la totalité des faits, et se représenter l'univers comme un tout absolu. Telle est l'idée favorite de la *cosmologie rationnelle*. C'est sur ce fondement qu'elle établit qu'il n'existe qu'un seul univers, que ce monde est fini, accidentel, etc. Autant de nécessités subjectives érigées en lois absolues, autant d'illusions transcendantales. La cosmologie rationnelle est une témérité.

Enfin, oserons-nous répéter ce que Kant a osé dire? Lorsque la raison s'élève à l'être primitif, et qu'au lieu de le prendre comme une idée qui lui est nécessaire, comme le complément de toutes ses pensées, enfin comme l'objet d'une irrésistible croyance, elle prétend et le prouver et le définir d'une manière absolue, elle tombe encore dans l'arbitraire et le gratuit. Toutes les démonstrations de l'existence de Dieu sont entachées d'illusion transcendantale. La théologie rationnelle est impossible.

Il faut se hâter d'ajouter que l'interdit que Kant jette ici sur des sciences et des croyances si tentantes pour l'esprit humain, retombe d'un plus grand poids encore sur les tristes opinions qui nient ce que ces sciences affirment. En contestant ou plutôt en limitant la valeur et la portée des croyances dogmatiques, il condamne péremptoirement toutes ces théories non moins hasardées et plus contraires à la logique, aux apparences expérimentales, aux penchants de notre nature; en se défiant de nos sciences ontologiques, il met à néant et le sensualisme, et le matérialisme, et l'athéisme, toutes solutions gratuites et grossières des plus précieux problèmes. Il ne leur trouve ni fondement ni excuse.

S'il est téméraire de dire dans un sens ontologique : « La matière est essentiellement divisible à l'infini ; » — « L'âme est une substance spirituelle ; » — « Le monde est unique, soumis à des lois constantes ; » — Dieu est une substance infinie ; » au moins faut-il convenir que ces propositions contentent l'esprit, qu'elles sont empreintes d'une nécessité tout au moins subjective, que la raison ne peut s'empêcher de les concevoir, de les admettre au moins logiquement, qu'elles donnent un air plus complet à nos connaissances, qu'enfin elles éclaircissent bien des difficultés, servent à résoudre provisoirement bien des problèmes, et sous un point de vue pratique offrent des appuis utiles soit pour les recherches de l'esprit, soit pour la sécurité de la raison, soit enfin pour la conduite de la vie. L'esprit est en droit de croire et de penser ces choses, quoiqu'il n'ait aucune certitude démontrable qu'absolument elles soient vraies. Elles le sont pour l'homme.

En revanche il est aussi téméraire pour le moins de dire : « La matière n'est qu'une apparence ; » — « L'âme est un organe ; » — « Le monde est gouverné par le hasard ; » — « Dieu n'est que le nom d'une aveugle fatalité. » Ces propositions ne sont certainement pas plus susceptibles de démonstration, quant à leur vérité objective. Elles visent à statuer par l'expérience sur des questions qu'aucune expérience ne peut embrasser dans leur entier ; de plus, elles ne concordent pas avec les instincts de la raison ; et la mutilent en quelque sorte, en élaguant des conceptions absolues qui lui sont naturelles et familières, au point d'être comptées parmi les notions les plus populaires de l'humanité. Chose remarquable, cette science toute spéculative, toute idéale, est plus pratique que les sciences limitées aux connaissances empiriques ; elle convient mieux au sens commun, et satisfait mieux l'homme simple et irréfléchi. Celui qui s'en tiendrait exclusivement à l'empirisme marcherait dans les ténèbres, et sa vie serait une continuelle inconséquence.

Quoi qu'il en soit, la raison est ainsi faite qu'elle tend incessamment à imposer ses propres formes aux intuitions. Elle les leur impose en effet, non pas comme moyens de connaître, ce qui serait purement transcendantal, mais comme les lois mêmes des choses que les intuitions lui manifestent. Or, ceci n'est plus l'œuvre d'une raison transcendantale, mais d'une raison *transcendante*. Car il y a une différence grave entre ces deux mots. Le transcendantal n'est que l'image du transcendant ; il le rend possible, mais non légitime. L'homme a des idées et des connaissances subjectives, et il en raisonne comme si elles étaient objectives ; mais s'il a soin de se rappeler qu'elles ne le sont pas, tout cela est purement transcendantal. Des connaissances véritablement et légitimement objectives seraient des connaissances transcendantes. Telles seraient celles de l'Être absolu, celles de Dieu. Transcendant ne peut se dire, à bon droit, que de lui. Le transcendantal est le transcendant relatif à l'homme, ou le transcendant improprement dit, en deux mots le transcendant subjectif.

La métaphysique est essentiellement une science transcendante; la philosophie critique est transcendantale. C'est-à-dire que l'une aspire à connaître l'objectif, le réel en soi, le noumène, l'absolu, et l'autre se réduit au subjectif, aux faits de conscience, aux lois intellectuelles et au phénomène. L'une ne se sépare pas de l'ontologie; l'autre se borne à la psychologie, dont elle retranche toute recherche sur le moi pris substantiellement. C'est en quelque sorte une science descriptive de la structure de l'âme, et rien de plus. La science transcendante, au contraire, prétend savoir ce que l'âme et toute chose sont en elles-mêmes, et comment elles sont; et il faut convenir que dans une certaine mesure ce n'est pas seulement la prétention des savants, des penseurs de profession, c'est la prétention commune de l'humanité. Presque tous les jugements dont l'homme se sert pour se conduire, sont transcendants. Leibnitz est transcendant quand il invente et décrit les monades; mais le genre humain l'est également d'intention, lorsqu'il dit que le corail est rouge et le marbre froid.

Mises en prévention de faux ou plutôt d'usurpation, les idées transcendantes se réduisent aux idées transcendantales. Mais ainsi restreintes, ces idées, et les connaissances qu'elles apportent, sont utiles et valables. Les illusions qu'elles me suggèrent ne sont pas des illusions par rapport à moi; l'usage en est légitime, nécessaire même, pourvu qu'on ait toujours présent ce je ne sais quoi de problématique qui s'attache à des prononcés dans lesquels, par notre nature même, nous sommes tout à la fois juges et témoins.

A cette restriction près, les idées spéculatives sont des conséquences rigoureuses de la pure raison. Elles la remplissent, elles la fortifient. Ce sont des croyances rationnelles qu'il faut reconnaître pour des faits. Dieu et l'immortalité, par exemple, sont des idées inaliénables pour la raison. Ce sont des armes qu'elle ne rendra jamais.

Ici nous terminons l'examen des principes de la philosophie de Kant. Peut-être cet exposé suffit-il pour donner une idée de sa théorie de l'homme intellectuel. C'est en effet l'intelligence seule et ses moyens de connaître qu'on a étudiés jusqu'ici. Au delà, c'est-à-dire dans la sphère de l'homme moral, un nouvel ordre de connaissances s'ouvre; la pratique commence, et aussitôt plusieurs des idées spéculatives de la pure raison trouvent leur explication et leur emploi; les croyances rationnelles cessent de paraître gratuites et superflues; et même dans ce sens l'on pourrait dire que *la foi de l'homme est justifiée par ses œuvres*

Le lien de l'homme intellectuel à l'homme moral, de la pure raison à la raison pratique, est dans l'idée et la conscience de la liberté morale. Ces mots veulent dire que l'on se représente la volonté comme n'étant point soumise à la détermination de la nature. Cela veut dire encore que le moi apparaît comme possédant une causalité qui lui est propre. L'idée de la liberté morale est une idée rationnelle, mais elle a une base, c'est la conscience de la raison pratique, conscience aussi certaine que la conscience de la raison pure. L'idéal de la raison pratique est une loi, la loi morale. Subjective originairement, cette loi se traduit en règle objective, et la raison se l'impose à elle-même. Mais comme elle ne l'a puisée dans aucune expérience, dans aucun objet sensible, comme elle ne la produit pas spéculativement, telle qu'un simple fruit de son activité logique, comme enfin le caractère de nécessité de cette loi pour la raison ne permet de la rattacher à rien d'accidentel, c'est-à-dire à aucun phénomène, il faut bien que la raison la trouve en elle-même. La raison pense une loi générale, pratique et obligatoire. Pour être pratiquement obligatoire, une loi pensée suppose une volonté libre. La liberté morale et une loi absolue sont donc deux corrélatifs nécessaires. Elles se rapprochent et se combinent dans l'unité synthétique de la conscience. C'est là ce que Kant appelait l'*autonomie de la volonté*. C'est la traduction de ces mots de saint Paul : « L'homme est une loi pour lui-même[1]. »

La loi morale est catégorique, elle commande une obéissance implicite.

V.

OBSERVATION GÉNÉRALE.

Aucune des qualifications ordinaires que l'on donne aux divers systèmes ne s'applique exactement à celui de la philosophie critique. Il n'est exclusivement ni dogmatique, ni sceptique, ni expérimen-

---

[1] Rom. II, 14.

tal, ni rationnel; encore moins peut-on dire qu'il n'est rien de tout cela.

La philosophie critique est expérimentale; car elle se fonde sur une observation attentive et sur une détermination rigoureuse des faits intérieurs. Mais elle n'est pas expérimentale à la manière des doctrines qui prétendent spécialement à ce titre, puisqu'elle admet des intuitions et des idées qui n'ont pas leur source dans l'expérience, et reconnaît des jugements *a priori*.

Elle est rationnelle, puisque c'est au moyen d'une décomposition guidée par une logique sévère, qu'elle s'attache à distinguer les éléments de toutes les notions, à fixer la valeur des idées et des jugements, et à renfermer tous les principes dans leurs strictes conséquences. Mais cependant elle refuse à la raison une autorité illimitée, et conteste le titre de vérités absolues aux croyances métaphysiques. Elle courbe l'orgueil de l'esprit humain sous le poids de la condition humaine.

Elle est dogmatique : quoi de plus dogmatique que des axiomes proclamés valides *a priori*? Et toutefois elle n'accorde à nos lumières que la puissance d'éclairer l'intérieur de notre esprit, et suspecte toute affirmation qui porte sur autre chose que ce que sent, pense et fait l'humanité.

Elle est sceptique, car il y a du scepticisme à révoquer en doute la véracité absolue de nos sensations et de nos idées, et pourtant elle affirme comme des faits certains ces sensations mêmes et ces idées, et attribue une toute-puissance logique aux rigoureux procédés de l'entendement.

Par le nom de philosophie critique, Kant a sans doute entendu désigner l'ensemble de ces attributions si diverses.

Nous ne ferons sur le tout qu'une observation qui contient à la fois une apologie et un reproche pour le créateur de la philosophie critique.

Il est d'usage dans un certain monde de traiter Kant d'esprit mystique. On le représente comme un rêveur qui poursuit dans les ténèbres d'insaisissables chimères. Des écrivains qui pensent l'avoir ainsi réfuté, parlent de lui sur ce ton. Si nous nous sommes un peu fait comprendre, le lecteur doit voir si de tels reproches sont mérités, et si Kant a le moins du monde encouru ce nom de rêveur auquel pourtant ses amis pourraient encore se résigner pour lui, puisque ceux qui le lui donnent commencent en général par le décerner à Platon. La sévérité, la défiance, la circonspection, sont au vrai les caractères de l'esprit de Kant. Il marche lentement, avec précaution, et n'ose faire un pas avant d'avoir sondé et mesuré le terrain sur lequel il pose le pied. Si cet esprit si original doit être classé, sa place est plutôt marquée parmi les esprits géométriques.

Aussi est-il bien plus près du scepticisme que de la mysticité philosophique; un rationalisme subtil l'attire plus qu'une sentimentalité vague. Mais son scepticisme est d'un genre particulier; Kant nous défend également de douter et d'affirmer, de douter pour notre propre compte, et d'affirmer pour le compte de la nature. Il admet que l'homme ne peut s'abstenir de penser et de croire certaines choses, que la négation de ces choses serait la négation de soi-même; et il nous interdit de prêter à tout cela une foi absolue; il met toutes nos croyances en état de suspicion légitime, dès qu'elles veulent se transporter hors de la sphère de la conscience; de telle sorte qu'il y aurait sottise, brutalité à ne pas croire, et témérité, orgueilleuse illusion à dogmatiser.

Illusion même, le mot est trop fort. Kant ne dit pas que les croyances objectives soient nécessairement des erreurs; ce sont plutôt des croyances sans titres, des inductions gratuites, que de mensongères apparences. Bien plus, illusions ou vérités, elles sont inévitables, naturelles, indispensables : le sens commun en vit. L'homme est fait pour croire sa pensée en harmonie avec l'univers. Le scepticisme de Kant est donc plein de foi; seulement il refuse à l'homme la connaissance des choses, et réduit la certitude humaine à des croyances de fait et à des idées nécessaires. Il oblige d'autant plus impérieusement la raison à s'y fier, qu'il lui interdit l'ontologie.

Mais même ainsi limité, le scepticisme n'échappe pas aux objections qui tombent sur toute doctrine qui porte ce nom; et ces objections, nous devons les répéter avant de finir. Kant dit vrai; l'esprit de l'homme tend témérairement à l'absolu. Affirmant sur son propre témoignage, il juge la question par la question. Toute science objective est une conclusion qui dépasse ses prémisses. Mais en disant cela, Kant est-il bien sûr de se soustraire à l'objection qu'il élève? Établir les procédés, les conditions de notre nature intérieure, c'est au fond juger l'esprit de l'homme par l'esprit de l'homme, et conséquemment la question par la question. Bien plus, délimiter nos connaissances, dire : « Nous savons jusque « là, plus loin l'inconnu commence »; n'est-ce pas raisonner des choses sur sa propre parole? N'est-ce pas se placer au-dessus de nos connaissances pour les constater, et se faire juge du moi? N'est-ce pas enfin affecter quelque science de l'absolu?

Dira-t-on que tout cela est science subjective, et que le moi est juge légitime du moi; je demanderai de quel droit; la dialectique peut contester tous les titres de cette autorité prétendue. L'illusion n'est pas moins possible entre le moi sujet et le moi objet, qu'entre le moi et le non-moi. L'erreur n'est jamais hors de cause, et l'homme n'est jamais infaillible. Bien plus, le moi s'observant lui-même, l'esprit étudiant ses données avec ses données, la raison tout à la fois juge, témoin, accusé, est quelque chose d'aussi suspect, d'aussi irrégulier pour la logique absolue, que l'intelligence spectatrice de l'extérieur. Du moins est-il assez difficile, par le simple raisonnement, de justifier cette réflexion du moi sur lui-même, d'en donner une autre raison que le fait, et l'objection la plus commune contre la métaphysique porte justement sur ce point, qu'elle est une science où il n'y a pas de distinction entre l'observateur et la chose observée, entre la science et le savant, et que, supposant la faculté de s'étudier soi-même, elle roule tout entière dans un cercle vicieux; science étrange, science absurde, nous dit-on, qui prend pour point de départ une question insoluble [1].

Point de réponse logique à cet argument du scepticisme logique, et c'est au fond l'argument que Kant lui-même adresse à nos connaissances objectives. Je sais qu'il répondra qu'il ne s'agit pas de logique, mais d'observation. Il dira, non sans motif, qu'il ne faut point argumenter, mais constater, que la réflexion du moi sur le moi est un fait, et qu'ici la conscience doit être opposée au raisonnement, je l'accorde; mais alors il faut qu'à son tour il accorde davantage. Le sens intime, qu'on appelle conscience, ne reconnaît pas des bornes aussi étroites que celles qu'il lui a posées. Si la conscience est certaine en fait, cette autre conscience, qui est la raison même ou l'intuition de l'évidence, s'attache avec une force égale aux idées nécessaires et aux inductions immédiates qui découlent soit de ces idées, soit des intuitions sensibles, au risque de les concevoir objectivement. Kant admet que la raison les

---

[1] Bornons-nous à une seule citation. On n'a peut-être dans ces derniers temps rien écrit sur les généralités des sciences physiques et mathématiques de plus remarquable que les ouvrages peu connus de M. Auguste Comte, qui s'est efforcé d'ériger ces généralités en philosophie unique sous le nom de *philosophie positive*. Or voici une pensée qu'il exprime et qui lui est commune avec plus d'un physicien : « Cette prétendue contemplation directe de l'esprit par lui-« même est une pure illusion... Il est sensible en effet, que par une « nécessité invincible, l'esprit humain peut observer directement « tous les phénomènes, excepté les siens propres. Car par qui serait « faite l'observation ?... L'individu pensant ne saurait se partager en « deux dont l'un raisonnerait, tandis que l'autre regarderait raisonner. L'organe observé et l'organe observateur étant dans ce cas « identiques, comment l'observation pourrait-elle avoir lieu ? » (*Cours de philosophie positive*, Ire leçon.)

croit ; les croire, c'est les tenir pour réelles. S'il le nie, il nie un fait intérieur, équivalant en autorité au fait de conscience. S'il le nie, il ne le fait qu'en vertu d'un raisonnement ; et la preuve que, malgré lui, c'est sur la logique qu'il s'appuie, c'est qu'il demande à la connaissance objective ses preuves. Pourquoi donc n'en demande-t-il pas autant à la connaissance subjective ? Elle ne serait pas moins embarrassée de les fournir. C'est exiger trop ou trop peu. Veut-on argumenter, il n'y a pas plus d'argument en faveur de la compétence du moi à l'égard du moi, que de sa juridiction sur le non-moi. Observe-t-on, il y a ici de chaque côté des faits d'égale valeur ; la conscience, la perception, la sensation en elle-même et la sensation vue dans sa cause, le consentement de la raison à ses propres principes et la sécurité avec laquelle elle les tient pour vrais d'une manière absolue, sont des faits pareillement, et je ne vois pas bien pourquoi tel de ces faits aurait le privilége de n'être pas contrôlé par la dialectique, tandis que tel autre lui serait entièrement abandonné. Kant qui a reconnu avec tant de sagacité, qui a établi d'une manière si neuve et si forte, que nous avons des idées *a priori*, que nous formons *a priori* des jugements, devait plus que tout autre se souvenir qu'il y a des choses dont la conscience interdit à la logique de demander la preuve ; il devait suivre avec plus de confiance le principe qu'il avait posé. Du moment qu'il y a quelque chose *a priori*, l'objection de la question jugée par la question tombe, ou du moins n'est plus universellement recevable.

Au fond l'objection, incontestable logiquement, est sans valeur. Il faut la connaître, l'admettre même, et puis n'en tenir aucun compte. Oui, il y a des connaissances *a priori*, et cependant l'homme est *a posteriori*; car il est donné. La raison est de sa nature inconditionnelle, ou du moins tend constamment à l'être, et cependant elle est la raison humaine, partant relative au sujet raisonnable. L'homme en toute chose est ensemble un élément du problème et le géomètre qui doit le résoudre. Une pétition de principe est donc le point de départ de toutes nos connaissances. L'esprit humain est une pétition de principe; c'est un point indéniable; il a fait toute la fortune du scepticisme. Il faut le savoir et passer outre.

Pourquoi en effet nous arrêterait-il, et jetterait-il du doute sur nos croyances philosophiques? Il faudrait alors qu'il ébranlât nos croyances de tout genre. Le pyrrhonisme insensé serait le terme obligé de toute réflexion. Or il n'y a personne qui cède dans tous les cas à l'objection du pyrrhonisme; il n'y a personne qui ne soit tôt ou tard obligé de la fouler aux pieds. Je ne parle pas de la pratique de la vie; il est trop clair que nul ne se gouverne par le doute. Mais dans la spéculation même, il n'y a pas de sceptique universel. Le pyrrhonisme, ce dernier terme du scepticisme, articule son *peut-être*, formule sa pensée, et sacrifie à la raison au moment qu'il la blasphème. Toute science, tout système implique la logique, et lui reconnaît ainsi une valeur absolue. Celui qui place en regard l'une de l'autre deux séries d'arguments contraires et en conclut l'incertitude, celui-là affirme le principe de contradiction, et donne cette affirmation pour base au doute qu'il établit. Ce n'est pas tout : on s'accorde en général à reconnaître la certitude des mathématiques ; les géomètres, si facilement sceptiques à l'égard des sciences morales, même des sciences naturelles, aiment à se croire en possession exclusive de la certitude, et le moindre doute relativement à la géométrie leur fait pitié. La certitude des mathématiques n'est pourtant attestée que par l'esprit humain. C'est une science *a priori*, mais subjective comme toute science, plus même que toute science ; car l'expérience n'est accueillie par elle que comme une auxiliaire.

Voilà des connaissances contre lesquelles on ne s'avise guère d'élever la fin de non-recevoir du scepticisme. Kant en compte d'autres encore, puisqu'il admet tant d'éléments *a priori* dans l'esprit humain, et qu'il assimile la science transcendantale aux mathématiques. Or, il n'y a nulle preuve absolue que l'homme s'observe comme il est, et que les certitudes logiques, mathématiques et transcendantales, soient pour lui ce qu'il lui paraît qu'elles sont ; il est suspect dans sa propre cause. La dialectique ne peut fournir aucune démonstration à l'appui de ce qu'il en dit et de ce qu'il en croit. On est réduit à alléguer la conscience intime et la raison pure.

Ainsi donc il y a pour tout le monde des cas où l'argument fondamental du scepticisme est inadmissible, où l'esprit humain le regarde comme nul et non avenu. Il y a des choses certaines sans preuves ;

elles n'ont pas besoin de preuves, précisément parce qu'elles sont certaines. La raison se cautionne elle-même. Seulement il faut bien distinguer les questions logiques et celles qui ne le sont pas, les vérités qui sont évidentes indépendamment de la dialectique et celles qui ont besoin d'être déduites. C'est un compte à faire. Mais rien n'indique que ni les croyances fondées sur la perception, ni même les anticipations de la raison pure, soient de ces opinions qui exigent un point d'appui pris hors de l'homme; et comme ce point d'appui est, dans tous les cas, impossible à trouver en ce monde, il faut s'en passer et procéder comme si de rien n'était. Quiconque n'est pas décidé à tenir peu de compte de cette lacune, n'a plus rien à faire qu'à se jeter à l'eau. La mort est le seul remède au scepticisme universel et conséquent.

Nous pensons donc que la certitude s'étend plus loin que ne l'a jugé Kant. De ses propres principes elle sortait plus entière et plus vaste. Il n'a pas achevé son ouvrage. En découvrant et en consolidant les principes *a priori*, il avait plus fait pour la certitude que qui que ce soit peut-être; il avait porté plus d'atteintes au scepticisme, qu'il ne lui a fait plus tard de concessions. Il a reculé lui-même dans le chemin qu'il venait d'ouvrir; mais l'inventeur ne cesse pas d'être inventeur pour avoir méconnu les conséquences et la portée de ce qu'il a fait. L'immortelle gloire n'est pas d'avoir mesuré la grandeur du Nouveau-Monde, mais de l'avoir découvert.

La philosophie de Kant nous paraît l'effort le plus

heureux et le plus hardi de la méthode psychologique, et quoique son auteur eût répudié un pareil éloge, nous sommes obligé de le lui donner, de le classer parmi les continuateurs de Descartes, et de voir dans son système le corollaire extrême et le commentaire original de l'immortel *Je pense* du philosophe français. Il est évident que c'est du moi intérieur, que c'est de la conscience des phénomènes de la pensée, attestant ainsi indirectement ses lois à la raison, que Kant a pris son point de vue, et moins que personne au monde il a suivi les philosophes anciens qui recherchaient directement la nature des choses. Seulement, il a plongé un regard plus profond dans l'intérieur du moi, et il y a découvert la philosophie critique. Nul n'avait, avec plus de douleur, constaté l'instabilité trompeuse des systèmes métaphysiques. Vainement, en effet, s'était-on efforcé de soumettre la philosophie qu'avec Aristote il appelle théorétique, aux formes de la science. Lorsque la science voulait être spéculative, elle ne rendait pas raison de l'expérience; lorsqu'elle n'avait d'autre ambition que d'être expérimentale, elle ne réussissait à fonder aucun principe. Dogmatique à l'un ou à l'autre de ces titres, elle succombait sous les coups de la méthode sceptique. Il ne restait donc plus à essayer que la méthode critique; c'est-à-dire que, pour arriver à de vraies connaissances, il ne restait plus qu'à chercher la théorie de la connaissance. C'était évidemment le seul moyen d'en trouver la limite et la valeur, et de dissiper les illusions qui engendrent l'erreur, comme l'étude des moyens par lesquels s'opère la vision à travers une atmosphère lumineuse, fait connaître pourquoi la lune paraît plus grande lorsqu'elle sort immédiatement de la ligne de l'horizon qu'au moment où elle parvient au point le plus élevé de sa course. Kant a été frappé d'un grand exemple. Malgré tant de belles observations, de patients calculs, d'explications ingénieuses, la science astronomique, riche de faits constatés et de lois démontrées, n'était pas arrivée, avant Copernic, à la connaissance définitive du système du monde. Le doute planait encore sur le fond de la science, et les théories les plus spécieuses se renversaient les unes sur les autres. La pensée vint à un homme, que tout était découvert si le point de vue seulement était changé. Vous cherchez comment le soleil et la sphère céleste tournent autour de la terre; cherchez, dit-il, comment la terre tourne avec le système dont elle fait partie autour du soleil. Et aussitôt par cet unique changement, tout devint clair, facile, démontré. Le monde fut connu. Les découvertes de tant de siècles, compromises par une fausse hypothèse, devinrent les plus lumineuses vérités. L'astronomie engendra le système de l'univers. Ce n'est pas moins qu'une révolution semblable que Kant a tentée dans la philosophie. La science, a-t-il dit, est en possession d'une foule d'observations curieuses et de principes persuasifs; et cependant elle ne peut donner à l'ensemble la solidité et l'harmonie. Vous cherchez la connaissance dans le connu, cherchez-la dans le connaissant. C'est à lui qu'appartiennent les lois qu'il impose et que vous croyez qu'il reçoit. Il est le centre du système, et au lieu de faire tourner l'homme autour du monde, faites tourner ce grand phénomène de la réalité autour de l'astre de la raison. Tout changera peut-être; l'évidence et la certitude, l'ordre et la stabilité se rétabliront dans le système entier. Le modeste et paisible Kant aspirait donc à être le Copernic de la philosophie. Telle est la pensée suprême de la science critique. Elle cherche la vérité dans la raison, seule vérité connue immédiatement de la raison même. On peut dire d'une manière générale, que la raison ne contient que des idées, car tout ce qui se pense indépendamment de l'expérience, est rigoureusement idéal. Toute science pure est donc science des idées. Or, les idées en ce sens se divisent en deux classes, celles qui peuvent être construites et celles qui ne peuvent pas l'être. Les premières, idées de quantité qui peuvent être exposées par des figures, sont de leur nature intuitives, objet des sciences mathématiques. Les secondes, idées de qualité qui ne peuvent qu'être déduites, sont de leur nature discursives, objet des sciences philosophiques. La science transcendantale qui les juge en elles-mêmes, hors de toute réalité d'application, a pour tout objet réel l'idéal contenu dans la raison, et c'est pour cela que tout en ayant des faits pour fondements, elle a pu recevoir de son auteur lui-même le nom d'un idéalisme critique. Maintenant critique et sceptique sont-ils synonymes, et l'idéalisme critique est-il la négation de la science et de la réalité? Non, il est la limitation de la science et l'abstraction de la réalité, comme l'est également la géométrie pure pour toute la sphère de connaissances qu'elle remplit.

Telle est l'idée la plus juste que nous puissions donner de la philosophie de Kant. Nous n'ajouterons rien ; il nous semble que la décrire ainsi, c'est la juger.

ESSAI V.

DE LA POSSIBILITÉ D'UNE CONCILIATION ENTRE DESCARTES, REID ET KANT.

Malgré la multitude désolante des systèmes que l'imagination et le raisonnement ont dictés aux philosophes, malgré la fatale émulation qui semble les avoir poussés à se supplanter tour à tour et à marquer chacun de son nom une doctrine nouvelle, l'usage a prévalu de les classer en un petit nombre d'écoles, et de ramener ces écoles mêmes à deux grandes divisions entre lesquelles on partage l'esprit humain. Deux noms ont été choisis dans toute l'antiquité pour désigner l'une et l'autre ; Aristote et Platon sont devenus des symboles : comme si les innombrables controverses qui de Thalès à Proclus agitèrent les intelligences, n'eussent enfanté que deux sectes, et que les noms de Platon et d'Aristote définissent à eux seuls toute la philosophie. De même chez les modernes, on aime à réduire à deux branches seulement l'arbre de la science. Lorsque Descartes et Bacon eurent, chacun suivant son génie, mis fin au règne d'Aristote, on crut voir son esprit renaître dans cette famille philosophique que combat encore la postérité de l'école de Platon, renouvelée par la raison moderne. La patrie de Bacon a donné le jour à cette doctrine de Locke, qui en France a dominé le dernier siècle ; et cependant une autre philosophie, qui remonte à Descartes, s'est formée sous d'autres auspices ; et toutes deux, qui dans l'opinion commune comprennent toutes les sectes et toutes les controverses, se livrent encore sous nos yeux ce combat singulier qui semble durer depuis Aristote et Platon. On dirait de ces deux écoles les Capulet et les Montaigu de la philosophie.

Ce serait assurément se contenter d'une connaissance grossière des systèmes que de s'en tenir à cette commune opinion. Ils sont et plus nombreux et plus divers qu'elle ne le suppose, et les différences qui les caractérisent méritent d'être notées avec une précision qui permette une classification plus exacte. Néanmoins, tout n'est pas faux ni trompeur dans ce penchant des esprits à ne compter que deux grandes écoles, dont l'une dévie jusqu'au matérialisme, et l'autre se retient au spiritualisme. Quoique pour opérer une telle réduction on soit obligé de supprimer bien des nuances, de sous-entendre bien des restrictions, toutefois à juger les doctrines par leur tendance, et c'est ainsi que le public les juge, il n'y a pas grande injustice à ranger dans le même parti philosophique Bacon, Hobbes, Locke, Hartley, Priestley, Darwin, Gassendi, Condillac, Bonnet, Cabanis, et toute la physiologie française au dix-neuvième siècle. De l'autre côté, s'il faut encore plus effacer de distinctions réelles, de traits caractéristiques, pour confondre toutes les classes de spiritualistes, Descartes et Leibnitz, Malebranche et Wolf, Reid et Kant, on ne peut nier qu'ils ne soient rapprochés par une commune opposition à la métaphysique des sensations et à ses conséquences dernières. Sous ce rapport, au moins, le rapprochement n'est pas arbitraire, et quant à nous, nous ne chercherons pas à séparer ce que le jugement commun a réuni. On a souvent assimilé dans la discussion Descartes, Reid et Kant pour les attaquer en commun; essayons de les défendre ensemble, et puisqu'on les range sous le même drapeau, forçons-les comme des soldats rivaux à se réconcilier avant le combat.

Si nos analyses ont eu quelque clarté, on a dû voir quelles graves différences séparent ces trois chefs d'école, et combien il faudrait les défigurer, pour leur donner une même physionomie. Cependant, on doit aussi reconnaître comme un fait qu'ils sont souvent cités ensemble, et qu'en général les adversaires de Locke et de ses continuateurs invoquent indifféremment leur triple autorité. Il peut donc n'être pas sans intérêt de rechercher jusqu'à quel point ils diffèrent, et dans quel sens ils se rapprochent; puis d'examiner s'il n'y aurait pas jour à les rapprocher plus étroitement encore, et, en signalant ce qui manque ou ce qui pèche en chacun d'eux, de constater si leurs doctrines ne pourraient pas se compléter et se rectifier mutuellement. Peut-être, en déterminant bien leurs dissidences, réussira-t-on à les remplacer par des conciliations, et à construire ainsi, avec l'ensemble de ces systèmes combinés, une base scientifique plus large et plus solide que ne l'est la pierre isolée sur laquelle chaque fondateur s'est efforcé d'édifier son église.

Descartes, Reid, Kant, ces trois noms viennent de passer sous nos yeux. Nous avons donné l'analyse des trois doctrines qu'ils rappellent. Reproduisons en peu de mots les conclusions auxquelles elle nous a conduit.

Descartes a véritablement inventé la méthode philosophique des modernes. Il a placé dans le moi pensant la base de la science; et la philosophie est de telle nature, que lui trouver une méthode, ce n'est pas seulement lui fournir les moyens d'arriver à la vérité, c'est déjà lui donner la vérité même; car le choix d'une méthode suppose la détermination d'un point de départ, et pour elle un point de départ est un principe. En effet, la grande question de la philosophie, c'est peut-être la question de son existence. Y a-t-il une philosophie, c'est-à-dire quel est l'objet de la philosophie, et cet objet, supposé qu'il existe, correspond-il à une science possible? Voilà au vrai le problème fondamental, le problème premier, j'ai presque dit le problème unique, car il contient tous ceux qui sont relatifs à la certitude et à l'origine de nos connaissances. Or, qui ne voit que c'est à cette question que dans son *Discours de la Méthode*, et dans ses *Méditations*, Descartes a répondu, et, selon nous, répondu pour toujours?

Toutes les sectes métaphysiques sont depuis Descartes revenues à ce fait primitif de la science, le moi observé par le moi, à ce fait si simple, si familier, et cependant si profond, si fécond, si merveilleux, fait inaccessible au doute, mais inexplicable, et qui nous sert à la fois de fondement et d'exemple; car il résiste au scepticisme, il défie toute négation, et cependant il déroge à toute logique, ne s'encadre dans aucun raisonnement, et présente au dialecticien un éternel cercle vicieux. Il prouve donc, dès le début, qu'il y a des faits certains sans déduction, et nous enseigne que le raisonnement n'est pas l'unique flambeau de la raison. C'est ainsi que Descartes, en nous révélant ce que le moyen âge avait à peu près ignoré, savoir, que la logique n'est pas toute la philosophie, a ouvert une nouvelle porte, un nouveau champ à l'esprit humain.

Avant lui, lorsqu'on ne cherchait pas dans la logique seule le fondement de la science, on essayait de forger un système d'après la contemplation générale des choses. L'univers, la nature, le grand tout, l'essence ou l'ordre des êtres, tel était l'objet et la pensée première de la philosophie. On partait d'une idée générale presque toujours empruntée à l'hypothèse, et l'on déduisait tout le reste. Cette méthode a pu conduire parfois de vastes esprits à de grandes vues, des imaginations puissantes à d'heureuses spéculations; a-t-elle édifié, devait-elle édifier une science? Je ne le pense pas. Les systèmes qu'elle engendrait ne pouvaient tenir, soit contre les sommations de la logique, soit contre l'observation sévère des faits, soit contre les questions embarrassantes du scepticisme. Et c'est encore à cette triple épreuve que succombera toute doctrine qui, malgré l'exemple de Descartes, prendra son point d'appui philosophique hors de la conscience intime, et assignera à des faits extérieurs, à des objets étrangers, le caractère et l'autorité de premiers principes et de faits irrécusables, soit qu'elle s'élève à l'explication de l'univers, soit qu'elle se réduise à la dissection d'un cerveau.

Ainsi la science ne peut débuter ni par le raisonnement, ni par une synthèse hypothétique; voilà ce que Descartes a montré. Le premier fait de la science, c'est le fait de conscience en général. Voilà ce qu'il a découvert. Doit-elle, la science, se circonscrire dans ce premier fait? Il ne l'a point pensé, et lui-même a fait de grands efforts pour en sortir. Mais comme dans cette partie de son entreprise, il n'a pas été constamment heureux, comme il a mêlé beaucoup d'ombres à beaucoup de lumières, il n'a pas peu contribué à autoriser ces observateurs timorés qui, réduisant la science à la conscience, et la conscience elle-même à un seul fait ou peu s'en faut, donnent accès à une nouvelle espèce de scepticisme, le scepticisme psychologique.

L'analyse du fait de la pensée aurait pu être plus subtile et plus profonde qu'elle ne l'est dans Descartes. Surtout des conséquences et plus larges et plus sûres auraient pu être extraites de ce fait primitif; et en montrant tantôt plus de rigueur dans ses déductions, tantôt plus de confiance dans ses principes, il serait arrivé à une science plus étendue et plus certaine, et surtout il eût échappé à ces accusations de scepticisme et d'idéalisme qui pèsent sur sa doctrine; il eût évité les deux critiques que nous allons emprunter à Kant et à Reid.

La conscience de la pensée n'est pas le seul acte intérieur qui mérite une foi absolue. En fait, quel avantage a-t-elle à cet égard sur la perception du monde extérieur ou sur le souvenir de l'existence passée? En droit, d'où lui viendrait cette prééminence, et comment prouverait-on qu'elle est de plus noble extraction qu'aucune de nos facultés? Il y a plus d'un fait primitif, il y a dans l'esprit plus d'une croyance naturelle et irrécusable. Aucune faculté n'a qualité pour faire le procès à une autre faculté. Le témoignage de toutes est revêtu d'une commune autorité. Cette critique vient de l'école de Reid.

Quoi qu'il en soit des facultés, il est évident qu'à moins de les réduire à de pures affections intérieures, sans conséquence et sans valeur, elles ne peuvent donner de connaissance réelle qu'à la condition de certains principes, qui ne sont ni des facultés, ni des impressions. Ainsi, la conscience de la pensée ne nous enseigne quelque chose, ne se fait même pleinement comprendre, qu'à l'aide du principe qui lie l'acte à l'agent ou le phénomène à l'être. En d'autres termes, les principes de substantialité et de causalité sont supposés dans la plupart des connaissances immédiates que nous donne le jeu de nos facultés primitives, et ce n'est que dans une certaine forme, sous l'empire de certaines règles, que le moi se développe et produit toutes les notions qui ressortent de son développement. Il y a donc des lois *a priori* dans l'esprit humain. Descartes les emploie et s'y conforme pour construire son fragile édifice, sans en rechercher l'origine, sans en constater l'existence. Quelles sont-elles? D'où viennent-elles? Comment sont-elles? Toute philosophie qui les omet, est incomplète; toute philosophie qui les discute, est sceptique; toute philosophie qui en rend raison, est hypothétique. Et cependant, de même qu'elles sont comme le plan intérieur de l'esprit humain, elles sont le modèle de l'édifice de la science philosophique. Voilà ce qu'un disciple de Kant objecterait à Descartes, et ce qui peut-être est demeuré jusqu'ici sans réponse.

On voit toutefois que ni la philosophie de Glasgow, ni la philosophie de Koenigsberg ne trouvent à redire au point de départ de Descartes. Ni l'une, ni l'autre n'est inconciliable avec sa méthode; toutes deux même ont besoin du point d'appui que leur offre le cartésianisme.

Que veut Reid en effet? Mettre au néant toutes les subtilités du scepticisme, et sur les débris des objections de la dialectique artificielle relever l'étendard des croyances natives de l'humanité. Où cherche-t-il donc le fondement de la philosophie? Dans l'homme intérieur, dans ce qu'il pense, dans ce qu'il croit. Comment l'homme a-t-il connaissance de ce qu'il pense, de ce qu'il croit? Par la conscience. Reid veut réhabiliter la foi due à nos facultés, c'est-à-dire au moi pensant. Qui ne reconnaît là le principe de Descartes étendu, fécondé, peut-être même généralisé outre mesure et prodigué sans discernement?

Que prétend Kant à son tour? Écarter toutes les vues transcendantes de la métaphysique pure, circonscrire toutes les représentations de la sensibilité expérimentale, afin de dégager et d'avérer les lois de l'organisme intellectuel, et pour ainsi dire les conditions de la pensée. Le but de cette entreprise ardue est de constater si l'esprit met du sien dans ses connaissances, et quelle part il y apporte. Qu'est-ce qu'un pareil travail, sinon scruter et remuer le moi à une plus grande profondeur? Kant a tenté une analyse plus rigoureuse et plus subtile de la pensée ; l'aurait-il fait sans le *cogito* de Descartes ? On en peut douter.

La différence, c'est que Kant s'est médiocrement soucié de l'*ergo sum*. Il s'est consumé à reconnaître, à compter, à établir tous les faits ; il s'est soigneusement abstenu d'en rien conclure. Ainsi, tandis que Reid blâmait Descartes de n'avoir pas assez conclu de l'ordre de phénomènes qu'il avait constatés, Kant aurait pu lui reprocher de n'avoir pas assez sévèrement décomposé et énuméré les faits, et de s'être trop pressé d'en tirer des conséquences ontologiques. Kant restitue dans la science les principes *a priori* que Descartes avait omis, et complète ainsi le domaine subjectif dans lequel lui-même se renferme. Reid s'efforce d'agrandir le domaine de l'objectif et d'affermir le sol mouvant, sur lequel Descartes s'est quelquefois égaré, mais où Kant ne pose le pied qu'en tremblant.

Pour nous, nous croyons, avec Descartes, que la conscience ou le moi est le premier fait de la philosophie. Nous croyons, avec Reid, que la foi que l'homme ajoute au témoignage de ses facultés est légitime. Nous croyons, avec Kant, qu'auprès des facultés il y a dans l'esprit humain des lois nécessaires qui se traduisent en notions ou en jugements *a priori*, dont l'autorité est au moins égale à celle des facultés mêmes.

En d'autres termes, la philosophie est essentiellement l'étude de l'esprit humain. Elle est possible, parce qu'il a la puissance de se sentir lui-même et de s'observer lui-même. Ce fait de conscience est primitif et certain. Le moi réfléchi est, au début, l'instrument, la base et le champ de la philosophie. Tous les faits qu'une observation directe, toutes les notions qu'une induction immédiate nous fournit, participent de la même certitude. Ces faits et ces notions, soigneusement distingués, analysés, classés, se résolvent en facultés et en principes ; en facultés qui sont les pouvoirs de l'esprit humain, en principes qui en sont les lois. De ces facultés et de ces lois résultent des connaissances absolues, mais non pas infinies. Ainsi est constituée la raison humaine. La philosophie est en définitive la science de la raison humaine.

Avant d'essayer, d'après ces idées, l'esquisse d'un tableau de l'esprit humain, il importe de présenter sur la doctrine de Reid et sur celle de Kant quelques dernières observations qui serviront à les faire rentrer dans le cadre commun que nous venons de dresser.

Commençons par le philosophe écossais.

Il y a quelque chose de forcé dans le dédain qu'il affecte pour le scepticisme. Si, en effet, le sens commun suffisait à tout, il n'y aurait pas de philosophie; mais en admettant que la science se borne à faire voir que le sens commun suffit, encore faut-il qu'elle le fasse voir ; et cela même est un travail qui dépasse le sens commun, et cela même suppose qu'il y a quelque chose à démontrer, qu'il est nécessaire de répondre aux questions premières, et que ce n'est pas assez que les hommes les tiennent pour résolues dans la pratique, qu'il faut encore établir qu'ils le font à juste titre, et que la science doit se contenter des solutions naturelles. Il y a là apparemment la matière d'une science; et en effet, la philosophie écossaise, qui ne se compose que de cela, est assurément une philosophie. Pour montrer la valeur des solutions du sens commun sur les grandes questions, il faut les poser, et partant les ordonner entre elles. De là une certaine méthode. Ce n'est pas tout; il faut encore rapprocher les questions de la science des solutions du sens commun, vérifier si la liste des unes concorde avec celle des autres; si, en un mot, il y a équation entre la science et le sens commun. C'est là, certes, un inventaire difficile à dresser. Pour y réussir, force est bien d'énumérer et d'étudier toutes les facultés, toutes les notions nécessaires; et enfin, ou même avant tout, il faut avoir victorieusement opposé aux objections du doute l'autorité ou de la raison ou de la conscience, c'est-à-dire qu'il faut être parti d'un principe. Ce principe, nous l'avons vu, ne saurait être autre que celui de Descartes.

Ainsi, ce n'est pas temps perdu que d'avoir établi ce principe et sondé successivement pour cela toutes les sources de la connaissance. Il y a donc des questions à résoudre scientifiquement; il y a donc un problème fondamental. Le scepticisme consiste non à oser l'élever, mais à n'oser le résoudre, et Reid a tort de le passer sous silence, ou plutôt de feindre de l'omettre; car il le pose implicitement. Ses ouvrages ne roulent pas sur un autre sujet, et sa philosophie n'est qu'une tentative de solution des questions qu'il s'efforce de nier ou de méconnaître. La raison est capable de se mettre en question elle-même : c'est là une faculté comme une autre, la plus périlleuse, mais la plus élevée de toutes. Elle prouve que la raison humaine participe de la raison absolue, que par là elle est, pour ainsi parler, au-dessus d'elle-même; qu'il y a en elle quelque chose de ce qui est principe et fin tout ensemble, c'est-à-dire quelque chose de divin.

Mais cette circonstance, que Reid a eu tort de dissimuler ou d'affaiblir, empêche-t-elle que la raison ne soit raisonnable, c'est-à-dire qu'elle ne soit la raison, et qu'elle ne doive par conséquent avoir foi en elle-même? Nullement. Toutes ces choses sont dans sa nature, comme il est de la nature du cercle d'être rond. Tous les cercles sont ronds, quoique aucun cercle ne le soit parfaitement. Toute raison est raisonnable ou capable de vérité, quoique aucune raison ne soit parfaitement raisonnable. Telle est la croyance du genre humain; tel est aussi le résultat auquel conduit une étude méthodique de l'esprit humain. Il y a dans l'âme des faits au-dessus du doute; il naît de ces faits des notions au-dessus du doute. Ces notions supposent des principes qui ne comportent ni objections ni preuves. Tout ceci est soit évident, soit démontrable, ou bien rien n'est clair ni certain dans aucune science.

Mais de tout cela, Reid n'a bien démêlé que les faits proprement dits. Il excelle dans l'étude de nos facultés, de leur action et de leurs produits. Il expose bien les croyances irrésistibles qu'elles nous inspirent; mais il y a deux questions qu'il ne prévoit pas. La première est celle-ci : D'où viennent et comment sont possibles les principes qui ne sont pas le produit des facultés, mais qui en paraissent plutôt être la règle, puisque les notions immédiates qu'elles nous donnent, supposent ces principes? La seconde est celle-ci : Comment des connaissances, qui sont relatives à la nature et au jeu des facultés d'un être donné, peuvent-elles avoir un caractère absolu?

Reid demeure presque silencieux sur ces questions. Il se contente de dire en général que les choses sont comme elles sont; principe qui, pris à la rigueur et logiquement suivi, l'aurait dispensé d'écrire une ligne. Il passe légèrement sur l'origine de presque tous les principes nécessaires, dont cependant il admet sans hésitation l'indispensable existence. Il n'établit qu'une hiérarchie confuse entre ces principes, entre ceux qui semblent inhérents à la raison absolue, et ceux qui ne sont nécessaires que dans les données de la nature humaine. Enfin, après n'avoir réclamé une foi entière que pour les facultés et pour les croyances qui en sont les inductions immédiates, il reconnaît des principes dont il ne dit pas qu'ils soient des inductions quelconques, et qui semblent supérieurs à nos facultés mêmes, et il ne cherche pas d'où leur vient cette autorité.

Kant, qui s'est montré si scrupuleux, si timide à décerner à ces principes une autorité absolue, est allé beaucoup plus loin quand il s'est agi de constater leur existence, de rechercher leur origine, de les ordonner entre eux d'après leur valeur respective, enfin de mesurer le degré de leur puissance sur la raison. C'est lui qui nous aidera à éclairer toute cette partie jusqu'à lui peu explorée de la science de l'esprit humain, et peut-être trouverons-nous dans sa propre doctrine les moyens d'assurer légitimement aux notions et aux principes nécessaires la portion d'autorité que lui-même leur refuse. On conçoit sans peine que le chef-d'œuvre de toute philosophie serait de sceller l'alliance d'une foi aussi ferme que celle de Reid et d'une analyse aussi sévère que celle de Kant.

Voici comment le scepticisme de l'un nous aidera à compléter et à raffermir le dogmatisme de l'autre.

On se rappellera peut-être (et nous la renouvelons au besoin) une observation que la philosophie critique nous a suggérée, c'est que Kant affirme plus qu'il ne croit affirmer, et que même dans le point de vue auquel il se borne, il est obligé de porter des jugements d'une vérité absolue; qu'en un mot, subjective d'intention, sa doctrine est objective de fait. Cette remarque non-seulement nous paraît une des plus graves critiques que cette célèbre doctrine ait encourue, mais de plus elle donne les moyens de la rectifier, de la compléter et d'en tirer plus de parti encore que ne l'espérait son auteur. En outre, cette remarque contient une forte réfutation du scepticisme.

Le scepticisme, en effet, le seul du moins avec lequel on puisse discuter, admet ou la psychologie ou la logique, et s'appuie sur l'une ou sur l'autre.

La psychologie sceptique, et telle est, par exemple, celle de Kant, admet les données psychologiques comme des faits pour l'esprit humain. Les révélations du sens interne ou de la conscience lui paraissent irréfragables pour nous-mêmes. Kant ne permet pas la moindre incertitude sur les intuitions de la sensibilité ou de l'intelligence. Nul doute à ses yeux que l'homme ne sente, ne pense, ne juge les choses comme il les sent, les pense, les juge. Il est lié par ses propres facultés. Mais sent-il, pense-t-il, juge-t-il les choses comme elles sont? Ici commence l'impénétrable énigme. La certitude des notions de l'esprit humain comme faits psychologiques, est indubitable, en tant que relative à l'esprit humain lui-même : c'est ce qu'on exprime en disant qu'elle est subjective. Est-elle objective? Kant le nie, et en général la psychologie hésite à le prétendre. C'est en cela qu'elle est sceptique.

Eh bien, nous disons à la psychologie qu'elle a tort d'hésiter, même en tant que psychologie. Soit donné une notion impliquant un jugement sur la réalité des choses; c'est à la fois un fait psychologique que je porte ce jugement, et un fait psychologique que ce jugement est absolu. Lorsque je pense qu'une chose est ainsi, je ne pense pas que je suis affecté comme si elle était ainsi; je pense qu'elle est effectivement ainsi. Ceci est matière d'observation immédiate. Or, si le premier fait psychologique est indubitable, comme l'avoue toute psychologie, même sceptique, et Kant en particulier, pourquoi le second ne le serait-il pas? Il est également attesté par la conscience. Il est en moi au témoignage du moi. Rien dans la conscience, rien dans la psychologie n'infirme ce témoignage. Si l'on dit qu'il est hasardé, attendu que le moi n'est un témoin recevable que pour lui-même; si l'on prétend que la conscience n'est digne de foi qu'en ce qui concerne le sujet pensant et dans la sphère du sujet pensant; que, ne sortant jamais de nous-mêmes, nous n'avons pas droit d'en être crus sur ce qui est hors de nous; je dis que ce n'est là qu'un raisonnement, et qu'en s'y appuyant on franchit les limites de la psychologie. C'est la logique qui nous suggère qu'il faut sortir du dedans pour s'assurer du dehors, et que le relatif ne peut engendrer ni contenir l'absolu. Or, la logique, nous verrons à lui répondre tout à l'heure; mais elle n'est pas la psychologie. La psychologie ne nous fournit aucun prétexte de douter de notre propre pensée. La conscience nous révèle de la même manière, et nous atteste au même titre que nous pensons et ce que nous pensons. Dans le moi bien observé se manifeste également le fait que nous pensons telle chose comme vraie, fait personnel et actuel, et le fait que dans notre pensée cette chose pensée comme vraie est réelle, fait impersonnel et absolu; et rien dans la conscience ne nous autorise à mettre nos facultés aux prises les unes avec les autres. Il est donc évident que la psychologie, bornée à elle-même, n'est point, et ne peut être sceptique. Elle met sur la même ligne tout ce que la conscience révèle; et quand on ne conteste pas à celle-ci ses dépositions subjectives, ce que Kant ne lui conteste pas, on ne peut pas davantage quereller ses affirmations objectives. Aussi Kant n'a-t-il pas osé les nier tout à fait; il a imaginé de leur reconnaitre une autorité *transcendantale*. Il ne souffre pas qu'un être raisonnable en doute; mais à cette question : Un être raisonnable a-t-il raison? La raison est-elle la vérité? il refuse toute réponse.

Je pense qu'on vient de voir que ce refus ne pouvait être prononcé au nom de la psychologie ; aucun fait de conscience ne dément un autre fait de conscience ; et pour la conscience, l'objectif est dans le moi comme le subjectif.

Il faut donc que la psychologie sceptique appelle la logique à son aide. Je ferai remarquer d'abord que la logique, dès qu'elle se jette dans l'argumentation du doute, peut absorber la psychologie tout entière, et rendre le subjectif aussi incertain que l'objectif. Le scepticisme n'est conséquent que lorsqu'il se résout dans l'absolu pyrrhonisme. Mais n'usons pas de tous nos avantages, et restons sur le terrain où se place la psychologie se faisant logicienne pour devenir sceptique.

Nous l'avons vu tout à l'heure, l'argument est toujours celui-ci : c'est que le moi ne dépose valablement que du moi ; c'est qu'il sort gratuitement de lui-même, lorsqu'il juge du dehors ; c'est qu'il est hypothétique, lorsqu'il transforme en raison absolue sa raison toute relative. Les vérités nécessaires ne sont nécessaires que la raison étant donnée comme elle est ; cette nécessité est donc relative et non absolue ; les vérités subjectivement nécessaires ne sont donc que conditionnellement objectives.

Or, que signifie cet argument ? Il signifie ce qu'il suppose ; et il suppose que rien n'est certain sans preuve ; car la raison n'est récusable que parce qu'elle ne peut fournir aucune preuve autre qu'elle-même, qu'elle soit la raison. Mais cette proposition : rien n'est certain sans preuve, est elle-même un axiome logique, une proposition absolue, une affirmation sans preuve. Elle se retourne contre elle-même, et cette fois, comme toujours, la logique, poussée à l'extrême, aboutit au suicide de la logique.

Cette objection est mortelle à tout le système de la subjectivité universelle. Un examen attentif force en effet de reconnaître que l'affirmation par laquelle on déclare que tout est subjectif, est elle-même objective. Dire qu'une vérité est relative, c'est dire qu'il y a des vérités absolues, et c'est même en dire une. L'esprit humain se jugeant, se limitant, reconnaissant qu'il ne possède aucune preuve extérieure à lui de ce que ses facultés lui attestent, prononce sur lui-même objectivement, car ce défaut de preuves extérieures est une vue objective. C'est une application transcendante de la logique absolue.

Ne dites pas que le moi n'est compétent que pour son propre compte; c'est encore là un jugement absolu; c'est une proposition que la raison prend sur elle, parce qu'apparemment elle la trouve raisonnable, c'est-à-dire conforme à ses propres lois; et Kant est obligé de poser objectivement les motifs mêmes en vertu desquels il nous défend de croire à aucune objectivité.

Ainsi la logique ne peut valablement venir au secours de la psychologie pour l'autoriser au scepticisme, et ne lui fournit que des cercles vicieux à l'appui des doutes qu'elle essaie d'élever.

Le scepticisme qui observe ou qui raisonne, le scepticisme qui admet la psychologie ou la logique, ne repose donc que sur des fondements ruineux; et si Kant n'a pas affecté plus de doute qu'il n'en concevait effectivement, son incertitude sur la réalité de nos connaissances n'est point motivée; il a prouvé plus qu'il n'a voulu. Je regarde comme deux vérités fondamentales les propositions suivantes :

1°. La psychologie ne fournit aucun prétexte de douter de la vérité des connaissances que nous devons à nos facultés naturelles ;

2°. La logique s'appuie sur des principes absolus, et ne peut s'en passer pour nier les vérités absolues, c'est-à-dire que dans ce cas elle ne peut se dispenser d'affirmer ce qu'elle nie.

Ces deux propositions, qui me paraissent une fin de non-recevoir invincible au scepticisme, contiennent par là même une critique du système de Kant; mais elles laissent subsister tout ce qu'il enseigne d'ailleurs sur l'origine, la valeur et l'emploi des notions et des principes absolus; et déjà on peut entrevoir une certaine possibilité de fondre les idées de la philosophie critique avec les croyances de la philosophie écossaise.

C'est le dernier point qu'il nous reste à exposer. Représentons-nous, d'après Descartes, Reid et Kant, l'ensemble de l'esprit humain.

Dans presque tous les livres, la description de l'esprit humain se réduit à une énumération de facultés. Cette énumération varie suivant les auteurs. En voici plusieurs exemples.

Bacon distinguait deux âmes, l'âme raisonnable et l'âme sensitive. Chacune avait ses facultés; la première, l'entendement, la raison, l'imagination, la mémoire, l'appétit et la volonté; la seconde, le mouvement volontaire et la sensibilité [1].

Descartes n'a point admis les deux âmes. Il n'y a pour lui qu'une âme, celle qui pense. Il s'est plus occupé des opérations de l'âme que de ses facultés. Ainsi il divise les pensées, actes essentiels de l'âme, en volontés et en passions, et parmi celles-ci sont les perceptions ou connaissances qui appartiennent à l'imagination ou à l'intelligence. Ces deux dernières facultés avec la sensibilité et la volonté forment peut-être tout le tableau des facultés de Descartes.

Suivant le dénombrement de Condillac, sensation, attention, comparaison, jugement, réflexion, imagination, raisonnement, tel est l'entendement; sensation, besoin, malaise, inquiétude, désir, passion, espérance, telle est la volonté.

Suivant le dénombrement de M. La Romiguière, l'attention, la comparaison et le raisonnement constituent l'entendement; le désir, la préférence et la liberté font la volonté.

Reid distingue la perception, la mémoire, la conception, l'abstraction, le jugement, le raisonnement, le goût; et d'une autre part, la volonté, l'instinct, l'habitude, l'appétit, le désir, l'affection, la passion, la conscience morale.

Kant a tout autrement décomposé l'esprit humain. Cependant il emprunte à la psychologie ordinaire presque tous ses termes. Il distingue la sensibilité et

[1] *De augmentis scientiarum*, L. IV, cap. 3.

l'entendement; et dans celui-ci il admet, comme la plupart des logiciens, l'idée, le jugement et le raisonnement. Après l'entendement et au-dessus il place la raison.

Les plans de cours de psychologie, que l'école française a depuis quelques années publiés en assez grand nombre, offriraient des dénombrements analogues, revisés avec soin et disposés avec méthode. On peut les consulter très-utilement [1].

Si pour nous aucune des énumérations que nous venons de citer n'est parfaitement satisfaisante, aucune n'est décidément mauvaise, si ce n'est par l'omission du fait de conscience; et nous ne regardons pas comme fort important de faire un choix entre elles. Mais toutes ont un défaut, c'est qu'elles supposent ou peuvent conduire à supposer qu'il y a dans l'esprit humain plusieurs facultés, de la même manière que dans le corps humain il y a plusieurs organes; ou tout au moins que si ces facultés appartiennent toutes au même sujet, et résident, pour ainsi dire, dans le même centre, cependant elles peuvent dans la réalité être prises séparément et successivement. Je sais bien que presque tous les analystes de la pensée ont admis et soutenu l'unité de l'âme; mais en poursuivant leur analyse, ils paraissent souvent oublier cette unité et tomber dans l'erreur de réaliser, de personnifier en quelque sorte tous les pouvoirs de l'intelligence. Ce n'est cepen-

---

[1] Voyez la Psychologie de M. Damiron, celle de M. Gibon; le Précis d'un cours de psychologie de M. Adolphe Garnier; le Programme d'un cours complet de philosophie de M. Gatien Arnoux, etc.

dant que par un effort d'extrême abstraction que l'on peut distinguer et nommer toutes les manières d'agir de notre nature intérieure, du moins en tant qu'intelligente. Elles sont non-seulement concentrées dans le même sujet; mais quand elles sont en action, leur union est tout autrement intime que la sympathie qui lie toutes les opérations et toutes les fonctions de l'organisme. Elles rentrent toutes les unes dans les autres; elles se mêlent; et il est difficile, et, ce me semble, impossible de voir en jeu une seule faculté qui ne suppose les autres, et qui même ne les emploie presque toutes. Dans tout acte, dans tout état de la pensée, toutes les facultés sont présentes et peut-être en exercice, sans nulle différence que dans le degré de leur activité respective. Pour mieux dire, l'âme est tout entière en tout, et ne se divise guère plus dans son action que dans sa nature. Elle pense, il est vrai, comme le corps vit; la pensée, c'est un vieux mot, est la vie de l'âme; mais la vie du corps se manifeste par diverses fonctions, se localise en divers organes. La vie de l'âme est une, et ne diffère que dans le temps. Pourvue de pouvoirs simultanés, l'âme les exerce diversement, c'est-à-dire en proportions différentes. Mais on doute que l'action d'aucune des facultés intellectuelles fût possible, telle que nous la connaissons, si une seule d'entre elles était réellement nulle. Pour étudier, pour décrire l'esprit humain, il faut donc le prendre d'abord dans son ensemble, c'est-à-dire qu'il faut observer le moi tout entier; non pas le composer de facultés ajoutées une à une, mais bien plutôt dans le tout qu'il présente, distinguer les éléments sans les isoler, et ne le décomposer que par abstraction, en rappelant toujours combien cette abstraction est artificielle, et combien il est dangereux, après l'avoir forcément employée comme procédé de la science, de la prendre ensuite pour objet de la science.

Si l'étude de l'esprit humain a pour but de l'analyser à fond, il y a évidemment une sorte de contradiction à commencer par un des éléments spéciaux qui le constituent; car la distinction de ces éléments est le produit de l'analyse même, et ne saurait la précéder. Ils la supposent et ne peuvent même, sans la condition d'une décomposition préalable, être isolés ni classés. Par lequel commencer d'ailleurs, lequel choisir, comment motiver une préférence entre celui-ci et celui-là, quand tous sont encore inconnus? Ce choix ne peut être arbitraire, ou la philosophie n'est pas méthodique, auquel cas elle n'est pas une science. Prenons donc l'esprit humain tel qu'il nous est donné; et comme il nous est donné par la conscience ou l'intuition de ses phénomènes, c'est par la conscience qu'on peut commencer, la conscience étant une forme générale de tous ses actes, et un témoin de l'action de toutes ses facultés.

Mais, avant tout, l'esprit humain lui-même est-il bien tout l'objet de la philosophie? L'idée qu'on se fait communément de cette science est-elle complétement représentée par ces mots : connaissance de l'esprit humain? Au premier abord, il semble que non. Nous ne voulons point essayer ici une définition de la philosophie; cependant on accordera que l'idée ordinaire et vague que s'en forme la plupart du monde, est celle de la science de l'homme. De plus habiles vont jusqu'à l'appeler la science de la nature des choses. C'est entre ces deux expressions, science de l'homme et science de la nature des choses, que flottent à peu près les définitions communes de la philosophie, ou du moins les idées que s'en forment ceux qui en savent le nom.

Examinons ces deux définitions en commençant par la plus générale.

S'il faut entendre ces mots de *nature des choses* dans le sens le plus étendu, la philosophie sera l'histoire naturelle de l'univers, en appelant univers tout et la cause de tout. A ce compte, la philosophie n'est pas une science, elle est toutes les sciences. Je sais qu'on l'a longtemps entendu ainsi. Chez les anciens surtout, la philosophie comprenait l'ensemble des connaissances humaines. Tous les philosophes grecs étaient des esprits encyclopédiques. Je soupçonne le seul Socrate d'avoir échappé à cette universalité, parmi ceux du moins dont le nom est illustre; et assurément il n'en est pas moins grand. Mais, chez les modernes, et surtout dans notre temps, l'universalité a cessé, elle est même devenue impossible. Sans doute, on dit bien encore parfois que la philosophie est la science universelle, la science de tout, la science des sciences. Mais alors on veut dire l'une de ces trois choses qui peut-être ne diffèrent que par l'expression : ou que la philosophie est la science qui seule peut embrasser toutes les sciences pour les réunir et les classer, pour tracer en un mot le tableau encyclopédique; ou que la philosophie traite des questions les plus générales et par conséquent de celles qui embrassent toutes les questions particulières, objets des sciences spéciales; ou qu'enfin il y a dans toute science des principes généraux qui en forment la philosophie, et que la réunion, la classification et l'explication de ces principes généraux composent la philosophie proprement dite.

C'est dans un sens analogue à ces trois interprétations qu'il faut entendre ces mots de science de la nature des choses. Dès qu'on admet que le nom de philosophie n'est pas celui de la totalité des connaissances humaines, il faut bien que la nature des choses, dont la philosophie s'occupe, ne soit pas l'universalité de ce qui existe. Il faut entendre que toute chose a des éléments fondamentaux, ou, si l'on veut, que la notion de toute chose se résout en notions élémentaires, qui représentent la nature de la chose, autant du moins que nous la pouvons connaître. Ces conditions premières des choses constituent les principes des sciences. Toute science repose en effet sur quelque vérité simple, ou sur quelque fait d'expérience constante et générale, qui lui-même suppose certaines notions primitives et nécessaires, universelles aussi, lesquelles sont à la fois les premiers et les derniers principes. La science de ces principes peut donc s'appeler la science de la nature des choses. Ainsi, la mécanique remonte au mouvement; la géométrie à l'étendue; la physique aux idées de force, d'étendue, aux conditions essentielles de la matière; les sciences naturelles sans exception à l'idée d'existence et à celle de cause. En un mot, toutes les sciences reviennent en définitive à certains principes, dont la connaissance est pour nous toute celle que nous pouvons avoir de la nature des choses.

Or, ces principes qui dominent les sciences, mais que ne démontrent ni n'expliquent les sciences, si vous en voulez à leur tour faire l'objet d'une science, vous apercevez que ces conditions de la nature des choses sont aussi les conditions de notre manière de les connaître, ou plutôt les éléments de la connaissance humaine. Ce sont, en général, les notions nécessaires ou premières : vous les trouvez dans un rapport nécessaire avec nos facultés. Vous reconnaissez en elles les données de l'esprit humain, et vous êtes bientôt convaincu que les mettre en question, c'est mettre en question l'esprit humain lui-même ; et c'est ainsi que la science de la nature des choses est ramenée, sans être pour cela rabaissée ni mutilée, à l'étude de l'esprit humain.

Suivant l'autre définition, la philosophie serait la science de l'homme. Pour connaître l'homme, on doit étudier les hommes ; pour cela, on observera leurs actes ou l'on apprendra leur histoire, ce qui est encore observer leurs actes dans le passé. Mais les actes des hommes ne sont que des produits de leur nature, des effets d'une cause qui est leur nature même. On peut, jusqu'à un certain point, remonter des effets à la cause, et recomposer ainsi l'homme par induction. Cependant, avouons-le, elle serait lente et assurément incomplète, et probablement fautive, la connaissance que nous obtiendrions de la nature humaine, si nous ne l'observions qu'à travers le milieu de ses manifestations extérieures, et si, par impossible, l'expérience de nous-mêmes, le spectacle toujours présent de l'activité interne de notre nature n'était pas là pour nous instruire. Si, contre toute attente, on parvenait par cet étrange procédé à recomposer d'une manière quelconque un certain type de la nature humaine, une grande et permanente incertitude régnerait sur la vérité de cette science, ouvrage de l'induction. Il s'élèverait sur ce système de notre structure intérieure de bien autres doutes qu'il ne s'en élève par exemple sur les idées si problématiques que nous nous formons de la structure intime des corps ; nous concevrions sur notre propre esprit plus de doutes que nous n'en concevons sur l'âme des bêtes ; ou plutôt, et à parler vrai, une science quelconque de la nature humaine serait impossible. Qui jamais pourrait deviner l'existence de la sensibilité, si, ayant vu sentir les autres, il ne savait par sa propre expérience ce que c'est que sensation ? Qui se ferait une idée de la mémoire, s'il ne s'était jamais souvenu ? Il est évident que la science de l'homme suppose l'observation directe de la nature humaine, c'est-à-dire l'observation de soi par soi.

Ainsi, il reste prouvé que ce n'est pas arbitrairement que nous avons dit que la philosophie était la science de l'esprit humain, en entendant, selon l'usage, sous ce nom d'esprit humain, l'ensemble des phénomènes de notre nature intérieure.

Cette parole céleste *Nosce te ipsum*, est la devise et le symbole de la philosophie ; elle en est peut-être la meilleure définition. Se connaître soi-même, c'est savoir la philosophie ; s'étudier soi-même, c'est philosopher ; voilà la science et son procédé.

Cette science est-elle impossible ou hypothétique? On l'a osé prétendre. Rappelons que la logique a dit que la philosophie est impossible, sur ce fondement qu'il n'y a point de science là où ce qui est su et ce qui sait, ce qui observe et ce qui est observé sont chose identique. Impossible ou non pour la logique, le fait existe, et il ne peut être révoqué en doute. L'*homme pense* est une vérité qui repose sur cette vérité inébranlable *je pense*. Tout raisonnement échoue contre cette affirmation, et puisque cette affirmation est possible, c'est qu'apparemment l'homme sait qu'il pense. Ce n'est donc pas plus une hypothèse qu'une impossibilité que la science de la pensée, réduite à ces mots, *savoir qu'on pense, penser qu'on pense*, ou plutôt d'un seul mot, *je pense*. Sans doute pour prononcer ce mot, il faut la mémoire qui elle-même est un des modes de la pensée. Pour se dire qu'on pense, il faut avoir pensé; mais quand on se le dit, on n'apprend rien; on remarque seulement ce qu'on savait, et l'on ne se rappelle ni ne conçoit un moment où l'on ait ignoré que l'on pensât. La pensée semble une condition de la vie.

On le voit, pour arriver au point où le doute est impossible, pour remonter à la base de la philosophie, et par conséquent de la science qui soutient toutes les sciences, il ne suffit pas de poser des affirmations générales et absolues sur l'homme, fussent-elles d'ailleurs pour le bon sens plus claires que le jour;

la dialectique y trouverait encore à redire; il faut remonter au moi; il faut prononcer ce mot *je pense*. Ce n'est qu'un fait; ce n'est qu'une donnée actuelle et contingente, et cependant ce fait a plus d'autorité que tous les axiomes; bien plus, il est indispensable à l'autorité de tous les axiomes. Sans ce fait, il n'y aurait pas d'axiomes pour nous, et cependant, grâce à ce fait, nous parvenons à savoir avec certitude que les axiomes seraient vrais, quand même ce fait n'existerait pas. Expliquez cela par la dialectique, si vous le pouvez, ou bien essayez d'attaquer cela par le scepticisme, si vous l'osez. Dans le premier cas, la dialectique sera battue; dans le second, la dialectique vous battra. « Cette proposition *je* « *pense*, dit non pas Descartes mais Leibnitz, est « de la dernière évidence, étant une proposition qui « ne peut être prouvée par aucune autre, ou une « vérité immédiate. Et de dire *je pense, donc je* « *suis*, ce n'est pas prouver proprement l'existence « par la pensée, puisque penser et être pensant est « la même chose, et dire *je suis pensant*, est déjà « dire *je suis*..... Si l'axiome se prend plus géné- « ralement pour une vérité immédiate ou non prou- « vable, on peut dire que cette proposition *je* « *pense* est un axiome, et, en tout cas, on peut as- « surer que c'est une vérité primitive [1]. »

Toutefois, en justifiant, en pratiquant, comme nous venons de le faire, la méthode psychologique, en prenant pour point de départ le moi pensant, nous devons répéter que notre intention n'est nulle-

---

[1] *Nouveaux essais sur l'entendement humain*, liv. IV, ch. VII.

ment d'absorber toute la science dans la psychologie. On arrive par la psychologie à une science qui la dépasse. On parvient par elle à une philosophie plus générale et plus haute, qui la contient dans son sein et qui la remet à sa place. Une fois que l'esprit est en possession de cette philosophie, il juge la psychologie elle-même, lui marque son rang, et s'il se hasarde à composer, comme l'a fait Hegel, une encyclopédie des sciences philosophiques, il n'est pas obligé d'en faire occuper le point culminant par la psychologie. Celle-ci est la science directe de l'esprit humain, et pour le reste de la philosophie, elle est une initiation et une méthode. C'est là sa valeur; mais à nos yeux, cette valeur est grande et véritable, et sans nous l'exagérer, nous croyons que toute doctrine qui à son début prend une autre voie, s'égare, ou tout au moins se hasarde. La psychologie est la grande entrée de la philosophie; mais elle n'en est ni le terme ni le sommet. Au reste, Descartes, que l'on peut regarder comme le vrai fondateur de la méthode psychologique, ne s'y est pas renfermé, et ne s'est point refusé apparemment les excursions dans le champ de l'ontologie ou de la science universelle. Ne craignons donc pas, en commençant comme lui, de manquer d'audace et de tomber dans la petitesse.

Revenons. — *Je pense;* nous nous sommes servi de ce mot, parce que c'est celui de Descartes, et que nous avions à cœur de montrer la vérité et la force de cette première inspiration qui enfanta toute sa philosophie. Cependant on nous permettra d'exposer le même fait en d'autres termes. La vérité est éternelle, mais le langage peut changer, car il est l'œuvre des hommes.

Je pense veut dire, dans Descartes, je pense que je me souviens, que je veux, que je raisonne, que je sens; en un mot, je pense que je pense.

On a dit aussi : je sens que je me souviens, que je veux, que je raisonne, je sens que je sens; en un mot, je sens que je pense.

On pourrait dire : je sais ou je connais que je me souviens, que je veux, que je raisonne, que je sens, que je pense.

Au point où nous en sommes encore, toutes ces expressions reviennent au même. Elles rendent toutes quelque chose d'indéfinissable et de connu, que rien ne peut infirmer non plus qu'obscurcir. C'est ce fait que nous sommes dans le secret de nos propres opérations, que nous sommes avertis de ce qui se passe en nous; c'est ce premier degré de connaissance de soi-même qui est inséparable de cette vie intérieure, inséparable elle-même de la vie humaine. Cette connaissance de soi ainsi réduite et entendue, le meilleur nom à lui donner, c'est celui de *conscience*. *Se savoir* est en grammaire un verbe réfléchi. La conscience est la connaissance *réfléchie*. La conscience, c'est la connaissance première que le moi a du moi; c'est le moi lui-même à l'état de sentiment. On peut se servir presque indifféremment de ces deux mots, conscience et moi. (Sentiment, sens intime, sens interne, perception intérieure.)

Rien de plus simple en apparence que le fait de conscience. C'est une notion naturelle, c'est un fait élémentaire. Pourtant, cette notion est-elle tout à fait simple ? Ce fait est-il rigoureusement simple ? Comme il embrasse toute la pensée, ou si l'on veut, tous les modes de notre état intérieur, ou si l'on veut encore, tout ce qui se passe en nous, que n'en saurions-nous pas extraire, si nous voulions presser toutes ses conséquences ! Et même, en les retenant encore, que ne contiendra pas pour nous le fait de conscience, si nous voulons y réfléchir !

D'abord, nous avons vu déjà dans ce premier fait l'objet et le procédé de la science. Ainsi, à considérer les choses du point de vue de la raison absolue, ou de la raison critique, nous aurions déjà appris qu'il y a une philosophie, qu'elle repose sur des faits, que ces faits sont observables. Ce sont là des inductions que la logique pure pourrait très-légitimement tirer de ce premier fait, que nous nous sommes contenté d'énoncer dans une généralité confuse. Mais ce serait là de la science sur la science, c'est-à-dire de la critique et de la méthode. Revenons à la science elle-même, c'est-à-dire aux faits à constater.

Le fait de conscience peut être considéré d'abord comme opération, puis comme notion.

Avoir conscience n'est pas tout à fait se l'avouer à soi-même, ce n'est pas tout à fait dire mentalement *je pense*. C'est le savoir implicitement, c'est être comme si on le savait, c'est être dans un état tel que la première fois qu'on remarque le fait, on ne l'apprend pas. Il y a une différence assez comparable à celle qui existe entre voir et s'apercevoir qu'on voit. La conscience qui s'avoue qu'elle est, le moi qui se reconnaît, c'est la conscience attentive à elle-même. Ainsi, dans ce mot : j'ai conscience de moi-même, il y a conscience, plus attention. Dès que l'on s'aperçoit qu'on pense, dès que la conscience s'observe ou s'avoue, dès qu'elle est attentive, en un mot, il y a deux opérations qui ne sont pas rigoureusement simultanées. Dans cet acte de faire attention qu'on pense, il y a nécessairement deux moments, penser et y faire attention. Il y a donc commencement de mémoire; la conscience attentive suppose le souvenir. Reconnaître qu'on pense, affirmer mentalement qu'on pense, c'est un jugement, jugement naturel qui n'a rien d'explicite, ni de développé, mais qui renferme tout ce qui constitue l'intégrité d'un jugement. Et s'il était nécessaire pour construire le jugement, comme le pensaient quelques psychologistes, d'insérer entre le jugement et l'attention une faculté spéciale, la comparaison, voyez combien de facultés déjà nous apparaîtraient en action dans ce simple fait de conscience. Et si nous avions ainsi mis en scène la comparaison, comment prouver que dans la comparaison, dans l'attention même, la volonté ne joue pas un rôle? Et si nous avions besoin d'appeler idées, comme on le fait toujours, les éléments du jugement, et de faire de l'idée une faculté, l'idée ne se serait-elle pas déjà montrée? Et remarquez que nous n'avons pas encore nommé la sensation, et que jusqu'à présent il n'y a pas de place pour elle.

Maintenant examinons le fait de conscience comme notion.

Je pense égale *je suis pensant. Cogito* renferme *ergo sum.* Nous croyons l'avoir montré ailleurs [1]. Dès

---

[1] Voyez Essai II.

que la conscience s'observe et s'affirme, elle affirme au moins implicitement l'existence du moi. J'existe, voilà une première notion. Dans le fait de conscience qui s'affirme, est donc comprise la notion d'existence du moi; et dans celle-ci celle d'existence en général. Et comme il y a deux moments, et nécessairement souvenir, il y a notion de l'existence qui dure, il y a donc notion de la durée personnelle et de la durée en général. Et qu'est-ce que le moi qui existe? C'est le *quelque chose* qui a la qualité d'être percevable à la conscience, c'est-à-dire la substance de cette qualité. Et comment est-il percevable à la conscience? Par ses phénomènes qui sont ses actes. Et qu'est-ce que s'apercevoir en deux moments? C'est agir; l'agent est à l'acte, comme la substance à la qualité. Existence, durée, substance, qualité, agent, acte, que de notions sont ici implicitement comprises! Quelle science suppose et applique la conscience!

Or, à cette science se joint nécessairement la conviction de la vérité de ce qu'on connaît ainsi; en d'autres termes, la croyance qui conduit à la notion de réalité et de réalité connue, c'est-à-dire de vérité. La foi dans nos facultés, ou plutôt dans notre esprit, ou si l'on veut, dans le moi, est inséparable de l'exercice de ces mêmes facultés. Cette croyance qui est inébranlable, sert de base à toutes les autres croyances.

Les notions que nous venons de rappeler sont renfermées dans le fait de conscience, dès qu'il est démêlé par le moi. Cela veut-il dire que le moi ait conscience de ces notions? Conscience explicite, non. Il ne les sait pas formellement, mais il est comme s'il les savait. Elles lui servent à son propre insu. Elles sont en lui, sans lui. Il ne les connaît pas, encore qu'il connaisse suivant elles et par elles. Elles sont les lois de la connaissance. C'est là le grand point oublié dans presque toutes les psychologies.

La conscience n'est pas un raisonnement. La conscience même de l'existence n'est pas un enthymème, encore moins un syllogisme. Mais on pourrait traduire le fait en syllogisme, on pourrait dire : « Toute qualité prouve une substance; or, ce dont j'ai conscience, a la qualité d'être percevable à la conscience; donc, ce dont j'ai conscience existe substantiellement. » — Et ainsi des autres jugements que supposent les notions implicites et naturelles comprises dans la conscience de l'existence du moi. Comment tant de notions, de jugements, de raisonnements, restent-ils ainsi enveloppés dans un fait primitif et direct? C'est la raison à l'état d'instinct et procédant par intuition; c'est la raison agissant suivant sa nature, sans la connaître; c'est la raison n'ayant pas conscience d'elle-même.

Ce fait de conscience avec les connaissances qu'il engendre, est de même nature, quel que soit l'état intérieur qu'il nous révèle. Jusqu'ici nous ne l'avons considéré que par rapport à la seule pensée. Mais parmi nos opérations intérieures, ou parmi les manières d'être ou d'agir du moi, il en est une toute spéciale et d'une haute importance. Elle s'appelle *sentir*. Elle n'a aucun avantage sur les autres pour nous révéler l'existence du moi. Elle est à cet égard dans la même condition que toute autre opération intérieure. Son caractère éminent, son privilége admirable est de mettre en communication le moi avec quelque chose qui n'est pas le moi. Nous avons si souvent exposé comment la sensation occasionnait la perception du dehors, qu'il suffit de le rappeler. On sait que nous retrouverions ici toutes les notions que nous venons d'énumérer ; il faudrait même y ajouter celle de l'étendue solide. Enfin, il faut ajouter que, si les actes intérieurs nous ont donné la notion de durée, c'est-à-dire d'une existence qui subsiste en deux moments, la perception extérieure nous suggèrera celle de deux existences en deux lieux divers ; en d'autres termes, nous touchons aux notions de temps et d'espace.

On remarquera que nous ne prétendons pas écrire une histoire. En fait, ce n'est pas dans cet ordre que l'homme acquiert toutes les notions que nous venons d'énumérer. Il ne dit pas préalablement à tout *je pense*, pour développer ensuite tous les secrets contenus dans cette grande affirmation. Il est même probable, ainsi qu'on l'a merveilleusement exposé [1], que c'est l'acte volontaire qui lui révèle tout ce qu'il est. L'affirmation *je pense* est un fait choisi et posé méthodiquement, et la décomposition que nous en avons donnée est purement scientifique. Nous prétendons retracer les faits tels qu'ils sont au fond, mais non pas comme ils arrivent. La psychologie elle-même est systématique plutôt que chronologique.

[1] Voyez l'argument du *Premier Alcibiade*, par M. Cousin.

Quoi qu'il en soit, ce qui importe dans le tableau psychologique que nous venons d'esquisser, c'est qu'il contient, auprès des facultés fondamentales, les notions fondamentales. L'esprit humain y est présenté sous deux points de vue, ou, si l'on veut, les éléments en sont divisés en deux classes. D'un côté, nous avons placé, comme pourraient dire les Allemands, sa partie *dynamique;* de l'autre, sa partie *catégorique.* C'est ce que négligent la plupart des psychologies; cependant les facultés sur lesquelles elles insistent, séparées du reste, n'ont point de règles ni presque de valeur; elles ne sont que des moyens, de pures puissances. Mais la connaissance elle-même, où est-elle alors? Elle n'est pas dans les facultés, qui sont neutres et vides, qui ne sont que des pouvoirs. Elle n'est pas dans l'extérieur qui n'offre que des matériaux d'expérience. Du travail sur ces matériaux résulte la connaissance; mais comment? par l'application des lois de la raison. La raison humaine, en s'imposant aux expériences par l'entremise des facultés, obtient la connaissance. Ce qu'elle y apporte, c'est sa nature. Ce n'est qu'à mesure qu'elle accomplit cette œuvre, que les notions fondamentales se dégagent et apparaissent dans l'entendement. C'est pour cela qu'on les omet d'ordinaire dans le dénombrement des éléments de l'esprit humain. Sans doute, avant ce travail qui leur donne une existence actuelle, elles n'existent qu'en puissance. Mais n'en est-il pas de même des facultés? Mais la nature de la raison en existe-t-elle moins? Et dès qu'elle a une nature, n'a-t-elle pas des lois? Par le jeu des facultés, ces lois passent à l'état de notions. Ces notions ne sont donc pas innées ; mais leurs conditions d'existence, les lois qu'elles traduisent, sont innées ; et ces notions ne dérivent pas uniquement des objets extérieurs ni des facultés. C'est pour cela qu'on peut dire qu'elles constituent la partie catégorique de l'esprit humain, dont les facultés sont la partie dynamique.

J'ai nommé la raison ; c'est qu'en effet la raison est dans tout cela. Elle a le pouvoir suprême de tout concentrer, et par conséquent de tout ordonner à l'aide des facultés et des notions ; elle atteint la vérité, et elle a de la vérité en elle. Il y a harmonie entre ces deux choses, raison et vérité. Aussi dit-on également et au même sens, vérité absolue, raison absolue, raison éternelle, éternelle vérité.

La raison est plus qu'une faculté, c'est le pouvoir supérieur de l'esprit, c'est la faculté maîtresse. Elle a des forces, ce sont les facultés ; elle a des lois, ce sont les catégories. Dans l'emploi de ces éléments, on peut distinguer deux procédés : la raison va à la vérité par voie d'évidence immédiate ou d'évidence dérivée ; dans un cas, c'est l'intuition ; dans l'autre, c'est la déduction.

Sans l'intuition, l'homme serait impossible. L'action involontaire et forcée de ses facultés lui donne l'intuition. Ses plus précieuses, ses plus indispensables connaissances, lui viennent sous cette forme ; il en est même qui ne lui peuvent venir autrement. Mais de plus il réfléchit, il raisonne, et il arrive à des connaissances nouvelles. C'est ce que nous appelons la déduction, en prenant ce mot dans un sens très-général. Il y a quelque chose de plus libre, de plus volontaire dans la déduction. Quand la raison déduit, il lui semble qu'elle crée. C'est pourquoi la déduction la tente, et souvent l'égare, et par l'orgueil, la mène à l'erreur.

La raison, pourvue de ses facultés et de ses lois, lorsqu'elle est peu réfléchie, lorsqu'elle use le moins possible de la déduction et s'en tient le plus possible à l'intuition, s'appelle le simple bon sens; les connaissances ainsi acquises, composent le sens commun.

La raison réfléchie, travaillant sur elle-même et poussant la déduction aussi loin qu'elle peut aller, mais cependant en lui prescrivant de ne jamais contredire l'intuition, c'est la raison développée, ayant conscience d'elle-même, c'est la raison philosophique.

Pour s'élever à cette hauteur, la raison a besoin d'user de certaines facultés, qui ont le double caractère d'être pour elle des nécessités naturelles et des moyens artificiels. Les principes qui lui sont propres, sont supposés dans toutes ses connaissances. Ces principes sont universels et *a priori*, et les connaissances diverses n'en sont que des applications particulières. Cependant, en les appliquant par une sorte de nécessité invincible, l'esprit n'en a pas toujours une conscience distincte; il ne se les représente pas nettement, il ne se les avoue pas à lui-même, il ne les traduit pas en principes; mais si ces principes lui sont prononcés, il les reconnaît sans hésitation, il les admet sans résistance. S'il réfléchit, de lui-même il les retrouve et les prononce. Chercher ou reconnaître les principes nécessairement supposés dans nos connaissances, c'est un acte de logique pure, directe et non dialectique, pour lequel il faudrait un nom. Si l'on n'avait pas tant abusé de celui d'*induction*, il pourrait être employé, en distinguant cette induction, et de celle par laquelle nous appliquons au monde extérieur les notions d'existence, de durée etc., que nous donne la conscience de nous-mêmes; et de celle qui conclut des cas actuels de l'expérience, la généralité et la permanence des lois des phénomènes[1]. L'induction dont nous voulons parler, cette logique intime, cette réflexion intuitive de la conscience, retrouve dans les connaissances actuelles leurs principes universels et absolus, et fait ainsi succéder la généralité des connaissances aux connaissances particulières. C'est un commencement de philosophie; c'est la philosophie nécessaire de tout esprit développé. En acquérant plus de précision et de profondeur, elle devient véritablement scientifique; ce qui n'était que raisonnable devient proprement rationnel.

Mais non contente de ce retour sur elle-même, la raison, au lieu de remonter à ces principes immédiats, les applique volontairement; au lieu de les induire de ses connaissances, elle en déduit les conséquences, et imite leur généralité nécessaire par ce procédé dont elle dispose, et qui s'appelle généralisation. Elle produit d'elle-même des idées générales, des abstractions pour ainsi dire artificielles, les seules que l'école de Condillac ait reconnues, et

[1] De ces deux inductions la seconde est celle de Bacon; la première a été définie par M. Royer-Collard. Il en a déjà été question dans l'Essai III; nous y reviendrons dans l'Essai X.

qui sont comme des imitations de ces généralités et de ces abstractions *a priori*, lois implicites de la pensée. La déduction, la généralisation, l'abstraction, tels sont les procédés dont se sert la raison pour ajouter au savoir immédiat le savoir dérivé; c'est là, à vrai dire, l'œuvre du raisonnement, le champ de la logique proprement dite. Par là aussi on arrive à des résultats scientifiques, à des vérités rationnelles; mais d'une certitude moins impérative, d'une universalité moins rigoureuse que les notions de la raison intuitive. Dans les deux cas, intuitive ou déductive, dès que la raison est réfléchie et agit méthodiquement, elle est philosophique.

Mais de ces deux sortes de sciences, la première est la base et la règle de la seconde, et la raison ne doit jamais perdre l'une de vue pour se fier entièrement à l'autre. Lorsque abusant de ses propres forces, elle abandonne tout à la déduction, elle se complaît dans son activité, elle caresse la chimère orgueilleuse d'une indépendance absolue et d'un pouvoir illimité. Alors elle est transcendante, purement spéculative; elle outre le rationalisme. C'est alors qu'elle bâtit des systèmes, et se jette dans les hypothèses. C'est en succombant à cette tentation, qu'elle a si souvent égaré les sciences. C'est en s'efforçant de méconnaître l'intuition, moyen irrésistible par lequel la nature ou plutôt son auteur semble l'instruire lui-même, qu'elle cherche à s'élever à des connaissances qui soient purement son ouvrage, et alors elle ébranle les vérités les plus fermes, obscurcit les vérités les plus lumineuses, et en voulant tout expliquer par le raisonnement, rend tout problématique. On voit que l'étude même de la constitution de la raison humaine condamne le scepticisme. Mais on voit en même temps que le scepticisme ne résulte pas de la seule prétention de transformer nos connaissances en connaissances absolues. Quoique ce soit à la condition du moi que la raison parvient à toutes ses connaissances, c'est le propre et le droit de la raison que de concevoir comme absolues certaines de ses connaissances. Cela même est un fait psychologique; en agissant ainsi, elle n'empiète pas. Le véritable abus de pouvoir pour elle, le sûr moyen de devenir sceptique, c'est de sacrifier l'intuition à la déduction; en d'autres termes, c'est de prétendre convertir toutes ses connaissances en connaissances logiques.

Dans un traité de philosophie, on pousserait plus loin cette analyse, on en donnerait surtout une exposition plus systématique et plus complète. Ce que nous avons dit peut suffire pour un essai, et contient, ce nous semble, un résumé de quelques idées de Descartes, de Kant et de Reid, combinées sans trop d'efforts. On les peut réduire aux propositions suivantes :

L'esprit humain nous est à la fois manifesté et prouvé par le fait de conscience. Là est le premier fait; de là la garantie des autres faits; de là la méthode d'observation.

Dans le fait de conscience ou le moi, se distinguent des opérations et des notions; de là des facultés et des catégories.

Les facultés sont la sensation, la perception, la mémoire, le jugement, etc., etc.

Les catégories sont les notions d'existence, de durée, de substance, de cause, etc.

De là, en résultat, la connaissance. La connaissance est conçue et régularisée par une faculté générale et suprême, la raison.

La raison connaît d'une manière directe ou dérivée, c'est-à-dire par intuition ou par déduction.

Dans les deux cas, elle est capable de connaissances absolues. Il y a de la vérité en elle; il y a donc de la certitude pour elle.

Nous recommandons ces propositions à l'attention des philosophes, et nous osons croire que le temps qu'ils consacreraient à les mettre dans une nouvelle évidence, serait mieux employé que celui qu'ils passent à les obscurcir ou à les ébranler.

Eh! quelles recherches sont plus dignes d'occuper un esprit élevé et sérieux? Quel sujet réunit plus de droits à l'attention de l'homme que l'homme même, et dans l'homme que son esprit, que sa raison, que ce qui le fait roi ou plutôt juge du monde? Quelquefois les sciences traitent avec dédain la philosophie, et opposent avec orgueil à ses patientes recherches, à ses humbles investigations, qui n'aboutissent en effet qu'aux vérités les plus familières, la sublimité, la nouveauté, la magnificence de leurs étonnantes découvertes. Tantôt la géométrie rappelle avec confiance la certitude de ses méthodes et de ses résultats, l'évidence éblouissante de ses démonstrations, et cette analyse qui à force de subtilité porte si loin, monte si haut, et dont les formules enserrent les lois mêmes de l'univers; tantôt l'astronomie fait briller la lumière de ces milliers de mondes qu'elle pèse et qu'elle mesure; elle emporte, elle égare l'esprit dans cet espace sans bornes qu'elle peuple de ses découvertes, qu'elle couvre comme d'un réseau de savantes figures, dans cet infini où la géométrie la guide comme le fil conducteur de ce labyrinthe de soleils. Et je l'avoue, à ces ravissantes contemplations, il est possible que l'esprit prenne en pitié nos minutieuses analyses, nos laborieuses distinctions. Que devient une pénible comparaison entre la conscience et la sensation, entre la perception et le jugement, en présence de l'immensité de l'espace étoilé? Lorsqu'on pense, par exemple, aux grandeurs effrayantes des phénomènes du ciel, l'esprit émerveillé ne veut plus que des méditations de cet ordre. Quoi! sur les seize classes d'étoiles, vingt mille environ ont déjà reçu leur place et leur nom, et des millions d'autres attendent l'observateur, accumulées en paquets dans les zones blanchâtres de la voûte céleste! Le diamètre de la terre est trop petit pour suffire à la triangulation qui mesurerait l'éloignement des corps, placés au delà des confins du système planétaire; et la distance du soleil à notre globe, cette distance qui excède vingt-quatre mille rayons terrestres, n'égale pas la deux cent millième partie de la distance du soleil aux étoiles fixes; et cependant ces étoiles, parmi lesquelles il doit y en avoir dont la lumière met au moins mille ans à venir jusqu'à nous, c'est-à-dire qui sont éloignées de nous de plus de deux millions de millions de millions de lieues, nos instruments les atteignent, bientôt nous les pèserons sans doute, et déjà nous jugeons avec quelque certitude qu'elles sont soumises aux lois de l'attraction qui régit nos planètes. Ne voilà-t-il pas un grand spectacle; ne voilà-t-il pas les vraies et sublimes sciences; ne voilà-t-il pas le plus digne théâtre du génie de l'homme?

Certes, nous ne concevons pas l'injuste pensée d'affaiblir l'effet naturel et grand que produit l'étude de ce majestueux univers sur l'imagination et sur la raison elle-même; non plus que de déprimer, soit l'astronomie, soit aucune de ces sciences dignes de mettre la pensée humaine en communication avec l'esprit de création et d'ordre qui resplendit dans la nature. L'hymne merveilleux qui retentit de sphère en sphère, cette musique ineffable qui charmait Pythagore, résonne aussi à nos oreilles, et nous ne sommes pas tellement profane que nous ne nous inclinions au nom révéré du grand Newton. Mais enfin Newton, quel est-il, sinon un des plus nobles types de l'esprit humain? Le système du monde, quel est-il, sinon une de ses plus belles conquêtes, une des plus glorieuses preuves de l'harmonie qui unit l'intelligence et la vérité? Les sciences n'enorgueillissent notre raison que parce qu'elles en attestent la puissance; elles n'ont de vérité et d'évidence qu'autant qu'elles sont conformes aux conceptions de cette raison même, et c'est dans l'autorité de ces conceptions qu'elles puisent leur propre autorité. Ainsi, elles ne sont, après tout, que le triomphe de l'esprit humain; et l'esprit humain qui les découvre, seul les prouve et les certifie. Depuis les étoiles doubles qui s'occultent l'une l'autre deux cent mille fois plus loin que le soleil, jusqu'à la monade infusoire qui s'agite dans une goutte d'eau, et que le microscope solaire fait seul apparaître, la nature n'a d'autre garant que l'esprit de l'homme. On peut dire que la foi dans nos facultés est cette pierre du témoignage que Dieu laissa sur la terre en lui retirant sa visible présence.

Or, maintenant qu'y a-t-il de plus noble du spectacle ou du spectateur, de la conquête ou du conquérant, des sciences qui enrichissent l'esprit humain ou de l'esprit humain qui les a faites? Quelle science est au-dessus de celle de l'auteur des sciences, et que deviendraient leur autorité et leur certitude si la raison manquait des moyens de faire valoir sa certitude et son autorité? Étudier l'esprit humain, c'est au fond les étudier toutes. Affermir les bases de la philosophie, c'est à toutes leur donner des fondements; et malgré leur ingratitude, elles lui doivent plus qu'elles ne lui prêtent. Si la philosophie n'est pas vraie, si elle est impossible, elles sont des hypothèses, d'agréables fictions; la géométrie elle-même n'est que la poésie de l'étendue; l'astronomie, une mythologie mathématique. Non, la certitude de la philosophie est nécessaire aux sciences, comme l'évidence des vérités scientifiques contribue à prouver la validité de la connaissance humaine. Si les philosophes étaient des rêveurs, les savants seraient des conteurs, et les Newton ont besoin des Descartes. Le génie de l'homme se ressent en toutes choses de l'unité de son essence; il est indivisible. Lui enlever un de ses droits, c'est attenter à tous; lui contester une de ses connaissances, c'est les ébranler toutes, et parmi les sciences humaines, il n'en est pas une qui ne soit intéressée à l'inviolabilité de la philosophie.

C'est donc une grande étude, même en présence de l'immensité, que l'étude de ce qui conçoit l'immensité. Au fond de toutes les sciences, au delà de toutes les sciences, il y a donc une science première. On s'arme vainement de ses difficultés pour combattre son existence, et les esprits qui s'efforcent de la rabaisser, faute peut-être de s'élever jusqu'à elle, nuisent aux études mêmes qu'ils lui préfèrent, et leur ôtent quelque chose de leur dignité et de leur solidité. Si l'homme s'ignorait lui-même, il serait un livre sans lecteur, ou plutôt un livre illisible; car dans toutes les sciences, c'est sa raison qu'il retrouve, et il est dans tout ce qu'il sait.

Ce n'est guère que de nos jours que le système du monde a été amené à l'état de théorie complète et incontestée, et cependant on peut dire qu'il existait déjà tout entier dans Copernic, Kepler et Newton. De même, il nous semble que le vrai système de l'esprit humain est dans Descartes, Reid et Kant. C'est aux Euler et aux Laplace de la philosophie de savoir l'y trouver, l'en extraire et lui donner l'ensemble, la régularité, tous les caractères d'une œuvre scientifique et d'une théorie définitive.

ESSAI VI.

DE L'IDÉOLOGIE.

L'EXEMPLE de Descartes a introduit dans la philosophie moderne trois idées qui l'ont souvent conduite à l'erreur : la première, c'est qu'il ne faut tenir aucun compte des opinions de ceux qui nous ont précédés; la seconde, c'est que l'étude de nos opérations intellectuelles est toute la science; la troisième enfin, c'est que le principe de la science doit être unique. La première a trop souvent autorisé l'ignorance en la rendant systématique. La seconde, en réduisant tout à la description des actes de l'esprit, a souvent fait perdre de vue la réalité des choses, et ruiné les fondements de toute certitude. La troisième enfin, la plus hardie, la plus dangereuse de toutes, a poussé les philosophes dans l'esprit de système qui trouve toujours son mobile et son excuse dans ce malheureux amour de la raison pour l'unité.

Nous avons vu des preuves de la fâcheuse influence de ces idées trop exclusivement suivies, dans les erreurs si sévèrement reprochées par les Écossais à la philosophie de Locke; peut-être la théorie de l'idée, poussée à l'excès, appliquée à tout, réunit-elle toutes les conséquences fausses de la triple tendance que nous venons de signaler. Si nous pouvions ici suivre la doctrine de Locke dans son développement historique, nous le verrions concorder avec un développement logique, qui justifie et réalise la plus grande partie des imputations de la critique écossaise. La philosophie, circonscrite dans la contemplation du jeu de nos facultés, sans aucun égard à leurs objets et à leurs résultats, donnant la sensation pour principe unique à ces mêmes facultés, finit par ne peupler l'esprit que de sensations rappelées ou généralisées, qu'elle nomme des idées. Les idées, produits d'abord, puis matériaux de nos opérations, occupent toute la capacité de l'esprit et bientôt la débordent; les facultés, l'esprit lui-même ne sont plus que des idées; depuis longtemps les objets extérieurs ont cessé d'être autre chose. Sur ce fondement que nous ne pouvons connaître ce que les objets sont en eux-mêmes, on fait abstraction des objets quels qu'ils soient, même des objets intellectuels. On ne recherche plus ce que c'est que la connaissance ou l'étendue, la matière ou l'esprit; mais seulement comment nous acquérons les idées d'esprit ou de matière, d'étendue ou de connaissance. La génération des idées, voilà tout le champ de la science. Tel est le dernier terme où les disciples de Locke devaient la conduire; et ce terme une fois atteint, il ne leur restait plus qu'à avouer leur ouvrage, qu'à donner un nom nouveau à la science renouvelée. Ce qui restait à faire, ils l'ont fait. Nous avons vu tomber ce vieux et vénérable nom de la philosophie, qui depuis Pythagore s'était perpétué dans le langage de tous les peuples éclairés. Parmi nos contemporains, le plus ingénieux et le plus célèbre des successeurs de Locke a nommé la science l'idéologie [1].

Ce nom est la justification de Reid. Il résume et formule, pour ainsi dire, toutes ses objections; on pourrait dire qu'il les confesse. C'est le dernier mot de la doctrine à laquelle il appartient. Quand une doctrine en est là, quand elle accepte et proclame en quelque sorte ce dont on l'accuse, il faut qu'elle soit la vérité définitive, ou c'est fait d'elle; il ne lui reste plus qu'à vaincre ou à mourir.

Il y eut, aux derniers jours du dernier siècle, un moment très-court où la Révolution française s'étant comme arrêtée, ceux qui avaient suivi ses maximes avec plus de fidélité que de prévoyance, mais avec une modération toujours louable en des temps extrêmes, s'imaginèrent que le jour était arrivé de consolider son ouvrage et de déduire pacifiquement les heureuses conséquences de tous ses principes. Ils ne s'apercevaient pas que la Révolution s'était arrêtée, parce que la réaction avait commencé; ce qu'ils prenaient pour une halte dans le mouvement, était déjà un mouvement contraire. Leur illusion fut courte, mais elle fut entière, et confiants dans la stabilité de l'ordre politique, ils se mirent avec quelque ardeur à reprendre les travaux paisibles de l'esprit humain. Jamais, il le leur semblait du moins, ces travaux n'avaient dû porter plus de fruits; car jamais ils n'avaient été plus libres. Les premières années de l'Institut de France se passèrent sous l'empire de ces belles espérances. L'Institut s'ouvrit

---

[1] Voyez l'introduction de l'*Idéologie proprement dite*, par M. le comte Destutt de Tracy, et le ch. IV de sa *Logique*.

comme le temple de cette religion scientifique, et ses œuvres devaient en porter le témoignage à l'avenir.

Ces espérances et ces efforts étaient sans doute honorables; mais le temps ne les épargna point, et l'erreur dut bientôt se dissiper. En philosophie, la réaction avait commencé tout comme en politique. Ceux qui soutenaient ce qu'on pourrait appeler la philosophie de la Révolution, se flattaient vainement d'un grand avenir. Ils ne vivaient déjà, ils ne pensaient plus que dans le passé; les Girondins de la littérature devaient succomber à leur tour.

Hors dans les sciences physiques et mathématiques, il est resté peu de monuments de cette époque. Le plus remarquable peut-être est l'ouvrage d'un homme qui ne parut que lorsqu'elle tirait à sa fin. Le fondateur de l'*idéologie*, ami sincère de la vérité, esprit clair et méthodique, essaya de composer sous un titre nouveau un traité complet de philosophie première. *Les Éléments d'Idéologie* devaient contenir en effet tout ce qu'il y a de vrai dans la logique, la métaphysique, la morale, puis un programme encyclopédique, ou un exposé des principes généraux des connaissances humaines. Il n'y a d'achevé dans cet ouvrage que *l'Idéologie proprement dite*, qui correspond à la logique de Condillac; la *Grammaire générale*, car la philosophie d'alors se définissait la science des idées et de leurs signes; la *Logique*, complément des deux premiers ouvrages, et qui, pour le sujet, se rapporte assez bien à l'*Art de penser* de Condillac; enfin, l'introduction du *Traité de la volonté et de ses effets*, lequel devait se composer de deux parties, l'une, sur les actions, l'autre, sur les sentiments. La première est faite, c'est un traité d'économie politique; la seconde devait être une morale; elle n'a point été publiée [1].

Cet ouvrage est peu lu aujourd'hui. L'auteur a vu lui-même s'épuiser le filon de la mine qu'il avait découvert et creusé. Ses traces ont été désertées; les esprits sont entrés dans d'autres directions. Cette ÈRE FRANÇAISE, dont, il y a quarante ans, il saluait l'aurore avec une si confiante espérance [2], n'a pas, je crois, répondu à son attente; ce n'est pas ce qu'il avait semé qui a porté des fruits. L'école même dans laquelle il a pu reconnaître les dernières conséquences de ses principes, le cite avec plus de respect que de foi, et n'a pas conservé ce nom modeste d'*idéologie*. Un nouveau pas a été fait vers l'unité, et la science de *l'Analyse des sensations et des idées* est venue se fondre et s'absorber dans la science de l'analyse de l'appareil sensitif; l'homme physique est devenu l'homme tout entier; c'est plus peut-être que n'espérait l'idéologie.

En même temps, la philosophie a reparu ailleurs et sous d'autres enseignes. Il est donc permis de voir dans l'idéologie le testament de la métaphysique des sensations considérée comme un système à part. Si cette métaphysique existe encore parmi nous, elle est là. C'est donc là qu'il faut l'aller chercher pour la connaître une fois, avant que l'esprit humain lui

---

[1] L'ouvrage entier porte le nom d'*Éléments d'Idéologie*. Nous avons suivi l'édition en cinq vol. in-18, 1825-1827.

[2] *Grammaire*, Introduction, T. II des *Éléments d'Idéologie*.

dise un dernier adieu; car désormais cessant d'être une métaphysique, elle n'est plus qu'une physiologie.

M. de Tracy, dont le nom inspire tant de respect, dont la mort récente a laissé tant de regrets, qui n'a consacré qu'au culte désintéressé de la vérité une vie longue et studieuse, avait donné sa dernière forme à cette philosophie, en lui imprimant un cachet de simplicité, de clarté, d'unité. C'est lui rendre hommage que de s'adresser à lui pour la bien connaître; c'est en demander compte à son plus habile comme à son plus noble interprète.

Avant de la discuter dans ses points fondamentaux, restituons-lui dès l'abord deux conséquences évidentes et contradictoires qui sortent de ses principes. Ces deux conséquences sont l'idéalisme et le matérialisme.

Voici pour l'idéalisme.

L'école de Reid soutient que toute doctrine qui s'oblige à prouver l'existence des corps, est nécessairement entachée d'idéalisme. L'exemple de M. de Tracy ne contredirait en rien cette assertion. Il a voulu prouver l'existence des corps, et il l'a ébranlée. Citons ses paroles :

« Nous ne pouvons jamais rien connaître que par
« le sentiment et relativement à lui ; nous ne con-
« naissons les autres êtres que par les impressions
« qu'ils nous causent, comme ils n'existent pour
« nous que par ces impressions.... Toutes nos con-
« naissances ne sont jamais que celles de nos ma-
« nières d'être et des lois qui les régissent;... elles
« sont toujours relatives à nos moyens de sentir....

« Nos impressions, nos affections, nos perceptions
« enfin,... sont pour nous les seules choses réelles
« et vraiment existantes;... l'existence réelle que
« nous accordons à ce que nous appelons des *êtres*,
« à commencer par nous-mêmes en tant qu'indivi-
« dus, n'est que d'un ordre secondaire et subor-
« donné à celle-là.... Il n'y a rien de réel et de véri-
« tablement existant pour nous dans ce monde que
« nos perceptions (*Logique*, ch. II). Nous ne con-
« naissons jamais que nos perceptions, et nous ne
« voyons jamais rien dans ce monde que nos pro-
« pres idées (ch. III). Nous ne voyons jamais en
« ce monde que nos perceptions, et toutes nos con-
« naissances ne consistent que dans les rapports que
« nous découvrons entre elles.... Les êtres ne con-
« sistent pour nous que dans les impressions qu'ils
« nous font; nous ne leur connaissons point de
« substance, et nous ne sommes point en droit de
« leur en supposer une;... seulement nous savons
« que ces êtres sont autre chose que notre vertu
« sentante,... et qu'ils en sont indépendants (ch. IV).
« Nous ne connaissons ce que nous appelons notre
« moi, que par les impressions que nous éprouvons;
« il n'existe pour nous, ou nous n'existons que
« dans ces impressions, comme nous ne connais-
« sons les autres êtres que par les impressions qu'ils
« nous causent, et ils ne consistent pour nous que
« dans la réunion de ces impressions (ch. V). Pour
« nous l'existence des êtres ne consiste toujours
« que dans le sentiment ou les sentiments que nous
« en avons, dans les impressions que nous en éprou-
« vons, et dans les conclusions que nous en tirons,

« lesquelles conclusions sont encore des perceptions
« qu'ils nous occasionnent.... Nos idées sont tou-
« jours tout pour nous.... Que nos perceptions
« soient toujours tout pour nous, cela ne peut faire
« aucun doute;... nos perceptions sont toujours et
« également tout pour nous, de quelque part
« qu'elles nous viennent (ch. VI). Le néant est
« étendu, puisqu'il faut faire du mouvement pour
« le parcourir. Ce n'est point dire une chose absurde
« ni une chose contradictoire que de dire que le
« néant *est*, est *quelque chose*, est pour nous un
« *être* par cette relation avec notre faculté de sen-
« tir. Car l'existence de tout être ne consiste pour
« nous que dans les impressions qu'il est capable de
« nous procurer, et l'existence du néant consiste à
« nous donner le sentiment que nous le parcourons
« par le mouvement (ch. IX). Ce que nous sentons
« est tout pour nous (*Extrait raisonné*, ch. II).
« Nos perceptions sont tout pour nous; nous ne
« connaissons jamais rien que nos perceptions, elles
« sont les seules choses vraiment réelles pour nous;
« et la réalité que nous reconnaissons dans les êtres
« qui nous les causent, n'est que secondaire et ne
« consiste que dans le pouvoir permanent de faire
« toujours les mêmes impressions dans les mêmes
« circonstances. » (*Supplém. à l'Idéologie*, aphor. I,
corollaire.)

L'idéalisme est confessé dans chacun de ces passages. Cependant l'auteur s'en défend; il en accuse, et même avec beaucoup de netteté et de justesse, quelques-uns de ses prédécesseurs, Condillac entre autres, pour lequel il professe une si juste et si honorable reconnaissance. Afin d'échapper au reproche qu'il leur adresse, il a trouvé une théorie de la découverte du non-moi, très-bien exposée dans son livre et que nous examinerons bientôt; mais cette théorie, en la prenant pour irréprochable, n'en reste pas moins incompatible avec cette assertion tant de fois répétée, que l'existence des êtres ne consiste que dans le sentiment que nous en avons, et que toute autre existence est secondaire et subordonnée. Elle nous montre bien comment s'acquiert l'idée du non-moi; mais que cette croyance soit fondée, elle ne le montre pas. L'idéologie résout la question de fait, et non la question de droit.

Voici deux assertions qu'elle met sur la même ligne : « La réalité des êtres, causes de nos percep-« tions, est prouvée; *cependant* nos perceptions « sont tout pour nous. » Ou bien : « Nos percep-« tions sont tout pour nous, *cependant* la réalité « des êtres qui les causent est prouvée. » Par ce mot *cependant*, nous indiquons entre les deux assertions, un *hiatus*, un abîme qu'on ne sait comment combler. L'auteur affirme une antithèse ; voilà tout.

Au moment où l'on dit que l'existence des êtres est prouvée, on accorde qu'elle a besoin d'être prouvée et qu'elle est susceptible de l'être. Elle n'est donc pas certaine d'elle-même, ou, comme le dit bien souvent M. de Tracy, elle est certaine *pour nous*, elle est réelle *pour nous*. Elle est réelle pour nous, c'est-à-dire qu'elle nous occasionne une perception; genre de réalité qu'on est obligé de reconnaître même au néant. Elle est certaine pour nous, c'est-à-dire en tant que nos facultés ne nous trompent point; donc elle est douteuse, car on ne peut démontrer nos facultés par nos facultés, quand on les réduit toutes aux affections d'une *vertu sentante* [1].

Passons au matérialisme. Ce qu'on appelle communément la métaphysique n'obtient pas les respects de M. de Tracy ; il la réduit à n'être que la théorie de la logique, c'est-à-dire qu'elle serait la science de la formation de nos idées, comme la logique la science de leur combinaison. Au delà, il nie ou dédaigne la métaphysique, il la regarde comme une science chimérique ou impossible. Il l'accuse de vivre sur des questions inaccessibles à nos moyens de connaître. On remarquera que ce point de vue se rapproche de celui de Kant. Dût ce rapprochement blesser les sectateurs de l'idéologie, Kant a souvent traité comme eux la métaphysique, mais il concluait autrement.

Sur les questions métaphysiques, M. de Tracy fait donc profession de doute ou plutôt d'ignorance. Il s'étudie, en général, à mesurer son langage de manière à ne jamais se compromettre pour ou contre aucune des croyances dogmatiques que la métaphysique établit touchant la nature du principe pensant, ou celle de la première cause. Ces croyances sont traitées par lui de pures suppositions; leur objet n'est point matière de science, leurs conséquences sont au-dessus de l'intelligence humaine ; il a soin de le dire toutes les fois que l'occasion s'en présente. Toutefois, il croit ne s'être point engagé, et il fait remarquer que ses principes sont vrais et ses expres-

---

[1] *Idéologie*, ch. IX.

sions justes dans toutes les hypothèses. Il promet même de ne jamais rien dire qui décide ou implique quelque chose de positif sur des questions exclues par lui de la science et que le temps bannira de l'esprit humain [1].

Or, cela même est déjà un parti pris, car ne point nommer l'*âme*, ne prononcer qu'à la dernière extrémité les mots d'*intelligence* et d'*esprit*, ne point parler de la *raison*, tout ramener aux opérations et réduire les opérations mêmes à des impressions causées par des mouvements organiques, enfin ajouter qu'il n'est ni utile, ni possible d'en connaître davantage, ce n'est pas être aussi neutre qu'on veut bien le dire, et la négation d'une science et des idées dont elle se compose constitue certainement une opinion faite.

---

[1] Ceux qui ont dogmatisé témérairement sur les abstractions les plus complexes et sur la nature de l'être pensant qu'ils ne connaissaient pas… n'ont jamais été bons à rien; ils n'ont fait qu'égarer les esprits… ce sont les métaphysiciens (*Logique*, ch. VII). Soit que l'on suppose que le sentiment de vouloir est une affection d'un être existant en nous, appelé *âme*, qui ensuite réagit sur notre corps, soit que l'on regarde ce sentiment comme le résultat naturel de mouvements antérieurs opérés dans nos organes… Je ne prétends ni nier, ni affirmer en ce moment, que nous ayons une âme… J'ajoute que l'existence en nous d'un être appelé *âme*, étant une chose qu'on ne peut pas prouver, elle n'est et ne saurait être jamais qu'une supposition plus ou moins gratuite, destinée à expliquer ce que nous ne connaissons pas. Or, en bonne philosophie, c'est-à-dire en bonne logique, il faut savoir convenir de son ignorance et ne jamais user de supposition pour la déguiser (*Traité de la volonté*, IIe part. ch. I). D'une extrémité de l'univers à l'autre, la matière qui est animée soit par l'effet de son organisation, soit par des esprits de différents ordres (ces deux suppositions sont indifférentes pour tout ce que j'en ai dit et pour tout ce que j'en dirai jamais)… (*Logique*, ch. II.)

Aussi après toutes ces protestations d'impartialité, l'inclination de l'auteur ne se dissimule-t-elle pas ; lisez les passages suivants : « Le jugement est une
« partie de la faculté de penser comme la sensibilité
« et la mémoire; ce sont trois résultats de notre or-
« ganisation (*Idéologie*, ch. IV). Un être complète-
« ment immatériel et sans organes, s'il en existe,
« ce que nous ne pouvons savoir, ne peut absolu-
« ment rien connaître que lui-même et ses affec-
« tions, et ne saurait, en aucune manière, se douter
« de l'existence de la matière et des corps..... Pour
« nous à qui l'on a tant dit sans preuves que si nous
« étions tout matière nous ne pourrions penser...
« qui osera nous apprendre comment nous serions
« si nous étions d'une manière... dont nul de nous
« ne peut même concevoir la possibilité (ch. VII)?
« L'étendue est une conséquence si immédiate de
« l'existence des corps par rapport à nous, que quand
« une fois nous la connaissons, nous ne pouvons
« plus concevoir rien qui en soit totalement privé...
« Jamais aucun être humain ne comprendra réelle-
« ment comment existerait un être qui n'existerait
« nulle part et n'aurait point de parties ; c'est s'abu-
« ser soi-même que de se persuader qu'on comprend
« pareille chose; j'en appelle à la conscience intime
« de tous ceux qui scruteront de bonne foi leur
« propre intelligence... En même temps que nous
« découvrons la propriété d'être étendu dans ce qui
« résiste à notre volonté, nous la découvrons dans
« notre moi qui sent. Il s'étend et se répand pour
« ainsi dire... La durée... pourrait même appartenir
« à des êtres sans étendue, s'il en existait de tels, ou

« si nous pouvions en concevoir (ch. IX). Toutes
« les fois que nous avons une perception, quelle
« qu'elle soit, ce n'est guère qu'en vertu d'un mou-
« vement quelconque opéré dans l'intérieur de nos
« nerfs ou de quelques-uns des principaux points
« dans lesquels ils se réunissent... Les mouvements
« qui nous occasionnent les perceptions que nous
« nommons souvenirs, jugements, désirs, sont pu-
« rement internes et peut-être même se portent du
« centre vers la circonférence... Toutes ces affec-
« tions sont les résultats d'autant de mouvements
« divers qui se passent en moi (ch. XII). Toutes nos
« opérations intellectuelles, nos perceptions sont
« des effets de mouvements qui s'opèrent dans nos
« organes... Quand nous percevons nos sensations,
« le mouvement quelconque opéré dans l'organe
« affecté en produit un autre dans le centre ner-
« veux que nous concevons comme le siége de nos
« perceptions et qui en est l'organe propre... La
« liaison des idées, phénomène idéologique si im-
« portant, n'est que la liaison mécanique ou chi-
« mique des mouvements organiques qui produisent
« nos idées... Nos perceptions de rapports elles-
« mêmes ne sont, comme nos autres perceptions,
« que des effets de certains mouvements dans nos
« organes (ch. XIV). Ces mouvements dont ré-
« sultent nos souvenirs et nos jugements, ébranlent
« moins fortement notre machine... et par suite
« laissent des traces moins vives, moins distinctes,
« moins durables que les mouvements purement
« sensitifs (ch. XVI). Les rapports sont des sensa-
« tions internes du cerveau, comme les souvenirs

« (*Extrait raisonné* du ch. IV). Nous ne pouvons
« avoir aucune perception sans qu'il s'exécute quel-
« ques mouvements dans nos organes : ainsi l'action
« de sentir est un effet particulier de l'action de
« nous mouvoir (*idem* du ch. XII). »

Voilà le matérialisme. M. de Tracy ne s'en défend pas expressément ; il déclare n'avoir pas d'avis là-dessus ; mais il ne faut pas beaucoup de clairvoyance pour apercevoir que la tendance naturelle de ses principes le fait sans cesse retomber dans la négation de l'esprit. Chose qui semble toujours étrange! il est idéaliste et matérialiste. Il a ébranlé l'existence des corps, et il avoue ne pouvoir comprendre l'existence sans l'étendue. Il ne voit que des corps, et il réduit l'existence à une vertu qui a des propriétés. C'est qu'en voulant établir l'existence des êtres, il a nié la substance [1]. La négation de la substance peut conduire tout aussi bien au matérialisme qu'à l'idéalisme. Retranchez la substance, il ne reste de l'être que des qualités. Qu'est-ce que les qualités ? des sensations et des idées ; et les sensations sont des idées, les idées sont des sensations. La métaphysique n'est donc plus que la science des idées. Dire qu'il n'y a que des idées, c'est dire qu'il n'y a plus rien. *La science de rien,* c'est la vraie signification du nom d'*idéologie*.

Si une telle science ne satisfait pas, si l'on se trouve quelque peu gêné de respirer dans le vide, si l'on ne se contente pas du néant, on peut revenir à l'hypothèse de l'être ; car, vous l'avez vu, toutes

---

[1] *Idéologie*, ch. IX. — *Grammaire*, ch. II. — *Logique*, ch. IV.

les suppositions sont libres. L'esprit n'étant pas plus certain que la matière, on a le choix entre l'un et l'autre; c'est pure affaire de goût. Mais d'ordinaire, comme nos sensations nous obsèdent incessamment, comme les sciences physiques étendent chaque jour leurs progrès et s'enrichissent même des dépouilles de la philosophie, on se décide en faveur de la matière. L'idéologie est en général matérialiste. Il n'y a rien pour elle; mais s'il y a quelque chose, il n'y a que des corps. Voilà le port qu'elle ouvre à la raison humaine; voilà ce dernier terme de toute vérité qu'elle se flatte d'avoir atteint.

L'idéalisme et le matérialisme sortent également de l'idéologie; mais quel que soit le poids de ces deux conséquences, il faut voir si elle n'est pas assez forte pour le porter. Les principes ne doivent pas être jugés uniquement sur leurs conséquences. Revenons donc aux principes de l'idéologie, et puisque le défaut d'espace nous oblige de retrancher l'analyse étendue et fidèle qui l'eût fait mieux apprécier, ramenons-la à trois propositions fondamentales sur lesquelles se concentrera notre examen.

1°. Penser est sentir.

2°. La cause de l'imperfection de nos jugements est dans l'infidélité de la mémoire.

3°. Le mouvement senti et voulu arrêté par la résistance extérieure, nous donne la connaissance et la preuve du non-moi.

Nous discuterons séparément chacune de ces trois propositions.

Première proposition. — Locke avait dit : Toutes nos idées viennent de la sensation et de la réflexion.

Toutes nos idées, a dit Condillac, et même toutes nos facultés ne sont que la sensation transformée. Penser est sentir, dit l'idéologie, c'est toujours sentir et ce n'est rien que sentir. Sentir est toute l'existence; à tort on a inventé deux mots, sentir et penser, les sensations et les idées. Il serait plus philosophique de n'en admettre qu'un pour un fait unique, pour un seul principe. Descartes s'est mal exprimé, il devait dire: *Sentio, ergo sum.* Mais la faculté de sentir a divers objets. En tant qu'elle nous donne des impressions dont nous avons conscience, elle est la sensibilité proprement dite. La faculté de sentir, le souvenir d'une sensation, s'appelle la mémoire. Sentir un rapport entre deux sensations ou deux souvenirs, c'est juger. Désirer ou vouloir, c'est encore sentir des désirs ou des volontés. La faculté de sentir est donc l'homme même, l'homme tout entier. Pensée, idées ou perceptions auraient pu s'appeler sensibilité, sensations ou sentiments. Par la sensibilité l'homme sent qu'il existe, c'est-à-dire qu'il sent qu'il est sensibilité et sensation. Il ne se connaît donc que « comme une vertu « sentante, sans étendue, sans forme, sans partie, « sans aucune des qualités qui constituent les corps [1]. »

Tel est dans son développement explicite le premier principe de l'idéologie. L'expression en est tellement formelle qu'il n'admet ni équivoque ni restriction. Il faut le prendre dans un sens absolu. Autrement, ce principe qui réduit l'homme à la

---

[1] Voyez l'*Idéologie* dans toutes ses parties, notamment les six premiers chapitres, ainsi que les ch. IX, XI et XII; et la *Logique*, disc. prélimin. et ch. II.

sensation n'imposerait à nos facultés qu'une identité apparente et les laisserait subsister différentes sous une appellation commune. Il n'établirait donc qu'une mensongère unité, et aurait été posé dans l'intérêt du système et non de la science. Arbitrairement choisi, il ne serait destiné qu'à produire je ne sais quelle illusion. C'est ce qui n'est point supposable. Comment croire qu'une secrète partialité pour la sensation ait volontairement attribué à ce fait une prééminence à laquelle il n'aurait aucun droit, et sciemment couronné un usurpateur? Il faudrait donc que cette ambition d'un principe unique, chimère qui a si souvent et si longtemps égaré les sciences naturelles, eût cette fois encore exercé quelque séduction, et que l'on se fût trop facilement payé d'un mot qui dissimulait tant bien que mal des faits différents. Ne pouvant atteindre l'unité réelle, on se serait contenté de l'unité nominale.

Mais si, comme j'en suis persuadé, l'on a espéré davantage, si l'on a prétendu identifier effectivement tous les principes de la nature humaine, voyons comment on a réussi.

Les philosophes ne sont pas les seuls à distinguer, dans l'homme, diverses facultés, diverses opérations; le genre humain tout entier croit que penser n'est pas uniquement sentir, que la sensation n'est ni la volonté ni la raison, qu'entre flairer, voir, ouïr, palper, et juger, raisonner, réfléchir, vouloir, il y a une sérieuse différence, et que si, de ces deux classes d'opérations, la première porte un nom spécial, ce nom ne peut devenir le nom général de la seconde, sans changer de signification. Si l'on peut dire indifféremment, avec la même propriété, avec la même idée : je *sens* l'odeur d'une rose, la saveur d'un fruit, la vérité d'un raisonnement, la volonté de faire mon devoir; il faut dire que le *sens* de la vue et le *sens* d'un apologue sont la même chose, parce que le mot est pareil, et qu'une seule et même idée se retrouve dans chacune de ces deux phrases : je *goûte* vos raisons et je *goûte* vos fruits ; je *touche du doigt* la vérité et je *touche du doigt* la serrure; j'*entends* la trompette et j'*entends* les éléments d'Euclide. Recherchons si ce langage est rigoureusement exact.

M. de Tracy ne le croit pas toujours, même après l'avoir affirmé. Car entre sentir comme la pensée et sentir comme la sensation, il y a pour lui tout au moins la différence du genre à l'espèce. On peut dire en effet que sentir est penser, ainsi que Descartes l'a dit, et en considérant avec lui la sensation comme une de nos *façons de penser*. Quand on sent, l'on pense, mais l'inverse est insoutenable, et la preuve c'est qu'après avoir avancé que juger, vouloir, se souvenir, c'est uniquement sentir, M. de Tracy, lorsqu'il veut parler de la sensation, est obligé de l'appeler la sensation *proprement dite*. Après avoir confondu l'espèce avec le genre, il est obligé de reprendre et de distinguer l'espèce. La sensibilité comprend, selon lui, d'abord la sensibilité même, puis le jugement, puis la mémoire, puis la volonté, qui sont aussi la sensibilité, c'est-à-dire la sensibilité genre, mais non la sensibilité espèce. Et c'est ainsi qu'il est conduit à écrire, à quelques pages, à quelques lignes de distance, les propositions suivantes.

Propositions qui confondent tout dans la sensibilité :

« Penser, c'est tout simplement sentir... ce n'est
« rien que sentir (*Idéologie*, ch. I et *passim*). La
« pensée n'est autre chose que la faculté de sentir,
« la sensibilité prise dans son sens le plus étendu...
« La pensée de l'homme ne consiste jamais qu'à
« sentir... penser est la même chose que sentir
« (ch. XI). Le souvenir est une sensation (ch. III).
« Le jugement est une espèce de sensibilité... sen-
« tir des rapports, c'est sentir... toutes nos connais-
« sances ne sont que des sensations de rapports
« (ch. IV). Les rapports des idées sont des sensa-
« tions internes du cerveau (*Extrait raisonné* du
« ch. IV). L'être animé quel qu'il soit sent et juge,
« ce qui est encore sentir (*Logique*, extr. raisonné
« du ch. VII). Notre faculté de sentir ou penser...
« consiste à sentir des sensations... des souvenirs,
« des rapports et des désirs. Penser, sentir et
« exister ne sont pour nous qu'une seule et même
« chose (*Idéologie*, ch. XI). Je confonds et réunis
« dans la faculté générale de sentir ce que l'on a
« coutume de distinguer en affections et connais-
« sances (*Logique*, ch. II). »

Propositions qui distinguent la sensibilité de la sensibilité :

« Sentir une sensation c'est sentir, et sentir d'où
« elle nous vient c'est sentir un rapport, c'est ju-
« ger..... Il est impossible que la faculté de juger
« commence à agir aussitôt que la faculté de sen-

« tir (*Idéologie*, ch. VII). Sentir et juger sont
« deux choses différentes, qui sont quelquefois sé-
« parées (ch. III). Le jugement est une partie de
« la faculté de penser, comme la sensibilité et la
« mémoire..... L'action de la sensibilité propre-
« ment dite précède nécessairement, au moins d'un
« moment, celle du jugement (ch. IV). Je ne vois
« pas pourquoi on grouperait sous le seul mot *en-*
« *tendement*, des choses aussi distinctes que sentir,
« se ressouvenir, juger..... Il vaut mieux ne pas réu-
« nir forcément sous des titres fantastiques des
« choses aussi différentes entre elles que la sensibi-
« lité, la mémoire, le jugement et la volonté. »
(Ch. XI.)

Il faut donc qu'il y ait une différence entre ces
deux sensibilités; et cette différence est telle, que
je crois qu'on peut dire, en rapprochant et en mo-
difiant deux des propositions citées : « *On dit que*
« *la pensée n'est autre chose que la faculté de sen-*
« *tir, la sensibilité prise dans le sens le plus étendu.*
« *Mais je ne vois pas pourquoi on grouperait sous*
« *le seul mot de sensibilité, des choses aussi di-*
« *stinctes que sentir, se ressouvenir, juger.* »

Sentir est une affection éprouvée par la voie des
sens, ou par celle de ces sens intérieurs qui nous
font connaître certains états de notre propre corps.
La sensation, séparée du jugement, de la réflexion,
de tout acte propre ou spontané de l'intelligence,
est un fait spécial qui nous est très-familier, mais
que nous ne pouvons ni expliquer, ni définir. Le
confondit-on avec la perception qui nous révèle un
objet extérieur, tandis que la sensation ne nous fait

connaître que notre propre état, celle-ci resterait différente de toute autre opération intellectuelle. Elle a sans doute quelque chose de commun avec ces autres opérations, puisqu'elle en est une, et ce qu'elle a de commun, c'est qu'elle ne se passe pas en nous à notre insu. Le moi en est averti, ou, si l'on veut, elle est une modification du moi. Le moi sent et il en a conscience, comme il juge et il en a conscience.

C'est ce qu'exprime Descartes, lorsqu'il dit que la sensation est une pensée; car l'homme pense la sensation; c'est ce que veut exprimer M. de Tracy, lorsqu'il dit que l'homme la sent. On s'est quelquefois servi du mot *sentiment* pour exprimer cette faculté des facultés par laquelle l'homme est informé de ses opérations et de ses facultés mêmes. On a dit qu'il avait le *sentiment* de sa volonté, de son bien-être, etc, comme on aurait dit, comme on aurait dû dire qu'il en a la *conscience*. Par suite, au lieu de dire : l'homme sent, et il en a conscience, il juge, et il en a conscience; on a dit : l'homme juge et il le sent, l'homme sent et il le sent. La battologie est évidente. Mais est-ce bien là le langage de M. de Tracy? A-t-il ou n'a-t-il pas confondu la sensation avec la conscience? S'il regarde que la sensation est autre chose que la conscience, elle ne doit pas porter le même nom. Si pour lui elle est la même chose, il supprime la conscience qui est un fait aussi bien que la sensation. Son analyse de l'esprit humain est donc ou fautive ou mal exprimée. C'est ce qu'il est aisé de montrer.

Si en effet sentir c'est avoir conscience, il faut

trouver un autre nom pour les opérations des sens, sous peine d'omission dans la science ou de confusion dans le langage. Telle serait pourtant la manière la plus spécieuse, la plus innocente, d'expliquer les expressions dont il s'agit. Parce qu'il est possible, jusqu'à un certain point, d'appeler la conscience *sentiment intime*, il a été possible de généraliser ce mot *sentir*; et trompé par cet équivoque, peut-être heureux d'en profiter, on a pu faire de la sensibilité le nom du principe unique et de l'unique mode de notre existence intérieure; car il n'y a que la conscience et la pensée qui aient part dans toutes nos facultés, et qui puissent être considérées comme le nom commun, ou du moins la forme commune de toutes nos opérations.

Mais alors on aura négligé ou méconnu une grande différence. Nous avons conscience de nos sensations, de nos jugements, de nos souvenirs, de nos volontés; mais nous sentons, jugeons, nous souvenons, voulons. La conscience se prête tour à tour à la sensation, au jugement, au souvenir, à la volonté; mais la volonté, le souvenir, le jugement, la sensation, restent choses distinctes les unes des autres, et la conscience ne les identifie pas. Avoir également conscience de la sensation et du jugement, ce n'est pas avoir conscience que être affecté par les sens et apercevoir le rapport de deux idées soient une seule et même chose. Cette identité reste entièrement à prouver. Si donc par la sensibilité, le sentiment, la sensation, on entend la conscience; on se sert arbitrairement d'un langage plus ou moins inexact; mais on n'a rien fait pour établir que toutes nos opérations soient identiques à celles de la sensibilité.

On ne peut donc légitimement ni confondre la sensibilité avec la conscience, ni, quand on le ferait, réduire à la conscience toutes les facultés humaines.

Maintenant si la sensibilité dont on nous parle n'est pas la conscience, qu'est-elle? La simple aperception peut-être, ce que Reid appelle l'appréhension, l'aperception en général sans distinction de l'objet ou de l'affection qu'on aperçoit. Quelquefois, *sentir*, dans le langage usuel, est synonyme de *s'apercevoir*, comme *sentiment* est l'équivalent d'opinion. Est-ce de cette expression à demi figurée que l'on aurait fait un principe philosophique? Alors substituons au mot *sentir* son synonyme. Sentir une sensation, c'est s'apercevoir d'une sensation; juger, s'apercevoir d'un rapport; se souvenir, s'apercevoir d'un souvenir; vouloir, s'apercevoir d'une volonté. S'apercevoir d'une sensation, d'un souvenir, d'une volonté, c'est s'apercevoir d'une opération; l'opération subsiste et par conséquent la faculté qui s'y rapporte. La nouvelle expression ne la nomme pas, et ne la détruit pas plus qu'elle ne la nomme. Dans cette seule formule, *s'apercevoir d'un rapport*, le jugement et la faculté du jugement disparaissent, et sont absorbés dans l'aperception; et tandis que, dans trois cas sur quatre, l'aperception s'applique à l'opération, dans le quatrième elle s'applique à l'objet même de l'opération. Dans trois cas, la nouvelle expression ne change rien; dans un seul, elle modifie ce qu'elle exprime. Où donc est l'unité tant cherchée? Où sont seulement la netteté et la précision ? Mais passons.

Du moment que sentir n'est que s'apercevoir, on n'a vraiment innové que dans les termes : on reste toujours libre de choisir. Il faut toujours ou confondre les facultés diverses avec l'aperception, ou distinguer l'aperception commune à toutes de la nature spéciale de chacune. Si l'on prend ce dernier parti, rien n'est changé; le système n'est qu'une manière de parler. Si l'on prend l'autre, la confusion tentée est ou purement nominale, et partant insignifiante, ou effective, et alors elle suppose une identité démentie par les faits.

Au fond, cette identité est la pensée de notre philosophe; il est temps de la nier au fond.

La sensibilité et la sensation ont cela de commun avec les autres faits que l'on prétend leur assimiler, qu'elles appartiennent l'une et l'autre au moi qui en a conscience. C'est un grand point; mais passé cela, de graves différences se manifestent, pour peu que l'on considère ces facultés dans leurs moyens, leur objet, ou leurs caractères.

Qu'est-ce que la sensation, dès qu'elle n'est ni la conscience, ni l'aperception ? Suivant une définition assez usitée, la modification du moi par les sens. Est-ce là une définition possible du jugement, de la volonté, ou de la mémoire? J'en appelle à la commune expérience. C'est par le ministère des sens que la sensation s'accomplit; dès que quelque chose s'y ajoute qui ne vient pas des sens, elle n'est plus la sensation pure ou proprement dite, c'est M. de Tracy lui-même qui nous l'enseigne; elle est la sensation, plus le jugement; la sensation élaborée par la mémoire; la sensation suivie d'un désir. Ainsi hors du moi des sens, nous sommes hors de la sensation. La sensation considérée dans ses moyens, dans ses instruments, n'est donc aucune des autres opérations de la pensée.

L'objet direct de la sensation, c'est le corps extérieur, c'est le monde sensible et pas autre chose, ce qu'on appelle assez communément en philosophie les qualités de la matière. Est-ce là l'objet exclusif et direct du jugement, de la mémoire, de la volonté ? Sans doute, toutes ces facultés tiennent compte, font usage, tirent parti des matériaux fournis par les sens, mais chacune d'elles a un tout autre objet. A parler exactement, le désir ou la volonté a pour objet immédiat agir ou éprouver. Ce à quoi correspond le désir, c'est la sensation même, non son objet. Nous désirons l'affection qui en résulte, et nous voulons l'action qui procure cette affection. En rigueur, l'objet immédiat du vouloir, c'est l'agir. La mémoire des choses sensibles a pour objet immédiat la sensation, et pour objet médiat l'objet de la sensation. Je me rappelle cet objet en tant que je l'ai vu ou touché; autrement, la mémoire serait impossible, ou il faudrait qu'elle reproduisît la présence réelle, et alors elle serait la sensation même. Enfin le jugement a pour objet, selon l'idéologie, le rapport entre deux sensations ou deux idées. Les objets de la sensation sont bien la matière première des jugements en général. Mais le rapport que l'esprit établit entre ces objets, entre les phénomènes de ces objets, n'est pas la même chose que ces objets en tant qu'ils sont sentis, et l'acte par lequel nous affirmons que la couleur rouge appartient à tel corps, ne peut se réduire à la pure sensation de rouge. Ainsi, par son objet propre, la sensation diffère de nos autres opérations ; la sensibilité, de nos autres facultés.

Enfin la même différence éclate dans les caractères spécifiques de ces opérations, dans leur nature, autant que nous la pouvons connaître. La sensation en elle-même est un fait essentiellement isolé et qui semble toujours accidentel. Il est impossible sans la mémoire, sans le jugement, d'établir un lien quelconque entre plusieurs sensations ; elles se succèdent et ne se combinent pas. Il n'en résulte donc pas de connaissance proprement dite. Car des manières d'être affecté, accumulées sur des manières d'être affecté, ne pourraient jamais, si elles n'étaient mises en œuvre par la réflexion, soutenir entre elles aucun rapport. Les sensations sont plutôt des matériaux de connaissance que des connaissances véritables. L'idéologie elle-même en convient.

Voilà le produit immédiat des sens. Pour composer les sensations, pour les enchaîner ou les opposer l'une à l'autre, pour les comprendre seulement ou les féconder, il faut l'entremise de facultés nouvelles. Le monde n'est pas seulement sensible, il est encore intelligible. Comme sensible, il nous donne la couleur, le mouvement, l'étendue (ou plutôt la résistance du solide), l'odeur, la saveur, etc., en ne comprenant sous ces mots que les affections qu'ils rappellent ; car pour avoir une juste idée du mouvement, c'est-à-dire du changement de lieu qui suppose l'identité de l'objet, pour concevoir dans la résistance solide la notion de l'étendue, pour attribuer des qualités diverses au même objet, enfin pour apercevoir qu'un phénomène est un effet d'un autre phénomène, pour faire sortir, en un mot, des sensations tout ce qu'elles renferment (je parle ici le langage de Condillac), il faut des facultés qui n'ont de commun avec la sensation que d'avoir besoin d'elle pour se mettre en jeu, que de l'exploiter pour se développer. Ce n'est pas l'impression des sens aperçue du moi qui suffit à ce nouveau travail; et ni M. de Tracy, ni Condillac lui-même, qui appelle tout *sensation transformée*, ne diront que la sensation se transforme elle-même; c'est la comparaison, la réflexion, l'intelligence, ou d'un seul mot, le jugement qui la modifie de la sorte; ou plutôt c'est le moi capable de juger comme de sentir, le moi qui a besoin de ses sens pour sentir, mais non pour juger, quoiqu'en général il ait pour juger besoin d'avoir senti. Voilà donc la part du jugement faite. On doit même ajouter que le jugement seul ne suffirait pas; le secours de la mémoire est indispensable.

Ainsi, dans l'œuvre des facultés qui ne sont pas la sensibilité proprement dite, il entre des éléments qui sont autre chose que la sensation. Celle-ci est, de sa nature, un fait isolé : les autres facultés sont des facultés qui lient; leurs opérations s'enchaînent. La mémoire rend cet enchaînement possible, mais elle n'est pas cet enchaînement même; il y a un enchaînement qu'on peut appeler logique, parce que c'est le jugement qui le produit ou le découvre.

Enfin grâce à la mémoire, à la suite du jugement, dans certains cas, le désir se prononce, et la volonté détermine une action qui est la conséquence des souvenirs qu'on a gardés et des jugements qu'on a prononcés. Ainsi tout est isolé dans la sphère de la sensibilité; tout se lie dès que la sphère s'agrandit.

Il suit de là que, tandis que la sensation ne donne rien que d'actuel, le jugement, aidé de la mémoire, donne le durable, le permanent; bien plus, il donne le futur, que dis-je, l'éternel. Je vois un changement de forme, de place ou de couleur, c'est-à-dire que j'éprouve deux affections successives. Qui voit que le même objet a persisté? Est-ce la sensation, quand tout ce qu'il y a de sensible dans l'objet a changé? Voilà le permanent. Ce n'est pas tout; je conçois que bien que les formes, les couleurs, toutes les qualités apparentes se modifient, la quantité de la matière ne varie pas. Rien ne s'anéantit, ni ne s'anéantira en ce monde. Est-ce encore la sensation qui me l'apprend? Voilà le durable dans l'avenir ou le futur. Ce n'est pas tout encore : je conçois qu'il y aura toujours quelque chose, que le néant est impossible; voilà de l'éternel. Est-ce toujours le produit d'un accident des sens? Et puis enfin, je juge que ce qui commence a nécessairement une cause. Le nécessaire, ce qui ne peut pas ne pas être, ce qui est la règle de ce qui est, de ce qui sera, de ce que je n'ai vu ni pu voir, ni ne verrai; le nécessaire, c'est-à-dire l'actuel dans tous les points de l'espace et de la durée; est-ce la sensation contingente et variable qui me l'a révélé? Futures, durables, permanentes, éternelles, nécessaires, voilà ce que peuvent être les vérités, les vérités qui ne sont que des jugements fondés; voilà ce que ne peuvent jamais être les sensations réduites à elles-mêmes.

On nous dispensera de compléter cette analyse. Elle suffit à montrer dans nos facultés autres que la sensibilité, d'éminents caractères que la sensibilité ne saurait offrir.

Ainsi, par ses instruments, par son objet, par ses principaux caractères, en un mot par le plus grand nombre des éléments connus de sa nature, la sensation diffère profondément de nos autres facultés. Les lui assimiler, c'est donc faire violence aux faits, c'est introduire dans la science une hypothèse qu'ils excluent.

Enfin, veut-on connaître à quelles conséquences cette hypothèse devait conduire? On décidera si ces conséquences ont servi à la recommander, ou si elles devaient suffire pour la condamner.

Première conséquence. — Si penser n'est jamais que sentir, la sensation domine dans toutes nos facultés; elle leur communique, à elles et à leurs opérations, ses principaux caractères, comme l'isolement, l'instabilité, l'actualité, la contingence. Elle rend difficile, sinon impossible, d'expliquer ou seulement d'admettre qu'il y ait des vérités logiques, stables, invariables, nécessaires. Elle leur ôte toute base, et oblige soit à les méconnaître, soit à les tenir pour des effets sans cause. Impossible, en effet, de les dériver de la sensation seule; impossible de les dériver d'autre chose, puisque la sensation est tout. Ainsi, la certitude rationnelle s'énerve, ou plutôt s'anéantit. Comme il n'y a plus rien d'inaccessible à l'erreur que les sensations simples, et que les sensations simples ne donnent point à elles seules des connaissances dignes de ce nom, celles de nos connaissances qui ne peuvent se réduire à des sensations simples n'ont plus aucun titre dans l'esprit humain; leur valeur disparaît. Comme les sensations simples sont plus certaines que les jugements, il faut contrôler les jugements par les sensations, et non les sensations par les jugements. Or, la sensation moins le jugement, la sensation qui n'est que sentie, n'est rien ou bien peu de chose sous le rapport de la connaissance. Elle est certaine, mais certaine en elle-même, c'est-à-dire en tant qu'elle est sentie. Dans ce que nous sentons, il n'y a d'absolument certain qu'une chose, c'est que nous le sentons; ainsi, toute certitude se trouve réduite à ce que nous sentons, comme toute connaissance à ce que nous sentons; car, encore une fois, ce qui se rencontre dans notre esprit et qui n'est pas essentiellement et exclusivement ce que nous sentons, ou n'y est pas réellement, ou y est sans titre. Or, nos connaissances nous semblent quelque chose de plus que des sensations simples. Si elles sont quelque chose de plus, il faut qu'elles procèdent d'ailleurs. Procèdent-elles d'ailleurs, on doit les nier, elles ne sont rien, sentir est tout. Procèdent-elles des sensations simples, elles ne sont point parfaitement certaines; car à ces sensations simples et à elles seules, appartient la parfaite certitude. Et cette parfaite certitude, qu'est-elle? Elle consiste en ce que nos sensations simples sont ce qu'elles sont, c'est-à-dire certainement senties. Ainsi, nos connaissances ramenées à leur seul élément infaillible, à la base unique de toute certitude, ne sont que les faits actuels tels qu'ils se passent dans la pensée, et ne sont certaines qu'à ce titre.

Voilà le coup porté à toute certitude, l'ébranlement donné à toute vérité. Le doute a pénétré au coeur même de la doctrine, le doute, père du nihilisme.

Seconde conséquence. — Si penser n'est que sentir, comme sentir est une opération où les sens jouent un grand rôle, et que les appareils des sens sont des organes, la sensation envahissant tout le domaine des facultés en devient pour ainsi dire la forme commune. Ainsi elle a besoin d'organes divers, elle rayonne dans les nerfs ; penser c'est sentir ; eh bien, sentir ou penser, c'est avoir des nerfs. On est bientôt conduit à cette analogie; elle devient plausible et naturelle. Du moins est-on porté à assimiler, autant que possible, les opérations de la pensée à celles des sens, à augmenter dans toute notre constitution intérieure la part de l'organisme. Peu importe que ce soit induction conjecturale, souvent pure hypothèse ; l'impulsion est donnée ; la sensation est le principe universel, la matière va s'enrichir des dépouilles de l'esprit. C'est ainsi qu'on est conduit à écrire les propositions suivantes : « Toutes nos opérations intellectuelles sont les effets de mouvements organiques. » — « Les souvenirs sont des sensations internes du cerveau. » — « L'association des idées est une liaison mécanique ou chimique. » — « La faculté de penser n'est qu'un effet particulier de la faculté de nous mouvoir. »

Ce sont là, sans doute, de gratuites hypothèses, mais elles ne jurent pas trop avec la sensation prise pour principe unique, pour type exclusif. Grâce à ce principe, elles sont ou semblent moins hypothèses, et elles donnent l'espoir d'accomplir le vœu que l'on félicite Locke d'avoir formé, de réaliser ce qu'on appelle sa *grande idée*, de faire enfin de la philosophie une portion et une dépendance de la physique [1].

La pensée organique ou quelque chose d'approchant sort comme une vraisemblance du principe de l'idéologie. Le même principe a donné la réduction de la certitude au fait de la sensation actuelle. Ainsi nous retrouvons au terme de l'analyse ce que nous avons reconnu au point de départ, ce que nous avons surpris dans un aveu formel, le matérialisme et l'idéalisme.

Résumons : il nous paraît prouvé :

1°. Que la formule *penser est sentir* suppose entre toutes nos facultés une identité nominale ou réelle ;

2°. Que si l'identité est nominale, le principe exprimé par la formule est un mensonge ;

3°. Que si l'identité est réelle, il faut admettre, ou que le mot *sensibilité* exprime ce qu'il y a de commun entre toutes nos opérations sans tenir compte des différences, ou que l'expression implique une identité rigoureuse ;

4°. Que dans le premier cas, il faut ou qu'elle désigne la conscience ou qu'elle ne la désigne pas ;

---

[1] *Idéologie*, préface et *Logique* ; dédicace à Cabanis.

que si elle désigne la conscience, elle n'est qu'un nom équivoque, et laisse subsister, sans en rendre compte, toutes les diversités des autres facultés; que si elle ne désigne pas la conscience, le système omet celle-ci et néglige un fait capital, et qu'alors si elle ne signifie que l'appréhension simple, une vague aperception, il omet la conscience, n'explique pas la diversité des facultés, ne fait pas connaître la sensation proprement dite, en un mot couvre et obscurcit tous les faits, et se réduit à une manière de parler;

5°. Que dans le second cas, celui d'une identité véritable, le système continue d'omettre la conscience, falsifie les faits qu'il admet, et confond ce que l'idéologie elle-même est obligée de distinguer, c'est-à-dire les facultés et leurs opérations;

6°. Qu'en effet la sensation diffère des autres opérations par ses instruments, son objet, ses caractères;

7°. Qu'elle ne ressemble aux autres opérations que par un caractère qui n'étant pas plus éminent en elle que dans les autres, ne permet pas de la prendre pour type de toutes, celui d'être percevable à la conscience;

8°. Que si le principe était vrai, toutes nos connaissances chancelleraient sur leur base, et la certitude se réduirait à la sensation pure, qui ne répond que d'elle-même;

9°. Et qu'enfin, tandis que l'idéalisme minerait toute réalité, la science serait conduite par le principe adopté à mettre la pensée au rang des attributs de la matière organisée.

Cette dernière conséquence peut bien être l'es-

poir, mais elle est la déception de l'idéologie. Cabanis a pu s'appuyer du sensualisme. Mais plus forte ou plus libre, la physiologie repousse aujourd'hui cet inutile allié. « Pour montrer que la sensation
« peut tout expliquer, dit un physiologiste d'une
« grande autorité, il a suffi à Condillac et à ses dis-
« ciples de lui faire subir des transfigurations ; mais
« ce moyen arbitraire n'est pas admissible aux yeux
« de l'observateur de la nature.... Le sentir n'ex-
« plique pas tout ; il n'explique pas plus l'intellect
« que les instincts, les besoins, et les sentiments
« moraux. Disons mieux, il n'explique rien, et la
« preuve, c'est qu'on trouve ce phénomène chez
« tous les êtres qui sont du domaine de la zoologie ;
« et cependant il ne se rencontre pas toujours avec
« les besoins et les sentiments, il est isolé chez cer-
« tains animaux, et longtemps il ne produit rien de
« sentimental et d'intellectuel chez l'enfant. Puis-
« qu'il en est ainsi, les instincts, les besoins, les
« sentiments ne peuvent pas être des conséquences
« du sentir..... Qu'ont de commun toutes les fa-
« cultés ? d'être mises en action par les sensations
« et les perceptions, et voilà ce en quoi seulement
« nous sommes d'accord avec l'école de Condillac...
« La sensation ne peut tenir lieu d'aucune de ces
« autres facultés. Par conséquent c'est un système
« erroné que celui qui fait naître toutes les facultés
« de la sensation par voie de transformation directe.
« La sensation est la sensation, rien de plus[1]. »

La seconde proposition fondamentale de l'idéo-

---

[1] Broussais, *Cours de phrénologie*, IIIe leçon, p. 69, et IVe leçon, p. 89. Les deux passages méritent d'être lus tout entiers.

logie attribue l'incertitude de nos jugements à l'imperfection du rappel de nos idées, à l'inexactitude de nos souvenirs, par conséquent à l'infidélité de la mémoire. C'est le trait saillant et la conclusion dernière de la théorie du jugement.

Nous avons tout dit sur le jugement sensation. Cette expression écartée, il est sans doute permis de dire que le jugement est la perception d'un rapport entre deux idées. Seulement Reid eût remarqué dans cette expression, *entre deux idées*, la trace de cette *scholastique idéale* qu'il a tant reprochée à Locke. Le jugement, en effet, ne compare pas seulement deux idées. Quand les objets sont présents, quand même ils ne sont que réels, ce sont les choses mêmes que l'homme entend comparer, et il attribue à ses jugements une réalité extérieure. Rigoureusement, le jugement ne s'applique à deux idées que lorsqu'il porte sur des idées abstraites. Donc pour admettre cette expression générale, la comparaison des idées, il faut la définir la comparaison des objets tels qu'ils nous sont connus.

Si nous ne craignions de donner à cet ouvrage les formes d'un livre élémentaire, nous aurions plus d'une remarque à présenter sur la théorie logique du jugement. M. de Tracy réduit les deux termes à deux, supprime le jugement négatif, et affirme que l'attribut est toujours renfermé dans le sujet. Tout cela n'est point parfaitement exact, et mériterait autant la critique que la théorie de l'identité des deux termes du jugement, cette théorie de Condillac dont M. de Tracy a donné une excellente réfutation. Mais le temps nous presse, et nous devons laisser de côté les questions logiques, pour aborder la question psychologique qu'il a soulevée en présentant une solution toute nouvelle du grand problème de la fausseté et de la vérité de nos connaissances.

C'est une idée neuve, en effet, que d'attribuer l'inexactitude de nos jugements à celle de la mémoire ; ce n'est pas une raison pour qu'elle soit fausse ; mais jusqu'à démonstration conforme, elle a tout l'air d'un paradoxe. Voyons si cette apparence est trompeuse, et réduisons à ses plus simples termes la déduction qui l'appuie.

On dit que nos jugements sont vrais ou faux. On parle, ce qui est la même chose, de la vérité ou de la fausseté de nos connaissances. L'origine de nos connaissances et de nos jugements est dans nos sensations ou perceptions simples et primitives. Celles-ci sont vraies, puisqu'elles sont. Elles sont, puisque nous les sentons. Comme simples, elles sont parfaitement certaines, ou infaillibles en elles-mêmes. Comment donc peuvent-elles devenir erronées ? par les combinaisons que nous en faisons au moyen des différents jugements que nous en portons, lorsque nous admettons à notre insu dans quelqu'une de ces idées un élément qui n'y était pas. Elle devient ainsi autre qu'elle n'était ; c'est-à-dire qu'elle devient un souvenir inexact. Nos jugements et nos séries de jugements ou nos raisonnements sont également réels comme perceptions, et certains en eux-mêmes comme contenant nécessairement les idées qu'ils contiennent. Ils ne peuvent être faux qu'autant qu'ils nous font voir une idée comme en renfermant une autre qu'elle ne renferme pas, et, dans ce cas encore, c'est le souvenir qui est infidèle. Enfin, les relations entre des perceptions réelles et certaines en elles-mêmes, ne peuvent être fausses que si nous voyons dans quelqu'une de ces perceptions une idée qui n'y est pas contenue, ce qui est toujours dénaturer le souvenir d'une idée simple, toutes nos idées ne pouvant être que des combinaisons de nos idées simples. En général, une proposition est fausse, parce qu'elle manque de liaison avec des jugements antérieurs vrais; c'est-à-dire parce que les idées qui y sont reproduites ne sont pas exactement les mêmes. Donc, tous nos jugements seraient nécessairement justes, si tous nos souvenirs étaient exacts. « Non-seulement l'imper- « fection de nos souvenirs est la cause unique de « nos erreurs, mais même nos erreurs ne peuvent « pas avoir d'autre cause [1]. »

J'observe d'abord sur cette déduction, qu'elle réfute la conclusion qu'on en tire.

En effet, nos perceptions sont certaines parce qu'elles sont senties. Donc, en elles point d'erreur. Nos jugements sont certains en eux-mêmes parce qu'ils sont sentis. Donc, en eux point d'erreur. Mais leurs matériaux sont inexacts, car ce sont des souvenirs. C'est là ce que je nie. Pris en eux-mêmes, nos souvenirs sont certains, car ils sont sentis. Si l'argument est bon pour les idées et les jugements, il est bon pour les souvenirs. Juger, c'est sentir; on ne peut juger mal, dites-vous, parce qu'on ne peut

---

[1] *Logique*, ch. II, IV, V, VI, VIII, et *Supplém. à l'Idéologie*, T. IV.

sentir mal[1]. Se souvenir, c'est sentir. Puisqu'on ne peut sentir mal, on ne peut se souvenir mal.

Tout argument fondé sur la certitude qui résulte pour nos opérations de ce qu'elles sont senties, est donc ici sans valeur. Évidemment, on ne prouve par là que leur existence actuelle, si l'on ne veut faire confusion entre la réalité et la vérité. Nos perceptions sont réelles, en ce sens qu'elles sont effectives. Il est sûr que nous les avons, puisque nous les avons; rien de plus évident. Mais sont-elles vraies, c'est-à-dire ne sont-elles pas des erreurs? C'est une autre question, et la propre question de la vérité et de la fausseté de nos jugements. Or, l'idéologie a constamment mêlé les deux questions, celle de la vérité en fait ou de la réalité actuelle de nos opérations, et celle de la vérité des connaissances qu'elles nous donnent. Cette dernière sorte de vérité est seule importante et difficile à constater; l'autre n'est pas en jeu. Dans la théorie que nous discutons, l'erreur est impossible. En effet, nos perceptions sont toujours certaines, car elles sont toujours senties; cela est vrai de la sensation, du souvenir, du jugement, qui ne sont que des perceptions senties. Tout est donc toujours certain, car tout l'est pour nous, et rien ne peut l'être autrement. Ce qui revient à dire que tout est incertain; car, s'il est possible qu'une sensation, un souvenir, un jugement, soit faux, comme il est impossible de le savoir, étant impossible de sentir aucune de nos perceptions autrement qu'on ne la sent, nulle vérification, nulle rectification n'est pos-

[1] *Logique*, ch. IV.

sible, et la fausseté possible est impossible à connaitre. D'où il suit indifféremment que tout est certain et que tout est incertain.

Il faut donc rejeter toute déduction fondée sur le fait de nos opérations. Car elle ne prouve rien, ou plutôt elle forme un cercle d'où l'on ne peut sortir, et elle ne saurait donner que des conclusions de la valeur de celles-ci : *Nous sentons ce que nous sentons ; nous jugeons ce que nous jugeons ; nous nous souvenons de ce dont nous nous souvenons.* Mais il y a une autre argumentation que M. de Tracy mêle constamment à la première, et qui mérite plus d'examen. La voici.

Nos sensations primitives sont infaillibles, non plus parce que nous les sentons, mais parce qu'elles sont simples. Les idées que nous en formons participent de cette certitude ; étant formées immédiatement, elles sont également inaccessibles à l'erreur. Mais bientôt en se transformant, en se compliquant, elles deviennent moins nettes. Confiées à la mémoire, elles ne se reproduisent pas infailliblement les mêmes, et elles donnent naissance à des jugements justes en eux-mêmes, mais faux, parce qu'ils combinent des souvenirs inexacts.

Sur cette théorie plus plausible, deux observations à faire.

1°. Elle reconnaît elle-même plus de causes d'erreur qu'elle n'en avoue. Car si nos sensations simples sont seules certaines, il suit qu'aussitôt que cette simplicité cesse, la certitude diminue et continue de diminuer en raison de la complication croissante. La formation des idées composées, dérivées, abstraites, formation qui s'accomplit par des jugements successifs, offre elle-même accès à l'erreur. Au delà de la pure sensation, il n'y a point d'idée qui ne suppose au moins un jugement, et ce jugement, qui ne porte pas toujours sur des souvenirs, puisqu'il peut être rendu en présence d'une sensation actuelle, est susceptible d'être vrai ou faux. Le jugement peut donc être fautif par lui-même. Quand on admettrait, ce qui se peut faire, qu'une idée simple, dénaturée par un jugement accessoire, fût devenue un souvenir inexact, il n'en résulterait pas que l'imperfection du souvenir fût la cause de l'erreur; il en serait l'effet au contraire, et ce n'est pas la faiblesse de la mémoire, mais celle de la raison, l'inattention, la précipitation, que sais-je, qui aurait ainsi altéré l'idée simple, et rendu à la mémoire de la fausse monnaie pour de la bonne.

Il y a là deux sources d'erreurs : les souvenirs et la composition des idées. Mais cette composition s'opère par des jugements successifs. Elle n'est donc pas la source de l'erreur de ces jugements; elle admet, au contraire, la possibilité de jugements erronés, et ces jugements ne sont pas toujours mêlés de souvenirs. L'erreur possible des jugements n'est donc pas expliquée; elle est supposée par l'explication qu'on en donne.

2°. Les faits ne sont pas tels qu'on les a présentés. Les idées simples sont infaillibles; voilà le fait fondamental. Mais qu'est-ce que les idées simples ? « Ce sont celles qui ne nécessitent qu'une seule opé-
« ration intellectuelle; ce sont nos pures sensations;
« nous ne faisons absolument que les sentir. Elles

« sont ce premier fait, cause et base de toute cer-
« titude; car elles consistent uniquement dans ce
« sentiment infaillible que nous en avons. De ce
« premier fait nous pouvons prononcer avec assu-
« rance que nous en sommes sûrs; et ce premier
« jugement est la source et le fondement de tous les
« autres. C'est le seul absolu, tous les autres sont
« conditionnels et relatifs à celui-là[1]. »

Ceci ne peut s'entendre que de deux manières :
ou les idées simples sont les sensations proprement
dites, les pures impressions, indépendamment de
toute réaction de la pensée sur ces données de la
sensibilité; ou ce sont nos idées les plus simples,
c'est-à-dire les idées que nous formons immédiatement sur ces impressions. Ce sont alors nos sensations conçues par l'esprit, ou les perceptions des
Écossais.

Dans le premier cas, le plus probable, d'après les
expressions citées, les impressions brutes seraient
seules infaillibles. Mais les diverses qualités des corps
produisent sur nous de certaines impressions différentes quoique simultanées, et qui ne sont point par
elles-mêmes rapportées à un objet extérieur; car,
selon M. de Tracy, c'est par un jugement que nous
les rapportons ainsi au dehors. Antérieurement à
toute opération propre de l'esprit qui se les assimile
et qui les ordonne hors de lui, qui les distingue et
qui les combine, elles sont des faits actuels, susceptibles de donner une connaissance; elles ne sont pas
une connaissance. Ainsi point de vérité, point de

[1] *Logique*, ch. II, III, VIII.

fausseté. Reprenons l'exemple célèbre de la tour carrée : avant de la juger ronde, elle m'apparaît, à une certaine distance, dans une certaine atmosphère; et déjà elle produit en moi l'impression qui fait que je la jugerai ronde. L'impression sensible peut donc contenir déjà la possibilité de l'erreur. Dès que les impressions deviennent des idées, même au plus simple degré (et c'est ici le second cas); dès que je rapporte telle sensation à tel objet, ce premier jugement prête déjà à l'erreur; et ce n'est point parce que l'idée est compliquée, car c'est une idée des plus simples; ce n'est point parce qu'elle contient des souvenirs, car le jugement peut être rendu sur place et à l'instant; c'est parce que le jugement est en lui-même susceptible d'erreur. En jugeant immédiatement sur une sensation présente, je puis prononcer que la tour carrée est ronde. Et après tout, pourquoi le jugement ne serait-il pas imparfait lui-même comme la mémoire? Pourquoi charger celle-ci des iniquités de celui-là? Nous n'avons point de facultés infaillibles.

Il convient d'épuiser la doctrine contraire, et de voir tout ce que contient cette opinion, qui veut que des souvenirs exacts donnent toujours des jugements justes.

Si cette opinion est fondée, il suit que du moment qu'un jugement ne déroge en rien aux jugements antérieurs que nous avons portés sur une question, il est nécessairement vrai. Conséquemment le signe de la certitude est dans la persistance, et pourvu que l'erreur soit opiniâtre, elle deviendra la vérité.

Il suit en outre que si l'on peut me convaincre

d'avoir précédemment affirmé quelque chose, je ne me suis pas trompé alors, et c'est à présent que je me trompe en affirmant le contraire; entre l'erreur et la vérité, il n'y a qu'une question de priorité.

C'est encore une conséquence que si je n'ai aucun souvenir d'une affirmation antérieure contraire, que si personne ne peut me donner la preuve d'un tel précédent, il est impossible de me convaincre d'erreur.

Enfin il faudrait conclure que la meilleure mémoire serait le signe du meilleur jugement, induction que l'expérience ne paraît pas avoir encore confirmée.

L'exemple choisi par M. de Tracy pour justifier sa théorie, est le jugement que voici : *l'or est infusible.*

Lorsque je prononce un tel jugement, c'est, dit-il, que dans mon idée actuelle de *l'or*, il entre comme élément l'idée *d'être infusible*; et cela posé, j'ai rigoureusement raison de juger et de dire : l'idée d'*or* renferme l'idée de *n'être jamais liquide*. Reste seulement à savoir, 1°. si cette idée de l'*or* est la représentation fidèle de l'être dont je la crois l'image; 2°. si moi-même je ne viens pas de parler de dissolutions d'or, ou d'alliages d'or et d'autres métaux [1] obtenus par la fusion. Dans ce dernier cas, mais dans ce dernier cas seulement, il peut y avoir faute de mémoire, je puis avoir oublié que j'ai parlé de ces diverses combinaisons où l'or joue un rôle, et alors, sans doute, cette erreur de souvenir a pu contribuer à me faire

---

[1] *Logique*, ch. IV.

porter un mauvais jugement. Mais d'abord observons que même ayant parlé desdites combinaisons, ne l'ayant pas oublié, je puis très-bien ne pas remarquer que ces dissolutions et ces alliages d'or supposent la fusibilité de ce métal, et alors il n'y a pas faute de mémoire, il y a faute de jugement ou faute d'attention ; et le jugement que j'ai porté, indépendamment de sa fausseté, a l'inconvénient d'être une inconséquence. Mais dans ce cas, comme dans le précédent, il n'en est ni plus ni moins faux.

Écartons maintenant la circonstance des dissolutions et des alliages d'or oubliés ou rappelés, et revenons à la question : Mon idée de l'*or* est-elle la représentation fidèle de l'être dont je la crois l'image? Mais cette idée elle-même n'est que le résultat de plusieurs jugements. Si elle est inexacte, il faut que ces jugements soient erronés. Ce n'est pas l'inexactitude de l'idée qui explique celle des jugements, c'est l'erreur des jugements qui doit expliquer celle de l'idée.

Peu importe que mon jugement soit conséquent à l'idée actuelle que j'ai de l'*or :* il n'en est pas plus vrai pour cela. Ayant cette idée, j'ai raison sans doute, non pas de porter, mais de répéter des jugements qui ne sont que l'expression analytique de cette même idée. Mais ai-je raison d'avoir cette idée, ou le jugement par lequel j'y ai fait entrer l'élément d'*infusibilité*, est-il juste? C'est là la question.

Nous voyons que de même que l'on avait confondu précédemment la réalité avec la vérité, ici on a confondu la conséquence avec la raison. D'une idée donnée, il peut être logique de déduire tel jugement, mais ce jugement n'en est pas plus vrai. Il est faux comme l'idée dont il est le développement. Dans l'hypothèse prise pour exemple, le jugement peut être régulier, quant à la forme, mais il est faux au fond. Une logique qui admet de telles distinctions, une logique qui valide les jugements, pourvu qu'ils soient rigoureusement déduits d'idées actuelles, est donc une logique de forme et qui reproduit à d'autres titres les défauts reprochés à la logique d'Aristote, ou plutôt à la logique des scholastiques. C'est l'idéalisme appliqué à la logique.

Cette théorie qui rend si mal raison de la fausseté du jugement, en explique-t-elle mieux la vérité? Examinons : « Il est manifeste, dit M. de Tracy, « que quand je juge pour la première fois que l'*or* « est *fusible*, je connaissais déjà l'idée d'*or*. C'est un « souvenir que j'ai actuellement de cette idée. Ce « souvenir renferme bien réellement en ce moment « un élément que cette idée n'a jamais eu dans ma « tête. Je n'ai pas tort de le juger. Mais néanmoins « mon souvenir n'est juste que si cet élément nou- « veau est renfermé implicitement dans quelques- « uns de ceux qui étaient déjà dans cette idée. Au « contraire, mon souvenir est inexact et mon juge- « ment faux, si ce nouvel élément est incompatible « avec eux et exclu par eux [1]. » Observez cette expression : *je connaissais déjà l'idée d'or*. Et quelle idée? Est-ce celle que j'avais? Mais celle-là, je ne la connaissais pas, je l'avais. Connaître une idée qu'on a, est un pléonasme insignifiant. Est-ce l'idée véri-

---

[1] *Logique*, ch. V.

table de l'or, celle qu'on en doit avoir? Alors je connaissais l'or même, et il va sans dire que cette idée était compatible avec toutes les propriétés que l'or possède effectivement.

Poursuivons. « *Mon souvenir n'est juste que si cet élément nouveau est renfermé implicitement dans quelques-uns de ceux qui étaient déjà dans cette idée.* » Quoi? mon souvenir ne peut être juste que s'il est complet ; alors nous ne savons rien tant que nous ne savons pas tout, et les connaissances successives sont nulles ! La vérité est que *mon souvenir est juste*, s'il est fidèle, et il peut être fidèle sans me retracer une représentation complète de l'or. Il est fidèle, s'il me retrace tout ce que j'en sais, tout ce que j'en ai vu. Si je n'ai jamais vu de dissolutions ou d'alliages d'or, si mes sensations et mes autres moyens de m'instruire ne m'ont fait connaître l'or que comme un corps solide, jaune, inodore, insipide, brillant, précieux, pesant spécifiquement 19,257 ; de là, je ne puis déduire la fusibilité ; cependant mon souvenir est juste, et sur ce souvenir juste, je puis fonder un jugement qui ne l'est pas. Le souvenir n'est point une faculté qui donne à connaître une vérité, mais une réalité ; ce que j'ai senti, ce que j'ai pensé, voilà l'objet du souvenir. Il est également certain, lorsqu'il me rappelle des illusions que j'ai eues, et lorsqu'il me retrace des faits positifs. En lui imputant la fausseté et la vérité de nos connaissances, et en attribuant au jugement une certitude actuelle ou purement subjective, l'idéologie a précisément interverti l'ordre des faits, et appliqué au souvenir ce qui appartient au jugement pour transporter au jugement ce qui revenait à la mémoire.

Achevons : « *Mon souvenir est inexact et mon « jugement faux, si ce nouvel élément est incompa- « tible avec eux ou exclu par eux.* »

Le souvenir peut être exact et le jugement juste, bien que ce nouvel élément soit incompatible avec les éléments antérieurs de mon idée de l'or. Si j'ai mal fait cette idée, si je l'ai composée sur des observations incomplètes, je puis me rappeler très-exactement ces observations et cette idée, et sur une nouvelle et actuelle expérience, ou seulement sur un nouveau raisonnement, porter un jugement contraire. De même avec des souvenirs peu nets, je puis, mieux inspiré, porter un meilleur jugement, comme, avec les souvenirs les plus exacts, porter le jugement le plus faux. Les souvenirs enfin peuvent être exacts et ne rien renfermer qui contienne ou qui exclue mon nouveau jugement. L'idée de l'or, comme d'un corps solide, jaune, brillant, inodore, etc., ne préjuge point qu'il soit ou ne soit pas fusible.

Lorsque je prononce qu'*il est infusible*, il résulte de la théorie que nous discutons, que si j'ai toujours eu l'idée de l'or comme d'un métal *infusible*, j'ai raison de juger éternellement qu'il l'est ; et ce jugement est certain. Quelle singulière théorie! quel nouvel argument prêté au scepticisme !

Assurément si j'ai su que l'*or était fusible*, je me trompe en affirmant qu'*il ne l'est pas*. Il y a là erreur de mémoire. Cette erreur pourtant n'est pas cause de la fausseté du jugement que je prononce ;

elle est cause que je le prononce, et voilà tout. En effet, quand je n'aurais jamais su que l'or fût un métal fusible, quand j'aurais toujours affirmé qu'il ne l'est pas, je me tromperais tout autant en l'affirmant encore. Ce jugement l'*or est infusible*, est faux en lui-même. Et pourquoi? Le sens commun fait la réponse, parce que l'*or est fusible*.

D'où vient donc que je prononce un jugement contraire? Ici on peut supposer bien des cas différents.

Par exemple, on m'a dit que l'*or était infusible*, je l'ai cru, je le répète sur parole. Le souvenir est fidèle; le tort est d'en avoir cru légèrement des autorités peu sûres, chance d'erreur commune, inévitable dans la vie sociale.

Mais cette erreur étant donnée, j'aurais pu y échapper ou la rectifier par des observations ou des inductions postérieures; j'ai négligé de remarquer des faits contraires; voilà une faute d'attention. J'ai négligé de corriger une idée par une autre; par exemple, de conclure de ce qu'il existe certaines combinaisons d'or, que l'or est fusible; voilà une faute de logique. Dans tout cela, point de faute de mémoire.

Supposons maintenant que je n'aie jamais rien appris ni pensé sur la question. On me demande si l'*or est fusible*; me souvenant alors que je n'en ai jamais vu de fondu, je réponds qu'*il est infusible*, souvenir exact et faux jugement, car d'une expérience partielle j'ai tiré une conclusion générale. Admettez que j'aie vu de l'or fondu, que je l'oublie et fasse cette réponse, à l'erreur d'une conclusion trop générale je joins une faute de mémoire.

Supposons au contraire que je me sois occupé de la question, que j'aie fait des expériences desquelles j'ai conclu que l'*or était infusible*. Ou mes expériences étaient mal faites, ou, sur des expériences bien faites, j'ai mal jugé. Dans le dernier cas, j'ai commis une erreur de jugement. Dans le premier, je me suis trompé deux fois, l'une en expérimentant, l'autre en jugeant concluantes des expériences qui ne l'étaient pas, et en tirant de ces expériences une conclusion trop générale et trop hâtive.

Dans toutes les hypothèses, l'idée que je me fais des deux termes du jugement, pris séparément, n'est pas comptable de l'erreur; elle est incomplète plutôt qu'elle n'est fausse. Si elle était complète, il n'y aurait pas lieu au jugement, puisqu'il aurait déjà été porté, et que le but du jugement est de la compléter. Ainsi, j'ai de l'or une idée non pas fausse, mais incomplète; j'ai l'idée très-nette de l'*infusibilité* : on me fait la question, et sur ce fondement que je n'ai jamais vu ni ouï dire que l'or pût être fondu, je combine les deux idées; je juge que l'*or est infusible*. Ce faux jugement n'inculpe en rien les deux idées sur lesquelles il porte. La preuve, c'est que de ces deux mêmes idées j'aurais pu déduire un jugement tout différent. Ainsi j'aurais pu répondre : *j'ignore s'il est fusible, aucune expérience ne me prouve qu'il le soit*. J'aurais pu mieux faire. Raisonnant par analogie, observant que l'or n'est pas très-dur, que les métaux sont généralement fusibles, j'aurais pu juger que l'or doit l'être; bien plus, j'aurais pu affirmer qu'il l'est. Auquel cas je me serais trop pressé de le conclure, j'aurais eu tort de l'affirmer sans le bien savoir; et cependant j'aurais prononcé un jugement vrai et certain. Que dit l'Idéologie de ce dernier cas? Voilà un jugement qui ne sort pas rigoureusement des prémisses, qui déroge à tout souvenir; on peut dire même qu'il est porté à tort, et cependant il est juste. Les jugements sont donc vrais ou faux par eux-mêmes.

On pourrait pousser plus loin cette analyse, la rendre plus subtile et plus déliée, et l'on verrait à combien de titres, parfaitement étrangers au souvenir, le jugement peut être fautif. Encore ne s'agit-il ici que d'un jugement général induit de l'expérience. Que serait-ce si nous prenions pour exemple un jugement nécessaire ou donné pour tel! Il est vrai que l'auteur ne distingue point entre les jugements nécessaires et ceux qui ne le sont pas. Cette distinction lui paraît futile, même fausse, car à ses yeux tout jugement est nécessaire, en ce sens qu'il découle forcément des idées que nous avons actuellement, et nous ne pouvons pas faire que nous ne les ayons pas. Voilà un dernier exemple de la profondeur avec laquelle l'Idéologie analyse la raison humaine.

Quoi qu'il en soit, il résulte de notre examen :

1°. Que nous pouvons avoir des idées fausses, c'est-à-dire au fond porter de faux jugements;

2°. Que nous pouvons sur des idées vraies asseoir de faux jugements, ce qui est mal juger d'idées vraies;

3°. Que nous pouvons cumuler l'idée fausse et le faux jugement ;

4°. Qu'en conséquence on ne saurait dire que tout jugement soit certain, dès qu'il est conforme à la perception ou idée que j'ai au moment où je juge, car ce serait réduire tout jugement à une perception d'identité, erreur de Condillac que M. de Tracy a très-bien réfutée ;

5°. Qu'au contraire le jugement, hormis le jugement explicatif ou analytique, a pour objet de modifier l'idée ou perception que j'ai en ce moment de l'objet dont je juge ;

6°. Que la théorie idéologique n'est pas dans la question, puisque, quand on dit d'un jugement qu'il est faux, on ne veut pas dire que l'idée n'est pas prise dans le sens où la prend en jugeant celui qui juge, mais qu'il a tort de la prendre ainsi ;

7°. Qu'enfin il est très-facile de construire des jugements faux de tout point, actuellement, indépendamment de tout souvenir, et dont la fausseté se manifeste au moyen d'une intuition toujours nouvelle ; exemple : $2 + 2 = 5$. *L'esprit a des parties. L'espace est limité* : faits qui suffisent pour ruiner sans raisonnement la théorie idéologique du jugement.

Certes une telle théorie rendait très-nécessaire la démonstration de la réalité des objets de la connaissance humaine ; car elle l'ébranlait fortement, cette réalité. Si le jugement est certain, dès qu'il est conforme à la perception actuelle ou à l'idée actuelle de celui qui juge, il ne s'agit plus dans le jugement de réalité extérieure, et la régularité logique et idéologique est la seule question de fausseté ou de vérité qui puisse être élevée. M. de Tracy a donc bien fait de chercher à raffermir ce qu'il venait d'ébranler, et ceci nous conduit à sa troisième proposition fondamentale.

Il faudrait un livre pour discuter complétement la question qu'il a prétendu résoudre. Toute la philosophie est là. Bornons-nous à présenter les points saillants de la démonstration; puis, sur chacun de ces points, quelques remarques.

1°. L'existence des corps sera prouvée, si nous découvrons comment nous arrivons à reconnaître cette existence, et pourquoi nous en sommes certains.

2°. La résistance des corps au mouvement senti et volontaire ne peut être attribuée qu'à une cause qui n'est pas moi. Donc, moi et ce qui n'est pas moi existent.

3°. La *résistance* ou force d'inertie, première qualité des corps, nous donne immédiatement l'idée de *mobilité* et d'*impulsion*, et par déduction celle d'*étendue*.

4°. L'étendue est nécessaire à l'existence, à celle de l'être sentant comme à celle de l'être résistant. L'étendue, étant la propriété des corps, ne persiste pas après que le corps a disparu; donc, l'espace n'est qu'une abstraction. Les autres propriétés qui supposent l'étendue, sont la figure, la divisibilité, l'impénétrabilité, la porosité, les forces; la durée seule ne la suppose pas [1].

[1] *Idéologie*, ch. VII, VIII et IX.

I. Sur le premier point, nous n'avons qu'une observation à faire.

La proposition suppose que l'existence des corps était incertaine tant qu'elle n'était pas prouvée; et pour la prouver, l'auteur croit suffisant de montrer comment naissent en nous l'idée et la certitude de cette existence. Il me semble qu'il y a là quelque contradiction. Si l'existence est incertaine, c'est que notre croyance et notre certitude ne sont pas des preuves. Alors l'histoire de cette croyance n'est pas une démonstration; la généalogie d'une idée n'est pas un argument. Elle prouve que nous sommes certains de la chose; mais le sommes-nous à bon droit? Avons-nous raison de l'être? Cette question reste indécise. Pour M. de Tracy, elle ne l'est pas. Il pense qu'en montrant comment nous sommes infailliblement amenés à conclure les existences, on les met au-dessus du doute. Cela peut être, cela est même à notre avis. Mais il importait de nier positivement dès le principe qu'elles fussent incertaines faute de preuves; autrement, on semblait accorder que le témoignage de nos facultés n'en est pas une, et cette concession rendrait impossible toute démonstration.

Ce reproche, au reste, est applicable à toute argumentation ayant pour objet d'établir l'existence des corps; et même la démonstration qu'on nous donne, étant psychologique, c'est-à-dire fondée sur l'observation de nos opérations internes, mérite moins ce reproche qu'une déduction dialectique comme l'est par exemple celle de Kant; mais nous devions cependant insister sur cette observation très-importante parce qu'elle avait été omise. En cette occasion comme en beaucoup d'autres, l'idéalisme impliqué dans tout le système obligeait le fondateur de l'idéologie à accorder au scepticisme ses prémisses; puis, sans se douter des conséquences d'une telle concession, il ne se croyait pas sceptique, et pensait légitimer les droits de l'esprit humain, rien qu'en racontant son histoire. Les vérités fondamentales sont, en général, des connaissances intuitives, et non des connaissances déductives ; et l'art de les démontrer est l'art de les constater comme des faits dans l'esprit humain. Mais pour que cette méthode, fondée sur l'observation, soit péremptoire, il ne faut pas avoir accordé au scepticisme la nécessité d'une démonstration logique, ni consenti à mettre en question le témoignage même de nos facultés primitives.

II. Cela posé, il faut convenir que la déduction psychologique de M. de Tracy est ingénieuse, neuve, et qu'elle ne manque pas de profondeur. Aucune décomposition des phénomènes dont nous avons conscience n'a été présentée avec une aussi subtile exactitude dans toute l'idéologie que celle de l'acte de volonté manifesté par l'effort, contrarié par la résistance. Mais cette analyse devait conduire celui qui l'avait si bien faite à des conséquences plus variées et plus étendues. Dans le fait de l'activité volontaire, en effet, la psychologie peut trouver toute une théorie du moi qui n'a rien de commun avec la théorie idéologique ; M. de Tracy n'y a cherché que la preuve du non-moi, et par contre-coup du moi. Cela même est une heureuse idée ; mais c'était en même temps une idée féconde, restée stérile entre ses mains. Nous n'hésitons pas toutefois à lui en rapporter l'honneur, et tels sont ses antécédents philosophiques, qu'il ne peut être soupçonné d'avoir ici rien emprunté à Leibnitz. Les disciples de Condillac ne se fourvoyaient point en compagnie si dangereuse. C'est donc M. de Tracy qui, aussi bien que Leibnitz, a pu inspirer M. de Biran, lorsque, se replaçant à ce même point de vue de l'activité volontaire, ce dernier en a déduit à la fois la notion de la personnalité, celle de la cause, celle même de la substance, celle enfin de la vraie nature du moi, et, avec tout cela, une réfutation neuve et fondamentale de la philosophie des sensations [1]. Si, comme nous sommes porté à le penser, l'idée de M. de Tracy est en fait l'origine de cette théorie si différente des siennes, il n'avait assurément point prévu ce résultat, et il a prouvé encore une fois que, par une heureuse inconséquence, un esprit supérieur franchit toujours, dans quelque point de sa course, les barrières d'un faux système.

Maintenant, ramenée par lui au problème de la connaissance du monde extérieur, la résistance des corps au mouvement volontaire a-t-elle donné lieu à une exposition exacte, à une démonstration concluante ?

---

[1] Locke, *Essai sur l'Entendement humain*, liv. II, ch. XXI, §. 1 et 4. — Maine de Biran, *Œuvres philos.* T. II. *De la Décomposition de la pensée*, IIe part. T. III. *De l'Aperception immédiate*. Dans presque tous les écrits que renferment ses quatre volumes, M. de Biran revient à cette théorie qui place dans le moi le type subjectif de la causalité. Elle n'est nulle part plus clairement exposée que dans l'introduction de M. Cousin (*idem*, T. IV).

DE L'IDÉOLOGIE.

Il suppose que toute sensation ne nous révèle que notre propre existence, et peut être réduite à une de ces affections qui ne nous suggèrent l'idée d'aucune cause étrangère, et qui nous paraissent les phénomènes propres et successifs de notre manière d'exister. Une seule sensation ne serait point dans ce cas, celle qui accompagne et atteste le mouvement volontaire. Est-elle arrêtée par un obstacle, cet obstacle n'est pas moi; car moi, je veux que le mouvement se prolonge. Il faut donc attribuer cet arrêt à une cause étrangère.

Si l'on admet la supposition qui motive la déduction, elle mène à une conclusion dont toute la force est dans la notion de cause et d'effet. La cause de mon mouvement, c'est moi; cette cause continue à agir, car je persiste à vouloir; cependant l'action est neutralisée, le mouvement suspendu; donc une cause étrangère résiste. Tout cela assurément suppose l'idée la plus nette du principe de causalité. Il faut donc ou que ce principe ait précédé, dans l'esprit, la connaissance de l'existence, puisque c'est lui qui la suggère et la justifie; ou qu'il soit donné primitivement sous l'enveloppe de l'expérience actuelle de la volonté, de l'effort et de la résistance. Dans le premier cas, la priorité aurait eu besoin d'être établie; et c'était, en outre, une nécessité de montrer comment ce principe avait pénétré dans l'esprit, deux choses que M. de Tracy n'a point faites. Bien plus, il ne paraît pas que dans aucune partie de ses ouvrages il remonte à l'origine du principe de causalité pour en fonder l'autorité, et cependant il y recourt souvent; il en fait la base de plus d'une

proposition capitale. Dans la théorie même que
nous étudions, il ne paraît pas s'être aperçu qu'il
faisait usage de ce principe. Il ne l'a ni nommé ni
distingué; et comme il analysait un jugement primitif de l'esprit, il suit que son analyse est fautive,
et que le jugement n'est pas primitif; sur le principe
de causalité, le problème qu'il a prétendu résoudre
se retrouverait pour lui tout entier. Inutile de dire
qu'il n'a pas songé à chercher dans le fait psychologique lui-même le type et l'origine de la notion de
causalité, ce qui l'eût rendue contemporaine et solidaire de celle du moi et du non-moi.

La déduction, par cela seul déjà fort ébranlée,
part-elle en effet d'une supposition exacte? Il n'est
rien moins que clair que d'autres sensations que celle
du mouvement volontaire, ne donnent point l'idée
du dehors. Ainsi, l'on peut soutenir que la sensation d'étendue et de solidité nous inspire nécessairement cette idée. Ou il faut, comme l'ont fait des
philosophes qui, certes, ne sont pas méprisables,
refuser à nos sensations, même volontaires, le droit
de nous donner autre chose que des manières d'être,
et nier que la science doive en aucun cas se contenter de faits inexpliqués pour garants de nos jugements fondamentaux; ou bien il faut reconnaître
que le simple tact d'un corps étendu et solide,
suggère nécessairement et directement la connaissance de la solidité et de l'étendue qui sont hors
de nous, qui existaient avant la sensation, et qui
continueront d'exister après qu'elle sera évanouie.
Cette perception, suivant M. Royer-Collard, est
directe; ce n'est point une déduction soutenue à

l'aide du principe de causalité. La résistance de la matière n'est pas la résistance à ma volonté, mais le simple fait compris dans l'impression du solide sur l'organe ; c'est cette sensation tactile qu'on ne peut définir. Le corps en mouvement qui vient nous toucher à l'improviste peut nous suggérer la connaissance de cette résistance de la matière, aussi bien que celui que nous rencontrons en nous mouvant nous-mêmes, et qui arrête l'exertion de la cause volontaire qui est en nous.

Le toucher, en nous révélant la solidité, ne nous porte pas à dire : « Il y a quelque chose qui est cause de l'impossibilité où je suis de continuer mon mouvement. » Mais tout simplement : « Il y a quelque chose. » Je n'induis pas de la nécessité d'une cause la réalité du dehors ; mais je perçois immédiatement cette réalité. Ce n'est point un raisonnement ; c'est un fait aussi direct, une intuition aussi prompte, aussi naturelle, que la perception de nous-mêmes ; c'est un jugement primitif et non dérivé. On ne peut le formuler ainsi : « Je suis arrêté par une résistance ; donc il y a une cause. » Mais plutôt ainsi : « Voilà quelque chose ; donc il y a quelque chose. » Ce qui, à vrai dire, n'est pas un raisonnement, mais une jonction de jugements identiques.

Dans la théorie écossaise de la perception, M. de Tracy aurait donc prouvé plus qu'il ne faut, et dépassé inutilement la sensation là où la sensation suffisait. Et pourquoi ? Pour n'avoir vu dans les perceptions que des affections actuelles et subjectives. Mais cet idéalisme une fois admis, la preuve, superflue dans tout autre système, devenait insuffisante dans le sien, et la démonstration risquait de ne plus être concluante. Le scepticisme auquel il avait déjà trop cédé, ne se contentait pas d'une demi-victoire, et il y a dans Hume une argumentation fameuse, qui ne permet pas à celui qui doute soit du simple témoignage de la perception, soit de l'autorité des notions primitives, de croire soit à l'existence du monde extérieur, soit au principe de causalité, soit à l'expérience interne de la puissance du moi comme principe d'action [1]. L'idéalisme universel compris dans cet aveu que nos idées n'ont de certitude que comme modifications actuelles du moi, ne permet pas d'en tirer de conséquence objective. Sentir que la volonté est arrêtée dans son essor par un obstacle, c'est sentir que l'on est comme si cela était; ce n'est nullement connaître que cela soit ainsi, pour celui du moins qui ne se connaît que comme une vertu sentante. Encore une fois, nous tenons, nous, pour vrai et décisif le fait de conscience que M. de Tracy a si bien décrit; mais dans les principes que l'idéologie professe en commun avec le scepticisme, il est sans valeur.

III. Nous venons de dire que l'étendue et la solidité se manifestaient à l'aide du tact, et nous garantissaient les premières l'existence du monde extérieur. L'assertion est contradictoire avec la doctrine idéologique, qui veut que la résistance, puis la mobilité et l'impulsion précèdent l'étendue. Cet ordre

---

[1] Hume, Essai VII. — Maine de Biran, *OEuvres philos.*, T. IV. — *Examen des leçons de M. Laromiguière*, §. VIII, et premier appendice, *Opinion de Hume.*

dans l'acquisition de nos connaissances, paraît insoutenable. Il est impossible de concevoir de prime-abord résistants, mobiles et soumis à une impulsion, des êtres que l'on n'aurait pas conçus étendus. Le mouvement est le changement de lieu, et la perception du changement de lieu suppose l'étendue, soit celle de l'objet qui apparaît en divers lieux, soit l'étendue générale dans laquelle il change de place. Je sais bien que M. de Tracy veut que le mouvement puisse être réduit à une pure sensation du sujet, tout au plus, à une manière d'être de l'objet mobile. Mais alors, il n'est pas une véritable connaissance; il ne devait pas compter parmi les propriétés de la matière dont nous avons l'idée. D'ailleurs, le mouvement suppose le temps ou la durée, ce que ne suppose pas l'étendue. La mémoire est nécessaire à la perception du mouvement et non de l'étendue. Quant à l'impulsion, ou elle est un résultat, et alors c'est le mouvement, ou elle est une cause, et alors c'est la force. Or la force ne vient à l'esprit qu'après l'étendue, et n'est pas d'ailleurs donnée immédiatement par la sensation. Elle n'est pas un phénomène. C'est une idée dérivée, une conception de l'intelligence.

Ainsi point d'intermédiaire entre la résistance et l'étendue. La résistance sans l'étendue, la résistance sans aucune des dimensions de l'étendue, n'est, comme M. de Tracy le dit lui-même, qu'une *vertu résistante*, une force d'inertie. Or il est singulier de soutenir que la sensation nous donne l'idée d'une vertu et d'une force, préalablement à l'étendue. L'esprit seul conçoit la force, et il lui faut tout au moins pour cette conception l'auxiliaire du principe de causalité.

Si la résistance est bornée au cas de la suspension forcée du mouvement volontaire, il faut dire qu'elle est une pure sensation, non une connaissance, ou que le mouvement volontaire nous suggère l'idée d'une force qui est moi, et la résistance l'idée d'une force qui n'est pas moi, et que les idées de force précèdent en nous les idées d'existence. Or c'est ce que l'idéologie n'a pas soutenu.

Il faut donc réduire encore la résistance, et n'y voir que le fait d'une certaine impression produite par une simple vertu. Mais ce sont là des abstractions par lesquelles ne commence pas la connaissance sensible. Ce n'est point là l'idée de l'être réel et persistant que nous devons à la perception de l'étendue, véritable source de la croyance immédiate à l'existence extérieure. Concluons que les faits naturels sont mal observés et intervertis dans l'analyse idéologique.

IV. Si l'étendue est nécessaire à l'existence, il suit que, contrairement à ce que dit l'auteur en cent passages, nos sensations, nos idées, nos opérations, ne nous donnent pas la certitude de notre propre existence. Il suit que contrairement à ce qu'il vient de dire, la résistance ou l'inertie ne donne pas l'idée de l'existence extérieure; car cette résistance est, selon lui, antérieure à l'étendue. Ainsi ces *vertus sentante et résistante* dont il parle sans cesse, sont pures hypothèses, pur néant. C'est en les concevant que, selon lui, nous acquérons l'idée et la certitude de l'existence du moi et du non-moi « *Être*

« *voulant* et *être résistant*, c'est être *réellement*, « c'est *être*. » Or elles ne contiennent pas l'étendue, et l'étendue est la condition de l'existence. Explique qui pourra cette contradiction.

S'il est vrai que nous ne puissions concevoir l'être sans l'étendue, comment se fait-il qu'on nous ait dit que *nous nous connaissions comme un être sentant, comme une simple vertu sentante,* SANS ÉTENDUE [1] ? Ainsi l'on nous trompait; nous ne concevions rien ; *cette vertu sentante, sans étendue,* n'était pas concevable, n'était pas l'être, ne l'impliquait pas, car *des êtres sans étendue, nous n'en pouvons concevoir.* Et comme c'était la base de nos connaissances, le fait primitif et irréfragable sur lequel tout devait reposer, il suit que le fondement est ruineux; et voilà l'idéologie qui s'écroule.

Je raisonne ici par hypothèse, car je n'admets pas que l'existence non-étendue ne soit pas l'existence. Je n'admets pas, je ne comprends point si ce n'est à titre de métaphore, que le *moi s'étende dans toutes les parties par lesquelles il sent,* et que les organes qui m'appartiennent soient ce moi auquel ils appartiennent. Ce *moi qui s'étend, qui se répand,* est une hypothèse sans preuve, si ce n'est une simple figure de langage.

Que l'étendue sans le corps, c'est-à-dire l'espace, ne puisse se représenter à l'esprit, il faut le confesser humblement. Mais que l'espace soit une conception nécessaire de l'esprit, que l'*extériorité étendue,* comme l'appelle un philosophe, nous paraisse

---

[1] *Idéologie,* ch. IV.

n'avoir pu commencer, ni ne pouvoir finir, que nous la jugions éternelle, nécessaire, illimitée, c'est le fait qu'on ne peut détruire, et qu'on ne peut expliquer. On croit trop aisément se tirer de difficulté en appelant cela une abstraction.

Nous ne dirons rien des autres propriétés de la matière. On sait déjà quelque chose de ce que nous pensons de la notion de forces. La divisibilité est probablement une induction de la division ; et quant à la porosité, elle est inconcevable sans l'espace. Après ce qu'on a vu dans les Essais sur Descartes et sur Reid, il est inutile de remarquer combien est incomplet ce dénombrement des propriétés de la matière. Et peut-être est-il permis de s'étonner qu'un disciple de Locke ait complétement négligé la distinction des qualités premières et des qualités secondes.

Arrêtons-nous : ces nombreuses critiques, ces discussions minutieuses qui peut-être rappellent l'École, nous ont paru nécessaires. L'idéologie est la seule philosophie que les sciences expérimentales ne méprisent pas. On ne l'étudie point, on la sait à peine, mais on la croit vraie, et quelques-uns la professent de confiance. M. de Tracy a eu l'honneur de former à lui seul une phase de son école, la dernière, il est vrai ; et ceux mêmes qui depuis ont cherché à la soutenir, et qui n'ont osé rompre ouvertement avec lui, rétrogradent et entrent dans une certaine réaction. Pour eux, Condillac lui-même a été trop loin [1]. Il n'en est pas de même

---

[1] MM. Laromiguière, Thurot, etc.

de ces naturalistes qui ne veulent de philosophie que celle qui s'humilie devant eux, de tous ces mécréants de métaphysique qui se croient les seuls dépositaires des lumières modernes. Ils consentent assez volontiers à reconnaître M. de Tracy pour leur maître; et certes par la supériorité de son esprit, il mérite bien ce titre. Il importait donc de montrer encore une fois le néant de l'idéologie, et de leur enlever cette croyance gratuite qu'il existe une philosophie faite exprès pour eux.

Avant de terminer, nous ne pouvons cependant taire le résultat final de l'idéologie, il faut bien dire à quoi elle conduit touchant ces questions métaphysiques sur lesquelles un auteur, tout en affectant de n'avoir pas d'avis, opine à chaque pas par la tendance de sa doctrine, et s'engage insensiblement par les conséquences de ses principes.

On a vu que l'idéologie ne va pas à moins qu'à compromettre la réalité externe de nos connaissances, ce je ne sais quoi d'absolu qui leur donne seul un prix et une garantie. Or il est rare qu'on touche à cette base sans que toutes les croyances de la raison et du cœur en reçoivent une forte atteinte. Toutes les affirmations ontologiques se tiennent. Il faut que les corps existent hors de nos impressions, et conformément à nos perceptions, pour que nous ayons le droit d'affirmer quoi que ce soit concernant les existences autres que celle des corps. Toutes les existences en général se lient dans notre esprit, et le témoignage de nos facultés en leur faveur est indivisible.

Nous nous rappelons ces assertions : Nos perceptions sont seules *vraiment réelles*, *vraiment existantes*; d'où il suit que les autres choses qu'on reconnaît cependant pour réelles et existantes, ne le sont pas *vraiment*, et qu'il y a une réalité et une existence *vraies*, et une réalité et une existence qui ne sont pas *vraies*. C'est ce qu'on appelle la réalité *secondaire*, l'existence *subordonnée*.

Ainsi deux réalités; la vraie, celle des sensations; la secondaire, celle des corps dont on ne peut d'ailleurs, remarquez-le bien, affirmer la substance, et qui n'existent pour nous que dans les impressions que nous avons. Cette existence, ou plutôt ce reflet d'existence qu'on leur accorde, n'est qu'un hommage que l'on rend aux sens qui nous les font connaître; et la preuve, c'est qu'on veut que ces corps qui existent soient des corps sans substance, parce que la substance ne tombe pas sous les sens. Il s'ensuit la négation de toute existence qui, telle que la substance, n'est pas accessible aux sens.

De la sensation prise pour principe unique, il résulte donc qu'il n'y a d'existence que pour les corps. Et quelle existence? une existence toute relative, une existence sans substance, une existence subordonnée aux impressions, et tout à fait comparable à celle que l'on reconnaît au néant, au néant qui existe, dit-on, puisqu'on en a l'idée et qu'il est étendu!

De là toutes ces propositions qui interdisent l'admission d'une existence sans étendue, qui réduisent les pensées à des mouvements, qui ne permettent pas de voir autre chose qu'une supposition dans l'existence d'un esprit, d'un principe immatériel. Que pourrait-il être en effet? il n'est point une impression, il ne tombe pas sous les sens; il lui manque donc les conditions de l'existence soit vraie, soit subordonnée; et non-seulement cette existence ne peut être sentie, mais elle ne peut être conçue. Cependant on veut bien nous laisser libres d'y croire; c'est-à-dire qu'après l'avoir annulée et condamnée, on nous la permet comme une consolation, comme un passe-temps. Permis à l'homme de se croire une âme; mais pour la science comme pour le sentiment, mais s'il raisonne ou s'il regarde, il est provisoirement matière.

Ces propositions : « Un être complétement imma-« tériel ne peut absolument rien connaître que lui-« même. — On ne peut comprendre comment exi-« sterait un être qui n'aurait point de parties. — « Hors de nos impressions, il n'y a que des existences « relatives » ; ces propositions, dis-je, et d'autres semblables, ont, il faut bien le reconnaître, une portée plus haute encore. Il y a un être auquel on ne peut attribuer une existence relative et qui ne se manifeste pas à la sensation, un être sans parties, sans organes, dont la connaissance est égale à la réalité tout entière, et dont les attributs répugnent à toutes les conceptions que l'idéologie nous permet, à tous les moyens de connaissance qu'elle nous laisse. Or s'il en est ainsi de cet être, si l'homme ne peut ni s'assurer qu'il existe, ni concevoir son existence, je ne dirai point que Dieu n'est pas, mais je dirai que l'homme est sans Dieu.

Il est impossible que de tels principes soient établis sans qu'ils réagissent sur la morale. Du moment que rien n'existe absolument que la sensation, de même qu'il manque une substance aux corps, un support aux propriétés du moi, une cause nécessaire au monde; il manque un fondement extérieur à la morale, il lui manque aussi son absolu : elle est sans loi. Il faudra, comme tout le reste, qu'elle soit relative à nos impressions. Nous ne devrons donc pas nous étonner si le sentiment des inconvénients et des avantages de nos actions est érigé en règle de moralité, si le juste et l'injuste ne paraissent prendre naissance qu'avec les conventions sociales, si nos droits égaux à nos besoins et nos devoirs réglés par nos moyens sont ramenés à n'avoir pour origine que notre faculté de vouloir, déterminée elle-même nécessairement par les mouvements antérieurs de nos organes, c'est-à-dire fatale comme la sensation et variable comme elle [1]. Mais il suffit d'indiquer cette conséquence.

Une dernière réflexion cependant. Les mauvais systèmes de philosophie n'ont de conséquences funestes que pour ceux qui les accueillent par goût, non pour ceux qui les trouvent par l'étude; ils nuisent à la société, non à leur auteur. Épicure n'est pas épicurien, et la vie du sage est une protestation constante contre les erreurs de sa pensée. Rousseau disait éloquemment à Helvétius : « Ton génie dépose contre tes principes, ton cœur bienfaisant dément ta doctrine, et l'abus même de tes facultés prouve leur excellence en dépit de toi. »

---

[1] *Idéologie*, ch. XIII. — *Logique*, ch. IV. — *Traité de la volonté*, introduction.

TABLE DES MATIÈRES

CONTENUES DANS CE VOLUME.

Avertissement .... Page j
Introduction 1
Essai I. De l'état de la philosophie en France au XIXe siècle. 55
Essai II. De la philosophie de Descartes............. 94
Essai III. De la philosophie de Reid................. 172
  §. I. Caractère général de la philosophie écossaise.. *ibid.*
  §. II. Théorie de la perception................... 185
  §. III. Conséquences de la théorie de la perception. 204
  §. IV. Des facultés autres que la perception........ 214
  §. V. Des principes de la raison.................. 223
  §. VI. Observations générales.................... 231
Essai IV. De la philosophie de Kant................. 251
  I. Objet de la philosophie critique................. 255
  II. De la sensibilité pure.......................... 271
    §. I. Objet de l'esthétique transcendantale......... *ibid.*
    §. II. De l'espace............................... 282
    §. III. Observation.............................. 294
    §. IV. Du temps 303
    §. V. Observation.............................. 307
  III. De l'entendement pur......................... 316
    §. I. Objet de la logique transcendantale.......... *ibid.*
    §. II. Des idées pures ou catégories............... 322
    §. III. Dénombrement des idées pures ou catégories. 332

546   TABLE DES MATIÈRES.

§. IV. Application des idées pures......... Page 335
§. V. Résumé et observations 355
§. VI. Des jugements purs..................... 372
§. VII. De l'idéalisme transcendantal............ 384
IV. De la raison pure 400
V. Observation générale 417
Essai V. De la possibilité d'une conciliation entre Descartes, Reid et Kant................................ 431
Essai VI. De l'idéologie. 478

FIN DE LA TABLE.